はじめて学ぶ

フランスの歴史と文化

上垣 豊
[編著]

ミネルヴァ書房

はじめに

文化遺産の国・フランス

フランスといえば観光とファッション、多くの人はそう思うことだろう。たしかにフランスは観光大国であり、とくにパリは何度訪れても飽きさせない。美術館は充実しているし、フランスの食文化、とくにワインやチーズの評価は日本でも高い。だが、歴史と結びつけてフランス文化を理解している日本人は意外と少ないのではないだろうか。

フランスはユネスコの文化遺産に登録された遺跡が多い国の一つである。古代においてはケルト人（ガリア人）がこの地に住んでおり、そこにローマ人の支配が及んでいった。そしてカエサルによって紀元前一世紀の中頃にガリア全域がローマに征服されることになった。パリをはじめ、フランスの主要都市の多くはローマ時代に建設された都市であり、フランスはイタリアなどとともに、ローマ文明の影響をもっとも強く受けている国である。ローマ時代の遺跡は数多く、ポン・デュ・ガールの水道橋のように有名な遺跡だけでなく、街の中で突然凱旋門などのローマ時代の遺跡に出会うことも珍しくない。ロマネスク様式やゴシック様式の教会もいくつもある。時の試練に耐えた美は訪れた者を感動させる。

世界遺産に登録されてはいないが、国によって歴史的記念物に指定されている遺跡や建物も数多い。そもそも文化遺産という概念そのものがフランスで、しかも、フランス革命の時に生まれたものである。フランス革命によって掲げられた思想と表現の自由が実際に定着するには、およそ一〇〇年の月日を要した。印象派の絵画を見て美しいと感嘆の声を上げるだけでなく、そこに自由を求めるフランス人の闘いの歴史も見てほしい。

フランスは古典古代、とくに古代ローマの文化、そしてキリスト教文化の正統な継承者を自負してきた。と同時に、思想や文化の面で時代の最前線に常に立ってきた。パリのノートルダム大聖堂はヴィクトル・ユゴーなど多くの作家の着想の源となった。一八八九年に完成したエッフェル塔が激しい景観論争を引き起こしたように、時には物議をかもすこともあるが、フランス人は過去の遺産と近代性の両立という困難な課題にたえず挑んできたのである。

ブザンソンのポルト・ノワール（筆者撮影）
2世紀のマルクス・アウレリウス帝の時に建てられた凱旋門。

フランスに限ったことではないが、ヨーロッパの街角をデジカメで撮った画像でも絵葉書並みの美しさがある。それをただ美しいと感心するだけでなく、美しい風景を維持していくことがどれほどの時間と労力を要することなのか、立ち止まって考えてみるのもよいであろう。

パリと地方

フランスはヨーロッパ大陸の西北部に位置し、ヨーロッパのなかでも温暖な気候に恵まれている。人口は日本の半分ほどであるが、フランス本国の面積は逆に日本の一・五倍と広く、南部と北部、沿岸地方と内陸部、山岳地方では気候も異なり、植生や農産物にも違いがある。たとえば国土の四分の一を占めるパリ盆地は肥沃な穀倉地帯であり、地中海に面した南部ではオリーブとブドウの樹木栽培が盛んで、西部はリンゴ酒で知られる等々である。これにカリブ海、ラテンアメリカ、南太平洋などに存在する海外領土が加わる。

フランスはドイツやイギリスに比べるとずっと中央集権的な国家である。広い国土のなかで首都パリは隔絶した重みを持っている。人口一つとっても、パリが二二〇万人であるのに対して、フランス第二の都市マルセイユは一〇〇万人に満たず、大きな開きがある。パリから放射線状に伸びる鉄道網に示されているように、それぞれの地方はパリを通じて結びついているかのようである。

ただし、中央と地方の関係は複雑であり、必ずしも対立関係にあるのではない。二〇世紀、とくに第二次世界大戦後には、交通機関の発達、夏のヴァカンスの定着によって地方の観光産業は大きな刺激を受けた。また、二〇世紀初めにいち早く原産地名称保護制度を整備するなど、地方の特産品の保護を行ってきたことも大きい。地方都市の朝市では、地元で生産された新鮮な野菜、果物、チーズ、ワイン、肉類が売られていて、その地方の特色がよくわかる。

リヨンの朝市（筆者撮影）

ブルターニュやアルザスなど、それぞれの地方は独自の歴史と文化を持っており、人びとはそれに誇りと愛着を抱いている。そしてそれぞれの地方はしばしば隣国との強い結びつきをもっている。たとえば、スイスと国境を接する、ブザンソンを中心とするフランシュ＝コンテ地方はかつて神聖ローマ帝国の領土であり、アルプス地方にあるサヴォワは、イタリアを統一したサヴォイア家が興った地である。こうして地方に目を向ければ、国境の向こうの国、さらにはヨーロッパの歴史もおのずと視界に入ってくる。

「生きる喜び」

本書は哲学書ではないが、それでもフランス人のものの考え方、価値観には触れておきたい。フランス語で joie de vivre という表現がある。「生きる喜び」という意味である。啓蒙思想期のサロンでは douceur de vie という表現がよく使われた。同じ意味であるが、直訳すれば「人生の甘美さ」になる。フランス革命の時には、ロベスピエールの片腕と呼ばれたサン＝ジュストの、「幸福とはヨーロッパにおいて新しい観念である」という有名な言葉がある。幸福追求は、一部の特権階級の人びとのものではなく、万人の権利であることを主張した言葉であると言われている。

実際、フランス人は生きる喜びを享受するのが上手である。週末などに、家族や友人、知人を呼び、時には新しいお客を招いて昼食をとり、食事と会話を楽しみながら、ゆったりと午後の時間を過ごす。話題は、その家が属す社会階層、したがって文化水準にもよるが、出された食事から庭に咲く花々、壁に飾られている絵、そして展覧会、コンサートや政治、社会のことにまで及ぶ。彼ら、彼女たちは実に雄弁に多様な事柄に自分のコメントをつけていき、人の意見に興味深そうに耳を傾ける。言葉で表現することによって、対象をもう一度味わっているかのようである。そこでは、知識は人にひけらかすためのものでも、人の優劣をつける道具でもない。現代美術を含む絵画への高い関心も、食文化へのこだわりも、こうして「生きる喜び」に結びつけられていくのである。

フランスでは個人の自由な時間が大切にされ、法定労働時間も週三五時間と短い。にもかかわらず経済の面でも、二〇二一年では一人当たりGDPは世界で二三位であり、日本（二七位）よりも上位に位置している。しかも、フランスより上位にあるのは人口規模でずっと小さな国々がほとんどである。二〇二〇年の時間当たりの労働生産性はOECD加盟諸国中九位で、二三位の日本をはるかに凌駕している。
たしかに、ナポレオンの没落以後、「パクス・ブリタニカ」（イギリスの覇権）が確立し、そのあとは工業生産ではドイツ、アメリカなどに追い抜かれることになった。だが、アメリカの覇権が揺らぎ、イギリスがEU離脱騒動で混迷を深めるなか、一貫して大国としての地位を維持してきたことはもっと注目されてよいのではないか。

本書の特色と使い方

本書の構成と使い方について触れておこう。本書は『はじめて学ぶイギリスの歴史と文化』と『はじめて学ぶイタリアの歴史と文化』の姉妹編に当たる。この二つの本にならって、この本でも歴史と文化の多様な側面に光を当てた。とくにコラム欄の「歴史の扉」で、宗教史、美術館、モード、食文化、音楽、映画、ジャーナリズムなど、文化の多様な側面を取り上げ、それぞれの専門家に執筆していただいた。本書の特色の一つは、通常よりも長くて数も多いコラム（歴史の扉）にある。主として、大学の教科書（教養科目または専門基礎科目）として使用されることを念頭においているが、高校生、学校の先生、さらには一般の読者にも読んでもらえるように、わかりやすい叙述に努めた。

本書では近年の研究成果を取り入れて、教育や学術についての記述が多くなっている。フランスが文化をいかに大事にしてきたか、よくわかるであろう。文化史の記述が多い分、政治史の部分はいくぶん簡略化している。詳しく政治史の過程を知りたい人には、『近代フランスの歴史』、『教養のフランス近現代史』、『よくわかるフランス近現代史』（いずれもミネルヴァ書房刊）をお勧めする。

本書はフランス史の概説書であるが、フランスを扱うほかの人文学分野との橋わたしになることを願っている。本書で登場する作家、知識人の著作の多くは翻訳されて、日本語で読むことができる。日本は翻訳大国であり、とくにフランスの文学や思想が日本の近代文化に与えた影響は大きい。ぜひ、この書を読んで関心をもった作家の作品を読んでいただきたい。本書の出版元であるミネルヴァ書房から、フランス文学、フランス哲学の良い教科書も出ている。

大学の授業で使われる場合、コラムは、六〇〇〜八〇〇字程度で学生が要約して（あるいはキーワードを説明する形で）ミニレポートを書くための題材になるように執筆されている。また、各章の本文は授業時間外における予・復習用のテキストとしての利用を想定している。読者のみなさんのご意見、ご感想をぜひお寄せいただきたい。

それでは、フランスの歴史と文化の旅を始めることにしよう。

はじめて学ぶフランスの歴史と文化

目次

はじめに

第Ⅰ部　フランスの生成――一五世紀まで

第Ⅱ部　ルネサンスからバロックへ——一六〜一八世紀

第Ⅰ部

フランスの生成——一五世紀まで

貴婦人と一角獣

パリにある国立中世博物館に所蔵されている６枚連作のタペストリー「貴婦人と一角獣」のなかの１枚で「味覚」という題がつけられている。1484年から1500年の間に制作された。19世紀になってメリメによって発見され，ジョルジュ・サンドが激賞して有名になった（出典：*Guides des collections: Musée national du moyen âge, Thermes de Cluny*, 1993, 1999, p. 177）。

第1章

中世フランス王権の歴史的展開

ガリアのキリスト教化とクローヴィスの改宗

四七六年、西ローマ帝国はゲルマン人の傭兵隊長オドアケルによって終焉を迎えるが、現在のフランスにあたるガリアの地には、五世紀初頭にはすでにゲルマン人の諸部族が勢力を広げていた。南部には西ゴート人、東部から南東部にかけてはブルグント人が王国を築くなか、やがて北ガリアに進出したフランク人が、その後ガリア全域に支配を展開することになる。本章では、「フランス」という国の名称の由来となるフランク人の話から始め、中世におけるフランス王国の歴史的変遷を政治と宗教という観点から辿っていきたい。

ガリアのほぼ全域にキリスト教が広まったのは四世紀後半頃とされる。東方やイタリアに比べるとガリアの教会の組織化は遅かったが、徐々に教会管区が整備され、各管区の主要都市には司教教会が設置されていった。これらの司教の地位を占めていくのは、ガリアに居を構えた元老院エリート（セナトール貴族）家門の出身者たちであった。彼らは経済力をもち古典的教養を備えた地域の有力者であった。

ガリアに展開した西ゴート人やブルグント人などゲルマン人の間でもキリスト教が受容されていったが、彼らがおもに信奉していたのは異端アリウス派であった。そのため支配層である彼らゲルマン人と正統派のカトリックを信奉するローマ系のガリア住民との間に信仰上の対立が生じていた。そうしたなか、クローヴィス（在位四八二〜五一一年）がフランク人を統一してメロヴィング朝フランク王国を創始する。彼は四九六年、ブルグント出身でカトリック教徒の妻クロティルドの勧めで、従士三〇〇〇人とともにカトリックに改宗したと伝えられる（図１－１）。人口の九割以上を占めるガリア住民が信奉するカトリックに改宗したことで、クローヴィスは経済的にも社会的にも大きな影響力を有する司教たちの支持と協力を取りつけて、王国の支配を確実なものとすることができた。

図１－１　ランスで司教レミギウスから洗礼を受けるクローヴィス（左端はクロティルド）

出典：Gregory I. Halfound, *Bishops and the Politics of Patronage in Merovingian Gaul*, Ithaca and London, 2019, cover.

しかしフランク王国は、クローヴィスの死後、分裂と混乱の時代を迎える。六世紀半ばには王国は三つに分裂し、それぞれに内紛が繰り広げられた。こうしたなかでガリアの教会も混迷の度合いを増していった。たとえば農村では、領主は自身が建てた教会の聖職者を自分で任命するなど教会を私的財産化していく。それにより都市の司教による教会組織との溝が深まっていった。

カロリング朝とキリスト教の展開

七世紀末以降、メロヴィング朝の最高官職である宮宰の地位はカロリング家によって独占されていた。宮宰カール・マルテルは分裂していた王国を再統合し、七三二年、北上してきたウマイヤ朝イスラーム騎兵軍を「トゥール・ポワティエ間の戦い」で撃破した。カール・マルテルはフランク王国全体の実質的な支配者となっていたものの、王位につくことはできなかった。メロヴィング王家の血筋にはカリスマ的権威が宿っていると信じられていたからである。それに取って代わるためには別の権威が必要とされ、それがキリスト教に求められた。

七五一年、カール・マルテルの息子ピピン三世（小ピピン）は、ローマ教皇ザカリアスの内諾のもと、メロヴィング朝最後の王となるキルデリク三世を廃位し、自らが国王として即位した（在位七五一～七六八年）。ここにカロリング朝が始まる。ピピンの即位にはフランク人の王として初めて塗油の儀礼が取り入れられた。旧約聖書のなかのイスラエルの王ダビデをモデルとした塗油の儀式によって、王権は神から授けられることになり、カロリング朝の王は「神の恩寵による王」として正統性を獲得することができたのである。祭司的権威によって挙行される聖別の儀式は、やがて国王即位の伝統として定着していくことになる。

王権が教皇によって正統化され、キリスト教化されたことによって、フランク王国とキリスト教の関係はカロリング時代に大きく変貌をとげることになった。七五六年には、ピピンはランゴバルド王国から奪還したラヴェンナ地方など、のちの教皇国家の領土的基礎となる領域・都市を教皇に献納している。いわゆる「ピピンの寄進」である。キリスト教的君主として教会を保護するカロリング王と、フランク王国の繁栄のためにつくすローマ教皇。こうして国王と教皇の関係はいっそう緊密化していった。

カール大帝（シャルルマーニュ）の統治と帝国の分割

ピピンの息子シャルルマーニュ（在位七六八～八一四年）の治世はおよそ半世紀に及ぶが、その大半は軍事遠征に費やされたと言っても過言ではない。南はピレネー山脈を越えてスペインへ、東はハンガリー平原へ、北はデンマークの湿原へ、広大な領域をほぼ毎年のように転戦した。

シャルルマーニュは、こうして拡大した支配領域を大小およそ五〇〇にのぼる伯管轄区に分けて地方の掌握を目指した。伯として派遣されたのは、多くはフランク人の封臣層から起用された人物であった。また、巡察使の制度も整えられた。毎年司教と俗人有力者の一名ずつが巡察使として王国全体の管区をめぐり、行政的な調査、役人の査察、民情の把握を行ったほか、司法的な機能も果たした。

八〇〇年のクリスマス、シャルルマーニュはローマにおいて教皇レオ三世により「西ローマ皇帝」として戴冠され、西方における皇帝権の復活者となる（図1－2）。フランク王国とキリスト教会の一体化が進み、この時期には塗油の儀礼のほかにも、たとえば日曜日が安息日とされ十分の一税が徴収されるようになるなど旧約の慣習が復活している。

図1－2　シャルルマーニュ戴冠を記念して造幣した貨幣（月桂樹の花冠をいただき，ローマ風の衣装を身にまとったシャルルマーニュ）

出典：Georges Bordonove, *Les Rois qui ont fait la France: Charlemagne, Empereur et Roi*, Paris, 1989.

八一四年にシャルルマーニュが死去すると、あとを継いだルイ一世（敬虔帝、在位八一四～八四〇年）の時代に帝国の相続をめぐって内乱が起こった。ルイ敬虔帝は帝国の相続を定める「帝国分割令」を出し、ルイの死後は長男ロタールが皇帝の後継者となることが決定されたが、利害関係の複雑な絡み合いのなか、ルイと息子たちの間で、また息子たち同士の間でも熾烈な争いが繰り広げられることになった。一応の決着は八四三年になされた。この年、ルイの三人の息子、ロタール、ルートヴィヒ、シャルルの間でヴェルダン条約が結ばれたのだ。その後の八七〇年のメルセン条約により最終調整が行われ、それぞれの領域が確定することになる。これがのちのイタリア、フランス、ドイツ三国の枠組みの元となった。シャルル二世（禿頭王、在位八四三～八七七年）の領土となった西フランク王国、そこから今に連なる「フランス」という国の歴史が始まる。メロヴィング朝、カロリング朝に続いてフランスの国土を支配する三番目の王朝となったカペー朝は、傍系王朝のヴァロワ朝およびブルボン朝に引き継がれ、その系統はフランス革命まで続くことになる。

カペー朝の始まり

西フランク王国の王を輩出していたロベール家出身のユーグ・カペーは、ランス大司教から聖油を塗油され聖別されてカペー朝初代の王となった（在位九八七～九九六年）。カペー朝においては、国王は即位にあたって教会に聖別され、王としての超越的・呪術的権威は神から授けられたものとされる。さらに、国王には病気を治す力があり、王が手を触れると瘰癧（るいれき）（結核菌によって首などにこぶができる病気）などの病が治るという信仰も新たに生まれた。

しかし、カペー朝の船出は決して順風満帆ではなかった。すでに九世紀末以降、カロリング王権が凋落の様相を示すなかで、各地方の有力な貴族は支配領域と家臣団を拡大して領邦（プランシポーテ）を成立させ、国王権力から自立する傾向を見せていた。領邦君主は、独自の貨幣を製造し、税を徴収し、公文書を発給するなど、本来は国王大権に属する権力を自身の領地で行使し始めるのである。実際、ユーグ・カペーが即位した当初、こうした封建的諸権力による分裂状態のなかで、カペー王権が実質的に支配できた領域はパリを中心としたイル・ド・フランスという限られた地方にすぎなかった。

一二世紀になると、このような王権の弱体化の傾向には歯止めがかかる。ルイ六世（在位一一〇八～三七年）は、サン・ドニ修道院長シュジェの導きのもと、封建的主従関係を政治的序列づけの原理として活用し始める。次のルイ七世（在位一一三七～八〇年）も、たとえば一一五六年には、ノルマンディ公領を領有するプランタジネット朝のイングランド王ヘンリ二世をパリに呼び寄せ、大陸領に関してフランス王の家臣として忠誠を誓わせるのに成功するなど、徐々に権威を回復していった。

ルイ七世は四〇歳代半ばで、三番目の妻アデル・ド・シャンパーニュとの間に待望の男子フィリップ（二世）を「神から授かった」（図１-３）。この国王フィリップ二世（尊厳王、オーギュスト、在位一一八〇～一二二三年）の時代に、カペー王権の権威は揺るぎないものになっていく。

図１－３　フィリップを「神から授かる」ルイ七世とアデル・ド・シャンパーニュ

出典：Jim Bradbury, *The Capetians: kings of France, 987-1328*, London, 2007.

十字軍の時代

一〇九五年、クリュニー出身の教皇ウルバヌス二世（在位一〇八八～九九年）がクレルモン教会会議で聖地奪回のための遠征を提唱した。教皇の呼びかけにフランスをはじめ西ヨーロッパ諸国で多くの人びとが応えて、十字軍遠征に参加することを誓った。第一回十字軍（一〇九六～九九年）には、離婚問題で破門されていたフランス王フィリップ一世は参加できなかったが、第二回十字軍（一一四七～四八年）以降、フランス王は十字軍遠征に加わっていった。聖ベルナールが唱導した第二回十字軍には、ルイ七世が王妃アリエノール・ダキテーヌを伴って参加した。この遠征が軍事的成果を上げることはなかったが、イスラム圏との接触はフランスの文化的な側面に少なからぬ影響を及ぼすことになった（歴史の扉1参照）。第三回十字軍（一一八九〜九二年）には、神聖ローマ皇帝フリードリヒ一世（赤髭王）やイングランド王リチャード一世（獅子心王）と並んで、フィリップ二世（尊厳王）が参加し、第七回十字軍（一二四八〜五四年）と第八回十字軍（一二七〇年）には、「騎士王」の典型とされるルイ九世（聖王）が参加している。遠征による国王の不在がフランスの統治機構の発展を促すなど、十字軍がカペー王権の進展に及ぼした影響は大きい。

イスラームという「異教」に対する十字軍のほかに、一三世紀にはキリスト教の「異端」に向けた十字軍も行われた。教皇インノケンティウス三世（在位一一九八〜一二一六年）によって提唱されたアルビジョワ十字軍（一二〇九〜二九年）である。南フランスで問題視された異端カタリ派の殲滅を目指したこの十字軍は、おもに北フランスの騎士たちによって展開され、南フランス諸侯の敗北に終わる。その結果、フランス王権による南フランス支配への道筋が開かれることになった。

カペー王権の伸張

国王フィリップ二世は婚姻政策、交渉や戦争を通じて王領地を拡大させていった。その治世を通じて対立を続けたイングランド王権からも、西部・中部フランスの領土を奪取している。フィリップ二世は、イングランド王ジョンと結んだ神聖ローマ皇帝オットー四世らの連合軍に対して「ブーヴィーヌの戦い」（一二一四年）で勝利をおさめ、その力を内外に見せつけた。すでに一二〇二年には教皇インノケンティウス三世が「フランス国王はいかなる上長も有さず、彼は王国の皇帝である」との言葉を残していたが、このブーヴィーヌの戦いでの勝利は、フランス王がヨーロッパの実力者としてその名を轟かせる記念すべき出来事となったのである。

フィリップ二世を継いだルイ八世が一二二六年に病気で急死したとき、王太后ブランシュ・ド・カスティーユは一二歳の息子ルイ（九世）の摂政についた。彼女はルイ九世（在位一二二六～七〇年）が第七回十字軍で不在となる折にも摂政となり、一三世紀前半のフランス王国にとって重要な役割を果たし続けた。ルイ九世は一二五八年にアラゴン王ハイメ一世と結んだコルベイユ条約で、両国の国境を画定した。また、一二五九年のイングランド王ヘンリ三世とのパリ条約は、英仏の関係にとって重要な画期となった。ここにおいてヘンリ三世はフランス中南部の地域（リムーザン、ケルシー、ペリゴール）を維持するものの、北部から中部にかけての地域（ノルマンディ、アンジュー、トゥレーヌ、ポワトゥー）への要求権を放棄してルイ九世に臣従することが取り決められた。フィリップ二世以降、このように一三世紀を通じてフランス王国はその領土を安定的に拡大していく。

カペー王権は、一二世紀以降の都市の発展に伴い、河川を利用した水運や交易の活発化によって増大した関税・取引税の収入から大きな利益を得ていく。また、領主からの自立を目指した都市共同体がコミューンを組織しようとする動きを支持したことで、都市から定期金や軍事力の提供を受けることもできるようになっていた。また、王国の統治面では、北仏にバイイ、南仏にセネシャルという役人が配置されている。こうした役人は司法と財務の権限も与えられ、地域統治において重要な役割を果たした。また、公的文書の管理と保存の手段も体系化されていく。政治や王領地管理に関する文書を保管する部門と、国王が発給した文書の写しを保存する発給文書登録部門とからなる国王文書局の制度が整えられた。とりわけフィリップ四世（美王、在位一二八五～一三一四年）は国家機構の整備を進め、大学で法学を修めた法曹家（レジスト）と称される官僚に行財政・金融などの面で重要な役割を担わせていった。

フィリップ美王とアナーニ事件

フィリップ四世の治世には、ローマ教皇ボニファティウス八世（在位一二九四～一三〇三年）との対立が激化する。これはフィリップ四世がイングランドとの戦費調達のために、聖職者に新たに課税したことが発端となった。ボニファティウス八世は、教皇の許可なく聖職者に課税することに反対するなど、フランス王権による教皇権の侵害を非難する。これに対抗して、フィリップ四世は一三〇二年四月、聖俗領主および都市の代表を召集してフランス最初の三部会を開催し、教皇を非難する宣言を行った（これは聖職者、貴族、平民の代表という三身分で構成されるのちの三部会の先駆けとなるものであった）。対する教皇は、唯一の聖なるカトリック教会のほかには救いも罪の赦しもないこと、教皇の権威が最高であり、教皇権が王権に優越することを改めて確認する。両者の対立は、聖職者や大学教授、教会法学者や法律家も巻き込んで展開していく。

こうしたなか、国王の側近の法曹家ギヨーム・ド・ノガレが、イタリアのアナーニに滞在中の教皇ボニファティウス八世を手勢とともに襲撃し、捕らえて監禁するという「アナーニ事件」（一三〇三年九月七日）が起こる。教皇は三日後に救出されたが、まもなく亡くなってしまう。教皇の権威は著しく傷つけられる結果となった。アナーニ事件で顕在化したフランス国王とローマ教皇との対立は、フランスにおいて国王と反教皇的な聖職者や知識人とを結びつけ、世俗の事柄に関しては、国王権力が教会に優先するという「ガリカニスム」（国民教会化）の発展の端緒となった。

また、一三〇七年一〇月以降のテンプル騎士団事件においても、アナーニ事件以後のフランス王権と教会との関係性が如実に表れている。フィリップ四世はフランス全土のテンプル騎士修道会士を、盗み・不正蓄財・男色・偶像崇拝のかどで一斉逮捕させ、その財産を没収した。一三一〇年五月、五四名が火あぶりの刑に処され、一三一四年には騎士団長ジャック・ド・モレーも火刑となった。テンプル騎士団はローマ教皇に直属しており、その廃絶についてはローマ教皇の承認が必要であったが、教皇クレメンス五世（在位一三〇五～一四年）がその廃絶を許可した。クレメンス五世はフィリップ四世により擁立されたボルドー司教出身で「フランス人」の教皇であり、ローマからアヴィニョンへと教皇庁を移し、「教皇のバビロン捕囚」の事態を生んだ教皇として知られる。ここでもガリカニスムの素地が作られていく。

ヴァロワ朝の開始と百年戦争

九八七年以来、かならず男子直系の後継者をもってきた「カペー家の奇跡」もついに終わりを迎えるときがきた。一三二八年四月、フィリップ四世の弟でヴァロワ伯であったシャルルの息子フィリップ（六世）が王位を継承し、ヴァロワ朝が始まった。

しかしこのフィリップ六世（在位一三二八～五〇年）の即位に対して、イングランド側から王位継承をめぐる異議が出される。フィリップ六世はフィリップ四世の甥（フィリップ四世の弟シャルルの息子）であるが、イングランド王エドワード三世はフィリップ四世の孫（フィリップ四世の娘イザベルの息子）である。どちらがフランス国王を継ぐ権利を有するのか。英仏百年戦争（一三三七～一四五三年）は、イングランド対フランスという王国間の対立ではなく、そのきっかけはフランス王位継承戦争という意味合いの強いものであった。

両陣営の交戦の推移を見てみよう。第一局面は、エドワード三世の宣戦布告（一三三七年）からブレティニー・カレー条約（一三六〇年）まで、フランス側に不利な展開となっている。一三四〇年、イングランド王の艦隊がフランドルのスロイス港でフランス海軍を撃破し、英仏海峡の制海権を掌握した。一三四六年、ノルマンディに上陸したエドワードの軍隊は、パリの北にあるポンティウ伯領の村でフランス軍を待ち伏せしてこれを撃破した。クレシーの戦いである（図1-5）。さらに北上したイングランド軍は、一三四七年、カレーの都市も占領する。直後の休戦協定は、ペスト（黒死病）の大流行を挟んで一三五四年まで守られた。

エドワード三世の息子で黒塗りの甲冑を身にまとったエドワード黒太子（ウェールズ公）は、フランス側の旧

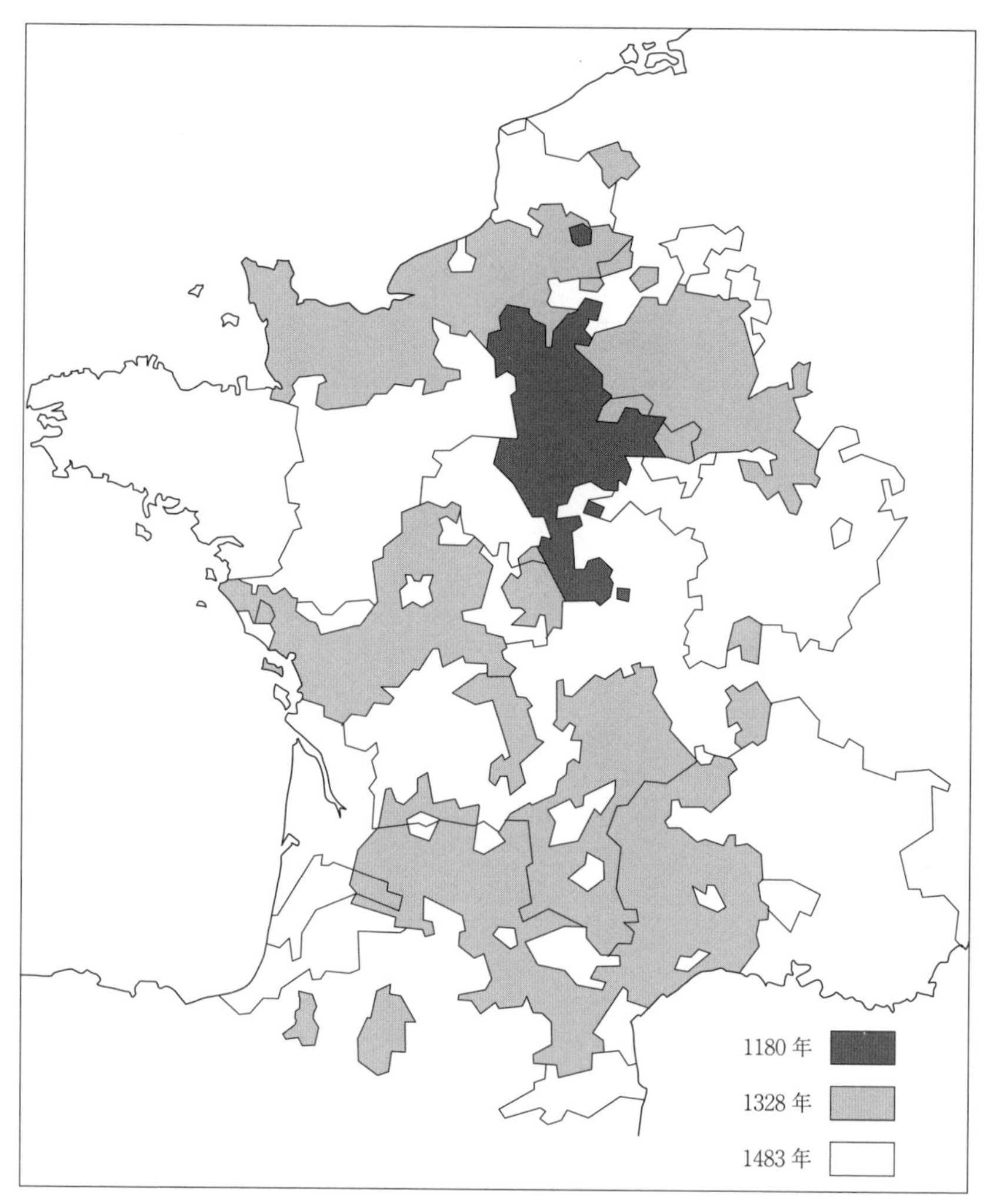

図1－4　フランス王領地の拡大

出典：*La France médiévale*, sous la direction de Jean Favier, Paris, 1983, p. 168.

式で速射能力の低い重い弩(いしゆみ)に対して、三倍の速射力を備えた二メートルの長弓を駆使した。こうした遠距離から矢の雨を降らせる戦い方は、伝統的な封建軍の正面からの単調な突撃作戦より遥かに効果的であった。一三五六年、ポワティエの戦いで国王ジャン二世が捕虜となる。

第二局面は、フランス王シャルル五世（在位一三六四～八〇年）による態勢立て直しに始まり、シャルル六世とリチャード二世の間に休戦協定（一三八九年）が結ばれるまでの展開である。ここではイングランドの勢力をフランスからほぼ一掃するなど、今度はフランス側が優位に立った。シャルル六世（在位一三八〇～一四二二年）は一二歳で即位したが、神経疾患が成人に達してから顕在化する。フランス側の混乱のなかで次の第三局面が始まる。

シャルル六世の従兄弟であるブルゴーニュ公ジャン無畏公によって、政敵のオルレアン公ルイがパリの市中で暗殺されるという事態が生じると（一四〇七年）、殺害されたルイの息子で後を継いだオルレアン公シャルルの舅にあたるアルマニャック伯ベルナール七世を軸に、南フランスの貴族を中心とした反ブルゴーニュ公の党派が形成された。対して、ブルゴーニュ公のもとには北部・東部フランスの貴族がつく。こうしてアルマニャック派とブルゴーニュ派という二つの勢力がフランスを二分することになった。

一方、イングランドでは国王ヘンリ五世が、ノルマンディ、ブルターニュ、フランドルの宗主権とギュイエンヌの領土を要求する。一四一五年夏、アザンクールの戦いでのフランスの敗北は、その後のフランスの情勢に大きく影響を及ぼした。アルマニャック派は後退し、ブルゴーニュ派（ジャン無畏公）が権力を掌握して、イングランド王との接近が図られていった。一四一九年、ジャン無畏公はオルレアン公ルイの家臣によって復讐されたが、ジャンの息子フィリップ善良公はヘンリ五世と同盟を結び、トロワ条約（一四二〇年）では、ヘンリ五世にフランスの王位継承権を認める項目が入ることになった。王位の継承から排除された王太子シャルルは、フランス中部のブールジュを拠点にロワール川以南を勢力圏として辛うじて踏みとどまる。

最終の第四局面では、一四二九年のジャンヌ・ダルクの登場により戦局が転換し、シャルル七世の戴冠が果たされる。イングランド軍に攻囲されていたオルレアンを救ったジャンヌ・ダルクに導かれて、シャルル七世は一四二九年七月一七日にランス大聖堂にてフランス王として戴冠された（在位一四二二～六一年）。その後、ジャンヌはブルゴーニュ派に捕らえられ、イングランド側に引き渡される。裁判の結果、ジャンヌは異端として断罪され、一四三一年にルーアンで火刑に処された。シャルル七世は、一四三五年にブルゴーニュ公とアラスの和約を結んで和解し、一四五三年、カレーを除くフランス全土からイングランド勢力を駆逐する。「勝利王」シャルル七世のもとで百年戦争は終結した。

図１－５　クレシーの戦い（1346年）
出典：*Chroniques sire JEHAN FROISSART*: Gallica, Bibliothèque nationale de France, Département des manuscrits. Français 2643, f. 165v, Paris.

シスマとガリカニスム、フランス王国の行方

百年戦争の間に、「教皇のバビロン捕囚」の問題はどう展開したであろうか。教皇座をローマへと復帰させようとする動きのなかで、一三七七年一月に教皇グレゴリウス一一世（在位一三七〇～七八年）がローマに帰還し、およそ七〇年間続いた「捕囚」が終わりを迎えた。しかし、その翌年には、ローマとアヴィニョンに二人の教皇

が並立するシスマ（教会大分裂）という事態に至った。シスマは、コンスタンツ公会議（一四一四～一八年）で、公会議が教皇に優越すること（公会議主義）が宣言されて解消されることになったが、教皇の権威の失墜は大きなものがあった。

そうしたなかフランスでは、カトリック信仰を守りながらも教皇権の支配を脱して、国王の権威の下でフランス教会の独立を果たそうとする「ガリカニスム」の動きが、とりわけ国王シャルル六世のもとで拡大していった。その後、フランス教会の自由を標榜するアルマニャック派と教皇座に与するブルゴーニュ派との対立が激化するものの、アルマニャック派に支持されたシャルル七世が王位についたことで、教皇庁とは一線を画したフランス教会への流れは確実なものとなっていく。

中世末期には、近代的な国家形成への道筋もつけられていった。シャルル七世を継いだルイ一一世（在位一四六一～八三年）は、ブルゴーニュ公シャルル豪胆公を中心とする反国王同盟の反発を受けながらも、タイユ（戸別税）・エード（国王援助金）などの臨時税を恒常化するなど徴税制度を確立し、重商主義的な産業振興策を推進し、国家機構の整備を進めていった。次のシャルル八世（在位一四八三～九八年）のイタリア遠征は、「近世」の幕開けを告げる出来事となる。ヨーロッパの覇権をめぐるハプスブルク家とフランスの対立を軸に、多くのヨーロッパ諸国を巻き込んだ大規模な戦いが引き起こされていくのである。

（図師宣忠）

参考文献

朝治啓三・渡辺節夫・加藤玄編『中世英仏関係史　一〇六六―一五〇〇――ノルマン征服から百年戦争終結まで』創元社、二〇一二年。

柴田三千雄・樺山紘一・福井憲彦編『世界歴史体系　フランス史1――先史〜一五世紀』山川出版社、一九九五年。

M・D・ノウルズほか著、上智大学中世思想研究所編訳『キリスト教史』第三巻・第四巻、平凡社ライブラリー、一九九六年。

騎士道精神と宮廷風恋愛

騎士道理念と宮廷風礼節

中世フランスにおいて王侯貴族の宮廷に集う騎士たちはどのような価値観を共有していたのだろうか。それは文学作品に描かれる彼らの姿を通じて読み解くことができる。ここでは騎士と貴婦人をめぐる騎士道精神と宮廷風恋愛の世界を覗いてみよう。

中世ヨーロッパと言えば、教会の聖職者や大学の知識人らが担ったラテン語による文化が大きな存在感を示しているが、その一方で、俗語で紡がれた口承文化の世界も忘れてはならない。ジョングルールと呼ばれる職業的芸人は、貴族の宮廷や街角などで多くの聴衆を前にして、弦楽器の伴奏とともに武勲詩といった過去の英雄時代の叙事詩などを俗語で歌った。もともと彼らの歌はその場限りで消えていくものであったが、一二世紀頃からその内容が書き残されていった。それが俗語で書かれた文化の始まりとなる。

ジョングルールによって歌われ、そして書き残された武勲詩（シャンソン・ド・ジェスト）の代表格が『ロランの歌』である。これらの武勲詩はカロリング期の事件を中心的な素材としていた。一方で、武勲詩が俗語で書き残されるようになるのとタイミングをほぼ同じくして、南フランスの貴族の宮廷ではトゥルバドゥールと呼ばれる詩人が登場してくる。ポワティエ伯でもあったアキテーヌ公ギヨーム九世やベルナール・ド・ヴァンタドゥール、ジョフレ・リュデルといったトゥルバドゥールたちは、俗語による恋愛詩を生み出していった。こうした俗語による恋愛詩は、一二世紀後半になると北フランスの諸侯の宮廷でも書かれるようになっていく。

宮廷を舞台にした恋愛詩のなかで表現された愛のあり方は、宮廷風恋愛と呼ばれる。この宮廷風恋愛は、騎士道の理念と絡み合いながら中世の宮廷文化を特徴づける要素となった。これら俗語で書かれた武勲詩や恋愛詩は、個人で読まれるためのものというよりは、もっぱら宮廷などで聴衆の前で歌われるためのものであった。

こうした口承で歌われる作品に続いて、朗読されるものとしての文学が発生する。一二世紀半ばに出現するロマン（物語）である。これは宮廷に集った人びとのサークルのなかで読み上げられるものであった。武勲詩がカロリング期の出来事に取材した民族の集団記憶に属する事件を歌ったものであるのに対して、ロマンはラテン古典の物語を翻案した作品、またアーサー王伝説などに基づいて創作された作品であった。以下では、これらの諸作品を通じて、中世の騎士の理念に迫ってみよう。

武勲詩の傑作『ロランの歌』

武勲詩は、ジョングルールによって口頭で歌われたが、その際、彼らはヴィエルと呼ばれる弦楽器を歌に合わせて演奏した。詩節と詩節との間奏にもヴィエルは用いられ、歌にメリハリをつけていた。武勲詩は、一一世紀後半には様式として完成していたようだ。一二世紀半ばにかけて初期の作品群が生み出され、その後、一三世紀半ばまでの間にさまざまな展開を見せながら、さらに作品が生み出されていった。武勲詩のうち現存する作品はおよそ八〇篇、その最高傑作とされるのが『ロランの歌』である。現存する最古かつ最良の写本であるオックスフォード写本は一一世紀末のものとされる。

『ロランの歌』のあらすじはおおよそ次のようなものである。サラセン人（イスラーム教徒の蔑称）の地スペインをほぼ平定したシャルルマーニュ（カール大帝）。あとはサラゴサの町を残すのみ。評議の結果、和議を結ぶことになった。シャルルマーニュの忠臣ロランは義父ガヌロンをその使者として推挙する。帰途につくシャルルマーニュ。ロランはガヌロンの推挙により最後部に位置する殿軍の指揮官に任命される。しかし、ガヌロンは敵軍に内通していたのだった。ガヌロンの裏切りによって殿軍は敵方の大軍に襲われる。サラセン軍一〇万に対してキリスト教徒軍はわずか二万。ロランは盟友オリヴィエとともに最後まで奮闘するも、ついに力尽きてみな討ち死にする。ロランが死の直前に吹き鳴らした角笛の音を耳にしたシャルルマーニュは踵を返してサラセン軍を殲滅した。裏切り者のガヌロンは捕らえられ裁判ののち、八つ裂きの刑に処せられる（図1）。

本作品は七七八年に起こったロンスヴォの戦いを題材とした叙事詩である。スペインからの帰途にあったシャルルマーニュの一行がピレネー山中のロンスヴォでバスク人に急襲され、殿軍にいたブルターニュ辺境伯ロランが戦死したと伝えられる事件である。武勲詩はカロリング期の歴史的な事件を素材とするが、およそ三〇〇年後に書かれた『ロランの歌』においては史実の割合はそれほど多くはない。バスク人はサラセン人に変更されているし、忠臣ロランの武勇は一一・一二世紀の封建社会の価値観に照らして語られる。本作品のなかでシャルルマーニュはキリスト教世界を守護する象徴的存在として描かれ、その軍勢は「神の掟をたたえ、高めるために」異教徒と戦うキリスト教の戦士たちである。武勲詩は宮廷に集う騎士たちに受容され、キリスト教的な騎士の理想を生み出すことになる。

『ロランの歌』はどのようにして誕生したのか。その起源については大きく二つの説に分かれる。多くの無名の人びとが語り継いできた内容がまとめられたという説と、才

図１　『ロランの歌』の複数のシーンが１枚の絵に収められている（中央右寄りの木の根元に息絶えるロラン；右上は処刑されるガヌロン）

出典：David Nicolle, *The Fall of English France* 1449–53 (Oxford, 2012), p. 49.

能あふれる一人の作者が生み出したという説である。その両者を折衷した案、たとえばロンスヴォの歴史的事件に関する言い伝えなど断片的な題材をもとにしながら、卓越した詩の才能に恵まれた人物が構成の整った一貫性のある作品に仕上げたという説が説得的であろうか。

『ロランの歌』の形式を見てみよう。オックスフォード写本は全四〇〇二行、二九一詩節からなる。一つの詩節の長さは五～三五行、平均で一三～一四行となる。一つの詩節のなかでは行末がすべて同じ母音で揃えられ、次の詩節に移ると、行末の母音は必ず前の詩節とは異なった母音になっている。このように詩節ごとに各行末が同一母音で統一されることによって、各詩節のまとまりが強調され、次節に移って行末母音が変更されることで、新たな詩節に入ったことが聴覚的にも確認される。このような母音押韻の特徴を有する詩節は武勲詩節（レス）と呼ばれる。内容的な面でも、詩節ごとに一つのまとまりがあって、原則として一つの詩節は一つの場面に対応している。こうした形式は、ジョングルールが暗誦して歌うことを容易にするものと考えられている。

異教徒と戦う騎士

次に、『ロランの歌』の中身を見ていこう。ガヌロンの奸計により、殿についたロランの部隊に敵方サラセン軍の大部隊が攻撃をしかけてきた場面で、ロランは槍を用いた一騎討ちで敵兵を打ち倒す。

ロランこれを聞くや、憤怒にもえて、
跨がる駒に拍車を当てつつ、早駆けに駆け、
渾身の力をこめて太刀打ちおろす。
仇の楯は砕け散り、鎖鎧は破られて、
胸深く切りつけて、背骨までをも砕きたり、
かくて背骨は背より離れ去れり。
さらに槍にて息の根をとめたもう。
それをいかにと言えば、その穂先ぐさりと刺し、ぐいとえぐり
長柄一杯突き刺したるまま、馬からどうと落せば
首根っこ真っ二つに折れて息絶えたり。

（『ロランの歌』九三節、神沢栄三訳）

こうした槍を用いた一騎討ちの場面は作品内に全部で二五カ所あるが、それらは①馬に拍車をかける、②敵の楯を割り、鎧を破る、③馬から討ち落とす、といった基本的要素で構成されている。このように定型的な表現手段を取っていることは『ロランの歌』をはじめとする武勲詩の特徴とされる。また「槍による一騎討ち」のほかにも、たとえば戦いの場面においては、「部隊に対する戦闘鼓舞」「戦闘の明暗を決する一騎討ち」「投擲武器による攻撃」「素手による争い」「侮蔑または脅しの言葉」「戦場での祈り」「死んだ英雄に対する哀惜」「逃走する敵の追撃」など、多くの作品に共通する常套のモチーフがある。そして、それらのモチーフごとに類型化された定型表現が存在している。

武勲詩の詩人はこのようなパターン化された定型表現を適宜組み合わせていくことで歌を作っていく。そのパターンは聴衆の側にも共有されており、聞き手はどこかで聞き覚えのあるテーマ・モチーフが馴染みのある定型表現によって語られることに楽しみを見出すのである。オリジナリティや新奇さを重視する近代的な感覚では単調で退屈に感じられるような表現だが、中世の人びとは「型」を楽しみ、名文句や格言が織り込まれた表現に喜びを見出していたと考えられている。

ところで、『ロランの歌』においてシャルルマーニュの戦いは、異教徒からキリスト教世界を守るための神の戦いであるとして、一種の聖戦思想と結びつけて捉えられている。これは、一〇万人のサラセン人の大軍を前にした殿軍を鼓舞する大司教テュルパンの説教にあらわれている。

「諸将よ、シャルルわれらをここに遣す。
われらが主君の御為に死するは当然。
キリストの御法（みのり）のために加勢せよ。
はやその眼にてサラセン勢を見給えば、
合戦間近しと覚悟はよしと覚えたり。
いざ罪を懺悔して、神に許しを乞い給え。
汝らの魂を救わんがため、罪障をば消して進ぜよう。
たとえ死すとも、たっとき殉教の士となりて、
いと高き天国に迎えらるるは必定なり」

（八九節）

この戦いはキリスト教世界を守るための戦いであり、神が味方している。シャルルマーニュのために命を捧げて戦えば、不幸にも命を落としたとしてもそれは聖なる戦いの犠牲者であり、殉教者として扱われる。テュルパンによるメッセージは、一〇九五年にクレルモンで十字軍を呼びかけたローマ教皇ウルバヌス二世の演説と響き合う。聖なる十字軍の理念は、こうした武勲詩を通じて騎士たちに深く刻まれていったであろう。

　また、この武勲詩は騎士道精神についても語っている。シャルルマーニュの殿軍めがけて迫りくる一〇万騎のサラセン人の大軍。ロランはオリヴィエに、本隊シャルルの援軍を求めるために角笛オリファンを吹くよう諭される。しかし、ロランはこれを頑なに断る。

オリヴィエの申すよう、「異教の輩（ともがら）は大勢なり、
げにフランスのわが勢は小勢と思い知られたり
わが友ロランよ、いざその角笛を吹き給え、
シャルルそれを聞こし召し、やがて軍を戻すべし」
ロラン応えて、「痴けたことを！
美し（うま）国フランスでわが名がすたるわ。
やがてこのデュランダルにて目に物見せてくれようぞ、
黄金造りの柄までも血染の焼刃にしてくれん。……」
（八三節）

このロランの態度は、名誉を重んじる騎士の鑑であろうか。それとも傲慢で驕り高ぶる利己的な名誉の追求者としての姿であろうか。いずれにせよ、宮廷に集う騎士や貴婦人は、『ロランの歌』をはじめとする武勲詩が歌われるのを聴きながら騎士道の理念に親しんでいったのである。

ロマンに描かれる宮廷風礼節

武勲詩がイスラーム教徒と戦う騎士の英雄的行動を高揚したのに対して、ロマン（物語）は宮廷の礼節と愛のあり方を表現した。また、武勲詩が歌われたのに対して、ロマンは歌唱から解放され、読み上げられるものとなった。ロマンにおいては、宮廷の華やかな生活を求め知的欲求を抱く貴族を対象に、「古代物語」や「アーサー王物語」が物語られた。ロマンの典型的主人公には、武勲詩の戦闘に長けた人物ではなく、洗練された言葉遣い、優雅な服装や身振り、気前のよさを持ち合わせた人物が選ばれ、身分の低い騎士による奉仕と高貴な奥方からの報いが「愛」として描かれた。ロマンの特色についていくつかの作品を通じて確認してみよう。

　一二世紀初頭の断片が伝わる『アレクサンドル物語』（一一七七年頃に完成）は、一二音節詩行で約一万六〇〇〇行の韻文からなる。戦闘における武勇を称揚する武勲詩に対して、知者による理想の追求が描かれ、「驚異」（メルヴェイユ）の要素がつけ加えられた点に特徴がある。異国に関心を寄せる作者は、古典古代の異教の神々への崇拝と中世の封建的な価値観との混淆のうちに、愛の逸話を織り

交ぜる。中世の騎士の装いで登場する主人公アレクサンドロスは、戦いを通じて軍功を重ねていくなかで、さまざまな「驚異」に出会う。怪鳥に吊り上げられ空高く昇り、透明の樽に入って海のなかを探検し、頭がなく胸に顔がついている人間や馬の蹄をもつ美女との遭遇を果たす（図2）。こうした古代物語は、前代の武勲詩の名残を残しつつ、次代の宮廷風物語の先触れとなる。

一一五二年にフランス王ルイ七世と離別し、イングランド王ヘンリ二世と再婚したアリエノール・ダキテーヌの宮廷を中心に、ロマンは「宮廷風物語」の色彩を帯び始める。一二世紀半ばに『テーベ物語』、『エアネス物語』、『トロイ物語』といった諸作品が生み出されている。このジャンルを発展させた代表的な作家は、クレチアン・ド・トロワである。アリエノール・ダキテーヌの娘でシャンパーニュ伯夫人マリの宮廷に滞在したクレチアンは、一一七〇年代から八〇年代にかけて、アーサー王と円卓の騎士の物語である『イヴァンまたは獅子の騎士』『ランスロまたは荷車の騎士』『ペルスヴァルまたは聖杯の物語』などアーサー王伝説を題材にした五作品を書いた。幻想と現実が入り交り、驚異と超自然に満ちた伝説の世界における愛と冒険を描いたロマンの傑作である。

アーサー王伝説は、ジェフリー・オブ・モンマス『ブリタニア列王史』（一一三六年頃）、ヴァースによる翻案『ブリュ物語』（一一五五年頃）を経て、クレチアンによって揺るぎない名声を得ることになる。こうして一三世紀を通じて発展していく「アーサー王物語」は、トマス・マロリー『アーサーの死』（一四七〇年頃）によって集大成される。

騎士ペルスヴァルによる「グラアル」の探索を描くクレチアンの『ペルスヴァル』は「聖杯神話」の嚆矢とされる。クレチアンは、もともとは食事用の広口の器を意味する語であった「グラアル」に、ケルト神話の超自然的イメージと、キリスト教的な神聖なるイメージをまとわせ、ここに「グラアル（聖杯）の神話」が誕生することになった。本作品では、神の秘跡の象徴「グラアル（聖杯）」を求めて冒険の旅をする騎士の姿が描かれ、キリスト教的騎士の理想（勇武、徳、敬虔、婦女や孤児の保護）が高らかに歌われている。

クレチアンの『ランスロ』は「宮廷風恋愛」の典型とされる。あらすじを追ってみよう。物語はゴール国の王子メレアガンによる王妃グニエーヴルの誘拐に始まる。探索に乗り出したランスロは、じつは人目を忍んで王妃を愛する身。探索の最中、罪人を運ぶ荷車をひく小男から、王妃に会いたければ荷車に乗るように言われ、わずかな躊躇を見せるも、これに乗り込む。そのために「荷車の騎士」と嘲笑されることになるが、多くの試練を経てランスロはメレアガンとの決闘を優勢のうちに終える。救出された王妃グニエーヴルは、荷車に乗る際にランスロが見せた躊躇に腹を立てるものの、彼を許して愛の一夜を与える。王妃は無事にアーサー王の宮廷に戻った。しかし、ランスロは不法

図2　ブレミュアエと邂逅するアレクサンドロス一行
出典：*La Vraye Histoire du Bon Roy Alixandre.* British Library, Royal MS 20 B XX, fol. 80r, London.

に捕らえられ、塔に幽閉されてしまう。番人の妻のおかげで、お忍びで馬上槍試合に参加し、王妃が命ずるままの活躍を見せる。再び塔に戻ったランスロであったが、今度はメレアガンの妹のおかげで解放され、宮廷での決闘でメレアガンを倒して幕となる――。本作品には、高貴な女性を崇拝し奉仕する騎士という宮廷風恋愛の理想が盛り込まれている。このようにクレチアン・ド・トロワは、南フランスのトゥルバドゥールにより生み出された「至純の愛」の観念と、北フランスが継承したケルトの遺産という二つの流れを、ロマンの作品のなかで見事に結合させたのであった。

ところで、「宮廷風恋愛」という言葉自体は後世の造語である。南フランスの抒情詩人トゥルバドゥールが見事に歌い上げた、若い騎士が高い身分の女性に捧げる絶対的な愛を、オック語で「フィナモール」（至純の愛）というが、後世の研究者がそれを「宮廷風恋愛」と呼ぶようになった。呼び名はどうであれ、南フランスから北フランスに伝わったフィナモールが、ロマンのなかで理想的に語られ、一二世紀の宮廷で大いに流行することになった。「恋愛は一二世紀の発明」と言われる所以である。ただし、政略結婚が一般的であった当時の宮廷にあって、この恋愛は本質的に結婚とは両立しない「不倫」の愛である。

宮廷風恋愛の情熱

クレチアンと並んでシャンパーニュ伯夫人マリの宮廷で

活躍した宮廷礼拝堂付きの司祭アンドレ・ル・シャプランは、古代ローマのオウィディウス作『恋の技法』（紀元前一世紀）に倣って、中世における宮廷風の『愛の技法』（一二世紀後半）を書き上げた。男性は「勇敢」で女性は「美しく」、そしてともに「雅＝宮廷風」で「賢く」あることが理想とされた。本作品には、宮廷風の「愛の掟」三一カ条がまとめられている。それによると、恋愛は結婚の妨げにはならない（第一条）。一人の恋人への忠誠を誓い（第三条）、愛する奥方に絶対服従しなくてはならない（第二六条）。容易に成就しがたい困難な恋ほど高尚であり（第一四条）、恋するものは、蒼ざめていなければいけない（第一五条）し、夜も眠れないほどでなくては本物ではない（第二三条）。このように宮廷風恋愛では愛の本気度が試される。

宮廷風恋愛がもてはやされる一二世紀後半には、ロマンに加えて「レー」というジャンルも成立する。その代表格がフランス文学史上、最初の女性作家とされるマリ・ド・フランスである。一二世紀後半のイングランドに住み、フランス語を用いた支配層、とくにヘンリ二世とアリエノール・ダキテーヌの宮廷と密接な関係をもって活動していたこと以外、詳細はあまり知られていない。ラテン語にも通じ、同時代の文学をよく知る、教養のある女性であったようだ。「レー」とは比較的短い歌物語のこと。たとえば、「トリスタンとイズー物語」に由来するマリ・ド・フランスの『すいかずら』はわずか一一八行からなるレーである。

マリ・ド・フランスの作品には、宮廷風恋愛のエッセンスが込められている。そこでは、男性からの愛が歌われるのみならず、男性と同じくらい女性たちも恋に身を焦がし、蒼ざめて夜も眠れず、大胆な行動をするさまが描かれる。異国の騎士エリデュックに恋してしまった王女ギリアドン。彼女は侍従に自身の恋心を語る。

「誓って申しますが、私、不幸なことに、厄介な破目におちいりました。
新しい傭兵隊長の、すぐれた騎士エリデュックを恋してしまったのです。
昨夜は眠ろうとして目を閉じられず、憩うことすらできませんでした。
もしあの方も私を恋し、その身を私に捧げてくださるのであれば、
私、お望みのままになりましょう。この国の王にもなれるのですから、
あの方にもきっと好都合でしょう。すぐれて賢く雅やかな方であるから、
恋してくださらなければ、私は悲しみのあまり死ぬよりほかありません」

（『エリデュック』月村辰雄訳）

エリデュックも王女に心惹かれていくが、彼には故郷に残してきたギルデリュエックという妻がいた――。このレ

ーは二人の妻をもつ男というモチーフのブルターニュの説話の代表例とされる。

果たして宮廷風恋愛の理念は現実社会に何らかの影響を及ぼしたであろうか。男性的、戦士的友情の価値観が支配的だった貴族階層のなかで、それまで女性は子どもを産む役割しか認められず蔑視されていた。だが、この新しい恋愛感情は理想化された女性イメージを徐々に普及させていくであろう。たしかに「宮廷風恋愛」や「騎士道精神」は、当初は文学作品のなかでの単なる理念の姿にすぎなかった。しかし、一二世紀後半の宮廷においてロマンやレーの作品が熱狂的に読まれるにつれて、その理想像は広く共有されていく。こうして一二・一三世紀には、現実社会においても騎士道の真髄が目指されるようになり、武勇と忠誠、貴婦人への礼節、弱者および教会の保護といった徳目の集成としての「騎士道」が、実際の世俗支配階層全体に受容され、貴族概念と融合していった。宮廷文化はこうして理想と現実が混ざり合いながら育まれていったのである。

（図師宣忠）

参考文献

ピエール゠イヴ・バデル、原野昇訳『フランス中世の文学生活』白水社、一九九三年。
原野昇編『フランス中世文学を学ぶ人のために』世界思想社、二〇〇七年。
『フランス中世文学集一〜四』白水社、一九九〇〜九六年。
シドニー・ペインター、氏家哲夫訳『フランス騎士道――中世フランスにおける騎士道理念の慣行』松柏社、二〇〇一年。

第2章

中世フランスの社会と文化

紛争に満ちた中世社会

およそ西暦一〇〇〇年を境として、社会のさまざまな側面で生活の諸条件や思考・表現の形式などフランスに特徴的な要素が形をなし始める。本章では主に、いわゆる紀元一〇〇〇年以降の中世フランスの社会と文化の特質を整理していきたい。

一一世紀初めにラン司教アダルベロンによって示された「三職分論」においては、「祈る人、戦う人、働く人」(聖職者、騎士・貴族、農民)という三つの身分がそれぞれに職分をもっていると観念された(図2-1)。中世キリスト教社会のなかで、聖職者、騎士、農民たちは実際にはどのような世界を生きていただろうか。ここでは、封建社会における紛争と暴力という観点から、彼らの姿を覗いてみよう。

一九世紀以来の「暗黒の中世」観は、文明化された近代の人間と対比して、中世の人間は粗暴で野蛮であり、自制がきかず、ごく些細なきっかけで、すぐに暴力に訴える非理性的な性格の持ち主だと捉えてきた。たしかに、中世社会は紛争・暴力に満ちており、実際にフェーデ(私闘)や紛争による焼き討ち、破壊、略奪、殺害などの暴力も頻発していた。また、すぐさま不満を募らせ燃え上がる怒りを露わにする中世の騎士たちの大げさな身ぶりは、感情をコントロールできない証拠と見なされてもおかしくはないだろう。

しかし、公的な裁判制度を備えた現代の社会とは異なり、じつは中世社会においては、武力の行使は必ずしもルール違反というわけではなく、彼らの派手なしぐさにも意味があったと考えられている。中世の騎士たちは無視されたり、不正に扱われたり、侮辱されたと感じた場合には、武力による自力救済の手段に訴えた。彼らは何よりも名誉を誇りにし、恥を不名誉とする価値観を共有しており、対立したのにあっさり退いてしまうというのは臆病な行為と見なされたのだ。傷つけられた名誉を取り戻すために大げさにでも怒りを示す必要があったのであり、武力による自力救済は正当な権利として認められていた。

図２－１　左から祈る人（聖職者），戦う人（騎士），働く人（農民）

出典：Aldobrandino da Siena, *Le régime du corps*: British Library, Sloane 2435, fol. 85r, London.

ただし、争いには暴力がエスカレートしないような一定の歯止めの仕組みも存在していた。たとえば、紛争の両当事者が一目置く人物が仲裁に入り、仲裁者は「よき助言」によって、当事者の怒りを鎮め、傷ついた誇りを癒し、また平和的に解決するために説得に努めた。また、謝罪の儀式や相互の贈与慣行など、和解の際には友愛関係が取り結ばれた。こうしたコード化された和解慣習により、紛争の拡大に歯止めがかけられていたのである。騎士たちの間ではこうした仲裁や和解の儀礼による紛争解決が図られていたが、これらは現代社会のように公的な裁判制度を前提としない中世社会に特有の秩序のあり方を示している。

キリスト教会による霊的な戦い

騎士たちの暴力は、ときに教会や民衆にも向けられた。こうした暴力に満ちた中世社会において、実効性のある軍事力を欠く教会の聖職者や修道士は、どのように騎士に相対していただろうか。教会は彼らの暴力に対して「霊的な武器」をとって対抗しようとしていた。すなわち、聖務停止令（信徒に対する祈禱・秘蹟の停止）や破門・呪詛の儀式など宗教的な手段を通じて難局を乗り切ろうとしたのである。

中世キリスト教社会において、聖人は病気の治癒など現世での利益をもたらす存在と見なされ崇敬の対象とされた。聖遺物（聖人の遺骨や聖人ゆかりの品）にはそうした奇跡をなす霊的な力があると信じられ、異教的信仰とも混じり合いながら聖人崇敬や聖遺物崇敬が広まっていた。このように聖人・聖遺物崇敬、巡礼、救いのための寄進や救貧活動が盛んな社会にあって、教会による霊的な武器に基づいた紛争解決の方策は一定の有効性をもちえた。たとえば、害を受けた聖職者は、聖遺物に対する祈りを捧げて敵対者への神罰を求める。すると、聖人の「奇蹟」が起きて敵対者が懲らしめられる――。（現在から見れば、到底信じられない事態であるが、実際には）聖職者は、敵対者に起こった何らかの損害、不運、果ては自然災害などを、悪人に対する神の懲罰と後づけで解釈し、それを喧伝することで「奇蹟」を広めていったのである。

しかし、それでも神罰を畏れぬ若い騎士が現れて手を焼くことがあったかもしれない。そういう場合は、もっと極端な方法がとられた。たとえば、「聖人を辱める儀式」である。これは神に助けを求める叫びの儀式である。本来は神聖なはずの聖遺物や聖像を地面へと引き下ろし、それらに苦しみの象徴である茨を被せる。聖職者たちは棒で聖像をたたき叫びながら神に助けを求める。ここでは守られるべき神聖な秩序は逆さまに転倒され、ひとえに敵対者の傲慢さがこうした異常事態を引き起こしたのだと社会全体に示された。この間、巡礼の受け入れも、地域の人びとのための祈禱や秘蹟も停止される。地域の有力者も魂の安寧のために聖職者の祈りを必要としたので、この事態を収束するために、当事者に圧力をかけて、教会や修道院との交渉の席につかせることになったという。

ただし、騎士は修道士に危害を与え、修道院の財産を狙う敵対的存在であるが、同時に修道院に寄進する存在でもある。それに修道士のなかには、騎士と同じ家系の出身である者も多くいた。つまり、修道士もその敵である騎士も支配者層であり、ともに同じ社会的ネットワークに属する人びとであった。こうした修道院と騎士との紛争では、騎士同士の仲裁や和解の儀礼による紛争解決の場合と同様に、紛争当事者の間に友好関係を成立させることが目指されていた。

「神の平和」と「神の休戦」

九八九年、南フランスのシャルー教会会議において、教会の財産を侵害する者、農民から家畜を奪う者、聖職者や修道士に暴力をふるう者を破門に処すと宣言された。こうして、横行する騎士たちの暴力を制限し、その被害を免れさせようとする「神の平和」運動が始まり、南フランスを中心にフランスのほぼ全域に広がっていった。司教や修道院長などが開いた集会では、多数の民衆が参加するなかで、騎士たちが聖遺物の上に手を置きながら、聖職者、農民と家畜、商人や巡礼、女性などを攻撃しない旨を誓った。ただし、この時点では騎士同士の紛争自体が問題とされたわけではない。「神の平和」の目的は、あくまで非武装の人びとへの危害の禁止と生じた被害への賠償であった。

その後、一一世紀の二〇年代から五〇年代にかけて「神の休戦」も各地に広がっていく。これは、特定の期間中の戦いを禁止するもので、水曜日の晩から月曜日の朝まで、また祝祭日にも戦闘しないことが誓われた。また「神の休戦」の理念として、キリスト教徒の間での戦闘と流血も断罪されるようになる。一〇五四年のナルボンヌでの教会会議では「すべてのキリスト教徒は、同じキリスト教徒を殺してはならない。キリスト教徒の殺害がキリストの血を流すに等しいということは明々白々だからである」とされ、騎士の攻撃性を抑制する試みがなされている。しかし、キリスト教の三職分論において、騎士は神から戦う使命を受けていたはずである。その使命は「神の休戦」との矛盾をきたさないのだろうか。やがて騎士たちは、「キリストの兵士」として信仰の敵に対してのみ戦うことが許されると考えられるようになっていく。一〇九五年のクレルモン教会会議で呼びかけられた十字軍は、騎士たちの暴力をキリスト教世界の外部に向けさせることになる。

神判と雪冤宣誓

中世前期の人びとはいかにして自らの無実を証明したか。現代では、客観的で合理的かつ科学的に信憑性のある証拠や証言による証明が求められ、裁判所は法律に従って犯罪者を処罰して、市民相互の紛争に解決を与える。これに対して、神判（神に判定を求める儀式に伴う物理的試練）や雪冤（せつえん）宣誓（被告が自らの無実を神にかけて宣誓によって証明しようとする方法）など中世の証明手段は、超自然的な力に訴えるという「非合理的な」証明方法に見える。ここでは中世社会におけるこうした方法の意味を考えてみたい。

たとえば（古代日本の盟神探湯（くがたち）にも似た）熱湯神判では、嫌疑をかけられている者に熱湯のなかに手を入れさせ、火傷の程度を見て判定が下された。被疑者は釜の湯のなかに手を入れ、そのなかの小石や指輪を取り出す。その後、すぐに包帯が巻かれ、三日後に検査される。火傷が順調に治っていれば無罪、「極度に腫れあがり、かつ（皮が）破れ、すでに化膿した肉から膿が流れ出る」ような場合は有罪とされた。熱鉄神判では、被疑者に灼熱の鉄を持たせたりその上を歩かせたりして、火傷の快復の有無で正否が決定された。冷水神判では、被疑者を縛った上で水のなかに入れて、（聖なる水は罪人を受け入れないから）浮かべば有罪、沈めば無罪とされた。こうした神判は、聖職者による熱鉄・冷水の祝別がなされ、キリスト教の儀式として執り行われた。

雪冤宣誓では、宣誓に成功すれば無罪だが、言い間違えるなど失敗は絶対に許されず、宣誓を躊躇・拒否しても当事者の敗訴となった。また被疑者は、一定の人数の宣誓補助者を集めてこなければならなかった。これらの宣誓補助者は、事件の内容に一切関わることはない。彼らは「主にかけて、彼（被告）が行った宣誓は潔白で偽りではない」と誓うことで、被疑者が良き人物であるという人格の保証を行う存在であった。

こうした方法で果たして「真実」は見つかるのであろうか。じつは神判も雪冤宣誓も、真実発見の方法が他にない場合に適用されたものであり、目に見える確実な証拠がない場合の最後の拠り所であった。「良い評判の信用のおける者」は、神判という物理的な試練を科されず、自身の宣誓によって潔白を証明することを許された。これに対して、信用されない人物や宣誓補助者を集められない人物は許されなかった。なぜ神判や宣誓が有効だったのか。中世社会においては文字で書かれた情報よりも声や身振りによる儀礼的コミュニケーションが重要と捉えられ、全ての出来事は神の意思によって結びつけられているという世界認識のもと、神が「真実」を示してくれると信じられていたのだ。

とは言え、火傷の治り具合を確認するのは共同体の成員である。その共同体に被疑者を再び迎え入れるかどうかの判断によって、火傷の治り具合というグレーな状態は白にも黒にも判定されたであろう。小さな共同体において紛争が発生すると、血縁関係を中心に敵対し、秩序の修復は困難になりがちである。そうしたなかで「神の判定」という共同体の大勢が納得できる（しなければならない）「コンセンサス」が求められる。つまり、平和回復の儀式として神判が必要とされたのだ。その意味で神判は中世前期の社会に適した紛争解決方法であった。

一二世紀後半になると、このような神判の有効性に対する疑念が示され、批判も出されていく。第四ラテラノ公会議（一二一五年）では、「いかなる聖職者であれ、熱湯または冷水あるいは熱鉄の雪冤のために祝福または聖化の儀式を行ってはならない」として聖職者の神判への関与が禁止された。一三世紀には、国王が「法と秩序」を担う世俗的公権力として、命令し、尋問し、判決を下す存在となり、「コンセンサスから権威へ」の移行が進んでいった。また、国王裁判や異端審問など聖俗の裁判において、新たな証明方法としての証人尋問が導入され、証言は記録が残され、保管された裁判記録は、のちの裁判において参照・利用されるようになるなど「合理的な」方法がとられるようになっていった。ただし、神判における身体への試練が姿を消す一方で、「真実」の証言を引き出すための拷問が認められるなど、何を「合理的」と捉えるかは現代的な価値観と未だ異なっている点は注意が必要である。

大開墾運動と農業革命

ここからは農村と都市の状況を見ていきたい。一一・一二世紀以降、城主を中心とする新たな支配形態が北西フランスから広まり、人的支配と並んで領域的支配が展開する。また、農業技術の改良や開墾の進展に伴う生産力の飛躍的な増大、人口の急増といった現象が見られ、貨幣経済が浸透し、都市・農村関係のなかで商業がますます活性化していく。

西暦一〇〇〇年頃の北フランスには深遠なる森の世界が広がっていた。ブナ、ナラ、カシワといった落葉広葉樹は高さ二五～四五メートルにも達する。こうした森のなかを河がゆっくりと蛇行していく。森に囲まれて沼沢地、荒地、草原、集落が点在していた。一一世紀半ば以降、「大開墾運動」が起こり、森を切り拓いて農地が作られていった。この開墾を主導したのは、助修士を擁するシトー派修道会であった。結果的にフランス全土のおよそ六割を占めた森林は二割にまで減少したとされる。

開墾運動の展開に伴って、中世農業革命（一一～一三世紀）とも呼ばれる技術革新が見られた。耕作道具の改良、有輪犂の普及や、牛や馬をつなぐ連結具の発達による効果的な繋駕法の導入、馬の蹄鉄の利用など、新たな技術が用いられ始める。また、春播き麦（大麦、カラス麦）用の畑、秋播き麦（小麦、ライ麦）用の畑、休耕地（牛馬を放牧、その糞で土地を肥えさせる）という三つの区画をローテーションする「三圃制農法」は、とりわけ収穫量の増大をもたらした。農業生産力が向上することで人口増加が可能になり、さらなる森林の開墾が進められる。農村部で余った人手は都市部へと流れていく。都市への人口流入は、商業の復活、都市の発展へとつながることになった。

農村における一年のサイクル

ベリー公ジャン一世（一三四〇～一四一六年）の依頼でランブール兄弟が制作（一四一二～一六年）を開始し、ジャン・コロンブにより完成（一四八五～八九年）された『ベリー公のいとも豪華な時禱書』は、ヴェラムと呼ばれる高級な羊皮紙に手書きされた豪華な彩色写本である。時禱書とは、一日七回の時課の祈禱の手引きのこと。一般に、福音書からの抜粋録、祈禱の章句、カレンダーとしてキリスト教年間暦（聖誕節、主顕節、守護聖人たちの記念日）などが記される。

この『ベリー公のいとも豪華な時禱書』には、冒頭部分にカレンダーとその挿絵一二枚が収められ、中世における季節図の様式に従って、年間一二カ月の労働が描かれている。休息と宴（一月）、暖炉にあたり、農夫が雪の上で働く（二月）、ブドウの整枝（三月）、野遊びと婚礼（四月）、騎士たちの行進と狩り（五月）、牧草の刈り取り（六月）、穀物の取入れと羊の毛刈り（七月）、鷹狩りと畑耕し（八月）、ブドウ収穫（九月）、種まき（一〇月）、ブタにドングリを食べさせる（一一月）、ブタを殺して腸詰をつくる（一二月）。いずれも中世を通じて続けられた一年の労働のリズムを示しており、興味深い。

図2－2　『ベリー公のいとも豪華な時禱書』10月

出典：*Les Très Riches Heures du duc de Berry.* Musée Condé, Ms. 65, fol. 10v, Chantilly.

図2－3　ミレー「種まく人」(1850年)

ここでは一〇月の挿絵に注目してみよう。右下に描かれる種まきの様子は、一九世紀にミレーが描く「種まく人」と重なる（図2－2・図2－3）。一方で、別の絵でも示されているように、脱穀において穀粒を穂から取り離す際に、殻竿による伝統的なスタイルがとられていた（図2－4）。近代以降に機械化が進むまでは、こうした農作業は大きな変化を見せず続いていたことがわかる。

農村での生活

それでは、中世の農村での生活を眺めてみよう。開墾された農地では、麦類の種まき（一〇・一一月および二・三月）、刈り取り（七・八月）、収穫祭という季節ごとのリズムがあった。収穫された麦はパン作りに用いられるが、それには製粉という過程が必要である。製粉には、中世に普及する水車が用いられた。水車はその他に、灌漑、製油、揚水、刃物の研磨、木材切断、製紙、製布、製革、製鉄など多様な用途に用いられている。麦は水車の回転を利用する碾臼（ひきうす）によって粉にされた。上石と下石の間隔が狭い固定式碾臼では、穀物を一回で細かく挽くことができるが、穀物の殻も一緒に粉にしてしまうので粉の色は黒っぽくなる。これに対して、可動式碾臼では、穀物は何回かに分けて挽かれ、最初に粗挽きをして殻を除いてから細かく製粉されるので、色の白い粉がとれた。

水車小屋というと、清冽な小川に佇む水苔に覆われた水車など、現在ではのどかで牧歌的なイメージを抱かれるかもしれないが、中世の水車には過酷なイメージがこびりついていた。領主のもとにいた農民たちは、製粉にあたって領主が独占する水車の使用を強制され、水車小屋（＝粉挽き場）で穀物量の一二分の一から二四分の一の使用料が課された。手廻し碾臼は禁止されており、自分たちで勝手に粉を挽いてはならない。自家消費のためのささやかな穀物にも粉挽き場が指定され、領主への「税」の支払いが義務づけられていたのだ。領主に雇われた粉挽き人は、農民にとっては自分たちとは別種の信用のできない人間であった。水車は言わば、領主による農民支配の象徴として捉えられていたのである。

図2－4　殻竿による脱穀（13世紀）

出典：*Martyrologe-Obituaire de Saint-Germain-des-Prés* (XIIIe siècle): Gallica, Bibliothèque nationale de France, Département des manuscrits. Latin 12834, fol. 64v, Paris.

パンを焼く段階にも領主の支配が及んでいる。パン焼きかまども領主に独占されており、パンを焼くにもかまど使用料（＝「税」）の支払いが課されている。パンのみではない。たとえば、ワイン作りにおいても収穫されたブドウを絞る際に絞り器の使用強制があった。このように中世の農村風景からは、城を中心に一円的支配を展開する領主の支配の構図が垣間見える。

キリスト教と食文化

ところで、キリスト教社会においてパンとワインは特別な意味を持っていた。たとえば、聖書の『コリント人への第一の手紙』には、主イエスが、パンをとってこれが「わたしのからだ」であると言い、杯をとってこれが「わたしの血」であると言って弟子たちに与えたと書かれている。そのためパンとワインは聖体の秘跡に用いられることになる。ミサにおいてパンとワインがイエスの体と血に変わると見なされ（聖体変化）、それを信徒が分け合う聖体拝領が行われた。また、オリーブ油は塗油の儀式に用いられた。中世におけるキリスト教の拡大に伴って、こうした地中海世界・キリスト教の食文化（宗教的な意味合いを有するパン、ワイン、オリーブ油）が北方へと伝播していき、ゲルマン人の「肉食」の食文化と融合していった。

また、中世における作物の栽培（農耕）と家畜の飼育（牧畜）という農業形態は、独自の生活様式を生み出した。農民たちは自然のリズムに合わせて牧畜生活を営んでいた。農民は家畜と同じ屋根の下で暮らし、交通手段としての馬、農耕のための牛、馬、防寒具としての羊毛など、家畜を多様な用途に用いた。蛋白源としての燻製肉や塩漬け肉、乳製品（ミルク・チーズ・バター）は食事で重要な位置を占めている。ただし、肉食はキリスト教における四旬節（灰の水曜日から復活祭の前日までの日曜を除く四〇日間）の断食など、宗教的な制限を受けてもいた。

気候の変動など自然環境との戦いのなかで、農耕・牧畜における技術改良が果たされていく。また保存の技術が向上し流通ルートも確保されていった。中世の食のあり方はそれぞれの地域・時代のさまざまな要素によって規定されていたのである。

中世都市の環境と衛生

中世都市はどのような環境にあっただろうか。市壁に囲まれ閉鎖された都市空間は、人口過密できわめて不衛生な状態にあった。都市の生業は環境汚染の主要な原因であった。たとえば、肉屋は道路上で家畜を解体し、皮を剝ぐ。ろうそく製造人や皮なめし工、染色工や縮絨工の作業は、悪臭の原因となり、運河や河川を汚染した。また、都市内で飼育される豚などの家畜の存在や、住民による塵芥や汚物の街路上への投げ捨てなど、中世都市は街路の汚染を引き起こす要因に事欠かなかった。都市当局はこうした事態をただ傍観していたわけではない。ごみ処理問題や道路管理など「公衆衛生」的な問題に対する都市の条例がたびたび出されている。

たとえば、アヴィニョンの都市慣習法（一二四三年）では、「いかなる者も塵芥の混じった水、藁の切れ端、ブドウの実の屑、人間の排泄物、洗濯水、そしていかなるごみも道路（公道）に投げ捨ててはならない。さらに家の前の道路にも何も投げ捨ててはならない」とされている。中世末期になっても状況は大きく変わっていなかった。一五世紀半ばのアミアンの都市文書によると、「四つの市門に囲まれた都市（アミアン）に居住する多くの人びとが、彼らの家、物置、その他の場所で豚を飼育していることから多くの不都合が生じた。豚は汚い動物であり、悪臭がふんぷんとし、人びとを危険な病気にかからせる恐れがあるゆえに、以前からこの都市の高官たちは、何人もこの都市の四つの市門の内側で豚を飼育すべきではないことを公示させ、命令してきた。この公示にもかかわらず、多くの豚が、それを飼育している人びとの隣人や良民の大いなる不快を顧みず、市内で飼育されてきた」のだという。

他の諸都市でもこのような度重なる禁止条項が作られている。都市当局は、下水溝を設置し、清掃、修繕、廃水処理を行っている。また汚水や汚物を垂れ流した市民への罰金を科した。一方で、飲料水の確保も都市にとって最重要の課題である。当局は、飲料水を供給するために公共の井戸や広場の泉を設置し、その清掃と維持を担った。しかし、こうした対策はほぼ効力をもたず、中世の段階では、街路や水をめぐる都市の対処は十分な成果をあげられなかった。こうした都市の環境汚染は、近代の都市改造に至るまで抜本的な解決策はとられることはない。

建築規制についても触れておこう。都市生活における最大の問題の一つが木造家屋の火災による延焼であった。延焼を防ぐための対策として、隣家との仕切り壁を石の防火壁としたり、屋根も藁葺きや板葺きからタイルやスレート、瓦葺きに変えたりと、家屋の一部を耐火性の建築材料にするよう規制がかけられた。中世都市には、ハーフティンバー（木材の骨組みを隠さず、骨組みの間を漆喰やレンガ、石などで埋める方法）で建てられた家屋が見られる。これは単なるデザインの問題ではなく、建築技術と建築規制のあり方が合わさった結果である。こうして各都市独自の都市景観が生み出されることになったのである。中世において都市当局による景観や美観に対する意識の高まりは見られたものの、都市空間の計画的整備といった全体的視点に立つものではなく、これも近代の都市改造を待たねばならない。

学校教育と大学

八世紀末から九世紀初頭にかけて、アーヘンのシャルルマーニュの宮廷が中心となった文化興隆の動きが見られた（「カロリング・ルネサンス」）。イングランドのアルクイン、イタリアのパウルス・ディアコヌスなど当代のすぐれた学者が宮廷に招かれて、ラテン的・キリスト教的な古典復興の仕事に当たった。彼らは、古代以来の基礎的教養である自由七科（文法、修辞、弁証の三科と、算術、天文、幾何、音楽という四科）を基本とした教育の確立を目指した。シャルルマーニュによって建てられた各地の司教座聖堂付属学校や修道院付属学校では、聖職者の知的水準の向上が図られた。

一二世紀になると、パリをはじめとする諸都市に多くの学校が作られ、教育内容も多様化していった。そうしたなかフィリップ二世の治世のもとでパリに大学が誕生し、一三世紀に大きな発展を見せる。パリには新たな住人である学生が集まるようになる。大学は同業組合として諸特権の獲得を通じて自治組織としての大学の形成へと向かっていく。

パリ大学は、学芸学部、神学部、法学部、医学部の四学部からなる。学芸学部では自由七科によって構成されたカリキュラムに基づく教育がなされた。学生は一四歳頃に学部に入り、基礎教育を受けたが、その内容を習得するために二〇歳頃まで留まることもあった。他の学部は、その教育水準の高さから上級の学部と位置づけられていた。勉強の期間も長く、法学部と医学部ではおよそ二八歳まで、神学部では三五歳くらいまでかかった。教育方法には四つの段階があった。レクティオ（講義）では、学生は教師による講義や解説を聞いてノートに書き留める。クワエスティオ（問題）で微妙な問題を含む原典のある部分について異なった意見を提示し、ディスピュタティオ（討論）において提示された問題に対する賛成や反対の討論を、筋の通る形で行う。最後にデテルミナティオ（結論）で教師がその論争を総合し、自分の答えを提示する。

パリの家賃は高く、写本の筆写で生計を立てるなど生活の困難に直面する貧しい学生をサポートすべく、学寮（コレージュ）が徐々に設立されていった。そのなかで、もっとも多くの学生を収容したのが、ロベール・ド・ソルボンによって設立された学寮であった。一方で、学生のなかには放蕩をする者もおり、都市での学生生活は頻繁する喧嘩や乱闘騒ぎに彩られていた。

中世前期には、修道士が膨大な時間と労力をかけて羊皮紙に筆写して彩色を施した写本は稀少で豪華な工芸品であった。高価な食器などと並び修道院の経済的な資産であったのだ。しかし、大学が発展していく一三世紀以降、大学での教授たちの講義録が分冊（ペキア）ごとに書写され刊行されるようになり、書物は読まれるものとして増加・拡大を遂げていく。版型も小さくなり、それまで以上に参照され、持ち運ばれるようになる。紙の使用も始まり、「道具としての書物」への完全な転換にはもはや印刷術を待つだけとなる。

キリスト教会とフランス社会

最後に、中世盛期から後期にかけてのキリスト教のフランス社会への浸透についてまとめておきたい。一二世紀になると、聖地巡礼や十字軍の熱狂と結びついて十字架が崇拝されるようになる。そこでは、キリストの受肉と十字架上の死が強調され、キリストの「聖体」に対する礼拝が重視された。何も持たず荒野をさまよい歩く新約聖書のキリストの姿は、人びとに「清貧」の理想を思い起こさせ、一二世紀以降、「聖体の祝日」（聖霊降臨後第一主日後の木曜日）が祝われ、聖体行列が行われるようになった。また、キリストの母、処女マリアに対する崇拝も拡大していく。聖母マリアについては、一一世紀に「聖母の無原罪の御宿り」の祝日（一二月八日）が設けられ、一二世紀からは処女マリアをたたえる「聖マリア被昇天の祝日」（八月一五日）が祝われるようになった。

シトー会やプレモントレ会など新たな修道会や律修参事会が誕生するなか、一二世紀には人びとの宗教心が覚醒していく。一二世紀半ばには、七つの秘蹟（洗礼、堅信、聖体、悔悛、終油、品級、婚姻）が定められ、「グレゴリウス改革」の成果が浸透していった。ヴァルド派やカタリ派などの異端による混乱はあったものの、一三世紀には九つの大司教管区、七七の司教区など教会組織が整備されていった。また、ドミニコ会とフランチェスコ会をはじめとする托鉢修道会が至るところで活動していく。両修道会（とりわけ前者）は異端審問を担い、異端弾圧を進める一方で、正統と異端とのはざまで惑っていた民衆の信仰心を取り戻していった。ドミニコ会はパリ大学において重要な位置を占めていく。

しかし、一四世紀から一五世紀にかけて、「教皇のバビロン捕囚」とシスマ（教会大分裂）に代表されるように、教会は危機と分裂の時代を迎える。フランスの教会が「ガリカニスム」の動きのなかで国民教会へと変貌を見せ、宗教的敬虔は平信徒によって担われるようになっていった。近世へとつながる平信徒の信仰の内面化はいかにして進められることになっただろうか。

百年戦争が続く一四・一五世紀には、度重なる戦乱や飢饉、疫病（ペスト＝黒死病）の流行などにより、膨大な数の死者が出た。死を身近に感じざるをえない状況のなかで、死と罪の意識に重きを置く人びとが増えていった。当時の聖体行列、受難劇、最後の審判や地獄を描いた絵画などにはその兆候が如実に表れている。トランジ（腐敗遺骸像）やダンス・マカーブル（死の舞踏）に見られるように、イマジネール（想像界）には髑髏や腐敗した屍が氾濫する。たとえば、一五世紀初頭に流布した絵画「死の舞踏」には、死を象徴する骸骨が、貴賤、貧富、年齢、性別の別なく人びとを死の世界に連れていくさまが描かれている（図２－５）。一五世紀に多数書かれた良い死に方についての指南書『往生術』（アルス・モリエンディ）にも、死を身近に感じる中世人の意識が示されている。こうした死に対する観念（「メメント・モリ（死を忘れるなかれ）」）や罪の意識は、十字架、ピ

図２－５　枢機卿も国王も死に連れて行かれる（ギー・マルシャン「死の舞踏」1486年）

出典：*Miroir salutaire*（1486）: Gallica, Bibliothèque nationale de France, départment Réserve des livres rares, RES-YE-189, Paris.

エタ（十字架から降ろされたイエスの遺骸を抱く聖母マリア）、キリストの受難に対する関心を高めていった。

一四世紀末には、スペイン人でドミニコ会士の説教者ヴィンセンシオ・フェレルとともに「鞭打ち苦行者たち」が南フランスにやってきている。また、一四世紀末以降のネーデルラントとドイツにおける「新しい信心（デヴォツィオ・モデルナ）」の動きは、一五世紀半ばにはフランスに到達する。トマス・ア・ケンピスの作とされる『キリストにならいて（イミタティオ・クリスティ）』のフランス語訳（一四四七年）や聖書のフランス語訳（一四七七年）が出されたほか、聖書の物語や訓話もフランス語に訳されて読まれていった。こうして福音主義的な民衆の動きが活発化していく。王侯貴族だけではなく、平信徒のレベルでも『時禱書』が広まりを見せ、内的敬虔や瞑想を通じて自己の宗教的感情を内面化していった。中世末、いまや聖書に親しみ始めた平信徒にとって、教会から離れ、聖書にのみ頼るとする宗教改革者の声を受け入れる準備は整いつつあったのである。


（図師宣忠）

参考文献

J・ヴェルジェ著、大高順雄訳『中世の大学』みすず書房、一九七九年。

P・ギアリ著、杉崎泰一郎訳『死者と生きる中世──ヨーロッパ封建社会における死生観の変遷』白水社、一九九九年。

G・ドークール著、大嶋誠訳『中世ヨーロッパの生活』白水社、一九七五年。

J・ル＝ゴフ著、池田健二・菅沼潤訳『中世とは何か』藤原書店、二〇〇五年。

B・ロリウー著、吉田春美訳『中世ヨーロッパ食の生活史』原書房、二〇〇三年。

ゴシック美術——パリ、ノートルダム大聖堂とその周辺

ゴシック美術とは

ゴシック美術は、西ヨーロッパで一二世紀中葉から一六世紀まで作られた美術である。ゴシックとは、狭義では聖堂を中心に建築様式のことを指す。今日では、建築、彫刻、絵画、工芸、書体などの美術一般に共通した特性を認めて広義のゴシック美術と呼ぶのが普通である。

簡潔にいえば、ゴシック美術は二面的であることが特徴だ。たとえば、聖堂建築やステンドグラスにみるような霊性を象徴的に表象する一面と、人物や自然など身近な事物を観察したかのような写実的な一面が併存する。神秘的な宗教性と人間らしい遊戯的な世俗性が共存する。一四世紀末にイタリアで始まったルネサンスは、一五世紀後半にはフランスへも波及する。したがってゴシック美術は時代的には中世に始まったが、ルネサンスに入ってもなお存続していた。二つの時代にまたがるのがゴシック美術である。絵画や彫刻では、徐々に写実性を発展させながら象徴性の高い色彩や主題の選択がなされ、隠された意味を読み取らせて啓発する機能が重視された。絵画は線描性と装飾性を併せもつグラフィックな性質を特徴としつつ、一三世紀末から徐々に三次元的な立体感と奥行き感を強め、一四世紀を通じて透視図法的な空間表現への移行が進む。ゴシック美術がルネサンスと同根の人間を中心とする合理的な認識を基盤とすることがうかがえる。

ゴシック美術は、主として都市で育まれた。そこでは、格式の高いキリスト教の聖堂、世俗君主の宮廷、聖堂付属学校に代わって活況を呈する大学、裕福な上層市民層が経営する種々の工房や商店などが一つの空間を共有していた。中世美術といえばキリスト教美術とほぼ同義だが、ゴシック美術では世俗的な主題を表現した美術や世俗的な用途の美術もキリスト教美術と並んで重要である。それは、都市住民の多様な関心と需要を反映して、美術の機能や目的が多様化したからだと考えられる。

本稿では、パリのシテ島の東部分に建つノートルダム大聖堂（以下、パリ大聖堂）（図1）を中心として、「大聖堂の時代」とも呼ばれる一二世紀後半から一三世紀半ばまでのゴシック美術について触れることにしたい。

ゴシック建築の誕生からパリ大聖堂の改築まで

　パリ大聖堂がどのように現在の威容を現すに至ったのかについて、大聖堂そのものに加えて文献資料やシテ島の考古学的調査からさまざまなことがわかる。大聖堂の敷地には、古くは聖母マリアに奉献された小聖堂があった。大聖堂の現在の大聖堂広場には、四世紀末の建立以来増改築が繰り返された聖ステファノに奉献されたサン・テティエンヌ旧大聖堂が建っていた。今の大聖堂は、パリ司教モリス・ド・シュリーが旧大聖堂を取り壊して改築させた。改築の動機はさまざまに解釈されている。曰く、パリの人口爆発に対して約七〇メートルの奥行きをもつ旧大聖堂では手狭になっていた、旧大聖堂の位置に幹線道路を新たに通す必要があった、大聖堂付属の参事会館、司教館と施療院を拡充する事業を進めていた、低い身分の出ながら司教の位まで昇りつめたモリス・ド・シュリーが自らの業績を誇示しようとした等々。何よりも、一二世紀中葉から姿を現し始めた新様式に魅了されたことが、首都パリにふさわしい壮麗な聖堂の建造をパリ司教に決意させたのは疑いない。

　実際、一一二〇年頃から、ピカルディ地方やイル・ド・フランス地方の王領に集中して新しい造形原理を示す聖堂が建ち始めていた。一一四〇年代前半に、五世紀以来歴代の王朝と密接な関係を築いてきたサン・ドニ大修道院では、修道院長シュジェ（シュジェール）の監督下、いよいよ老朽化したカール大帝が建立したと伝えられる旧聖堂を拡張する形で、新しい聖堂の内陣と西正面が旧聖堂を挟んで姿を現した。同じ頃、パリ司教区も管轄下に置くサンス大司教区のサン・テティエンヌ大聖堂も改築が進められた。一一五〇年代にはラン、ノワイヨン、サンリスなどの大聖堂が続いた。パリ大聖堂は、これらに続く初期ゴシック様式の代表作の一つである。

図1　パリ大聖堂西正面

　パリ大聖堂は、一説によれば一一六三年にフランス王ルイ七世の臨席のもと教皇アレクサンデル三世が起工式を執り行うと、慣例に従って大聖堂の東端に位置する内陣から建設が開始された。内陣は、聖職者のみが立ち入る、ミサを執り行うための祭壇が安置される最も神聖な空間である（図2）。一一八二年に新しい内陣に主祭壇が置かれると、信徒がミサに参列するための空間にあたる身廊の建設が西

図２　パリ大聖堂内陣（1163-80年頃）と身廊（1190-1225年頃）（2019年の火災前）
出典：小学館『世界美術大全集　西洋編』第９巻，1995年，119頁，挿図46。

に向かって進められた。どっしりとした円柱と丸みのある六分交差リブ・ヴォールト天井は、ラン大聖堂と類似するが、ラン大聖堂の天井の高さが二五メートルなら、パリ大聖堂では一気に三三メートル近くにまで引き上げられた。ノワイヨン大聖堂、サンス大聖堂、サンリス大聖堂でも天井は二五メートル以下だ。他方、パリ大聖堂よりも後に完成したシャルトル大聖堂は三七メートル、ランス大聖堂が三八メートル、盛期ゴシック様式を代表するアミアン大聖堂が四三メートルだから、ゴシック大聖堂が高さを志向していたのは明らかである。

パリ大聖堂のリブ・ヴォールト天井を覆う屋根は、西正面から内陣の東の先端まで連なる直線的なリッジ（棟）によって大聖堂の長さと高さが強調される（図３）。板状の鉛が葺かれた鈍い金属色の外装からは想像しがたいが、屋根を支える構造は木造である。高層な聖堂は落雷の危険にさらされており、ことにパリ大聖堂のように過密都市の中心に建てられた場合には火災の危険が増す。しかし、パリ大聖堂の屋根は、一二二〇年代の部分的な火災を例外として、シュリー司教が開始した建築事業当初の古い屋根が代々のパリ市民らによって八〇〇年近く守られてきたもので、その歴史的な価値も高かった。二〇一九年四月に赤々と炎を上げてその屋根がほぼ全焼したことは、パリのシンボルとして名高いモニュメントの破壊として全世界に衝撃を与えた。そしてフランス人にとっては、祖先が連綿と守り伝えてきた霊的な拠りどころを自らの代で毀損してしまったことに対する、深い悲しみと怒りを覚えずにはいられない大事件となったのである。

ロマネスク建築からゴシック建築へ――アーチの革新

さて、何がゴシック様式の聖堂の高さを可能としたのだろうか。パリ大聖堂の身廊の円柱は大型で、初期ゴシック聖堂に特徴的などっしりとした量感からはロマネスク様式の建築との関連が依然濃厚に感じられる（図２）。ところが、円柱が支えているアーチに注目すると、ロマネスクまでの半円アーチとは大きく異なった尖頭アーチが採用されている。半円アーチは、文字どおりコンパスを半回転させた弧の形をしている。アーチの直径は柱間と等しく、アーチの高さはつねに半径すなわち柱間の半分である。これに対し、尖頭アーチでは、いわば二等辺三角形のコンパスによる補助線がアーチを形成する。尖頭アーチは壁体への荷重を減らす効果があり、比較的自由に高いアーチを設計することができる。たとえば、サン・ドニ、サンス、ラン、パリ、アミアン、ランスと年代順に西正面ファサードを見比べてみると、年代が新しくなるほど漸次的に聖堂の高さとともに尖頭アーチの高さが増してゆくのが確認できる。

　パリ大聖堂の内陣や身廊には、円窓とランセット窓と称される尖頭アーチ形のステンドグラス窓が上層の高窓、中間層のトリビューン、下層の側廊の三層にわたって並んでいるのが印象的だ（図2、3）。ステンドグラスの多くが近代以降の修復だが、往時の堂内へ差し込む光の視覚的効果をしのぶことは可能だ。ロマネスク聖堂のステンドグラスは小さく、明色ガラスを使用する。ゴシック聖堂では窓の面積が飛躍的に増え、濃い赤や青を基調とする暗い色調が特徴的である。暗い色調が好まれた理由として、ロマネスク聖堂内の暗さを継承した、神の真の光に比較して人知の蒙昧さの暗喩を意図した、濃色の色ガラスの色調が好まれた、等の解釈がなされている。

　ゴシック聖堂のように天井を高く、窓を多くするには、ロマネスク建築のように壁体で建物を支える構造では技術的に限界がある。そこで、壁体に代わり柱で構造を支える工法が考案された。石造の天井を交差リブ・ヴォールトとして荷重を柱に集め、聖堂の外部から扶壁と飛び梁（フライイング・バットレス）が柱を補強する（図3）。ゴシック聖堂のステンドグラスは、壁体が建築構造を支えるという機能から解放されて開口部を大きくうがつことが可能となって実現したものなのだ。初期ゴシック様式のパリ大聖堂内陣や身廊のランセット形のステンドグラスは、幅が広い割にはさほど高さがない、ずんぐりとしたプロポーションが特徴だ。しかし、三〇メートルを超す前代未聞の天井高とともに、身廊から内陣に向かってずらりと並ぶステンドグラスは、当時の人びとを圧倒したに違いない。

図3　パリ大聖堂南面（2019年の火災前）

出典：James Snyder, *Medieval Art*, New York, 1988, p. 358, fig. 464.

西正面の彫刻と図像学（イコノグラフィー）

パリ大聖堂の西正面は、身廊の建造と前後しながら一一九〇年から一二六〇年までの間に二度の工期を経て建てられた（図1）。ちょうどシャルトル大聖堂の改築が進められた頃、盛期ゴシック期に区分される時代のことだ。西正面の双塔の高さは約七〇メートルで、西正面全体を視界に捉えようとするなら大聖堂広場の端まで下がったとしても仰ぎ見る必要がある。西正面には三つの扉口があり、ロマネスク期以来の伝統を踏襲して各扉口の周辺は多数の彫刻で装飾された。一九世紀にヴィオレ＝ル＝デュク等が進めた修復が著しいことに注意する必要があるが、建造当時の状況を把握することは可能である。

中世キリスト教美術などの意味内容の表現法のルールを、聖書などのテクストを参照しながら経験的に導き出し、作品の主題を明らかにして深く解釈する美術研究の方法を図像学（イコノグラフィー）という。その図像学的な分析によれば、三つの扉口の彫刻の主題は、向かって左の扉口が大聖堂が奉献されている《聖母伝》、中央扉口が《最後の審判》（図4）、右扉口は聖母の母アンナにちなむ《聖アンナ・聖母伝》である。扉口の上方には、西正面を横断して旧約聖書の二八人の王の全身像が立ち並ぶ《諸王のギャラリー》がある。さらに上層中央には、車輪のような円形のバラ窓が置かれ、さらに細い柱身の列柱が重なる。図像学的な解釈では、上方ほど天上世界と遠い過去を同時に象徴し、地面に近いほど俗世と近い過去・現在を象徴する。

図4　パリ大聖堂西正面中央扉口《最後の審判》（1190-1225年，まぐさ石は19世紀の修復）

《諸王のギャラリー》は、旧約聖書の大預言者イザヤによるダヴィデ王の家系から救世主が誕生するという預言と、新約聖書の福音書記者マタイが列挙するイエスの祖先たちを表現する（革命期に歴代フランス王の像と誤解され、著しく破壊された）。西正面の彫刻全体のテーマは何だろうか。《諸王のギャラリー》を左から右に見てから、視線を下に移し、右扉口《聖アンナ・聖母伝》、左扉口《聖母伝》、中央扉口《最後の審判》と見てゆくと、旧約の預言がイエス降誕により成就し、世界の終末が近いことが西正面全体を用いて視覚化されていることが読み取れる。

すでにロマネスク期に《最後の審判》は非常に人気があった。独特の空想性豊かな造形と強い象徴性を持ったロマネスク彫刻では、再降臨のキリストが大きく、畏怖を抱かせる厳しい形相で表されたのに対して、パリ、ブールジュ、アミアンなどのゴシック大聖堂では、キリストは写実的に表現され、緩やかな曲線を描く柔らかな衣に包まれて甘美な優雅さを漂わせている（図4）。また、主要図像の周縁には、動植物や怪物などの彫刻が彫られた。

大変な労力を費やして大聖堂を造営した意味について、一九世紀以来さまざまに考えられてきた。聖堂全体を一冊の聖書や神学者ヴァンサン・ド・ボーヴェ著『大鏡（スペクルム・マユス）』にたとえて無数の彫刻やステンドグラスの一つひとつを読み解くマールの図像学や、聖堂建築と当時のスコラ学の思考的枠組みとの関係について思索したパノフスキーの論考のほか、大聖堂を天の隠喩、現世の社会の縮図、中世人の宇宙観の表象、文化人類学的な空間と見なして、多角的な図像学的解釈が試みられている。

袖廊と大バラ窓――レイヨナン様式完成

西正面に続き、一二五〇年から六〇年頃に、南北の袖廊が建てられた（図5）。壁面上部のほとんどを占める大型のバラ窓を外から見ると、トレーサリーと呼ばれる窓枠や壁面を装飾する石造の部材がレースのように放射状のステンドグラスの縁を強調しながら装飾する。大バラ窓の下には縦長のランセット窓が並び、トレーサリーによって垂直性が強調されている。内部から大バラ窓を見れば、袖廊の壁面がほぼ完全に窓に置き換わったゴシック建築の発展段階を示していることがわかる（図6）。大バラ窓のトレーサリーの放射状に広がる意匠にちなみ、一二三〇年頃から一三七〇年代までのゴシック様式をレイヨナン様式と呼ぶ。アミアン、ランス、ボーヴェ大聖堂などがレイヨナン様式の代表作だ。柱の規格の統一、途切れることのない天井のリブから柱を伝って床に届く導線、水平方向への尖頭アーチやランセット窓の連続により、聖堂内部の統一された視覚効果は完成の域に達する。

《アダム像》は、南袖廊南壁の内側の装飾の一部である（図7）。細身でのびのびとした裸体の表現から、実際のモデルを観察して制作されたことがうかがえる。また、古代彫刻を参考にしたとも考えられ、裸体を原罪の象徴とみる態度から古代的な裸体に積極的な美を認めるのと似た、現世肯定的な態度の芽生えを感じさせる。

図5　パリ大聖堂南袖廊大バラ窓

ゴシック聖堂の美とその造形原理の拡がり・終焉

パリ大聖堂の建造を概観することでみえてきた，ゴシック建築にみられる上昇性と尖頭アーチの連続は，ゴシック美術の造形原理の一つの表れとみることができる。たとえばゴシック美術の人物像が，実物のような人間らしい風貌と身体を特徴とする一方で，背が高い痩身として表現されるのは，建築と通底する造形原理によって説明できる。また同時代の墓碑彫刻，祭壇の側面浮彫，祭壇画の外枠，彩飾写本の挿絵は，聖堂建築を連想させる，尖頭アーチ，小塔，ピナクルで装飾されている（図８）。

ゴシック美術と同時代に使用された書体もゴシック書体と呼ばれる。判読のしやすさを犠牲にしてまで追求された視覚的効果は，やはり垂直性の強調である。この時代，パリの写本制作は，空前の繁栄をみせていた。修道院内の自給的なスクリプトリウム（写本制作室）に代わり，一三世紀半ばには市中で手広く取引を行う書店，羊皮紙商，薬種商，写字生，彩飾画家らがさまざまな需要に応えるようになった。写本の制作に関わる業者は，大聖堂前に新しく開かれた幹線道路や隣接するセーヌ左岸のサン・セヴラン教区聖堂の周囲に集中して営業していた状況が，パリ大学カルチュレールやタイユ税の徴税帳などからみて取れる。大聖堂とシテ王宮と大学に囲まれた街区だ。写本彩飾のデザ

図６　パリ大聖堂北袖廊大バラ窓とランセット窓
出典：ロルフ・トーマン編『ヨーロッパの大聖堂』河出書房新社，2017 年，303 頁。

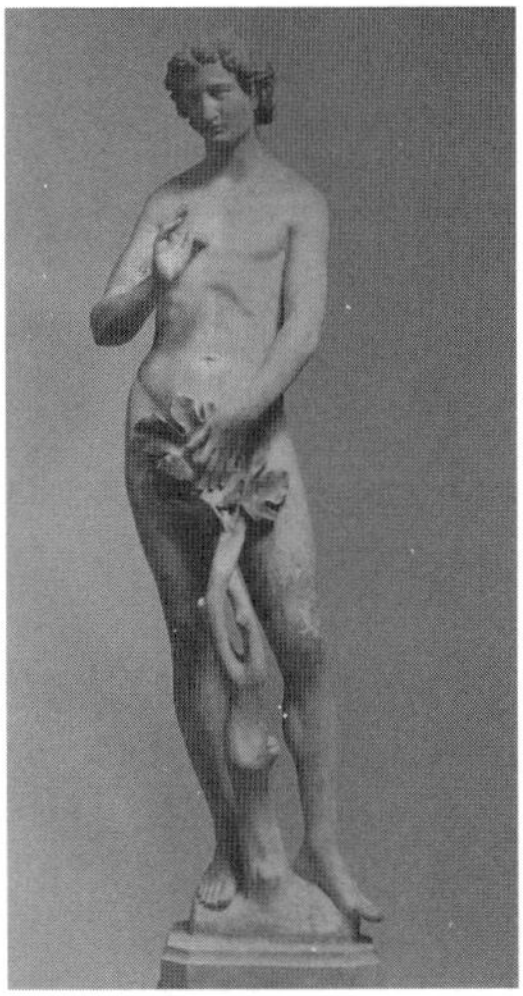

図７　アダム像（1260 年頃，フランス国立中世美術館所蔵）
出典：Philippe Plagnieux, *L'art du Moyen Age en France*, Paris, 2010, p. 364.

図8　『サント・シャペルの第4読誦福音書』よりキリストと弟子たち（13世紀末，大英図書館，Add. MS 17341, fol. 151）。
出典：Robert Branner, *Manuscript Painting in Paris During the Reign of Saint Louis*, Berkley, CA, 1977, fig. 409.

インがゴシック聖堂が実現した美を取り入れたのはむしろ当然だ。パリに限らず、一三世紀から一五世紀のフランスで制作された写本の挿絵にとくに顕著だが、青、赤、金を基調とした装飾的な背地は明らかにステンドグラスの視覚効果を意識したものである（図8）。大学で使用された小型聖書などの装飾のない学術書でも、イニシャルに色が使用される場合、まず赤が使用され、少し高価になると青が加わり、贅沢な写本には金も使われた。写本彩飾や絵画における彩色がもっぱらステンドグラスからの影響によって決定したとは限らないが、青、赤、金を重用する色彩シンボリズムがゴシックの視覚文化の大きな特徴であることは確かである。

　フランスでは、レイヨナン様式の登場によりゴシック様式は完成の域に達した。その後、一四世紀から一五世紀前半までは地方様式の発展のほかは大きな変化は認めがたい。しかし、フランス国外に目を転じれば、ゴシック様式の建築はラテン語でフランキゲヌム・オプス、「フランスの作品」と呼ばれ、ドイツ、イギリス、イベリア半島などで熱狂的に受容されて地域色の強い装飾性をそれぞれ発達させてゆく。一五世紀後半にそうした装飾豊かなゴシック様式が「逆輸入」されて、フランス・ゴシックは新たな段階に入る。

　だが同時に、フランスはイタリア・ルネサンスの動向にも敏感であった。ダンテやペトラルカから人文主義者は、古代とは異なる「中世」という時代感覚に目覚めた。さらに一五世紀以降、古代建築の本格的な研究の進展は、同時代に主としてアルプス以北で建てられていた建造物がいかに古代とは隔たった様式であるのかをイタリア人に痛感させることになった。これを堕落と非難し、古代ローマ帝国を崩壊に導いた蛮族にたとえてゴシック、「ゴート的な」と痛罵したのもイタリア人である。やがてイタリアの人文主義的な価値観を共有するに至ったフランスは、一六世紀以降ゴシック美術を放棄することになるだろう。

　以上のように、過去に作られた美術作品の造形原理や様式とその発展を知ることは、芸術の歴史だけでなく、当代の人びとの価値観や心性をうかがい知るために重要なのである。それだけではない。上述したパリ大聖堂の焼失した屋根をどのように再建することが最適か、フランスでは大論争が起きている。パリ大聖堂は、長い歴史を通じて修復を重ねることで今日の姿がある。近年、フランス革命後のヴィオレ＝ル＝デュク等による大規模な修復と「復元」について、中世美術に対する不正確な知見という否定的な評価から、一九世紀ならではの「近代的なゴシック様式の理解」として積極的に評価する研究が日本でも相次いでいる。

では、今日の先端科学を駆使しながらヴィオレ＝ル＝デュクが試みたような、建造当初の姿にできるだけ忠実な復元をすべきなのだろうか。あるいは、ヴィオレ＝ル＝デュクによる復元もまた復元すべきか。むしろ、復元や修復の観点から離れて二一世紀的な最新の技術を用いて斬新な様式を加えることで、大聖堂の長い歴史に新たな一ページを加えるのがよいのか。中世などの古い時代から伝わる文化遺産の研究と理解が、決して過ぎ去った過去を対象とする静的な営為ではなく、きわめてアクチュアルな問題を提起するものであることを、パリ大聖堂の悲劇は改めて私たちに喚起してもいるのだ。

（黒岩三恵）

参考文献

泉美知子『文化遺産としての中世――近代フランスの知・制度・感性に見る過去の保存』三元社、二〇一三年。

ウンベルト・エーコ編、植松靖夫監訳、川野美也子訳『美の歴史』東洋書林、二〇〇五年。

木俣元一・小池寿子著『西洋美術の歴史3　中世Ⅱロマネスクとゴシックの宇宙』中央公論新社、二〇一七年。

越宏一『ヨーロッパ中世美術講義』岩波書店、二〇〇一年。

佐藤達生・木俣元一著『図説　大聖堂物語――ゴシックの建築と美術』河出書房新社、二〇〇〇年。

アーウィン・パノフスキー著、前川道郎訳『ゴシック建築とスコラ学』ちくま学芸文庫、二〇〇一年。

エミール・マール著、田中仁彦ほか訳『ゴシックの図像学』上下、国書刊行会、一九九八年。

第Ⅱ部

ルネサンスからバロックへ——一六〜一八世紀

ルイ 14 世の肖像

ノエル・コワペル「ルイ 14 世のメダイヨンを掲示する天使たち」1660-65 年頃（出典：*Musée des beaux-arts de Rennes: guides des collections*, Paris, Réunion des musées nationaux, 2000, p. 61）。

第3章

フランス・ルネサンスの光芒

「かくも光に満ちあふれた時代」

「新たな知に照らされた光り輝く時代」。一五三二年、人文主義者フランソワ・ラブレーは友人である法学者アンドレ・ティラコーに宛てた書簡のなかで、今この時をそう表現した上で、「かくも光に満ちあふれた時代」に生まれた喜びを語り、人は「ゴシックのまるで墓場のような濃い霧」に囚われたままでいるべきでなく、「太陽が照らす光の方へ」目を向けよと述べている。一六世紀初頭を生きた人文主義者は、中世末期の暗く、不幸な時代からの脱却を、闇を照らす光の勝利、人びとを善導する知がもたらす夜明けという比喩を用いて高らかに表現した。こうした言説をもとに、ルネサンスを中世とは画然と切り離された時代として捉え、キリスト教精神とは対立する人間中心的な近代精神のあらわれと見なす考え方そのものは、今日では中世研究の進展やルネサンスの具体的な作品に即した研究の深化によって見直されている。中世は古代や古典に無関心ではなかったし、ルネサンスは世俗化や近代化と同義ではない。とはいえ、古典の原典批判や註解といった学究的な作業の中から、人間はいかに生きるべきかを真摯に問いかけた同時代人の意気込みは、新しい時代の幕開けを実感し、社会のさらなる進歩を望む強い気運がなければ生まれはしないだろう。

フランスにとって新しい時代の息吹に決定的な刺激を与えたのが、イタリア・ルネサンスとの接触であった。一四九四年から一五五九年まで、主にイタリアをめぐって続いた戦いは総称してイタリア戦争といわれるが、遠征した国王たちは大量の美術品を持ち帰るとともに、レオナルド・ダ・ヴィンチをはじめとする多くの芸術家をフランスに招いた。アンボワーズやブロワ、シュノンソーといったロワール渓谷の城の改築には早くからルネサンス様式が採り入れられると同時に、パリ郊外のフォンテーヌブロー宮の造営に関わった芸術家たちはフォンテーヌブロー派と呼ばれ、フランスにおけるルネサンス芸術の最先端を担った。一五三〇年には現在のコレージュ・ド・フランスの前身である王立教授団が創設され、ギリシア語・ヘブライ語・ラテン語を中心に哲学や数学、医学を学ぶ新しい学問の拠点となった。こうしたギリシア、ローマの古典に対する関心の高まりや人文主義者の知は、印刷術の急速な普及に支えられた。文芸を愛好したフランソワ一世は、パリやリヨンで次々と印刷される書物を王宮の図書室に納本させている。さらに、息子アンリ二世の王妃にメディチ家の娘カトリーヌを迎えたことにより、フランスの宮廷にイタリアの芸術や作法が取り入れられた。こうしたルネサンス文化は次第にフランスの風土や価値体系に合わせて独自の様式を確立するようになり、フランスでは一七世紀に古典主義文化の最盛期を迎えるのであった。

刷新、再生、文芸復興……この時代を彩るこうした表現、あるいはこのような知的エリートの強い願望に対して、実際の社会はそれほど明るい要素に満ちたものであったのだろうか。中世末期のペストの流行、戦乱、災害を克服した一六世紀初めのフランスは、人口約一六〇〇万人に回復し、世紀半ばには二〇〇〇万人に達したとされている。人口が増えると、それはただちにそれだけの人間を養うことができるのかという問題に直面するだろう。百年戦争後は耕地も復興して穀物生産が増加し、人びとの生活は向上したとされている。さらに生産高を上回る人口増加により、「価格革命」と称される物価の上昇が生じ、その後アメリカ産貴金属が流入するという偶然によって貨幣流通量が増加して、フランス経済は長期的拡大期を経験したのである。こうした状況のなか、都市では教会の慈善活動だけに頼らない救貧制度が立ち上がってくる。前近代の都市は衛生状態が悪く、日常的に死と隣り合わせであるような悪質な環境から時に「墓場」という表現を与えられるが、この「墓場」から、単なるその場しのぎの施しではなく、人がよりよく生きていくための「慈善と労働と治安維持」を三原則とする現代につながる救貧が考案され、実践されるようになるのもこの時代の特色の一つであろう。

国際情勢の揺らぎとイタリアへの野望

一四九二年のコロンブスによる新大陸発見や一五三四年に始まるジャック・カルチエによるカナダ探検も、同時代のフランス人にとっては、現代人が思うほどには大きな衝撃を受けるものではなかったようである。人びとは当初、新大陸のことをアジアの一端と思い込んでいたし、そのように遠い出来事よりも、強大な軍事力をもって迫り来るイスラーム教徒の方がはるかに鬼気迫る事態であった。一四五三年、ビザンツ帝国の首都コンスタンティノープルが陥落する。メフメト二世率いるオスマン帝国軍によるこの象徴的な事件は、キリスト教世界を揺るがし、中世末期から近世にかけてのヨーロッパ情勢に深い刻印を押すことになった。躍進するオスマン帝国の脅威にさらされながら、ハプスブルク家出身のスペイン国王カルロス一世はネーデルラント、そしてオーストリアのハプスブルク家領を相続し、フッガー家の資金援助を受けて、一五一九年に神聖ローマ皇帝カール五世として登位する。こうしてフランスはその国土の東西を、広大な領域を支配するハプスブルク家に挟まれる事態に陥った。大国による領土争いが展開していくなかで、経済や文化の面で先進地であったイタリアは、ヨーロッパ諸王家が伝統的権利を主張して相争う戦場となったのであった。

主にナポリ王国とミラノ公国の権利をめぐって繰り広げられたイタリア戦争は、ハプスブルク家とヴァロワ家という二つの王家間の争いを中心としながらも、その背景ではオスマン帝国やイタリア諸国家、教皇、イギリス、ドイツ諸侯との間で複雑な同盟関係が模索され、それら周辺諸国がヨーロッパ内の勢力均衡をめぐって干渉し、戦勝の行方を握っていた。こうした国際環境のなかで、一五世紀末にイタリア半島で一般化していた外交使節を相手の宮廷に駐在させ、文書を通じて情報を交換し、外交交渉を行うという慣行が広まった。派遣された大使から本国宮廷に送られた書簡は、当時の政治状況や滞在した宮廷の慣習を今に伝える重要な情報源となっている。また、マキァヴェッリの『戦術論』が認めるように、この戦争を契機に大砲と歩兵隊が導入され、防備施設が重装備化することによって、戦争の技法もそれまでと大きく変わった。この「軍事革命」は膨大な戦費調達を必要とし、王領地収入で宮廷を維持する中世的な君主の観念とは全く異なる次元の税徴収が必要となり、ひいては租税・財政制度の改革といった国家の統治組織にもおよぶ影響を与えることになった。

実際のイタリア戦争は、シャルルマーニュを崇敬し、十字軍を夢想するシャルル八世がアンジュー家の権利を主張してナポリ王国を占拠したことで始まった。一四九四年のこの侵攻に対し、教皇や皇帝、イタリア諸都市はヴェネツィア同盟を結成して対抗し、シャルルは早々にナポリ支配を放棄させられる。次王ルイ一二世はナポリ王の権利に加え、祖母の血統を根拠にスフォルツァ家に対抗してミラノ公国の制圧に乗り出す。巧みな外交交渉によりヴェネツィアとの同盟を確保し、いったんはミラノの占領に成功したものの、「神聖同盟」を結成した教皇ユリウス二世に追撃され、ルイ一二世も撤退を余儀なくされる。一五一五年、王位についたばかりの若きフランソワ一世は先王たちの夢を引き継ぎ、マリニャーノの戦いでミラノを奪回する。翌年にはボローニャで教皇レオ一〇世と「政教協約」を締結し、フランス国王はヨーロッパでの存在感を著しく高めることになった。

一五一九年皇帝マクシミリアンが死去すると、今度は皇帝位をめぐり、フランソワ一世はハプスブルク家のカルロス一世に対し熾烈な選挙戦を挑んだ。しかし結局敗退し、その後戦争が再開されると、戦場はネーデルラント国境、ピレネー国境にも拡大した。一五二五年にフランソワ一世がパヴィアの戦いで大敗し自ら捕虜となると、イギリスはじめ多くの君侯が強大化する皇帝に恐れをなしてフランスに肩入れし、ブルゴーニュの放棄といったカール五世の過大な要求を退けさせた。この後フランスがドイツのプロテスタント諸侯やトルコと同盟を組むという一見驚くべき外交を行ったのも、結局のところハプスブルク家の覇権を抑え、ヨーロッパ内の勢力均衡を保とうとする意図からであった。

ヴァロワ家とハプスブルク家の戦闘は一進一退のまま次の世代、アンリ二世とフェリペ二世に引き継がれた。莫大な戦費負担による財政悪化と、この間に両国で進展した宗教改革運動に対処するという内政上の配慮のため、ついに一五五九年、カトー・カンブレジ条約が終結される。フランスはこれによりカレーなど北部諸地域を買い取ることで大陸のイギリス勢力を排除することに成功するものの、数十年にわたり領有してきたサヴォワやピエモンテを失い、イタリアへの野望は完全に打ち砕かれる結果となった。この条約は一つの歴史的な分岐点と見なされている。つまりこの戦争がまさしく示したように、教皇権と帝権を中心とする普遍的なキリスト教世界秩序は後景に退き、ヨーロッパは主権国家というアクターが主導し、せめぎあう時代へと突入するのである。ハプスブルク家に対するフランスの対抗心は、やがて半世紀を経て三十年戦争へとつながっていった。その上、ようやく結ばれたこの和約の祝典の席で、アンリ二世が不慮の事故で急逝したことは、一六世紀後半の長い内乱の幕開けとなったのである。

領域の統合

一六世紀前半のフランスは、なおも各地で古来の法や特権が根づく領域の寄せ集めではあったものの、フランドルとアルトワ、アルザスとロレーヌなどを除く、四五万から四六万平方キロメートルの国土で構成されるまでに拡大した。それはフィリップ二世以来、王権が一心に領土の取得を目指してきたことの帰結でもある。中世の伝統によれば、国王は戦争などの緊急事態を除いて、通常は自らの権利領域である王領地からの収入で全てをまかなうのが原則であり、国家の運営、国力の増強は必然的に領土の拡大に支えられることになった。一四七七年ルイ一一世は王家を脅かし続けたブルゴーニュ公家を武力によって征服した後、一四八一年にはプロヴァンス伯領を遺産として受け取り、この地を同君連合というかたちで統治することを可能にする。フランス中央部に強大な勢力を保持していたブルボン公領に対しては、一五二七年フランソワ一世が反逆罪を理由に没収する。またブルターニュ公国についてはシャルル八世、ルイ一二世、さらにはフランソワ一世が結婚政策を繰り返して併合を認めさせ、ここに重要な大諸侯領の制圧を実現するに至ったのである。とはいえ、この時代の領域の併合はただちに王権による中央集権的支配を意味するわけではなく、その統治は各地の法や慣習、特権の尊重を前提としたので、王権にはさまざまな制約が課せられていた。その上、ブルボン家の当主がフランス大元帥であったように、特定の門閥や地方の利害と深く結びつく貴族が王国の軍事・司法・行政機構の重要部分を占めるという事態も続いた。王権は近世を通じて、各地の高等法院や地方三部会、地方総督、都市といった媒介団体との間で、課税や義務、特権をめぐる交渉と妥協を重ねたのであった。

しかし、このような王国の不均質性にもかかわらず、この漠然としたフランスを貫くものがあったとすればそれは、「人民の父」とか「篤信王」といった称号が与えられている国王の存在であり、その存在に対する人びとの愛着である。シャルル八世の死後、直系男子の不在により王位はルイ一二世、フランソワ一世と分家に移っていくが、国王の存在そのものが揺らぐことはなかった。国王は聖別式において、初代国王クローヴィスの洗礼の際に神からもたらされたとされる聖油を身に帯びる行為を、正統な支配の根拠として実践した。そして伝統に則って聖別された国王となったことを示すために、国王は各地で瘰癧患者に触れる儀礼を行い、自らに病を治癒す

図3－1　聖別式後，瘰癧患者に触れるアンリ2世

出典：*Heures de Henri II,* Bibliothèque nationale de France, Mss Latin 1429, folio 107v.

る力が備わっていることを見せ続けた（図3－1）。人びとは宮廷人を引き連れて巡幸を繰り返す国王のもとに駆けつけ、キリスト教信仰に深く根ざす国王を目の当たりにして、国王への忠誠心に集約される国民感情を育んでいったのである。王権もまた自らをキリスト教的規範のなかに置きながら、積極的に儀礼やプロパガンダを展開していく。即位の聖別式に加え、死して滅びゆく王の身体から新しい王に威厳を引き渡す役割を担った葬儀、国王自ら高等法院に赴き仰々しく裁判や宣言を行う親裁座、自治権をもつ各都市への入市式といった国王儀礼が盛大に行われたのも、王権の支配領域が拡大する一方で行政はいまだ制度的発展の途上にあり、統治の正当化を直接的な関係性のなかで模索していたこの近世前半のことである。

王権と社会

近世ヨーロッパでもっとも多くの人口を抱えたフランスにおいて、この人口が王権を支持したとするならば、ヨーロッパにおける国家としてのフランスの重要性は決して無視することのできないものとなる。ところで私たちは、国勢調査のない過去に生きた人びとの数を、どのようにして知りうるのだろうか。近世フランスにおける人の生と死を知るための手がかりには、教区簿冊がある。それは人が生を受け、生きるために働き、死ぬ場所であった教区の主任司祭が綴った冊子である。しかし、ブルターニュのように司教の主導のもと一五世紀初頭から記録が残されている地域を除いては、まだ稀な記録でしかない。王権は一五三九年にヴィレル＝コトレ王令、一五七九年にブロワ王令を発布することにより、主任司祭に洗礼、婚姻、埋葬の記録を義務づけていく。一六六七年「ルイ法典」と称されるサン＝ジェルマン＝アン＝レー王令では教区簿冊の原本と謄本の作成が原則となることにより、記録の体系化と課税対象の全体的把握が目指されるに至った。また、一五一六年国王フランソワ一世は教皇レオ一〇世とボローニャの政教協約を締結し、教皇の干渉を廃して、国王が国内の大司教、司教、修道院長といった高位聖職者の選定を行うことを認めさせた。高位聖職者にはとりわけ貴族家門の次男以下の男子が着任していたため、王権はこれにより聖職者ポストの采配を通じて、貴族に対する影響力を与えることもできるようになったのである。

一六世紀前半に王権は行・財政に関する重要な改革を行った。まず、行政の能率を高めるために国務会議を専門分化し、大貴族の勢力を排除しつつ、国王が寵愛や職能によって主導的に参加者を選択できる体制を構築し始める。そして一五四七年以降は、内閣制の起源と見られる四名の国務卿が任命された。彼らには外務・陸軍・海軍・宮内といった専門職務ごとに権限が与えられ、以後、国王と国務卿の署名があれば印璽がなくとも文書に法的効力を付与できるという文書行政上の変化を伴った。財務に関しては、一五二三年、王領地収入、租税収入、官職売買や領土の譲渡などで得られる臨時収入を統合して王国の全収入を管理する中央財務局が創設された。度重なる戦争から租税が恒常化し、臨時収入の比率が増大していた財務管理の効率化が目指されたのである。

領域拡大と訴訟数の増加に伴い、一六世紀中葉には八つの高等法院と、その下級審である九七のバイイおよびセネシャル（九頁参照）裁判所が設置されていた。高等法院をはじめとする最高諸法院は、王令の内容を検討した上で、建白権を楯に異議を申し立てることができた。たとえばフランソワ一世がボローニャ政教協約を締結した際、この協約に対し、パリ高等法院はフランス教会の自由が奪われることを恐れ、登録を拒み続けた。高等法院は国王によって委託された法行為を行う組織である一方で、地方や社団の利害の代弁者として国王権力の行き過ぎを抑止する役割をも担っていたのである。こうした機能を有する代表的な機関としては、当然のことながら三部会がある。王権は地方三部会地域に直接徴税することはできず、まず当該地方における課税額の同意をとりつける必要があった。そしてその上で、税の配分や徴収も三部会に委ねなければならなかったのである。

国王統治の代行者となる国王役人については、官職売買が公認されることによって数的には肥大化していく。主に商業で成功したブルジョワや都市エリート、法学者、地方の中小貴族などが官職を保有していくが、彼らは自らの利益と名誉を追求する結果として官職を求めたため、王権の代行者としての適性があるかどうかとは無関係であった。一五三九年のヴィレル＝コトレ王令では公的な文書におけるフランス語の使用が義務づけられ、ラテン語のみならず地方の言語が行政文書から排除されることになった。このことは、文書作成に必要な知識を蓄積し、国王役人になるためにはどのような教育を受けなければならないのかという問題に直結する。都市に設立されていくイエズス会のコレージュ（学院）がこうしたエリートの養成学校として成長し、周辺地域の比較的富裕な領主の子弟を集めるようになる。

官職の増加はつねに赤字財政の王権にとって、増税よりも資金源として容易かつ有望であったというだけでなく、社会的に要請されていた側面もあった。都市において国王の裁判所を誘致することに成功すれば、それを取り巻くサーヴィスが増加し、人と富の集中が生じることで地域の活性化が促された。都市エリートは家門の繁栄や名誉のために率先して官職を購入し、その最たるものが法服貴族となっていく。一六〇四年に成立したポーレット法によって、すでに慣習となっていた官職の世襲が正式に認められる代わりに、官職保有者は毎年官職価格の六〇分の一を国庫に支払うことが命じられ、国庫に大きな収入をもたらした。官職の安定性とそれへの投資が増大していくことは近世フランスの国制の重要な特徴であり、それは王権の統治を支える仕組みが、王権の思惑とは必ずしも一致していなかったとしても、利用され、受け入れられていたことを意味しているのである。

新たな改革の息吹

中世末期に流行した疫病はヨーロッパの人口の三分の一以上を奪ったとされ、それに加えて戦争や飢饉が人びとの生を脅かした。このような環境のなかで、宗教観が変化していくのは想像に難くない。人びとは死への不安を募らせ、また神の裁きを恐れ、厳しい現実からの救済を求めていた。ルターの宗教改革よりも前から、フランスでは聖書をフランス語に翻訳したキリスト教人文主義者ルフェーヴル・デタープルを中心に、彼を師と仰ぐ「モーの説教師団」と呼ばれた福音主義者によって教会内部の改革運動が始まっていた。早くも一五一九年にはルターの著作がフランスにも到達し、数年後にはフランス語に翻訳され、瞬く間に広まっていく。保守派である高等法院やソルボンヌ大学神学部はルターの著作を糾弾するものの、こうした動きのなかから根本的な改革を要求する考えが生まれてくる。当初、人文主義や福音主義に理解があったフランソワ一世は初期の改革運動に寛容な態度を取っていた。またその背景には、ハプスブルク勢力に対抗するために、神聖ローマ帝国内のプロテスタント諸侯との同盟を必要とする外交上の配慮もあった。

しかし転機が訪れる。急進改革派が一五三四年に、カトリックのミサを激しく批判する「檄文事件」を引き起こした結果、事の大きさにおののいた王権は、高等法院やソルボンヌとともにプロテスタント弾圧に乗り出すのである。こうして教会の内部改革が行き詰まるなかで、改革派は『キリスト教綱要』を著したジャン・カルヴァンらが中心となり、別の新たな教会の設立へと舵を切った。教会分裂の危機を悟ったフランソワ一世は、一五四〇年のフォンテーヌブロー王令で全ての世俗裁判所に異端取り締まりの権限を与え、アンリ二世は一五四七年パリ高等法院内に異端の処刑のための特設火刑裁判所を設置する。王権がこのように急激に異端の根絶に向かって動き出したのは、プロテスタント勢力の激しさに恐れをなしただけでなく、王族や高位貴族にも改革派＝カルヴァン派に与する者たちが現れてきたからである。後にブルボン朝初代国王アンリ四世を輩出することになるナヴァール王家やアルブレ家、シャティヨン＝コリニー家といった家門は、カトリックのギーズ家に対抗してカルヴァン派を選択し、家臣や領民を巻き込みながら、貴族として、闘うプロテスタントとして、政治的、軍事的にもフランスを二分していったのであった。全国で着々と組織化を進めたプロテスタントは、一五五九年にパリで初めて「改革派全国教会会議」を開催するが、このときすでにプロテスタント人口は二〇〇万人、カルヴァン派教会は二〇〇〇を超えていたとされている。

宗教改革から宗教戦争へ

同じ一五五九年、ハプスブルク家との和平を祝って催された馬上槍試合で、アンリ二世は槍の一撃を受け、急逝する。王妃カトリーヌ・ド・メディシスが政治の表舞台に登場するのは、この悲劇の後である。一五歳で即位した長男フランソワ二世の眼前に広がるのは、まさにカトリックとプロテスタントが一触即発の危機にあるフランスであった。こうしたなかでカトリーヌは、大法官ミシェル・ド・ロピタルとともに、内戦を回避するための異宗派間協調という、前代未聞の政策を展開したのである。これは宗派に分かれて敵対する貴族に対して、なす術もなかった王権の弱体性の表れなのか、それとも和平実現を目指すカトリーヌの政治的寛容の願いか、意見の分かれるところであるが、いずれにせよ彼女がこの混乱の時を忍耐で凌ごうとしたことは確かである。

フランソワ二世が予期せず早世した後、新国王シャルル九世はわずか一〇歳で即位し、カトリーヌは摂政位につく。王権の立て直しと宗派共存を試みるものの、ついに第一次宗教戦争が勃発する。ここから三六年間、フランスは断続的に内戦状態が続く。最大の争点は、一五七二年八月の聖バルテルミの虐殺をめぐってである。この

図３－２　フランソワ・デュボワによる聖バルテルミの虐殺
出典：Musée cantonal des Beaux-Arts de Lausanne.

惨事は、プロテスタントの首領ナヴァール王アンリと、国王の妹マルグリット・ド・ヴァロワの結婚式の際に実行された、プロテスタント貴族コリニー提督の暗殺を端緒としてフランス全土に波及した（図３－２）。実際には誰が企図した事件なのか、確かなことは史料の不在により現在もわからない。主犯が誰であるにせよ、王権は拡大していく民衆による大虐殺を食い止めることができなかった。そしてその背後には、プロテスタントの首領さえなくせば平和を取り戻せるのではないかという短絡的な王権の思惑も見え隠れする。プロテスタントはこうした王権から離れて、ますます戦闘的な集団と化していった。

聖バルテルミの虐殺の二年後、フランスはまだ若きシャルル九世の急死という新たな危機を迎える。しかしこの時点ではまだ次王アンリ三世と王弟フランソワがいる。一五七六年にはボーリュー王令が出され、プロテスタントに最大の譲歩がなされた。これに激高して結成されたカトリック同盟に対して、王母カトリーヌは王権との対立を未然に防ぐためにギーズ公との交渉に挑み、王弟の死によりいよいよ次期王位継承者に浮上したナヴァール王アンリに対してはカトリックへの改宗を促すなど、晩年に至っても調停のために奔走した。

カトリーヌの死に続いて一五八九年、アンリ三世が暗殺されると、王国基本法であるサリカ法によりプロテスタントのナヴァール王アンリ・ド・ブルボンがアンリ四世として即位する。カトリック同盟は当然のことながらこの異端の王を認めず、フェリペ二世の娘イサベル＝クラーラをフランス王位への候補者として擁立し、都市を含む広範な層を吸収して徹底抗戦に入った。この時を生きたフランス人の心には、改めてフランス国王とはどのような存在であるべきなのかが厳しく問われることになっただろう。聖別式で異端根絶を誓う国王その人が異端であるという事態はどういうことなのか、国王にはカトリックであることが何よりも優先されるのか、それともサリカ法が定める通り男子であることや血統こそがもっとも尊重される条件なのか。アンリはこうした事態を受けて改宗を決断し、一五九三年シャルトル大聖堂において聖別式に臨む。翌年、バリケードを築いて抵抗していたパリが開城し、ギーズ公をはじめとするカトリック貴族も続々と王権に帰順していった。一五九八年、礼拝などに関して制限はあるものの、プロテスタントに信仰の自由を認めるナント王令が発布され、この間数万人という規模の死者を出した内乱は幕を閉じた。そしてこの時から、フランスは一人の君主の下での両宗派共存という、これまでに例のない「寛容」の実験場となったのである。

このように一五九八年まで八次にわたって繰り広げられた宗教戦争（ユグノー戦争）は、信仰上の対立に端を発しながらも、錯綜した政治的・社会的対立と深く関わっていた。まず、筆頭親王家のブルボン家、ロレーヌ地方に地盤をもつ急進派カトリックのギーズ家、全国に所領をもち筆頭元帥を頂点とするモンモランシ家といった、各地に固有の勢力を保持する大貴族間の覇権争いがあった。これらはそれぞれ恩顧関係におく中小貴族や都市をも巻き込んだため、勢力関係はいっそう複雑化した。その上カトリック陣営はスペイン国王や教皇の支援を受け、他方プロテスタント陣営はイギリスのエリザベス女王およびドイツのプロテスタント諸侯と手を結んでおり、王権もまた、こうした国際的干渉の下で政策を選択していかざるをえなかったのである。他方で、民衆の心性も戦争の長期化に影響を及ぼした。カトリックの民衆は異端の存在を自身の信仰の弱さに起因する社会の穢れと捉え、完全に撲滅してこそ神の怒りから免れることができるという信念に支えられており、プロテスタントの民衆にとってはまさしく自らの存亡をかけた闘いであった。それゆえ両者の対立は必然的に長期化し、最終的に異宗派の存在が不可避の現実と認識されるまで続いたのである。

王権の理念

この王国分裂の危機の中から、次の時代の道しるべとなる国政論が生まれてくる。一五七〇年代にプロテスタントが『暴君に対する反抗の権利』などの暴君放伐論を展開していた同じ頃、宗派対立に対して現実主義路線をとる「ポリティーク派」は国王権力の優越性を主張し、強力な王権のもとでの平和の実現を説く国政観を認めた。その代表的著作がジャン・ボダンの『国家論』（一五七六年）である。それまでの王権は諸社団の上に立ちながらもそれらに制約を受けるのが前提であったが、ここに至って国家の立法権を司る国王が、教皇や皇帝の上位権からも、封建諸侯や諸団体の下部組織からも同意を必要とせず、不可分の主権を独占的にもつという説が示された。もはや伝統的な国政観では国家が成り立ちゆかない現実を目の当たりにするなかで、絶対王政を理論的に準備する思索が生み出されていったのである。その意味で、宗教改革が進行したことは、直接的にではないにしても、王権を国家の安寧に必要な唯一無二の公権力とし、その「絶対化」に向かう素地となったという見方もできるかもしれない。ただし王権は、こうして編み出された理論を現実のものとするだけの力を具体的に蓄えていたわけではなく、宗教に対してであれその他の諸勢力に対してであれ、近世を通じて折衝と挫折とを繰り返しながら施策を講じていくのであった。

（小山啓子）

参考文献

高澤紀恵『主権国家体制の成立』山川出版社、一九九七年。

二宮宏之『フランス　アンシアン・レジーム論――社会的結合・権力秩序・叛乱』岩波書店、二〇〇七年。

リュシアン・フェーヴル著、二宮敬訳『フランス・ルネサンスの文明――人間と社会の四つのイメージ』ちくま学芸文庫、一九九六年。

ジョルジュ・リヴェ著、二宮宏之・関根素子共訳『宗教戦争』白水社、一九六八年。

Cassan, Michel, *La France au 16e siècle*, Armand Colin, 2005.

歴史の扉 3

祝祭と恩赦

国王入市式と恩赦

一五五〇年七月、リヨンで若い男たちの集団暴動が起きた。N・Z・デーヴィスの研究を引き合いに出すまでもなく、このような騒動自体はよくあることであったが、この時の暴動はエスカレートし、一人が殺害されるに至る。犯人と目された染物師見習いのクロード・クレポワンなる人物は、処罰を恐れて逃亡した。興味深いのは彼のその後の行動である。彼はノルマンディのフェカンという町まで逃げた挙げ句、そこで自首したというのである。ちなみにこれは東南部から北に向かって直線で約五五五キロメートル縦断する旅程であり、現在でもTGVとローカル線列車を乗り継いでゆうに五時間以上はかかる。なぜ彼はそれほど遠方まで逃げた末に自首したのか。何者かに追い詰められた結果なのか。フェカンで何があったのだろう。

その小さな漁港では祭りが行われていた。その祭りの中心にいた人物、それこそ時の国王アンリ二世だったのである。一五五〇年の夏、イタリア戦争から戻ったアンリ二世は北部の諸都市を訪れて入市式を行っていた。フェカンの人びとは国王を迎え入れるために意匠を凝らした祝祭と儀式を用意したのであるが、そのイベントには囚人や追放者に国王が恩赦を与えるという行為も含まれていた。彼は国王からまんまと恩赦状を取得し、罰せられることなく故郷のリヨンに帰っていったのであった。

ここで行われていた国王入市式とはどのような祝祭であろうか。フランス王権は一五世紀後半以降、諸侯の領地を併合することに成功していくが、王国全体を統括する行政機構はまだその拡大に追いつかず、整備の途上にあった。後のヴェルサイユのような国政の中心となる宮廷もまだ確立していないため、国王は各地を治めるために宮廷人や貴族を引き連れて転々と移動を繰り返していた。その際国王は、新たに王領地となった地域がそれまで伝統的に保有してきた法や慣習、特権を認めた上で、自らの支配に同意を得ていたのである。この時代の都市もまた、市壁に画された領域の内側に、固有の特権や自治権を持っていた。国王がこうした特権を容認するのと引き替えに、都市は服従を宣言し、国王を迎え入れての大がかりな祝祭すなわち入市式を用意したのである。入市式は国王にとっては自らの威厳を示す場であったと同時に、国王と都市の間で双方の利権をかけて交渉された支配契約でもあり、都市が地方の政治的・経済的中心地として成長を遂げるにつれ、都市の誇りにかけて盛大に催されるようになった。入市式で行われた恩赦は、伝統や慣習に規制されない超法規的な措置であり、それによって国王は自らの権能を示したのである。

恩赦とは司法手続きによらず国家が刑罰権を消滅させる行為であり、君主の「慈悲」をもとに国家的慶弔の際に行われ、長く法的規制の外に置かれていた。瘰癧を治癒する能力とともに、恩赦はフランスにおける「国王信仰」の鍵となる要素であった。それは重要な祝祭の一つの見せ場であり、即位直後の入市式でもっとも広く大規模に行われ、王家に子どもが生まれた時などにも実施された。歴史的起源としてはルイ八世が一二二三年のパリ入市式で行った恩赦が知られているが、恩赦が各地の国王入市式に導入されたのは、その息子ルイ九世による長い巡幸の間であった。たとえば一二五七年のトゥルネでの入市式の際、国王は都市の罪人に恩赦を与え、市参事会審議録によれば「重大な犯罪により処罰を受けている者を除いて、追放刑に処せられている者たちの都市への帰還が認められた」と記されているように、追放者の帰還を許したのである。

この聖王ルイを模範として、後の国王も入市式に恩赦を取り入れていった。シャルル六世の治世ではすでに、フランス国王は入市式の際には必ず恩赦を行うものと認識されていたようである。さらに一五世紀末のシャルル八世の主張に従うと、入市式での恩赦の権利は「余の祖先と余の子孫たちが、古来の習慣に基づいて、王国各都市での喜ばしき、戴冠後の初めての入市式において行う国王大権」の一つとして定着していた。

このような国王大権は、犯罪者から見ればまさしく神の救いであろうが、都市側から見れば自分たちが捕らえた犯罪者を勝手に解放する越権行為に見えはしなかっただろうか。住民はこうした罪人の、法によらない解放をどのような気持ちで見ていただろうか。恩赦とはおそらく、加害者、被害者、親族や友人、近隣住民、何の罪に問われているか、冤罪の被害者、政治犯、全くの第三者……と立場を変えれば見え方も異なってくる行為であるに違いない。この行為がなるべく多くの人たちに好意的に受け入れられるには、どの辺りに落としどころがあったのだろうか。

罪人はあの手この手を使ってこの機会に国王に恩赦を請願するわけであるが、一方で市参事会は入市式における恩赦の実施を正式な手続きを踏んで規制しようとした。つまり、都市役人は国王が実施する恩赦の範囲をめぐって、事前に国王側と交渉したのである。国王の存在そのものが恩赦という行為の大前提ではあるものの、恩赦のあり方は都市の人びとによってコントロールされており、彼らが国王役人と協働して、儀式に先立ち恩赦の詳細を決定したのであった。

正義と慈悲

一六世紀半ばにおいてフランス国王入市式は非常に大き

く発展し、アンリ二世とシャルル九世の際には各地でもっとも盛大に行われた。この時期の特徴の一つは、行列ルートに沿ってドラマティックな演出が組み込まれるようになったことである。一五世紀の間に「正義」に力点を置く王権概念が定着して入市式の主題となり、君主道を説いた知識人の書物をもとに、国王のあるべき統治や君主鑑のような、国王とはどうあるべきかが沿道で演じられた。フランソワ一世の治世において、国王入市式はキリストの生涯や聖三位一体といった聖書のアレゴリーに基礎を置いたものから、古代に範をとった装飾へと大きく転換したが、国王の務めとしての正義と慈悲という二つの主題については中心的要素であり続けた。一五六四年シャルル九世がヴァランスを訪れた際、市参事会は知恵の神ミネルヴァに伴われる国王像を制作し、そのミネルヴァは国王に罪を消し去り、慈悲を示すよう促している。傍らには、同じメッセージを伝える凱旋門も建てられたが、第一次宗教戦争直後の入市式において、その慈悲の対象がプロテスタントに向けられたものであることは明白であろう。

国王は恐れだけでなく愛をもたらす存在であり、処罰と同時に赦しも与えるという意味で地上における神の似姿であった。重大な罪を犯した者は厳然と裁かれることが望まれたが、恩赦や許しを与える力というのはこの時代、良き統治者に本質的に必要なものであると考えられていた。あまりに厳しすぎる国王は、暴君と見なされた。しかし逆に寛大すぎる場合は弱さの裏返しとして批判される。入市式では、こうした国王の正義の両面が表現された。アンリ二世は一五四九年のパリ入市式において恩赦を行うかたわら、グレーヴ広場ではプロテスタントを火刑に処した。国王は王国から異端を追放するという聖別式での誓約を実行する必要があったのである。入市式における恩赦は、処刑に対する埋め合わせであると同時に、国王の正義の両面がきわどいバランスで保たれていることを示すことになった。

通常の処刑は、都市の監獄や市門といった都市権力を象徴する建物の近くで行われることが多かった。市門は、身体、あるいは切断された腕や足といった犯罪者の体の部分を、裁きの結果として展示する場所でもあった。処刑前に犯罪者は行列ルートを引き回され、最終地点である市門付近で刑が執行される。たとえ国王入市式が近く実施されることがわかっていても処刑は行われ、受刑者の体は絞首台に吊るされたまま、腐った部分がしたたり落ちても式の間そのままにされていたという。国王は都市が自分たちで秩序を維持することを期待しており、処刑後の罪人の姿は都市が自ら法を施行している証として機能した。他方で、市参事会は恩赦を求める囚人に、絞首綱のついた懺悔服を着せ、手には枝を持って入市門付近の裁きの場に行かせた。それは最後の審判の日をモチーフにしており、国王はあたかもキリストのようにその場に来て赦しを与え、その者たちを伴って天国に仕立て上げられた都市へと入るのである。

恩赦の執行

国王が都市に近づくと、恩赦を求めに相当数の追放者たちが詰めかけた。追放刑は、絞首刑、漕役刑に次ぐ重い刑罰であったと思われるが、わずか数年の追放から終身に至るまでその刑には幅があった。追放刑に処せられた者たちは都市の入り口に押し寄せてきて国王を待ち受け、都市に戻ることができるよう国王に懇願する。重罪人は、都市から追放される前に手足の切断や焼き印を押されることもあり、こうした者たちが入市式で恩赦を獲得できる可能性はほとんどなかったようである。追放者の帰還は都市の安寧が損なわれる危険性を伴うため、その恐れを軽減するために、追放者の恩赦には人数の制限があった。トゥルネでは恩赦を与えて帰還が認められる追放刑該当者の人数を一八人までと制限し、しかも彼らのうち一七人は一年以内に追放された者で、主に軽犯罪を犯した者のみを対象とした。それでも入市式の時は国王に直接近づきやすい上に、通常よりも慈悲が得られやすかったようである。国王巡幸のルートはよく知られていたのか、裕福な犯罪人は入市式が行われる場所に前もって使者を送っていた。国王一行は多くの取り巻きとともにゆっくりとしか進めないため、恩赦を求める者たちがこぞって都市に流れ込み、列をなした。同じ罪でも、追放者より監獄の囚人の方が恩赦を得られる可能性が高かったという説もある。冒頭に例として引用したクレポワンがフェカンで自首したのは、そのことを知っていたからかもしれない。つまり、よそで罪を犯したよそ者への恩赦は、この土地の人間を誰も傷つけずにすむため、おそらく認められやすかったのである。

先に述べたとおり、誰が恩赦を受けるかについては、事前に協議されていた。都市役人はどのような人物が何の罪で収監されているかを把握し、都市と王権の利害関係のなかでよいと判断される者が対象に選ばれた。決して都市任せでも、王権の一存というわけでもない。一四六四年トゥルネでのルイ一一世の入市式の数日前に、市参事会は国王に代表を送り、収監されている囚人と追放刑になっている罪人の記録を持参した。市長と市参事会員は恩赦の対象から除外する犯罪者の名簿を伝え、先祖代々の国王が恩赦を行う際には都市の意見を尊重したと念を押す。かくして国王は都市の助言に耳を傾け、合意の下で最終的な「恩赦リスト」を作成した。

「もし陛下がお望みになるならば、聖職者であれ俗人であれすべての囚人を監獄から出すことができる。民事事件であれ刑事事件であれその罪状により拘禁刑に処されている者たちは、この機会に、あらゆる罪、罰金、身体刑から免除され、逃れ、赦される」（ジャン・パポン著『三番目で最後の公証人の秘密』）。一六世紀の法学者の主張に従えば、この権利は都市のみならず領主領や司教領にも適用され、恩赦状は王権の制約なき権力の所在を印象づける。しかし、理論上はあらゆる罪人に恩赦が認められるとしながらも、これまで見てきたように実際には全員が恩赦を受けられたわけではない。こうした慈悲の行使は、求められる一方でその地域の在地権力によって掣肘（せいちゅう）されていた。強姦、計画的な犯罪、盗賊行為、大規模な暴動といった罪により追放、収監されている犯罪者は、通常は恩赦の対象には選ばれなかった。国王が重罪人や都市が望まない罪人に恩赦を与えることは、国王がまさに同じこの入市式で認可する都市特許状の内容――すなわち裁判権を含む都市特権を王権は尊重するという主旨――に違反することになるのである。国王はこの機会に都市エリートと良い関係を築くことを何より求めており、恩赦を与えることが統治者に必要な寛大さの実践といえども、この問題をめぐって対立することは王権にとって本意ではなかったと思われる。

恩赦は誰の権限か

　ブルゴーニュ公フィリップ四世とカスティーリャ女王ファナの夫婦が一五〇一年にフランスを通過する時、ルイ一二世は彼らが入市式を行う際には、フランス国王の名で恩赦を与えることができるよう定めた（ジャン・ドトン『ルイ一二世年代記』）。ルイ一二世はこうすることで高貴な客人を歓待する気持ちを示したのだろうか。このように外国の君侯のフランス来訪も、罪人たちにとって恩赦を得ることのできる機会となっていた。マルグリット・ドートリッシュがサヴォワ公との結婚のため、一五〇一年にブリュッセルからフランスに来た際にも、ルイ一二世は「教会放火犯、強姦犯、街道の盗賊」を除いて、彼女の入市式では全犯罪者に恩赦を与えることができると認めた。これは都市特権に配慮したフランス国王自身の入市式よりも、ずっと広い範囲が対象になっているように見受けられる。その点で、おそらくもっとも広範囲に恩赦が行われたのは、一五三九年スペインから低地地方（ネーデルラント）にぬける神聖ローマ皇帝カール五世のフランス巡歴の時であろう。フランソワ一世はカールの行路にある都市に、皇帝のための入市式を用意するよう指示すると同時に、大逆罪を除く全ての罪人に恩赦を与える権利を認めている。なぜ外国君主にこのようなことが可能なのだろうか。フランス王国内で実施された恩赦は、原則として主君であるフランス王の権威のもとで執り行われたと見なされた。したがって、フランソワ一世は最大のライバルであったカール五世に対して、自国内の恩赦権を認めることによってカールの上に立つ自らの権能を示そうとしたという見方ができる。

　外国の君主のみならず、同じようにフランス国内で恩赦を与えることのできる主体としては諸侯や聖職者などがいた。国王は実際、中世初期、盛期においては恩赦を行うことのできる複数の政治的権威の一人でしかなかった。一四世紀中葉、ジャン二世により恩赦の権利は初めて排他的に国王一人のものとする法令が制定されたが、一四世紀末から一五世紀初めの政治的危機の中で保留にされていた。内乱、外国の干渉、シャルル六世の狂気がフランス国王の権威を奈落の底まで落とし、ブルターニュ公やブルゴーニュ公といった諸侯が恩赦の権利を主張することで王権の弱みに付け込んだ。シャルル七世治世下で王権が復活すると、都市は国王と良好な関係を結ぶようになり、逆に諸侯が入市式で恩赦を行うことに対しては敵意を増大させていく。オルレアン公シャルルは一四五〇年にディジョンに入市した時、収監されている犯罪者に対する恩赦の権利を主張した。これに対して市参事会は入市式に先立ち、都市の監獄内にいる犯罪者を全てディジョンの外に移動させることによって、この恩赦の実施を拒否したのである。こうした諸侯をおさえて国王が恩赦権を確立していくのはルイ一二世の治世であり、一四九九年三月王令で恩赦は「国王大権に帰属するもの」となった。これにより他の裁判権保有者が恩赦を行うことは禁止され、国王とその子孫だけがこの権利を保持するものと法的に定められたのである。

　フランスの司教たちも、中世初期以来、着任後の入市式で恩赦を行ってきた。この伝統は中世の間続き、一五・一六世紀においては司教入市式の際にも犯罪者が群がるほどであったという。しかし一六世紀にはすでに、司教入市式による恩赦だけでは罪の許しを得るのに十分とは考えられなくなった。司教入市式で恩赦を得た犯罪者は、国王にも恩赦を認めてもらうために書面に訴えた。また国王入市式で国王から得た恩赦とは異なり、司教によるものは裁判で覆されることもあった。つまりこの司教入市式での恩赦は、国王の恩赦よりも一段劣ると捉えられたのである。一四九七年にシャルル八世は、キリストの受難にちなんで聖金曜日に教会が行ってきた恩赦を取り上げ、さらに一五一二年にルイ一二世は祝祭日における教会の恩赦の権利を削減する国王宣言を出した。しかしこれに対して、続く一六世紀の国王たち、フランソワ一世、アンリ二世、シャルル九世、アンリ三世は教会の恩赦権を認めていき、政策的には一貫しなかった。

　聖職者の恩赦権を取り上げようとし、国王の権限を強化する方向で動いた原動力は、他でもない高等法院である。一六世紀における聖職者の恩赦でもっとも有名なのは、ルーアンのノートルダム司教座聖堂参事会がキリスト昇天祭に恩赦を行う権利を保持していたことである。これは六世紀に犯罪者の助けでドラゴンからルーアンを救ったと信じられていた、司教聖ロマンの栄誉を称えて行われていた。ルーアン司教座聖堂参事会は「私たちに可能なのは、もっとも忌まわしい犯罪だけで、国王が慣習的に恩赦を与えなかったような罪に対してのみ」であったという。このことは罪の重さとそこからの解放という点で司教の恩赦の優越性を示すことになり、ジャン・ボダンをはじめとする一六世紀の法学者たちはこの特権を批判し、廃止すべしとした。王権の強化に一定の役割を果たしたルーアン高等法院は聖ロマンの恩赦を認めず、司教座聖堂参事会により恩赦を得た犯罪者を処刑した。パリ高等法院もフランス国王の権利を守るために、教皇大使の恩赦をやめさせようとしている。フランス教会の統制をめぐって教皇と国王が対立するなかで、教皇は大使に教皇の名で恩赦を行わせてフランスにおける自らの権限を示そうとした。教皇大使ジャン・サルヴィアは一五二六年パリに入市した際教皇の名で恩赦を行い、一五四八年のパリ入市式では枢機卿と教皇大使がそれぞれ恩赦を与えたが、パリ高等法院はこうした聖職者による恩赦を否定し、それを受け取った全ての罪人は裁判所において問題を解決すべきとした。

パリ高等法院は同時に、入市式における女性王族の恩赦権も削減していった。一五世紀半ば頃から王権が復活するのに伴い、女性王族の恩赦も増加していた。ただし、そもそも女性王族が行う恩赦は彼らの地位に固有の権利とは見なされず、国王である夫や父の権利が拡大したものと捉えられていた。テューダー朝のメアリが一五一四年にルイ一二世と結婚するためにフランスに来た時、国王は彼女に王の名において恩赦を与えることを認めた。こうした場合には恩赦は正当なものと見なされたが、彼女たち自身の名で恩赦を行おうとすると問題が生じた。一四八三年パリ高等法院は、息子であるシャルル八世のために摂政を行っていたアンヌ・ド・ボージュの権利を、恩赦も含めて削減した。摂政による恩赦の問題は、一五一五年にも再び持ち上がった。イタリア戦争に行く前、フランソワ一世は母ルイーズ・ド・サヴォワに摂政を託すのであるが、パリ高等法院は一四八三年の判例を出してルイーズに恩赦の権利を認めない。パリ高等法院の司法官は、国王こそが正義の第一の体現者であるという考えのもとで、国王中心の裁判システムの根幹に自分たちの役割を位置づけようとした。

統治と赦し

最初のクレポワンの話に戻ると、彼は国王がいる場所をどのようにして知ったのだろうか。国王の居場所というのは私たちが想像する以上に知れ渡るのか、国王は行く先々で群衆に取り巻かれていたことがさまざまな史料に記されている。病の治癒を祈願する者も、罪の赦しを得たい者も、なにがしか願い出たい問題を抱えた者たちがどこからともなくやって来て国王の周りを取り囲んだ。入市式が頻繁に行われていた一五世紀半ばから一六世紀半ばの間に、恩赦を得ることのできる機会も増加し、国王はその恩赦を通じて自らの統治能力と権力を示した。入市式は聖別式のような他の国王儀礼よりも、広く多様な慣習や地域に開かれているという意味において王権にとって宣伝になった。そこで国王は正義を振りかざすのではなく、都市代表の意見に耳を傾け、合意を得た上で慈悲を実践した。王権は、都市エリートと対立するよりはともに働くことを選んだのである。

ルイ一二世の王令が示したように、一五世紀末以降、入市式における恩赦の権利は国王ただ一人が持つ権利として認識される方向に進んだ。教皇大使による恩赦は無効であると宣言され、諸侯や司教の恩赦も国王による承認が必要になった。それ以外の者たちも恩赦を行うこと自体は可能であったかもしれないが、国王の許可を得て初めて行うことのできるものであり、その行為はあくまで国王の権威と権力の延長線上のものとして理解された。しかし国王が恩赦を行う唯一の主体というその正当性の根幹そのものが、宗教戦争で大きな挑戦を受ける。ヴァロワ家に終焉をもたらしたこの破滅的な内乱の後、恩赦の行為それ自体が再びブルボン期に俎上に載せられ、ついに八種類の恩赦が法的に定められるに至ったのである。

近世前半に多くのフランス諸都市は王権に刑事裁判権を奪われていき、そうした都市で刑事事件を裁くのは、制度上、国王の裁判所となった。しかしだからといって、国王は自由奔放に恩赦を与えたわけではなく、恩赦権の行使にはやはりさまざまな制約が働いた。他方で、恩赦という行為は時代を超えて、君主政から共和政に代わっても続いている。このように統治と赦しには深い関係性があり、近世初頭の国王入市式の事例は現代の政治を考える上でも興味深い。フランスでは第三共和政期以降も大統領選の後に大規模な恩赦が行われていたが、二〇〇七年の大統領選以降、この慣行はいったん途絶えた。これは、他のヨーロッパ諸国では恩赦が実施されるのは稀であることや、サルコジ大統領が「より君主的でない」大統領を目指したことが理由とされる。ただしその後の二〇〇八年の憲法改正では、従来、「共和国大統領は恩赦を与える権限をもつ」と定められていた憲法第一七条に、「個別に」という文言が挿入されるにとどまった。これにより、大統領が実施する恩赦は、集団的には行われないとしても、特定の個人に対しては今もなお実施され続けているのである。

（小山啓子）

参考文献

ナタリー・Z・デーヴィス著、成瀬駒男・宮下志朗訳『古文書の中のフィクション――一六世紀フランスの恩赦嘆願の物語』平凡社、一九九〇年。

福田真希『赦すことと罰すること――恩赦のフランス法制史』名古屋大学出版会、二〇一四年。

Gaubard, Claude, *« De grace especial »: Crime, Etat et Société en France à la fin du Moyen Age*, 2 vols., Paris, 1991.

Duindam, Jeroen, Hurvitz, Nimrod, Harries, Jill and Humfress, Caroline (eds.), *Law and Empire: Ideas, Practices, Actors*, Leiden, 2013.

第4章

絶対王政と宮廷社会

王家の内紛とリシュリュー

一六一〇年五月にアンリ四世が暗殺されると、八歳のルイ一三世が王位を継いだ。フィレンツェ出身の母后マリ・ド・メディシスが摂政となり幼い王に代わって政治を行ったが、同郷出身のコンチーニを重用したため、政権中枢から排除された貴族たちの反発を招いた。不満を募らせた貴族たちは、一六一四年一月に武装蜂起し、摂政政府に三部会（身分制議会）の開催を認めさせた。しかし同年一〇月から翌年二月にかけて開かれた三部会は、各身分の利害が対立しただけに終わった。そんななか、聖職者代表として参加していた一人の青年が、その巧みな弁舌によって母后マリを魅了する。リュソンの司教、リシュリューである。

三部会閉会から間もない一六一五年一一月にルイ一三世がスペイン王女アンヌ・ドートリッシュを王妃に迎えたとき、マリはリシュリューを王妃付きの司祭に任命し、宮廷に呼び寄せた。リシュリューにとっては中央政界に足掛かりを得たわけだが、それはまた母后マリとの間に保護と被保護の関係を結ぶことも意味した。近世フランスの政治権力を根底で支えていたのは、このような保護する者とされる者の絆で、フランス史家はこれを「クリアンテル」と呼んでいる。

図４－１　衛兵隊に射殺されるコンチーニ
「コンチーニの生と死にまつわる真実の物語」と題されたビラ（1617年）に描かれたコンチーニ殺害の場面。
出典：Jean-François Dubost, « Rendre compte d'un assassinat politique: la mort du maréchal d'Ancre ou l'inversion dans l'ordre des raisons », *XVIIe siècle*, N° 276, 2017, p. 415.

三部会が開かれた一六一四年にルイ一三世は国王の成人年齢である満一三歳となっていた。本来であれば成人に達した王は自ら政治を行うはずであったが、政治の実権は母后マリとその寵臣コンチーニが握り続けた。こうした状況を苦々しく思っていたルイは、一六一七年四月、衛兵隊に命じてコンチーニを射殺させた（図４－１）。これに対し母后マリは、一部の有力貴族と結んで、一六一九年二月から翌年八月にかけて武力闘争を展開する。この「母子戦争」に際して、リシュリューは国王陣営と母后陣営の調停のために奔走した。

宮廷復帰を果たした母后マリは、リシュリューの働きに応えるため、彼の枢機卿叙任と国務会議入りを国王に求めた。枢機卿の地位は一六二二年九月に認められる。枢機卿は教皇の補佐役を務める高位の聖職者で、リシュリューはこの地位のおかげで王族や大貴族に肩を並べる大きな威信をまとうことになった。次いで一六二四年四月には国務会議入りも実現する。同年八月には国務会議議長、すなわち宰相にも就任し、名実ともに政治権力の中枢に座を占めた。

国家理性の追求

宰相リシュリューにとって喫緊の問題は、国内のプロテスタント勢力であった。宗教戦争終結後、宣教活動や新興信心会の設立などカトリックの巻き返しが進むなか、一六二〇年にルイ一三世がピレネー北麓のベアルン地方に進軍し、カトリック復興を支援したことをきっかけに、王国南部を中心にプロテスタントの反乱が広がっていた。反乱鎮圧に臨む国王軍を悩ませたのは、ナント王令の追加条項で認められた「安全地帯」、すなわち守備隊を擁する要塞都市の存在で、そこは王権から自立した「国家内国家」の様相すら呈していた。とくに大西洋に面した港町ラ・ロシェルは難攻不落を誇り、プロテスタントの「首都」と見なされていた。

一六二七年七月、リシュリューはそのプロテスタントの牙城を攻撃し、約一年にわたる包囲ののち陥落させた（図4-2）。一六二九年六月に出された王令で、改めてプロテスタントの信仰は認められたが、「安全地帯」などの政治的・軍事的諸特権は廃止された。リシュリューはプロテスタントの信仰それ自体を問題にしたのではなく、彼らが王権の統制の及ばない自立した政治勢力となることを嫌ったのだった。

図4－2　ラ・ロシェルに入るルイ13世とリシュリュー

国王軍はイギリス艦隊とラ・ロシェルの連絡を断つため1500 mもの大堤防を築いた。長期間に渡る包囲は籠城側に多数の餓死者を出し，1628年10月に降伏したときには2万8000人のラ・ロシェルの人口が5400人にまで減少した。

出典：François Bluche, *Richelieu*, Paris, Perrin, 2003, photo.

プロテスタント問題解決への尽力によって、リシュリューは国王の信頼を勝ち得た。しかしその一方で、もともとの主人である母后マリとの関係は冷めていった。関係悪化の最大の要因は三十年戦争（一六一八～四八年）への対応をめぐる意見の相違だった。熱心なカトリック信者であったマリは、これまで親ス

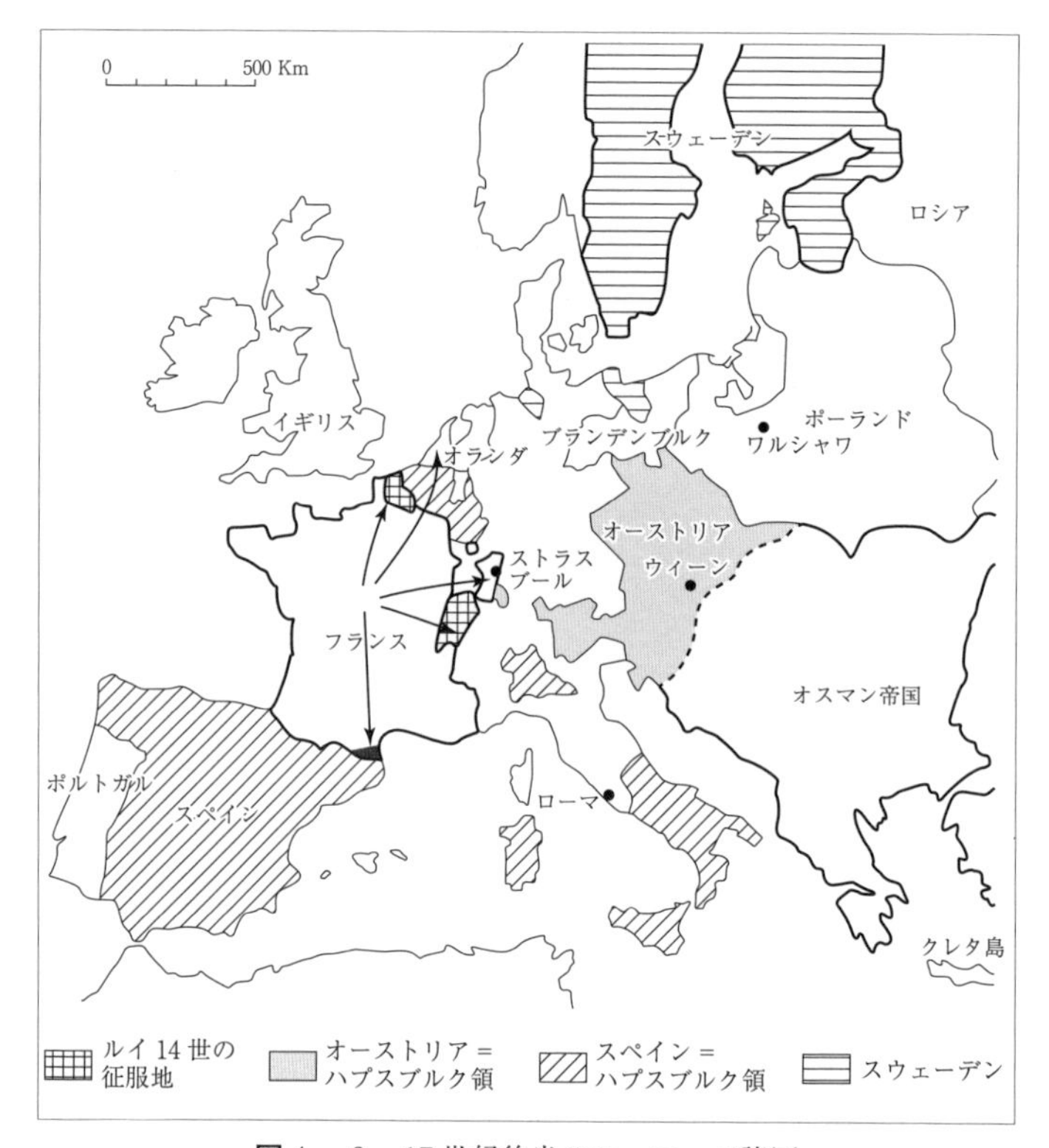

図４－３　17世紀後半のヨーロッパ諸国

スペインはイベリア半島以外に，ネーデルラント南部，アルプス西麓のフランシュ＝コンテ，北イタリアのミラノ，イタリア半島南部のナポリ王国，シチリア島，サルデーニャ島などを領有していた。そのうち，フランシュ＝コンテとネーデルラントの一部はルイ14世の時代にフランスに併合された。

出典：François Lebrun, *La puissance et la guerre, 1661-1715*（Nouvelle histoire de la France 4）, Paris, Seuil, 1997, p. 266をもとに作成。

ペインの立場を取り、この戦争でもスペインと足並みをそろえてカトリック陣営に協力するよう主張した。ところが、リシュリューにとってスペインは、カトリックの同志である以上に、フランスを脅かす存在と映っていた（図４－３）。そのためリシュリューはスペインがこれ以上勢力を拡大することを望まず、枢機卿というカトリックの高位聖職者でありながら、プロテスタント陣営の支援を主張したのだった。

一六三〇年一一月一一日、母后マリは王に直接、宰相罷免を訴えた。このときルイ一三世は明確な態度を示さなかったが、母后一派は勝利を確信し、リシュリューは更迭を覚悟したらしい。ところが、その日の午後、ルイ一三世はヴェルサイユの城館に宰相を呼び寄せ、全面的な支持を表明した。この「欺かれた者たちの日」を境に、母后マリとその一派は宮廷から一掃されることとなり、親スペイン外交も捨てられた。こうして権力を固めたリシュリューは、一六三五年五月、スペインに宣戦し、三十年戦争に直接介入する。

国内のプロテスタントの軍事制圧と、国外のプロテスタントへの支援は、一見相容れないように見えるが、リシュリューにとっては何ら矛盾するものではなかった。彼は国家の利益を最優先させる「国家理性」の立場から、国内の統一と国際秩序の維持を図ったのである。

文芸と政治権力

一六世紀半ば以来、印刷物は政治の世界で重要な役割を果たすようになり、宗教戦争期には新旧両派によって膨大な数の政治パンフレットが生み出された。一七世紀に入ると、権力の中枢を発信源とするパンフレットが数多く現れる。一六一四～一六年にかけては、母后マリとその寵臣コンチーニを支持する内容のパンフレットが、一六一七年以降は王によるコンチーニ殺害を正当化する小冊子やビラが大量にばら撒かれた（図4-1）。

リシュリューもまた印刷物が政治の道具となることを知悉しており、宰相就任後、印刷物に対する統制を強化すると同時に、積極的に政治利用する。まず一六二九年のミショー法典により検閲制度が整備された。国内で刊行される書物は、事前に大法官の指定する検閲人が審査し、出版の可否を判断する体制が確立されたのである。その一方で、リシュリューは一六三一年から週刊紙『ガゼット』を刊行して官製情報を流布するのに用い、一六四〇年にはお抱えの書籍商を所長に据えて、ルーヴル宮に王立印刷所を設立した。

さらにリシュリューは、文芸の世界への直接介入を図る。一六三四年、シャプランを中心とする文筆家の私的サークルに公的権威の下で定期的に集まるよう提案し、翌年には王の公開状を与えて公的機関へと作り変えたのである。こうして誕生したのがアカデミー・フランセーズで、リシュリューはここでの議論を通じて文芸をめぐる規範を作り出そうと試みたのだった。

アカデミー・フランセーズが最初に存在感を示したのが『ル・シッド』論争への介入である。一六三七年に上演されたコルネイユの『ル・シッド』は、華々しい成功を収める一方で、アリストテレスに由来する「三単一の規則」（劇作品は同じ場所で、一日のうちに、一貫した筋をもって展開しなくてはならないという主張）を信奉する規則派の批判を招き、場所・時・筋の多様性を容認する反規則派との間に激しい論戦を引き起こした。リシュリューから論争への介入を命じられたアカデミー・フランセーズは『〈ル・シッド〉に関するアカデミーの見解』を発表し、規則派への支持を表明した。この『見解』は論争に決着をつけるものではなかったが、結果として規則を重視する文学に公的権威のお墨付きを与えることになった。規則重視の文学は、その後一九世紀に「古典主義」の名で呼ばれるようになり、文学史では、一七世紀後半のルイ一四世の親政期がその最盛期として位置づけられることになる。

リシュリューの「遺産」

三十年戦争への直接介入は、軍事費の急激な増大をもたらした。それに伴い、徴税額も大幅に増えていく。リシュリューは直接税を効率的かつ確実に徴収するため、各徴税区に地方長官を派遣し、徴税業務の監督や治安維持の任務に当たらせた。一六四二年八月以降、地方長官は徴税区に常駐するようになり、実質的に地方行政の最高責任者となる。

間接税の徴収には徴税請負制が利用された。これは国王が金融業者（フィナンシエ）と請負契約を結び、税収の前貸しと引き換えに徴税権を譲渡するやり方で、王権にとっては手早く確実に収入を得られるという利点があった。しかし、徴税請負人は前貸しに対する利息分も上乗せして徴税することが認められていたため、民衆の恨みを買うことにもなった。実際一六三〇年代後半には、増税にあえぐ民衆の蜂起が相次いだ。とくにフランス北西部のバス＝ノルマンディ地方で起こった蜂起は、鎮圧に四カ月以上かかる大規模なものとなった。

政府が民衆蜂起の制圧に手を焼いた理由の一つは、地方長官の派遣によって既得権を侵されたと感じた地方の役人が積極的に協力しなかったことにある。国王が直接任命する地方長官と異なり、大半の役人は官職を金銭で購入した「官職保有者」であった。彼らの官職は一種の私有財産と見なされ、国王であっても自由に辞めさせることはできなかった。とくに各地の高等法院の司法官たちは王令の合法性を審査する権利を有しており、地方や自分たちの利益を守るために政府や国王と対立することも辞さなかった。

リシュリューを悩ませたのは、それだけではなかった。リシュリューは権力掌握後、自分の保護下にある者たちを政府の要職につけ、自身の個人的なクリアンテルによって政権を固めた。その結果、リシュリュー一派に地位を奪われた大貴族は、宰相の「専制」を非難し、反乱や陰謀を企て、ときにその命さえ狙った。一六四二年にはスペインと密約を結んだ貴族たちによって暗殺が企てられた。リシュリューは事前に計画を暴き、難を逃れはしたが、その年の一二月に病のため没した。

それから半年も経たない一六四三年五月にはルイ一三世も死去する。後を継いだルイ一四世はわずか四歳で、先王の遺言により母后アンヌ・ドートリッシュが摂政につくことになった。アンヌはスペイン出身であり、リシュリューとの不和は周知の事実であったため、リシュリューと彼の政策に不満を抱える者たちは、体制の転換に期待を寄せた。ところが、彼らの期待は裏切られた。摂政アンヌはリシュリューが後継者に指名したマザランを宰相として重用したのである。マザランはイタリア出身で、もとは教皇庁の外交使節だったが、その外交手腕をリシュリューに見込まれ、抜擢された人物である。案の定、マザランはリシュリューの政策を引き継いだ。そのため、リシュリューとその戦時体制に対する不満は、全てマザランにぶつけられることになった。その帰結がフロンドである。

フロンドと文芸の政治化

フロンドは一六四八年から五三年にかけてフランスを覆った政治的騒乱で、マザランが立て続けに出した課税案に、一六四八年一月一一日から一四日にかけて、パリの住民が暴動を起こしたことから始まる。このパリ住民の反税闘争は、間もなく、マザランによって俸給の支払いが停止された官職保有者の反政府運動と結びつく。「フロンド」という呼称が生まれたのもその頃で、官職保有者の反抗的振舞いが、官憲の目を盗んで行われる学生の石投げ遊び（フロンド）になぞらえられたのだった。しかし、パリ高等法院を中心とする司法官たちは真剣で、同年七月、直接税の減税・徴税請負制の廃止・地方長官の廃止などを柱とする改革案を政府に突きつけた。

一六四九年一月、宮廷がパリを脱出し、国王軍にこれを包囲させたことで、政治危機は内戦へと発展する。ただし、高等法院はリシュリューが築いた戦時体制に反対したのであって、国王の権力そのものを否定したわけではない。実際、同時期にイギリスで起こったピューリタン革命で英王チャールズ一世が処刑されたと知ると、反政府運動の過激化を恐れた高等法院は、同年三月、政府と早々に和解する。高等法院が反政府運動から脱落したあと、フロンドを主導したのはマザランに不満を抱く大貴族たちだった。

ところが、大貴族にとって国政改革は問題ではなかった。彼らが目指したのは、マザランに取って代わって政権を握ること、つまりはリシュリューとマザランが築いた中央集権的な国家権力の中枢に自分と自分の被保護者を据えることだった。こうしてフロンドは国政改革を目指した運動から、有力者間の権力掌握を賭けた党派争いに変質する。

党派首領の大貴族は、たんに武力に訴えただけでなく、文書を使って民衆を扇動しようとした。検閲をかいくぐって印刷され、出版され、販売された約五〇〇〇種に及ぶそれらの文書は、その多くがマザランを攻撃していることから「マザリナード」と呼ばれているが、マザランを弁護する内容のものも少なからず含まれる。

マザリナードはそのほとんどが八頁から一六頁、せいぜい三二頁ほどの小冊子であるが、なかには書籍と呼べる大部の作品や、逆に一枚ものの張り紙も存在する。内容も多種多様で、高等法院裁定などの公文書、政治論、演説、手紙、詩、戯れ歌など、あらゆるジャンルを含む。数は少ないが、木版画の挿絵がついたものもある（図4－4）。当時利用可能だったあらゆる出版形式と記述形式が政治に総動員されたのだった。こうして文芸の全般的政治化がこの時代の大きな特徴となる。文字通り剣とペンを用いたこの党派争いは、最終的にマザラン派の勝利で終結した。

図4－4　「マザリナード」に描かれたマザラン（右下）

反マザラン陣営によって作成されたマザリナード。高等法院の司法官や彼らに味方する貴族が乗った船を転覆させようとするマザランを描く。左下に錨（アンクル）を手にしたコンチーニ（アンクル侯）を登場させ，マザランの運命をほのめかそうとしている。

出典：Michel Pernot, *La Fronde*, Paris, Fallois, 1994, photo.

ただし、フロンドの終息によって、直ちに内政が安定したわけではない。地方では貴族が禁令を無視して集会を開き、一六五九年にはフランス中部ソローニュ地方で貴族に率いられた農民蜂起も起こっている。また、フロンド以前から続いていた、ヤンセニウスの遺著『アウグスティヌス』（一六四〇年）をめぐる恩寵論争は、宗教問題を超えて政治問題に発展した。フロンドでマザランと敵対した有力貴族や高等法院の間にヤンセニウスの擁護者（ジャンセニスト）が広がったのである。この動きを危険視したマザランは、教皇庁の協力を得て、これを禁圧しようとした。しかし、ジャンセニスト陣営も非合法出版という手段で論戦を続けた。パスカルが友人たちと共同で執筆した『田舎の友への手紙（プロヴァンシアル）』（一六五六〜五七年）は、今日、フランス文学の「聖典」の一つに挙げられているが、もとはこうした論争の渦中で書かれ読まれた作品だった。その後、ルイ一四世の治世末期に、ジャンセニストの拠点と見なされたポール＝ロワイヤル修道院が王権によって破却されたが、ジャンセニストは高等法院を中心に反政府勢力として生き残った。

ルイ一四世の親政と「絶対王政」の限界

マザランには他にも取り組むべき課題があった。対外戦争である。フロンド中の一六四八年一〇月にウェストファリア条約が結ばれ、三十年戦争は終わっていたが、スペインとの戦いは続いていた。対スペイン戦争が終結したのは一六五九年一一月のことだった。このとき結ばれたピレネー条約で、フランスはスペインに領土を割譲させた。同時に、ルイ一四世とスペイン王女マリ＝テレーズの結婚も取り決められた。フランスに有利な形で戦争を終わらせ、翌年六月に国王の結婚を無事見届けたマザランは、一六六一年三月九日、精魂尽き果てたかのように息を引き取る。

マザランの死の翌日、ルイ一四世は大臣たちを集め、今後は宰相を置かずに自ら統治することを宣言した。ほどなく国務会議が再編され、これまで座を占めていた母后アンヌをはじめ大貴族が呼ばれなくなり、これに代わって行政官僚出身者が大臣のポストを占めるようになった。さらに同時代人を驚かせたのは、親政宣言からわずか半年後に、王がもっとも有力な大臣である財務卿フーケを公金横領の罪で逮捕させたことだった。

一六六一年にルイ一四世が取ったこれらの措置は、王が絶対的な権力を握ったことを物語っているように見える。しかし、ルイ一四世は思い通りに権力を行使できたわけでも、権力を独占できたわけでもなかった。フーケの逮捕も、その部下であったコルベールが彼に代わって財政を掌握するために、王を説得して仕組んだ陰謀だった。フーケを裁いた特別法廷では、彼の保護を受けていたフィナンシエの不正も追及されたが、フィナンシエに依存した財政構造はそのまま残され、コルベールの息のかかったフィナンシエが彼らに取って代わった。財務関連の主要な官僚ポストも、コルベールの被保護者によって占められていった。

コルベール一派の勢力拡大に対抗し、陸軍卿ル・テリエも軍隊組織の維持管理を担う官僚ポストを自分の影響下にある者たちで埋めていった。こうして大臣を核とするクリアンテルの網の目が、官僚機構の内部に張りめぐらされていった。ルイ一四世の時代は近代的な官僚機構が整備された時代とされるが、それはこうした個人的な保護と被保護の網の目によって支えられていたのである。

地方では、フロンドのあと、親任官僚である地方長官が復活した。その結果、これまで地方行政を担っていた在地の官職保有者の権限は縮小し、都市の自治権も大幅に削られた。しかし、地方長官が任務を遂行するためには、土地の事情に通じた官職保有者など地方エリートを補佐官として採用することが不可欠だった。それゆえ地方長官も国王の意向を一方的に押しつけることはできず、地方の利害に一定の配慮を示す必要があった。

王権による学芸の保護と統制

このように、いわゆる「絶対王政」の時代にも、王の権力はいくつもの制約を受けていた。それゆえ王は実際の権力の欠落を補い、支配の正当性を受容させるため、文人・学者・芸術家を保護し、彼らの作品を通じて権威の浸透・拡散に努めた。ルイ一四世の学芸保護活動（メセナ）を取り仕切ったのが、コルベールである。コルベールは王の親政開始直後から財務行政の掌握と並行して文化行政にも深く関与し、財務総監に就任する一六六五

図4－5　コルベールの肖像（1664年）

コルベールの肖像が描かれた綴れ織りを，知恵と学芸の女神アテナが仕上げている。地面には商業と学芸の象徴物がいくつも配置されている。

出典：Rémi Mathis, Vanessa Selbach, Louis Marchesano et Peter Fuhring (dirs.), *Images du Grand Siècle. L'estampe française au temps de Louis XIV (1660-1715)*, Paris, BNF, 2015, p. 188.

年の前年には、文化政策の責任者である建築長官に任命されている（図4－5）。

コルベールは文化政策を進めるにあたり、一六六三年二月以降、週に二回自邸の図書室と、それに隣接する王の図書室に数名の文人を集めて会議を開き、彼らに意見を求めた。これが小アカデミーと呼ばれる諮問機関で、アカデミー・フランセーズの創立メンバーでもあるシャプランが政策顧問として中心的な役割を果たした。小アカデミーの管轄領域は、王宮を飾る絵画や綴れ織りの図柄の選定、メダルに刻む銘文の考案、宮廷での儀礼や祝祭の解説文の作成など広範囲に及ぶ。

「王の栄光」に寄与する学者や文芸家を選出し、「報奨金」を授与することも、小アカデミーの重要な任務であった。報奨金制度は一六六四年を皮切りに、コルベールの死（一六八三年）をまたいで四半世紀続く。これ以前、リシュリューやフーケといった大臣たちも金銭面で文芸家を支えてきたが、この制度は公金から支出された点で従来のメセナと一線を画している。コルベールはメセナが大臣個人によるものではなく、王の意志に基づく国家事業であることを前面に打ち出したのである。メセナのこうした公的な性格は、文芸家に社会的な威信を付与することになった。文芸で身を立てようとする者にとって、報奨金受給者という肩書きが「作家」として自立する道をひらいたのである。

ただし、報奨金は年金と異なり一年限りしか受給されない。また受給者の人数も三〇～四〇人程度に抑えられていた。それゆえ報奨金の受給者であり続けるには、王や宮廷のお眼鏡に適う作品を書き続けねばならなかった。『タルチュフ』（一六六四年）などの痛烈な社会風刺の喜劇で物議を醸したモリエールや、『アンドロマック』（一六六七年）などの悲劇で名を成し、ヴォルテールから「不滅の作家」と称えらえたラシーヌも、そのほとんどの作品は一義的には王や宮廷人を喜ばせるために書かれたものだった。つまり、作家としての社会的承認という自律性の獲得は、公権力への従属という他律性を受け入れることでもたらされたのである。

ヴェルサイユ宮殿と宮廷社会

王宮もまた王の権威を顕示する重要な手段であった。なかでもヴェルサイユ宮殿は、ルイ一四世にとって、王の権威を示すためのもっとも壮麗な舞台装置として機能した。ヴェルサイユ宮殿の始まりは、ルイ一三世が狩りの休憩所として建てた小さな城館だった。ルイ一四世は、その父王の城館を包み込むように拡張して理想の宮殿に作り変えていった。

建造工事は親政開始直後からおよそ半世紀にわたって続き、建築家、画家、造園家には当代一流の芸術家が動員された。各部屋の装飾は「王の栄光」を表現するため念入りに計画された。主にローマ神話の神々や古代の英雄が主題として選ばれたが、一六七八年から六年をかけて作られた「鏡の間」の天井は、親政開始以降のルイ一四世の事績を称える図像で埋め尽くされた。

初めのうちルイ一四世はヴェルサイユを大規模な祭典を催す場所として利用した。それ以外のときはパリやその近郊の城館を移動していたが、「鏡の間」建設工事中の一六八二年五月、王は宮廷をヴェルサイユに定住させる。宮殿には、王や王族の世話をする従者の他、宮廷官職を与えられた貴族や、大臣などの上級行政官、そして彼らの召使ら、約三〇〇〇人が部屋を与えられて居住した。さらに、外国の使節、請願者、出入りの業者など一時的な滞在者を含めれば、一万人もの人びとがひしめきあったという（図4－6）。こうして史上類を見ない規模に膨れ上がった宮廷を、歴史家は「宮廷社会」と呼んでいる。

ヴェルサイユにおける王の生活は、着替えから食事、さらには排泄に至るまでが公開され、儀礼として組織された。王は宮廷での日常を儀礼化し、宮廷人にも序列に応じた厳格かつ煩瑣な礼儀作法を課すことによって、彼らを王の権威の下に秩序づけていったのである。序列化は些細な点にまで及んだ。肘掛椅子に座れるのか、スツールで我慢せねばならないのか。帽子は被ったままでよいのか。入室の際、両側の扉を開けてもらえるのか、片側しか開けてもらえないのか……。

図4－6　「鏡の間」でシャム（タイ）の大使たちを引見するルイ14世（1686年）
このときの献上品のなかには日本製の漆芸品も含まれていた。
出典：Daniëlle Kisluk-Grosheide et Bertrand Rondot (dirs.), *Visiteurs de Versailles. Voyageurs, princes, ambassadeurs 1682-1789*, Paris, Gallimard, 2018, p. 153.

ヴェルサイユ宮殿は、しばしば貴族を飼い馴らす黄金の檻になぞらえられる。しかし、王への一方的服従を想起させる「飼い馴らし」や「檻」という表現は適切ではないだろう。というのも、宮廷における序列化には、宮廷貴族の権力強化が伴ったからである。地位や官職が低いために王に直接会うことのできない者たちに対し、彼らは有力な仲介者として振る舞うことができた。貴族は王の権威に服し、王の身近に仕えることで、権力行使の機会を確保したのである。

落日の太陽王

厳めしくもきらびやかな宮廷社会を生み、「太陽王」と形容されたルイ一四世の治世には、しかし、暗い影もつきまとった。一つは宗教政策の失敗である。ルイ一四世は一国一宗派の理想を実現するため、一六八五年一〇月、ナント王令を廃止し、プロテスタントの信仰を全面的に禁じた。その結果、王国の北部と東部を中心に約二〇万人のプロテスタントが亡命した。そのなかには大勢の商工業者が含まれていたため、多くの資産と技術が国外に流出することになった。さらに南部の山岳地帯では、一七〇二年から〇四年にかけて大規模なプロテスタントの反乱も起きた。

ルイ一四世の治世はまた、絶え間ない戦争の時代でもあった。ピレネー条約による平和も束の間、「王妃の権利」を口実にスペイン領ネーデルラントに侵攻した遺産帰属戦争（一六六七～六八年）、関税合戦から発展したオランダ戦争（一六七二～七八年）、ライン左岸への領土拡大を狙ったアウクスブルク同盟戦争（一六八八～九七年）と続き、王の治世末期にはスペイン＝ハプスブルク家の断絶に伴い、スペイン王フェリペ五世となった王孫アンジュー公の王位を承認させるために、スペイン継承戦争（一七〇二～一三年）を戦った。ルイ一四世にとって戦争は「王の栄光」を演出する格好の舞台ではあったが、他方で国家財政を圧迫し、慢性的な財政赤字を生む要因でもあった。

戦線の拡大もまた、財政悪化に拍車をかけた。フランスをはじめ、当時のヨーロッパ諸国は重商主義を採用し、国内産業の保護と海外市場の獲得を目指していた。その結果、国際商業をめぐる競争が戦争の主要因となり、フランスにとってはオーストリア・スペインの両ハプスブルク家に代わって、先進商業国のオランダとイギリスが最大のライバルとして立ち現れてくる。とくにイギリスとは、一六八九年以降、北米およびインドを舞台に「第二次英仏百年戦争」と呼ばれる植民地獲得競争を繰り広げていくことになったのである。

好戦的な政策とそれがもたらした財政危機は、重商主義を批判する書物や、公平な税負担を主張する意見書など、改革を求める声を生む。さらに、王孫ブルゴーニュ公の周辺には、『テレマックの冒険』（一六九九年）で戦争好きの王を暗に批判したフェヌロンらを中心に、王権の制限を主張する貴族勢力が形作られた。一七一一年四月に王の長男で王太子のルイが病死し、ブルゴーニュ公が新たな王太子になると、改革派はにわかに活気づいたが、その翌年、ブルゴーニュ公が二八歳で夭折したため改革は頓挫した。

一方、後継者の死はルイ一四世にも衝撃を与えた。王朝の存続に不安を感じたルイ一四世は、一七一四年七月、愛人モンテスパン侯夫人との間にもうけた二人の息子に王位継承権を認める王令を発布した。ルイ一四世が死去したのは、その一年後の一七一五年九月一日のことだった。王の死の直後、パリ高等法院は庶子の王位継承を禁じた王国基本法を理由に、庶出の王子たちの王位継承権を取り消す。結局、ルイ一四世といえども最期まで「絶対的な」権力は行使できなかったのである。

（嶋中博章）

参考文献

アラン・ヴィアラ著、塩川徹也監訳『作家の誕生』藤原書店、二〇〇五年。
佐々木真『ルイ一四世期の戦争と芸術——生みだされる王権のイメージ』作品社、二〇一六年。
クリスチアン・ジュオー著、嶋中博章・野呂康訳『マザリナード——言葉のフロンド』水声社、二〇一二年。
林田伸一『ルイ一四世とリシュリュー——絶対王政をつくった君主と宰相』山川出版社、二〇一六年。

宮廷社会と女性

王家の女性とその「イエ」

ルイ一四世の宮廷の歴史のなかで、幾人かの女性がひときわ大きな存在感を放つ。一六六四年五月に王がヴェルサイユで開いた大規模な祝宴「魔法の島の悦楽」は、愛人ラ・ヴァリエール嬢を喜ばせるためだった。そのラ・ヴァリエール嬢に代わって王の寵愛を得たモンテスパン夫人は王との間に八人の子どもをもうけ、そのうち成人年齢に達した二人の男子、メーヌ公とトゥルーズ伯は（最終的に破棄されたものの）王の晩年に王位継承権を与えられた。その二人の庶出の王子の養育を任されたマントノン夫人は、王妃マリ＝テレーズが亡くなった直後に、ひそかに王と結婚したといわれる。しかし、こうした輝かしいエピソードに彩られた王の愛妾たちを除けば、ルイ一四世の宮廷に生きた女性たちについてわかっていることはそれほど多くない。むしろ、わからないことの方が多いというべきだろう。いったいどれくらいの人数が暮らしていたのか。どんな役割を担っていたのか。宮廷に地位を得ることに、どんな利益があったのか。詳しい分析は今後の研究をまたねばならないが、そのための予備的作業として、ここでは宮廷で官職を得た女性たち（女官）を中心に、宮廷社会の女性について簡単な素描を試みたい。

王や王家の人びとは、宮廷内にそれぞれ独自の住居（アパルトマン）と奉公人集団を備えた「イエ」（フランス語では「メゾン」と呼ぶ）を構えていた。それは王妃や王女、あるいは王子に嫁いできた妃といった王家の女性たちも例外ではなく、彼女たちも王のイエとは別に自分たちのイエをもっていた。女性のための官職が置かれたのは、こうした王家の女性のイエだった。それゆえ、王家の女性の人数は、宮廷に仕える女性の数を左右することになった。ヴェルサイユに宮廷が定住するようになった一六八二年からルイ一四世が亡くなる一七一五年までの期間でいえば、イエを構えた主な王家の女性は、王妃マリ＝テレーズ、王太子妃マリ＝アンヌ・ド・バヴィエール、ブルゴーニュ公（ルイ一四世の孫）の妃マリ＝アデライード・ド・サヴォワ、（二番目の）王弟妃エリザベト＝シャルロット・ド・バヴィエール、そしてオルレアン公（ルイ一四世の甥）の妃フランソワーズ＝マリとなる（図1）。ただし、王妃マリ＝テレーズは宮廷のヴェルサイユ定住の翌年に亡くなってい

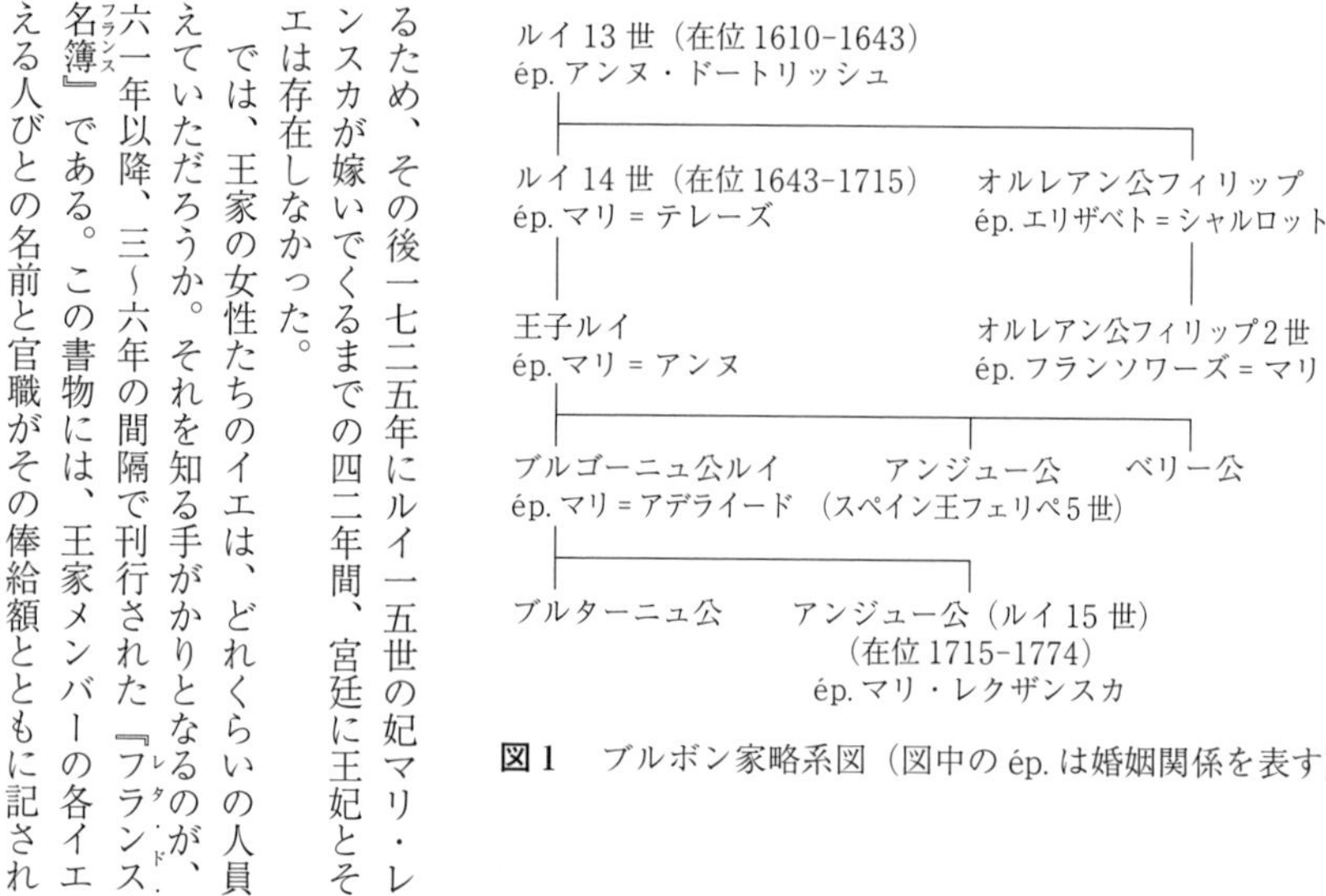

図1　ブルボン家略系図（図中のép.は婚姻関係を表す）

るため、その後一七二五年にルイ一五世の妃マリ・レクザンスカが嫁いでくるまでの四二年間、宮廷に王妃とそのイエは存在しなかった。

では、王家の女性たちのイエは、どれくらいの人員を抱えていただろうか。それを知る手がかりとなるのが、一六六一年以降、三〜六年の間隔で刊行された『フランス宮廷名簿（レタ・ド・ラ・フランス）』である。この書物には、王家メンバーの各イエに仕える人びとの名前と官職がその俸給額とともに記されている。『フランス宮廷名簿』に従えば、一六八二年の段階で、王妃マリ＝テレーズのイエにはおよそ五八〇人が、王太子妃マリ＝アンヌのイエには四三〇人がそれぞれ仕えていた。ルイ一四世の治世末期、マリ＝テレーズとマリ＝アンヌが亡くなったあとのヴェルサイユで王家の女性の頂点にいたのは、王孫ブルゴーニュ公の妃マリ＝アデライードである。彼女のイエは、一七〇八年の時点で、約四七〇人を抱えていた。

ただし、これら王家の女性たちに仕える奉公人の大半は男性であり、女性の奉公人は少数派にとどまった。一六世紀のフランス王妃のイエでは約二〇〜二五パーセントが女性であったとされるが、一七世紀後半以降その比率は大きく下がり、ヴェルサイユの宮廷では一〇パーセントに満たない状態が続いた。そのほとんどは、「寝室（シャンブル）」と呼ばれる部局に仕える女官たちに限定される。王妃マリ＝テレーズの寝室に属する女官は一六八二年の時点で三九名、ブルゴーニュ公妃の寝室に仕える女官は一七〇八年に二五名を数えたが、イエ全体のなかに占める割合は、それぞれ六・七パーセント、五・三パーセント程度にすぎない。もちろん、ヴェルサイユには『フランス宮廷名簿』に記載された女官以外にも大勢の女性が存在したはずである。宮廷に居室を与えられた有力な廷臣の妻や娘たちもヴェルサイユに暮らした。もっと数が多いのは、料理人、食器洗い、掃除夫など下級の召使の妻たちで、その数は数千人にのぼったと考えられる。しかし、こうした無位無官の女性たちの実数を把握することは、きわめて難しい作業となるだろう。

「寝室」の女官たち

王家の女性の「寝室」について、もう少し詳しく見てみよう。あらかじめ注意しておかねばならないのは、寝室に仕えるのは女官に限らなかったことである。数の上ではここでも男性の方が優位だった。一七〇八年のブルゴーニュ公妃の寝室を例に、具体的な数値を『フランス宮廷名簿』から挙げておく。先に述べたように、ブルゴーニュ公妃の寝室に属する女官は二五名を数える。それに対し、男性従者は六二名だった（表1および表2）。したがって、ブルゴーニュ公妃の寝室に仕える有給役人のうち、女性が占める割合は三〇パーセント未満だったことになる。男性従者で同じ役職に複数名いる場合、たいていは六カ月ごとの半期勤務、あるいは三カ月ごとの四半期勤務であったため、実際に勤務についている人数はもっと少なくなるが、それでも女性より男性の方が多いことに変わりはない。

表1　ブルゴーニュ公妃の「寝室」に仕える女官（1708年）

官職名	人数	俸給他（単位：リーヴル）
女官長	1	2200＋年金4500
着付役貴婦人	1	600＋年金6000
宮廷貴婦人	9	6000
筆頭侍女	1	300
侍女	11	120
襟飾り役	1	1600（作品代別）
肌着役	1	120

出典：*L'État de la France*, t. 2, 1708, pp. 46-48をもとに筆者作成。

そのような狭き門を通って女官の地位を得た女性たちは、どのような人びとだったのだろうか。引き続き、一七〇八年の『フランス宮廷名簿』を頼りに見てみよう。女官集団を統括するのが「女官長（ダム・ドヌール）」である。王妃の場合、その上に「家政長官（シュランタンダント）」がいたが、王妃以外の王家女性のイエにその職は置かれなかった。女官長に次ぐ地位にあるのが「着付役貴婦人（ダム・ダトゥール）」で、その名の通り、主人が服を着替えたり髪を整えたりするのを手伝った。その下に複数名の宮廷貴婦人（ダム・デュ・パレ）が名を連ねる。女官長から宮廷貴婦人までは、いずれも爵位を有する名門貴族家門の出身者であった。一七〇八年では、女官長がリュド公夫人、着付役貴婦人がマイイ伯夫人、宮廷貴婦人がダンジョー侯夫人、ルシー伯夫人、ノガレ侯夫人、オー侯夫人、シャトレ侯夫人、レヴィ侯夫人、デストレ元帥夫人、ゴンドラン侯夫人、ラ・ヴァリエール侯夫人といった顔ぶれである。

寝室の清掃やベッドメイキング、あるいは食事の際の給仕などを担ったのが「侍女たち（ファム・ド・シャンブル）」で、高貴な女性には似つかわしくない雑用係のように見えるけれども、彼女たちもまた（宮廷貴婦人よりはやや家格が劣るものの）れっきとした貴族の女性であった。ただし、宮廷貴婦人と侍女たちの間では待遇に差もある。宮廷貴婦人たちはヴェルサイユの町に住居を与えられた他、宮殿の内部にも居室を得ることができた。それに対し、侍女たちは町の住居とその

表2　ブルゴーニュ公妃の「寝室」に仕える男性奉公人（1708年）

官職名	人数	俸給他（単位：リーヴル）
常任寝室取次役	1	300＋報奨・食費等 1432
寝室取次役	4	180
書斎取次役	2	150＋報奨・食費 932
控えの間取次役	2	150＋報奨・食費 565
筆頭寝室従僕	1	300
常任寝室従僕	1	200＋報奨・食費 1132
寝室従僕	16	180＋報奨 100
常任裳裾持ち役	1	180＋報奨・食費等 1974
常任寝室書斎付き下僕	3	100＋報奨 400
衣装室長	1	300
常任衣裳室従僕	1	150
衣裳室従僕	3	150
仕立役	1	60
室内装飾役	4	100＋報奨・食費等 665
調度管理役	1	180
クラヴサン教師	1	400
ダンス教師	1	400
印刷業＝書籍商	1	
常任時計職人	1	300
靴職人	1	110
小物細工師	2	120
御不浄役	1	300
寝室荷担ぎ役	2	60
侍女付き荷担ぎ役	1	350
床磨きの常任下僕	1	
筆頭侍医	1	600
常任侍医	1	300
筆頭外科医	1	200
常任外科医	1	120
半期勤務外科医	2	120
専属薬剤師	1	300
一般薬剤師	1	300

出典：*L'État de la France*, t. 2, 1708, pp. 48–52 をもとに筆者作成。

賃貸料で満足せねばならなかった。

王家の女性の寝室に加えて、幼い王子たちのイエもまた女性たちにとって貴重な任官先であった。一七〇八年の『フランス宮廷名簿』には、前年に生まれたブルゴーニュ公夫妻の息子、ブルターニュ公ルイのイエが記載されている（表3）。そこは大半が女性によって構成されていた点に特徴がある。傅育役以下二三名のうち、男性は寝室付き従僕、寝室付き荷担ぎ役、侍医、そして金銀調度役の四名だけである。王子たちは七歳頃になると女性たちの手を離れ、男性中心の新たなイエを構えたため、こうした女性中心のイエは一見はかないように見える。しかし、傅育役のラ・モット元帥夫人、子守役のデスプリエ夫人、侍女の一人サン＝ティレール夫人は、ブルターニュ公の父であるブルゴーニュ公が幼少の頃にも同じ職についていることから、一定の継続性があったと考えるべきかもしれない。

女官の選出

宮廷では王家の人びとの日常生活が儀礼化し、女官たちもその儀礼化された日常生活のなかで主人の身の回りの世話に勤しんだ。そうした儀礼的日常のなかの役割に加え、女官たちに求められた重要な役目があった。それは主人の遊び相手である。ルイ一四世の宮廷では夜ごとさまざまな娯楽が提供されていたが、とくに王妃マリ＝テレーズが熱中したのがカード遊び、つまりはトランプを使った賭け事であった（図2）。王妃の死後もカード賭博は宮廷で人気の娯楽であり続け、ブルゴーニュ公妃もルシー伯夫人、オー侯夫人、デストレ元帥夫人といった宮廷貴婦人たちと一緒にカード賭博を楽しんだ。

さらに、陽気で快活なブルゴーニュ公妃は狩猟を愛好し、しばしばルイ一四世の狩りに馬車で同行した。ルイ一四世も愛くるしい孫嫁が一緒に来ることを喜んでいたという。また、ブルゴーニュ公妃は自ら馬を駆り、鷹狩りに興じてもいた。ピエール＝ドニ・マルタンに帰せられるある絵画には、右手に鷹を乗せて白馬に乗るブルゴーニュ公妃の姿が描かれている（図3）。彼女の脇には、大きな羽飾りのついた帽子をかぶった二人の女官が、馬に乗ってこの活発な主人のお供をしている様子も描きこまれている。こうした娯楽を通じて、女官とその主人は情愛の絆を深めていったと考えられる。

このように王家の女性とつねに行動を共にする女官たちは、どのようにして選出されたのだろうか。アンシャン・レジーム期の大半の官職は「売官制」が採られ、購入された官職はその保有者の「家産」として扱われて、代々世襲されるのが一般的であった。これに対し、女官には任命制が採用され、任命権は王にのみ認められていた。一七二五年、ルイ一五世が王妃マリ・レクザンスカを迎える際、女官にも売官制を採用しようという動きも見られたが、結局、

図2　賭け事をする王妃マリ＝テレーズと女官たち（部分，1680年頃）
出典：Élisabeth Caude, Jérôme de La Gorce et Béatrice Saule (dirs.), *Fêtes & divertissements à la Cour*, Paris, Gallimard, 2016, p. 239 (détail).

図3　ピエール＝ドニ・マルタン（伝）「鷹狩りをするブルゴーニュ公妃」（部分，1700年頃）
出典：Élisabeth Caude, Jérôme de La Gorce et Béatrice Saule (dirs.), *Fêtes & divertissements à la Cour*, Paris, Gallimard, 2016, p. 57 (détail).

女官には任命制が維持され、王のみに女官の任命権を認めるという原則も確認された。

ただし、これは建前であって、現実にはさまざまな人びとが女官の人選に関与していた。ルイ一四世の結婚に際して、王妃マリ＝テレーズの女官を選んだのは母后アンヌ・ドートリッシュとマザランであった。さらに、王妃のイエでは家政長官と女官長がそれぞれ寝室付き侍女二名を指名する権利を有していた。また、任命制の下に置かれた女官の職は原則として一代限りのものであったが、実際には親族間での譲渡も認められていた。『フランス宮廷名簿』にも「襲職権（シュルヴィヴァンス）」に言及した箇所がある。襲職権とは、官職を譲渡したり、誰かと共同で任務についたりする特権を指す。たとえば、王妃のイエで着付役貴婦人を務めたベチュヌ＝セル伯夫人は、義理の娘ベチュヌ侯夫人に襲職権が認められている。王の曾孫ブルターニュ公の傅育役ラ・モット元帥夫人の娘であるヴァンタドゥール公夫人は、襲職権に加えて王から一万二〇〇〇リーヴルもの年金を得ている。

ただ、王家の女性には、自分に仕える女官の人選について発言権がなかった。それは王妃といえども例外ではない。そのため、王妃マリ＝テレーズは夫である王がその愛人を自分の女官に据えても我慢しなければならなかった。モンテスパン侯夫人は、もともと王妃に仕える「名誉ある娘」（宮廷貴婦人の旧称）であったが、王の愛人となったあと、一六七九年に王妃のイエの家政長官に任命されている。ましてや国際紛争ともなれば、王妃の意向など一切考慮されなかった。一六七二年に始まったオランダ戦争では、王妃の祖国スペインがオランダと同盟を結んだ。そのためルイ一四世は、翌年、輿入れ以来ずっと王妃に付き添っていたスペイン人の侍女五名に帰国を命じたのだった。王妃をはじめ異国からフランスに嫁いできた姫君たちにとって、自分の意志とは無関係に選ばれる女官たちと信頼関係を築けるかどうかは大きな問題だったに違いない。

女官が得た利益

最後に、王家に仕える女官になることで、どんな利益を得ることができたのか考えてみたい。女官になれば当然、俸給が得られた。一六八二年の『フランス宮廷名簿』によれば、王妃の家政長官モンテスパン夫人は破格の六〇〇〇リーヴル、女官長のクレキ公夫人は一二〇〇リーヴルの俸給を得ていた。一七〇八年のブルゴーニュ公妃のイエについて見ると、女官長リュド公夫人には国庫から俸給二二〇〇リーヴルと王家の会計から年金四五〇〇リーヴルが、着付役貴婦人のマイイ伯夫人には俸給六〇〇リーヴルと年金六〇〇〇リーヴルが、宮廷貴婦人に対しては各自六〇〇〇リーヴルの俸給が支払われていた（表1）。

表3　ブルターニュ公のイエの奉公人（1708年）

官職名	人数	俸給他（単位：リーヴル）
傅育役	1	3600＋養育費 24000
傅育役補佐	1	1200＋養育費 3650
乳母	1	1200＋養育費 2180
子守役	1	300＋養育費 1095
筆頭侍女	1	360＋養育費 1095
侍女	9	200＋養育費 1095
専属乳母目付役	1	150＋養育費 730
予備乳母目付役	1	150＋養育費 730
寝室付き従僕*	2	200＋養育費 730
寝室付き荷担ぎ役*	1	100＋養育費 365
肌着役	1	200＋洗濯代 1200
料理女	1	60
侍医*	1	6000
金銀調度役*	1	400

官職名についた＊印は男性を示す。

出典：*L'État de la France*, t. 2, 1708, pp. 78-81 をもとに筆者作成。

ただし、このような高額の俸給を得られたのは一部の高位の女官だけで、その他の女官たちは意外なほどわずかな俸給しかもらっていない。一六八二年の『フランス宮廷名簿』では、王妃に仕える筆頭侍女で年俸三〇〇リーヴル、侍女で一二〇リーヴルとなっている。一七〇八年のブルゴーニュ公妃のイエでも、筆頭侍女の俸給は三〇〇リーヴル、侍女は一二〇リーヴルで額面に変化はない。貨幣価値の変動も考慮しなくてはならないが、一七世紀の半ばにつつましい生活をおくる庶民の年収が約三〇〇リーヴルとされる。それゆえ侍女に限らず女官たちが俸給だけを目当てに宮廷に出仕していたとは考えにくい。俸給以外のさまざまな役得があったと想定すべきであろう。

宮廷は男女の出会いの場であり、ヴェルサイユは大規模な結婚市場としての機能も担っていた。宮廷に出仕する男性貴族は、未婚の女官にとっては将来の夫候補、既婚の女官にとっては自分の娘の花婿候補だった。うまく結婚相手が見つかれば、主人から持参金を受け取ることもできた。あるいは、結婚を仲介することで利益を得た女官もいたらしい。サン＝シモン公はルイ一四世の治世に関する膨大かつ詳細な『回想録（メモワール）』を残したことで知られるが、もし彼の記述を信じるならば、一七〇〇年にラ・ヴリリエール侯は、ブルゴーニュ公妃の着付役貴婦人であるマイイ夫人の娘と結婚するために、元王妃の宮廷貴婦人ダルクール夫人にとりなしを依頼し、多額の金銭を支払ったという。結婚の斡旋以外では、新しい官職が創出されたとき、宮廷貴婦人たちは王に「最良の」候補者を推薦する権利が認められていた。このとき宮廷貴婦人は、推薦した人物から多額の謝礼金を受け取った。もっとも、こうした慣行については記録に残りにくいため、実態は闇に包まれている。

もちろん、女官たちがその立場を利用して自身の親族の利益のために働いたとしても不思議はない。女官となった女性は、実家にとっても婚家にとっても、宮廷や王家との太いパイプ役になり得たはずである。王の愛妾であるため一般化はできないが、王妃の家政長官モンテスパン夫人が親族のためにさまざまな便宜を図ったことはよく知られている。たとえば、モンテスパン夫人の兄のヴィヴォンヌ公は、一六七九年、彼女のとりなしで息子のルイをもっとも有力な大臣、財務総監コルベールの娘と結婚させることができた。同様に、マントノン夫人も姪のマルグリットを宮廷に呼び寄せ、一六八六年に王太子の近侍（ムナン）ケーリュス伯と結びつけている。こうした門閥拡大のための活動は他の女官たちも行っていたと十分推測されるが、これまた公的な記録が作られるわけではないため、女官となった女性が一家一門のなかで有していた影響力については、まだまだ不透明なままである。

他にも、主人である王家の女性が亡くなった後の再就職や複数のイエでの兼職の問題、あるいは貴族の王家に対する忠誠意識の醸成に果たした役割など、解明すべき課題はいくらでも見つかる。宮廷の女性について書かれるべき書物は、まだ空白ばかりである。そこにどんな文章が記されていくのか、これからが楽しみである。

（嶋中博章）

参考文献

阿河雄二郎・嶋中博章編著『フランス王妃列伝——アンヌ・ド・ブルターニュからマリー＝アントワネットまで』昭和堂、二〇一七年。
J・ダインダム著、大津留厚・小山啓子・石井大輔訳『ウィーンとヴェルサイユ——ヨーロッパにおけるライバル宮廷　一五五〇～一七八〇』刀水書房、二〇一七年。
イヴ＝マリー・ベルセ著、阿河雄二郎・嶋中博章・滝澤聡子訳『真実のルイ一四世——神話から歴史へ』昭和堂、二〇〇八年。

第5章

啓蒙とロココの世紀

ルイ一五世の治世

一七一五年にルイ一五世が即位したが、まだ幼かったために、オルレアン公フィリップが摂政になった。摂政はルイ一四世の統治の仕方を改め、名門貴族を重用する体制を採用し、政治では一七世紀に回帰するような一面を見せた。だが、国家財政の立て直しではスコットランドの銀行家ジョン・ローを招いて改革を行わせるなど新しい面も持ち合わせていた。財政改革は失敗に終わったが、先王の時代から受け継がれた財政赤字はかなり軽減されることになった。また、外交ではイギリスとの協調路線を取り、ヨーロッパに比較的平和な時代が訪れることになった。一七二三年にルイ一五世の親政が始まるが、二六年以降はフルリーが事実上の宰相となった。フルリーは慎重な政治運営を行い、晩年にはオーストリア継承戦争（一七四〇〜四八年）に関与したものの、それまでは平和とヨーロッパの安定を基調とした外交を展開したため、ルイ一五世の治世前半は比較的安定した時代であった。

しかし、すでにこの頃、フランス革命を引き起こす種はまかれていた。最高裁判所の機能を持つ高等法院は、かつて通常の司法機能以外に、王令登録権ならびに事前建白権を有していた。この権利を用いて、貴族は新しく制定されようとする法令が王国基本法や地方の慣習に反すると判断したとき、その登録を拒否し、王の意向を頓挫させることができたのである。この権利はルイ一四世治世下では事実上剝奪されていたのだが、ルイ一五世即位のさい高等法院がこれを取り返した。この権利回復によって王権は著しく制限され、以後、貴族による王権への不服従の傾向が強まる。

政治が大きく動きだすのは一八世紀半ば、フルリー死去後のことである。外務卿ショワズール公とともに、国王公式の愛妾、ポンパドゥール侯爵夫人が政治に大きな影響力をふるったので、「ポンパドゥール時代」とも呼ばれている。啓蒙思想とロココ美術のパトロンであった平民出身のポンパドゥール夫人は宮廷に新しい時代の息吹を吹き込んだ。

この時期は宮廷社会のなかで勢力の交代が起こっている。それまで国王の聴罪告解師として王室に絶大な影響力を誇っていたイエズス会が一七六一年にパリの高等法院によって有罪判決を受け、翌年には管区から追放、さらに一七六四年に王令によってフランス王国内での活動を禁止されたのである。すでに一七四九年以来、税制改革をめぐって王権と貴族の対立は先鋭化していたが、こうして、パリの高等法院が国政改革の中心的な担い手として登場したのである。

ポンパドゥール時代には外交でも大きな変化があった。積極的な外交に転じ、オーストリア継承戦争ではあらたに海外植民地でイギリスと戦火を交え、長年対立していたオーストリアのハプスブルク家と一七五六年に同盟関係を結んだのである。「外交革命」と呼ばれる外交戦略の転換は、しかしながら、同じ年に始まった七年戦争(一七五六～六三年)で敗北を喫し、厳しい代価を支払わされる結果に終わった。七年戦争と同時に進んでいた北米とインドでの戦争でイギリスに敗れ、カナダ、ルイジアナ東部などを失い、インドからは商館だけ残しての撤退を余儀なくされた。こうして、改善していた財政状況も再び悪化したのである。ただし、だからといってフランスの海外貿易が衰えたわけではない。カリブ海に浮かぶ、フランス領サン＝ドマング（現在のハイチ共和国）は当時世界最大の砂糖植民地であり、海外貿易は一八世紀後半も増加していた。また王太子ルイとオーストリア皇女マリー＝アントワネットの婚礼も予定通り進められた。大陸におけるフランス・オーストリアの協調関係はフランス革命まで続くのである。

ロココ美術

ルイ一四世が死去すると、重しが取れたように宮廷と社会にある種の解放感が広がった。美術の分野でも明らかに変化が起こった。一七世紀のフランスでは、幾何学的で均衡のとれた構図を重んじ、荘重な調子の古典主義が支配的であったが、非対称、曲線を主調とする優雅さと遊び心を特徴とする様式が一八世紀中頃にかけて流行し、ヨーロッパにも広がっていった。この様式はロココ様式と呼ばれるが、ロココとは「ロカイユ」と呼ばれる貝殻の渦巻き曲線を特徴とする装飾が語源であると言われる。

貴族は、大規模な宮殿の重々しい壮観よりも、適度な広さの居心地のよい室内の装飾に関心を向けるようになった。これにこたえてこの時代の画家も室内装飾を重要な芸術的課題とした。ロココを代表する画家の一人であるフランソワ・ブーシェも宮殿や邸館を飾る、明るい色調の絵画を多数制作している。

ロココ様式はフランスで製造された陶磁器の装飾にも用いられた。フランスで最初の陶磁器製造は一七四〇年にパリ近郊のヴァンセンヌに設けられた、王立磁器製作所で始まる。それがポンパドゥール夫人の主導のもとに一七五六年に、同じくパリ郊外のセーヴルに移転され、磁器製造が本格化した。ここで製造された陶磁器はセーヴル焼と呼ばれ、青とバラ色で色付けされたロココ様式の装飾に特徴があった。

フランソワ・ブーシェはポンパドゥール夫人の庇護を受け、一七六五年には国王首席画家になっている。富裕なブルジョワ家庭を描いた風俗画、牧人画、風景画を残しているが、とくにヴィーナスなど神話の女神を主人公にした官能的な作品に彼の才能が発揮されている。これに対し、啓蒙思想家のディドロは、一七六一年のサロン展批評で、田園を背景に優雅な服を着た羊飼いや清潔で美しい女性を描いた牧人画を現実離れした、ありえない光景だと厳しく批判した。その後もフラゴナールが宮廷で庇護を受け、マリー＝アントワネットもロココ様式を愛好していた。だが、一七七〇年代中頃には、ブーシェなど前の世代の画家のあふれるばかりの装飾と浮薄さへの反動として、ジャック＝ルイ・ダヴィッドら、新古典主義の画家が現れることになる。

啓蒙思想

一八世紀は啓蒙の世紀と呼ばれる。だが、モンテスキュー、ヴォルテール、ルソーなどの代表的な啓蒙思想家をとってみても、その主張はかなりの差があり、定義するのは容易ではない。あえて共通点を挙げるとすれば、その批判精神、あるいは批評精神であろう。文学的、芸術的作品に対する批評が増加し、一八世紀半ばには「美術批評」が生まれ、確立し、音楽やガストロノミーにも広がる（歴史の扉6・9参照）が、これも批評精神の表れであった。

一七世紀の科学革命、とくに実験科学、自然科学の発展をうけて、教養ある人びとは自然を今までとは異なる目で見るようになった。また、海外進出によってヨーロッパの外の世界への知識が格段に増えたことも、旧来の知を相対化することに役立った。膨大な新知識がもたらされたことによって、それまでの辞書は役に立たなくなっていた。こうして一八世紀には辞書や事典の出版が相次ぎ、何種類もの辞書、事典が出版され、しかも巻数も増加してゆく。辞書の編纂はそれ自体が知の体系の再編作業であり、印刷された辞書は、理性の批判的行使を可能とする道具として教養ある人びとの間に共有されていった。その頂点に立つのがディドロとダランベールが編集した『百科全書』である。

当時、啓蒙思想家は「哲学者」（フィロゾーフ）と呼ばれたが、既成の観念にとらわれず、いっさいを批判的、懐疑的に捉えようとする精神的態度を持っているという意味で、「哲学者」の名にふさわしかった。君主の権威や宗教制度をふくめて、全てのものが思考の対象、議論の対象にしてよいものとなった。だが、王権は「哲学者」の敵では必ずしもなかった。啓蒙思想家は王権の支援を求め、王権の側もそれに応じることがしばしばあった。主たる敵は、過去、無知蒙昧、狂信、偏見、専制政治であった。もっとも激しい論争が闘わされたのは宗教の領域であった。ただし、啓蒙思想家のなかに無神論者は稀であり、ヴォルテールも啓示や奇跡などを否定しつつ、創造主としての神は認める、理神論者であった。彼らは時代に合った、宗教の新しいあり方を模索していたのである。

また、一八世紀中葉には、『百科全書』に見られるように、自然科学や職人的なものも含めて技術、および政治・経済への関心が強まった。啓蒙思想家によって、これらは「有用性」の観点から高く評価された。とはいえ、彼らは単なる実利主義を賞揚したのではない。「有用性」を哲学的に考察し、幸福で理性的な市民生活を送るのに役立つ科学を求めたのである。

啓蒙思想はフランスが中心であったが、イギリス、ドイツなどヨーロッパ規模に広がった思想と文化の一大運動であり、啓蒙思想家は国境を越えて活発な交流を行った。こうした交流は、一五世紀半ばから存在していたヨーロッパ・レベルでの学者、知識人、文化人の知的ネットワーク（「文芸共和国」）に依拠していた。また、フランスの啓蒙思想が大きな国際的影響力をもった要因として、ルイ一四世の親政の時代以来、ラテン語とともに、フランス語がヨーロッパの国際共通語として用いられていたことも大きい。

サロン・アカデミー・フリーメーソン——啓蒙期の社交生活

一八世紀後半になると、都市にそれまで存在していた、信心会・兄弟団など、宗教的性格をもつ団体がすたれ、それに代わって、知的欲求を満たし、社交の楽しみを与える、世俗的なソシアビリテ（社会的結合関係）が発展していった。

こうした社交形態のなかで、第一に重要なのはサロンである。サロンとは、主に貴族の奥方が友人、知人、著名な作家、学者、画家などの著名人を定期的に自宅の館のサロン（客間）に招いて、飲食をしながら楽しく語らいあう社交の場、あるいは社交の形態である。サロンでは知的な楽しみと同時に礼儀にかなった態度が評価され、集った人びとは「生きる喜び」を享受した。最初に流行したのは一七世紀であった。ヴェルサイユでの宮廷生活が始まるとすたれていったが、ルイ一五世の即位の年に宮廷がパリに戻されると、サロンは活気を取り戻し、パリは再び文化の中心になった。数年後に宮廷がヴェルサイユに再び移動しても、状況は変わらず、逆にヴェルサイユは昔日の面影を失うことになる。

一七世紀のサロンは文学的な気晴らしが主であったが、一八世紀のサロンは新しい学問や啓蒙思想に基づく計画を検討したり、交流したりすることが主になり、学術・文化・思想を主導するようになった。また、前世紀では貴族が優勢であったが、一八世紀になると、サロンでは身分の違いを超えて、貴族と平民が懇親を深め、それまで社会的エリートの枠組みから大きく外れていた学者もサロンの常連となった。

科学アカデミーとアカデミー・フランセーズも世紀後半に大きく変わった。たとえば、ダランベールが科学アカデミーに一七四一年に入会を果たし、六九年に事務局長になっている。ダランベールはアカデミー・フランセーズにも、一七五四年にサロンの女主人の働きかけのおかげで入会している。その後、アカデミー・フランセーズは少しずつ「哲学者」によって征服されていった。

さらに一七世紀末から一八世紀にかけて、地方の主要都市（全三三都市）に地方アカデミーが設立され、地方の学術文化の振興に大きな役割を果たした。メンバーは貴族と聖職者が過半を占め、医者、弁護士などの専門職のブルジョワが続いた。地方アカデミーは懸賞論文のコンクールを行い、ジャン＝ジャック・ルソーなど新しい作家、思想家の発掘に貢献した。

もう一つ重要なのは、一七二五年にイギリスから伝わったフリーメーソンである。一七二〇年代から九〇年代まで、およそ一五〇〇会所が創設され、八九年まで累計四万人ないし五万人の団員が活動していた。ケルト文明や諸言語などの起源への探索など知的探求心をかきたてたこととともに、同輩がたがいに同輩として認めあう和やかな内輪の空間が魅力であった。

フリーメーソンでは当初貴族が多数を占めたが、世紀後半には団員の七〜八割を第三身分が占めていた。商人も数多く加入したことから、サロンやアカデミーなどその他の知的な団体と比べれば、ずっと下の社会階層にも開かれていたといえよう。とくに経済発展とともに力を蓄えた第三身分上層（ブルジョワジー）は、学識と政治への関心を高め、書籍やパンフレット、そして定期刊行物などを入手するなど、いわばニュースに触れるようになっていた。このように、フリーメーソンは二つの公衆、つまり啓蒙のエリートと都市の実業の世界を結びつける役割を果たした。

図5－1　本の行商人
パリの装飾美術図書館所蔵の版画。
出典：Jean-Pierre Rioux et Jean-François Sirinelli (dir.), *Histoire culturelle de la France*, tome 3: *Lumières et Liberté: les dix-huitième et dix-neuvième siècles*, Paris, Seuil, 1998, p. 27.

会費で書籍を共同購入し、会員が読書を行う「読書協会」、地方におかれた学術団体のミュゼなど市民のサークルも多数設立された。一八世紀後半にはパリなど都市部にカフェが増加したが、そこでは常連が時局や哲学を論じあった。こうした議論の場において会員は原則として平等の立場であり、かつ、そこでの評価は身分や血統ではなく、各々の才能によっていた。これらはすべて、王権の統制が十分に効かない自律的な場であり、いまだタブー視の根強い宗教や政治についても議論されたため、人びとは自らがあらゆる問題について議論し、単一の調和のとれた結論＝「世論」を生み出していると考えるようになった。そして「世論」こそが、権力の正統性を保証するものとされ、世紀後半には国王といえど、これに従うべきであるというイメージが広まっていたのである。こうした公共空間の形成によって、来る王国改革のさいに、人びとは喧々諤々（けんけんがくがく）の論争を展開することになる。

教育熱と学校教育

啓蒙思想は教育を人間解放と知性の進歩の鍵として重視した。教育への期待は社会のなかに広がった。とりわけ一八世紀後半から、子どもへの関心が多くの人びとの間で幅広く共有されるようになった。たとえば、子ども用の衣料や本などが商品としてはじめて出回るようになり、同時に子どもを育てる母親の役割が強調され、母乳哺育が推奨されるようになった。また、さまざまな教育書が世に出てブームになったが、そのなかで、もっとも有名なのが、賛否両論の激論を引き起こしたルソーの『エミール』（一七六二年）である。

教育熱が高まる中、学校はかつてないほどの文化的威信をもった表象となった。学校での成功は無知に対する勝利であり、その栄光で生徒、親、そして学校が設立された都市は包まれた。フランスで現在でも行われている、成績優秀者に対する盛大な授賞式の始まりはこの時代にさかのぼるものである。

一八世紀フランスでは、現在の中等教育に相当する、エリート向けの教育を主に担っていたのは、修道会経営のコレージュ（学院）であった。修道会経営のコレージュは大半が一七世紀に設立されたものであったが、一七六〇年頃、三〇〇以上の男子コレージュがあり、四万八〇〇〇人近くの生徒がいたと推定されている。そのなかではイエズス会が学校数で三分の一を占め、一番大きなシェアを誇っていた。生徒の大半は貴族、官職保有者、貿易商人の息子であったが、小売店主や工房の親方、あるいは富農出身の優秀な生徒も、社会的上昇を夢見て、コレージュで教育を受けていた。

一七六四年のイエズス会追放に伴い、パリの高等法院が中心となってコレージュ改革が取り組まれることになり、一七六八年に「国民教育」という言葉が用いられた改革案が提案された。だが結局実現せず、イエズス会の追放によってエリート教育に生じた大きな空隙は埋まることなく、フランス革命を迎えることになる。エリート教育は男子に限られ、女子についてはいくつかの女子修道会が良家の子女向けに学校教育を行っていた程度であった。

コレージュに比して大学は沈滞気味で、学生数も一万人から一万二〇〇〇人にすぎなかった。大学の教育内容は旧態依然としており、自然科学は教えられず、パリ大学の神学部ではデカルトの哲学でさえ禁止されていた。印刷された講義録が出回ったこともあって、学生の欠席が目立つようになった。とくに法学部学生の出席率は悪く、国家は学生に最低限の出席義務を課したが、効果はなかった。

他方で、王権は、数学や自然科学の知識をもった、民生技術を扱う国家技師養成のため、一七四七年にパリ図面製作局を改組して技術者教育を始めた。これが土木学校であり、現存するグランド・ゼコールのなかでももっとも古い学校でもある。土木学校出身者が多数を占めた土木技師団は国内の交通網整備や都市計画で目覚ましい成果を上げた。また、オーストリア継承戦争での経験で、有能な軍の指揮官や軍事技術に秀でた人材育成の必要性を痛感した王権は、有能な軍人の養成にものりだした。たとえば一七四八年、工兵学校が設置され、一七五一年

に パリに士官学校が開設された。さらに七年戦争の敗北を受けて、パリの士官学校の幼年学校にあたる学校が設立され、他方で工兵学校など、既存の軍事技師学校でのカリキュラム改革が行われた。

一七世紀後半には、貧しい子どもを対象に無料で教育を行う教育修道会が現れ、都市部で学校が設立された。農村についても、同じ一七世紀後半から、フランス各地の教区に、宗教教育を中心に読み書きなどを教える「小さな学校」と呼ばれる学校が普及した。ただし、独自の建物を持つ学校は少なく、納屋か教師の家が代用されるか粗末な藁ぶき小屋であった。それでも、この「小さな学校」のネットワークのおかげで、農民の読み書き能力は向上した。結婚証書における自署率でみた読み書きができない人びとの比率は一七〇〇年の七一パーセントから一七九〇年には六三パーセントへと減っている。とくに南部や西部に比して北部と東部で識字率が高かった。

出版文化の隆盛と作家の専門職化

一八世紀には全国的な道路網の整備が大幅に進展し、印刷物の形での、あるいは口伝えによる情報伝達も大量になり、同時に伝達速度も改善された。当時、民衆が書物を手にする手段は主に二つあった。一つは読書室と呼ばれた、パリの貸本業者である。もう一つの手段は行商であった。行商人は地方の都市で書籍を販売していたが、世紀末には農村に足を延ばし、初等読本、暦、「青表紙本」と呼ばれる安価な民衆向けの出版物、時禱書を広めた。「青表紙本」で読むことを覚えた民衆も珍しくなかった。学校教育が普及し始めたとはいえ、義務教育の概念さえなかった一八世紀において、民衆の教育では、独学、家庭、同職組合など私教育の果たす部分が大きかったのである。

検閲制度が敷かれていたにもかかわらず、年間刊行点数は伸びていった。オランダやスイス、とくにヌーシャテルなどフランスの国境付近に位置する外国の地で多くの出版工房が生まれ、そこで製作された書籍が非合法にフランス国内に大量に輸入され、販売された。『百科全書』もその一つであるが、非合法の地下出版物のなかにはフランス当局の暗黙の許可を得たものもかなりあった。啓蒙思想はポンパドゥール夫人をはじめ、宮廷に支持者がいたし、国家の役人、とくに出版監督局の検閲官もしばしば啓蒙思想に共鳴していた。出版監督局長のマルゼルブはその有名な例である。黙許も得られず、禁書とされた出版物のなかには、ポルノ文学や風刺・誹謗文書が数多く含まれていた。フランス革命前夜には王家、とくにマリー＝アントワネットの性的スキャンダルを扱った地下出版物が大量にフランスに流入した。こうした書物は国王・王家のイメージを悪化させ、徐々にその権威を弱めることになる。

また、それまでは文筆家は、貴族や聖職者、法律家、行政官僚など身分や財産のおかげで経済的に独立しているか、あるいはパトロンの保護を受けている者であった。ところが、出版業の隆盛と読者層の拡大を背景に、自分の文筆で生計を立てる文士が出現し、増加した。ルソーなど、新しいタイプの作家の生活は貧しく不安定であったが、一八世紀後半に文人あるいは作家という職業が成立していった。

こうしたなかで、ヴォルテールは、「文人」あるいは作家は、文学の領域だけに閉じ込められるのではなく、知識のあらゆる領域に広がる、広大な領域に積極的に関与すべきであると主張した。ヴォルテールはこうして文人の近代的意味、すなわち高邁な理想を掲げ、社会参加を行う知識人の使命を与えている。このように、作家あるいは文人が、世俗化によって影響力を失いつつあった聖職者に代わって人びとを導く地位を求める時代が来たのである。

都市と田園、啓蒙期の感性

一七一五年から九一年までは内乱や大規模な社会的騒乱も少なく、気候も温暖化するなど、穀物の作柄にも好影響を与えた。これにペストの消滅も加わり、死亡率は低下したと推定されている。こうして、フランス人口は一七二五年の約二三〇〇万人から一七八九年には約二八〇〇万人へと増加した。とくに都市部での人口増が著しかった。フランス人の日常生活では下着類が普及し、服の材質も重いウールから木綿に転換した。植民地貿易の発達とともに、輸入量が増した砂糖・コーヒー・ココア・紅茶の消費量が増した。コーヒーを飲む習慣はとくに、パリと地方都市でカフェをとおして広まった。

人口増に伴い、都市の環境は悪化していった。民衆の間では、相変わらず少なくない数の捨て子が問題になっていた。一七世紀には捨て子養育院がフランスにも設立され、女子修道会の愛徳姉妹会が慈善事業を行っていた。さらに都市では、貧しい絹織工から裕福なブルジョワまで、子どもを里子に出す習慣があった。一八世紀になっても子どもの遺棄は改善されず、世紀後半の不況時にはむしろ著しく悪化した。非キリスト教化による遺贈の著しい減少、貧困の悪化などによって慈善事業だけでは対処できなくなり、一八世紀後半には啓蒙思想家は国家の積極的介入を主張するようになった。

啓蒙思想の影響をうけて、一八世紀、とくに後半には、都市空間の風通しと衛生状態の改善を図るために、都市計画が立案された。美観への配慮と快適性が追求された結果、中心部に広場、記念碑、公共施設などが配され、また新たに新古典主義の建物が並ぶようになった街区は、直線的な街路によって区切られた。橋上に建てられていた住居は撤去され、墓地、病院、監獄、動物の屠殺場など、衛生上問題があるとされた施設の、都市の城壁の外への移転が進められた。だが、改革の事業はまだ始まったばかりで、都市は依然として不衛生で悪臭に満ちていた。パリをはじめ、都市はまた、騒乱、暴力、犯罪の巣窟でもあり、王権や都市当局が課そうとする規律化に従おうとしない民衆の自律的な生活圏が存在していた。

一八世紀後半には、非キリスト教化あるいは教会離れを示す徴候がいくつかあらわれている。パリや南フランスのプロヴァンス地方に関する研究によれば、遺言書においてミサの要請、葬送行列、墓地についての言及が減少している。墓地の移転もその一つである。民衆の性行動でも、教会が課した性道徳に対する明白な違反である婚前交渉や婚外出産の増加が一八世紀後半には都市部で確認されている。また避妊行為が、エリート層から始まり、都市の中間層や、周辺の農村の富農層に徐々に浸透していったと考えられている。

非キリスト教化、世俗化と並行して、一八世紀には医学と医者の信用が大いに高まった。産科学の発展によって、出産時の旧来の慣行は改められ、産婆の養成に国家が関与するようになり、死の徴候の医学的な観察に基づいて、埋葬慣行の見直しも求められた。何よりも解剖の増加によって、人体に関する認識が大きく進んだ。年間六万人から八万人の命を奪った天然痘対策として、一八世紀末には種痘が始まっている。さらに医者は、気のふさぎなど人びとの感情や気分の管理についても発言するようになった。医者は精神的健康、すなわち人間の魂についても発言するようになり、部分的に聖職者にとって代わることになった。ただし、当時の科学の水準はまだ低く、催眠療法の起源となったとはいえ、動物磁気のような似非科学も派生している。

図5－2　王妃の村里
マリー＝アントワネットがプチ・トリアノン宮の外れに作らせた「王妃の村里」は20世紀末に修復され，当時の姿が再現されている（著者撮影）。

他方で、貴族の間に、都市への嫌悪とともに田園趣味が広がっていた。マリー＝アントワネットは一七七四年、ルイ一六世からヴェルサイユ宮殿の西北部に位置するプチ・トリアノン宮を贈られた。彼女はその外れに、農場、湖、水車小屋がある小村落を作らせ、そこで田舎暮らしのまねごとを実践した。一八世紀後半、宮殿や城館の庭園の一角に趣向を凝らした田舎家を作ることは、マリー＝アントワネットばかりでなく、大貴族や上級官職者の間で流行していた。一八世紀には、個人の住宅で部屋数が増え、控えの間、台所、食堂、居間、客間、書斎、寝室、化粧室として部屋が専門化した。こうして便利さとプライヴァシーが同時に保障されることになった。マリー＝アントワネットもまた、プライヴァシーの存在しないヴェルサイユの古めかしい宮廷を嫌い、プチ・トリアノンで自分のお仲間だけでしばしば過ごし、私的な生活を楽しんだ。啓蒙思想の精神とはいわないまでも、啓蒙期の感性は宮廷の奥深くにまで浸透していたのである。

アンシャン・レジーム末期の王政改革

一八世紀のフランスの工業はイギリス工業に匹敵するほどの成長をとげ、フランスの貿易総額も大きく伸びた。だが、一七九〇年代でも一人当たり平均額では、工業生産、貿易、国民所得のどれをとってもイギリスに劣っている状態であった。しかも、一七六〇年代以降、工業成長は著しく鈍化し、工業製品の輸出は頭打ちになった。一八世紀、とくにその後半に貴族とブルジョワジーは社会経済的に同質性を強めていった。貴族の所領収入のなかで、本来の領主権に基づく収入よりも領主直領地＝貴族所有地からの小作料収入のほうがはるかに重要になった。また彼らは鉱山業と精錬業など、商工業に進出していたため、ブルジョワ地主との共通性が強まるに至った。

こうして経済と社会は一八世紀のうちに大きく変容し、統治システムの変革が求められていた。王権は一八世紀後半から何度か統治構造の転換を試みた。当時は、一般的に絶対王政といわれるが、実際は、王権は一人ひとりの個人ではなく、特権を有した自律性のある社団を掌握していただけであった。フランスの王権は一二世紀以降、支配領域を拡大し、地域や団体をその支配下に収めていくが、その際に地域や団体のそれぞれの制度や慣習を「特権」として認める形をとった。「特権」を有した団体を「社団」と呼ぶが、アンシャン・レジーム期のフランスは、州、都市などの地域、または同業組合などの社団を基礎単位としていた。ところが、そのために、さまざまな不平等や差異が温存されることになった。聖職者や貴族の特権身分だけでなく、地域によって税負担も異なっていた。たとえばフランス王権に服属するのが遅かったブルターニュ地方では間接税の塩税が免除されており、パリ周辺の地域に比べ租税負担が軽かったのである。こうした構造を変えようと、「社団」の特権を制限しようとすると、強い抵抗を生み、高等法院などから「専制政治」という批判をこうむることになった。こうして絶対王政は自らが作り出した社会の編成原理との矛盾に苦しむことになった。

一七七〇年にショワズール公が失脚した後、大法官モプーによって司法改革が試みられた。これは中央集権化の推進と同時に従来の社団的な国家構造の解消をめざすものであった。だが、高等法院の権限を縮小するものであったため、高等法院の激しい抵抗にあい、結局、王の死去によって、改革は撤回された。さらに、一七七二年にはポーランドが、ロシア、プロイセン、オーストリアによって分割された（第一回ポーランド分割）。フランスは伝統的な友好国の分割を食い止めることができず、ヨーロッパにおける影響力の後退を印象づけた。

このようにルイ一五世の治世末期のフランスは内憂外患の状態であった。一七七四年にルイ一五世が死去し、孫のルイがルイ一六世として即位した。アメリカ独立戦争が始まると、イギリスとの対抗から、政府はアメリカを承認し、イギリスに宣戦布告をした。イギリスは戦争に敗北したが、フランスは戦勝から十分な成果を得られず、かえって財政危機を悪化させることになった。

ルイ一六世の治世が始まった一七七四年、財務総監テュルゴは自由主義経済論に基づいて、穀物・小麦取引の自由化を決定した。ところが、同年の不作のために穀物価格が高騰し、翌年四月末から五月まで、「小麦粉戦争」と呼ばれる食糧暴動がパリおよびその周辺で発生した。そのほかにもテュルゴは国王道路賦役の廃止、ギルドの廃止から地方行政まで広範な改革を行おうとしたが、各方面からの強い抵抗にあい、一七七六年五月に、王によって罷免された。同年一〇月にジュネーヴ生まれの銀行家のネッケルが財務長官に任命され、テュルゴの改革案にもどって地方行政改革を行おうとしたが、同じように強い抵抗にあい、一七八一年に王によって罷免された。何も手を打てないままに時が過ぎていくが、財政赤字だけは増えていった。そして、一七八六年、財務総監のカロンヌが抜本的財政再建策として、あらゆる土地所有者に対し、収入に応じて租税を課す計画、すなわちこれまで手つかずだった特権身分の免税特権を廃止するという「禁じ手」を提案したのである。

（上垣豊・竹中幸史）

参考文献

天野知恵子『子どもと学校の世紀――一八世紀フランスの社会文化史』岩波書店、二〇〇七年。

隠岐さや香『科学アカデミーと「有用な科学」――フォントネルの夢からコンドルセのユートピアへ』名古屋大学出版会、二〇一一年。

柴田三千雄著、福井憲彦・近藤和彦編『フランス革命はなぜおこったか――革命史再考』岩波書店、二〇一二年。

ロジェ・シャルチエ著、松浦義弘訳『フランス革命の文化的起源』岩波書店、一九九四年。

ロバート・ダーントン著、関根素子・二宮宏之訳『革命前夜の地下出版』岩波書店、一九九四年。

ピエール＝イヴ・ボルペール著、深沢克己編『「啓蒙の世紀」のフリーメイソン』山川出版社、二〇〇九年。

ロベール・マンドルー著、二宮宏之・長谷川輝夫訳『民衆本の世界』人文書院、一九八八年。

歴史の扉 5

文学と修辞学の伝統

修辞学の伝統――古代から近世へ

レトリックはもともと、紀元前五世紀のシチリア島のポリス、シラクーサにおいて生まれた。この時代のシラクーサではそれまで数十年の間、ポリスを支配していた僭主が倒された際に、民衆が個人で訴訟を起こし、市民法廷で土地の所有権を主張することになった。ところが当時は弁護士という職業が存在せず、原告本人が訴訟を起こす必要があったため、弁論の技術を教える職業が成立した。

この弁論の技術はギリシア本土に伝わって広がり、プラトンがレトリック（レトリケ）と名づけた。しかしプラトン自身は『ゴルギアス』や『パイドロス』といった作品のなかで、レトリックに対して懐疑的な態度を示し続けた。プラトンは、金銭的報酬と引き換えに授与される弁論の技術は、魂を堕落させる危険をもっていると考えていたからである。しかしレトリックは、その後、プラトンの弟子であったアリストテレスが『弁論術』において、真実を伝えることがもっとも説得的であるとしたことから、学問的な地位を確立していく。

古代ローマにおいては、紀元前一世紀にキケロが『弁論家について』を著してアリストテレスの『弁論術』を体系化した後、紀元一世紀に複数の皇帝に仕えた弁論家、クインティリアヌスが『弁論家の教育』という大著を残した。この二作は古典修辞学の理論的な基盤となった。その後、ラテン語による修辞学は、キケロがプラトンの『国家』の記述を参照しながら構築した自由七科（文法、修辞学、論理学、算術、幾何、音楽、天文学）の一つとされたことで、中世以降、名実ともに言語文化に関する教育の主軸をなすようになり、中世から一八世紀にかけて、ヨーロッパにおける知識人の思考の基盤となった。

フランスでは一三世紀から一四世紀にかけて各地において大学が設立されることになったが、その際、学生は、大学において神学、法律、医学といった専門教育を受けるために、あらかじめラテン語を勉強しておく必要があった。このとき聖職者たちが大学での学習に必要な教育を学生に施していた「学寮」が、その後、修辞学教育を担う「コレージュ」と呼ばれる中等高等教育機関の前身となった。

さらに一六世紀、ルネサンス期のヨーロッパでは、活版印刷の発明により、キリスト教聖職者を中心にラテン語を

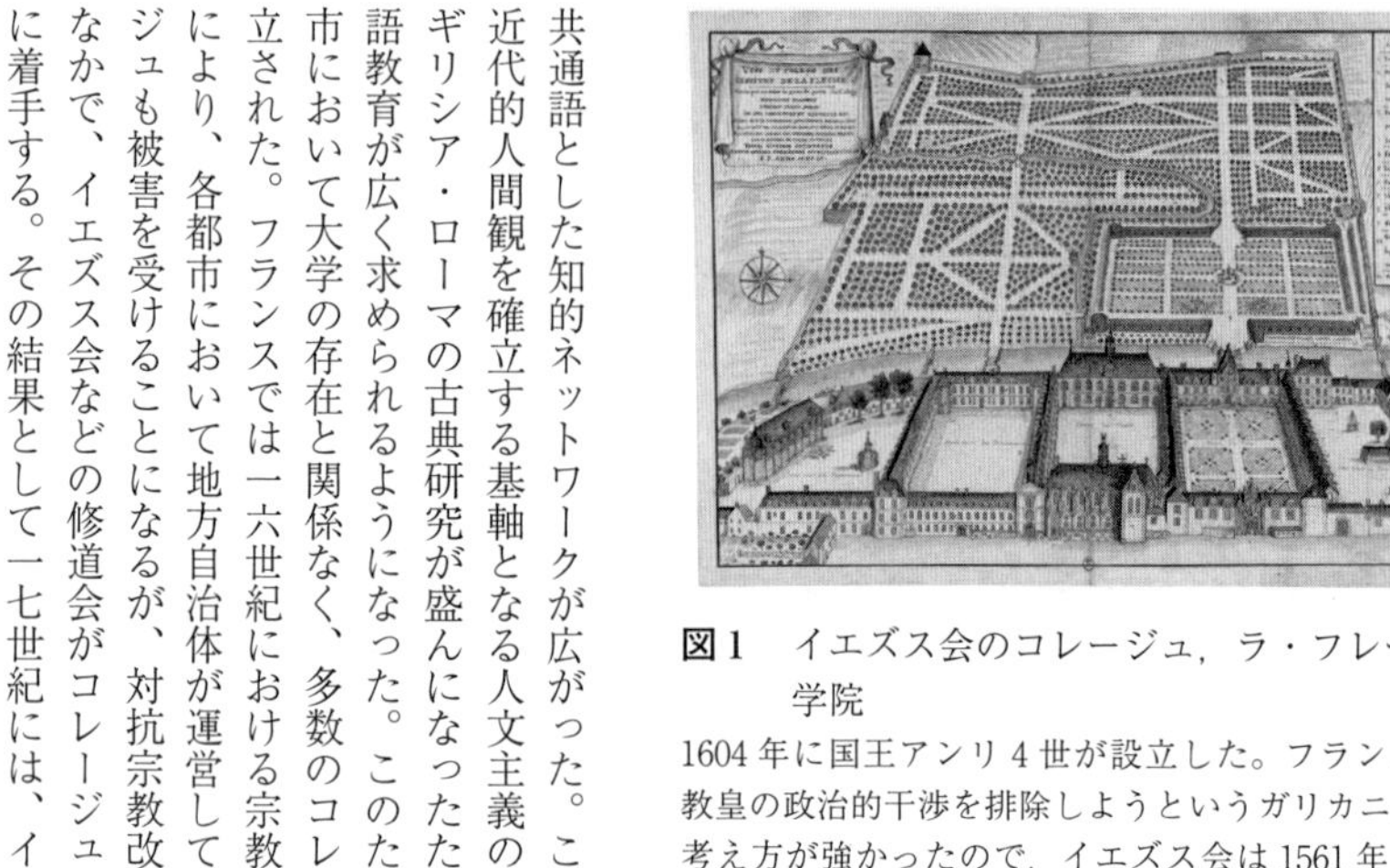

図1　イエズス会のコレージュ，ラ・フレーシュ学院

1604年に国王アンリ4世が設立した。フランスでは教皇の政治的干渉を排除しようというガリカニスムの考え方が強かったので，イエズス会は1561年まで結社が認められなかった。ところがアンリ4世は独自の教育理念をもつイエズス会を庇護し，出身地，ラ・フレーシュの城館にこのコレージュを設置させた。

共通語とした知的ネットワークが広がった。この時代には、近代的人間観を確立する基軸となる人文主義の運動に伴い、ギリシア・ローマの古典研究が盛んになったため、ラテン語教育が広く求められるようになった。このため多くの都市において大学の存在と関係なく、多数のコレージュが設立された。フランスでは一六世紀における宗教戦争の拡大により、各都市において地方自治体が運営していたコレージュも被害を受けることになるが、対抗宗教改革の流れのなかで、イエズス会などの修道会がコレージュの立て直しに着手する。その結果として一七世紀には、イエズス会、オラトリオ会、ベネディクト会などのカトリック系の修道会がコレージュを各地で運営するようになった。この時期に国王がフランス中に点在するコレージュを開封勅書によって承認したことから、コレージュは、王権とカトリック教会という巨大な権力を後ろ盾として発展することになる。

　中世から近世にかけての修辞学教育はラテン語作文の作成が中心であった。コレージュにおいては、三年もしくは四年の「文法」課程において、ラテン語文法の指導がなされた後、一年または二年間の「古典人文学」課程を経て、「修辞学」課程に進学することになっていた。一七世紀においてもフランスではラテン語教育が、コレージュにおける教育の主軸であったが、ルネサンス期とは違って、文法課程、修辞学課程は、それぞれ古色蒼然とした教科書を用いた効率の悪いラテン語学習にすぎないとして批判の対象となっていった。

一七世紀におけるフランス文学と「古典」の成立

　フランス革命が起こるまで、「文学」は現在の定義よりも広い意味をもつ語であり、一七世紀以降、あらゆる文化活動のなかでもっとも重要なものとされていた。今日、私たちは文学といえば、小説、詩、戯曲、随筆、批評といった芸術的な価値をもつジャンルのことを考える。それに対して一八世紀末までの「文学」は、今日、人文学と呼ばれる言語文化全体を指していた。つまり、現在は人文学ではあっても、文学とは見なされていない分野、たとえば、神学、歴史、地理学や哲学といった、芸術とは直接関わりのない分野も、革命までは「文学」の一種と考えられていたわけである。その証拠に、一七世紀に設立されたフランス語の整備を担う国家機関、アカデミー・フランセーズは、フランスにおける「文学」作品の選別を一つの役割としているが、今も哲学や歴史といった「人文学」の諸分野の著作に関して、受賞作品の選考と授賞を続けている。

アンシャン・レジームにおける広義の「文学」は、韻文と散文の二つに分類されていた。韻文が、それぞれの言語に固有の韻律に沿って、音声の響きに配慮して書かれた詩句であるのに対して、散文は形式的に自由な文章である。韻律の規則は韻と律の二つの要素で構成されており、韻は頭韻や脚韻などに見られるように、同じ音や類似した音を繰り返すことで生じる旋律である。一方、律は、音節の数などに基づき、聴覚的なリズムを構築する要素である。当時、韻文の比重が大きかったのは、古代ギリシア・ローマからの伝統に従い、叙事詩や演劇など、高い芸術性を求められるジャンルは韻文によって書かれることになっていたからである。韻文の文学作品は「詩（ポエジー）」と呼ばれ、韻文の創作、そして鑑賞や批評の方法を説く学問は「詩学（ポエティック）」とされていた。韻文の文学はジャンルによって確固とした序列がつけられており、叙事詩がもっとも位の高いジャンルであった。一七世紀から一八世紀にかけて作られた叙事詩に、今日まで名を残すものはほとんどないが、古代ギリシアにおいて紀元前八世紀頃にホメロスが制作したとされる『イリアス』と『オデュッセイア』は、一七世紀までのヨーロッパで文学が到達した最高の作品として崇められ、ホメロスは史上最高の詩人とされていた。

叙事詩の次に位の高いジャンルとされたのは演劇で、なかでも悲劇は一番高貴なジャンルとされた。演劇に関しては、一六世紀になると人文主義者たちが導入し、翻訳をした古代ギリシア・ローマの戯曲が広く上演されていたが、一七世紀に入って一六三〇年代には、パリのブルゴーニュ座が国王の庇護を受けて王立劇団となったことから、演劇は当時の代表的な文学ジャンルとなる。一七世紀前半においては演劇をはじめとする文芸の世界においても、ルネサンス末期に生じた多様性や複雑な構成、自由な表現を重んじる傾向が流行した。こうした潮流は後に「バロック」様式と呼ばれるようになり、ルイ一四世が親政を始める一六六一年まで、主要な文芸潮流を構成していた。

一方、この時期には、「バロック」とは真逆の傾向、つまり、秩序や調和を重視する「古典主義」の思潮も発展した。古典主義は、一七世紀の前半に、アリストテレスによる『詩学』とホラティウスの『詩法』を模範とした、自然の模倣、秩序、調和などを重視する詩学の理論から発展した。なかでもシャプランが『詩論』において確立した演劇に関する理論や規則は、その基盤として重要な役割を果たした。以来、演劇作品の制作においては、時間、場所、筋書きが単一であることを求める「三単一の規則」、礼節と真実らしさに関する規則を遵守することが条件となる。フランスでは、ルイ一四世期の前半、一六八五年にナント王令が廃止されるまでの時期に、古典主義の規則にのっとった演劇が隆盛を極め、コルネイユやラシーヌの制作した悲劇が広く上演されるようになった。

アンシャン・レジームの「文学」のうち、散文で書かれたものに関しては、「修辞学」が理論上の支えとなった。近代の修辞学は、「聖書における雄弁」、「法廷弁論術」と、「文芸修辞学」の三つの分野によって構成されていたが、このうち「聖書における雄弁」は聖書解釈術に基づいて聖書の言説を分析し、神父たちが教会における説教を作成するための方法論となっていた。また「法廷弁論術」は古代ギリシア・ローマの弁論術をほぼそのまま継承したものであった。さらに「文芸修辞学」には、古代ギリシア、ローマからの修辞学の伝統のほかに、ルネサンス期の南欧において発展した「作法書」の文化の影響も強く見られた。

「作法書」は、一六世紀以降、ヨーロッパにおいて広く出版された、人間の行動に関する指南書であった。作法書の理論的な基盤となったのは、キケロの『義務論』を嚆矢とする古代ローマにおいて発展した道徳哲学、また中世のスコラ学における議論であるが、なかでもグラシアンの『宮廷人』は、ルネサンス期以降、ヨーロッパ中で広く流行した「作法書」の一つであった。グラシアンは『宮廷人』において「趣味判断」の能力を涵養することの重要性について論じていたが、グラシアンが定義する趣味判断は、文学作品や芸術作品に関する美的判断力に特化しない、一般的な判断力である。グラシアンによれば、趣味判断は、教養、社交、内省という三つの段階を経て獲得される能力であるが、もっとも重要なのは、読書をとおして涵養されるとする教養、隠居後に実践すべき内省ではなく、的確な趣味をもつ人物との社交であった。

フランスにおいては、ルイ一四世の時代になると、宮廷や貴族の女性が主宰するサロンを中心とした社交界において、恋愛詩などの韻文芸術だけでなく、散文形式の文芸活動も広く行われるようになった。当時の社交界においては、セヴィニエ夫人の『書簡』、ラ・ロシュフーコーの『箴言』といった書簡や回想録、省察、箴言といった、今日においても文学作品として読まれているノンフィクションの散文が音読によって鑑賞されていた。ラファイエット夫人の『クレーヴの奥方』などの小説作品も含め、散文で書かれた作品は日常世界に近いジャンルと考えられていたが、人文主義的な伝統の影響を色濃く受ける古典主義の特徴を示すと同時に、作法書が示す日常生活における身体制御の規範や手紙の書き方を吸収することにより、文学的序列を必ずしも反映することなく、質の高い文芸活動が広がっていた。

アカデミー・フランセーズの政策とフランス文学の発展

フランスでは一六世紀後半から、多くの文芸アカデミーが各地で開かれていた。ルイ一三世の宰相リシュリューは、コンラール卿がパリの私邸において開催していたアカデミーを公認し、一六三五年に国王の勅許を得て、フランス語の純化を使命とする国家機関、アカデミー・フランセーズを創設した。アカデミー・フランセーズは、一六世紀のイタリアで発展した教育機関、アカデミアとは異なり、教育を担うことはなかったが、フランス語で書かれた文学作品を精査し、優れた作品を選別することによって、フランス語を整備し、純粋なものとすることを目指していた。修辞学は理論においても実践においても、「古典」とされるモデルを繰り返し読んで習得するという訓練をとおして、鑑識眼と判断力を身につけるという、プラトン以来のリベラル・アーツの伝統を継承していた。このためフランス語による修辞学の成立には、新たな「古典」、すなわち模範となる文学作品を判断の基準として設定することが必要とされており、その選定の役割を担っていたのがアカデミー・フランセーズであった。

しかしながら、アカデミー・フランセーズが現在に至るまで刊行している『辞書』において、文学作品がフランス語の模範として取り上げられることはない。これはアカデミー・フランセーズにおいて大きな影響力をもっていた設立メンバーの一人、文法学者のヴォージュラが「宮廷において話されるフランス語においてもっとも健全な部分」を「良き慣用」としてフランス語の模範とすることを定めた上で、宮廷において話されるフランス語は、「当代の作家が書くフランス語における最も健全な部分」とも合致すると論じたためであった。

一八世紀になるとアカデミー・フランセーズは、ルイ一四世期における文学作品の優越を論拠として、ラテン語からフランス語への転換を率先して後押しするようになった。当時のアカデミーを牽引していたヴォルテールは「アカデミーの義務とは文学、言語、そして国家のために、ルイ一四世時代のあらゆる良書を、その誤りを除去し、純化しながら出版させることである」と論じるようになる。アカデミーの言語政策の直接の目的は、ホメロス、ウェルギリウスなどの文学作品の言語をそのままの形で残していた古代ラテン語と、フランス語が同じステイタスを得ることであった。ラテン語は古代ローマにおいて完成されて以来、古代ラテン文学を規範として一切の変化を許容しない言語として使用されていたが、この古代ラテン語と文学における歴史的関係こそが、アカデミーとアカデミーを取り巻く公衆にとってのフランス語生成のモデルだったのである。こうした文脈のなかで、コルネイユ、ラシーヌなどに代表される、フランス・クラシック期の作家の作品はフランス文学における字義通り「黄金時代」を体現する「古典」として称揚されるようになった。

一七世紀までのフランスの文壇においては、国王を賛美することが至上命題であり、アカデミー・フランセーズが設立された目的も、国王を賛美するにふさわしいフランス語の生成と文学作品の生産であった。ところがフランスでは一八世紀になると、君主政やカトリック教会といった従

図2　ルソー『新エロイーズ』の挿絵
「ジュリーに暴力を振るう父」
ヒロイン，ジュリーの父，デタンジュ男爵は，ある日，家庭教師のサン・プルーが娘に求婚しようとしているのを知って激昂し，妻と口論になる。この挿絵は，母親の制止にもかかわらず，ジュリーに暴力を振るう父を描いたものである。
Jean-Michel Moreau, le Jeune (1741-1814), dessinateur, Bruxelles, Ed. de Londres, 1773.
BnF, département des Manuscrits, Rothschild 229 fol. 13
© Bibliothèque nationale de France

来の権威に対する批判の声が強くなる。たとえば、モンテスキューは『法の精神』において政体理論を論じながら、君主政に対する批判を展開する一方、『ペルシア人の手紙』では、リカとウズベクという二人のペルシア人に、フランスの習俗を批判させている。また、マリヴォーやボーマルシェが書いた演劇作品は、いずれもアンシャン・レジームの社会に対する痛烈な風刺を込めたものであった。一七巻の本文と一一巻の図版からなる『百科全書』を編纂し、刊行したディドロは、『盲人書簡』において、全ての観念は感覚によるものであるとして、キリスト教の神を否定し、無神論と唯物論を展開したことから投獄された。

一方、フランス啓蒙には、一七世紀に宮廷やサロンで発展した典雅で女性的な文化を批判し、女性を自分たちの知的世界から排除することによって、男性同士のホモソーシャルな絆を堅固なものとするという側面があった点も忘れてはならない。ルソーは『人間不平等起源論』や『社会契約論』において、ルイ一四世期以降に広まった当世風の習俗や趣味を批判したことで知られるが、『新エロイーズ』という小説や、『エミール』という教育論は、当時の社会やカトリックの信仰を批判するにとどまらず、男性中心的な家父長制家族のモデルを提示した上で、規範を破ったヒロインたちを罰する役割を果たしているとも考えられる。

一八世紀にフランスにおける修辞学教育の刷新

一七世紀までのコレージュにおいては、フランス語など、ラテン語以外の言語の使用が禁止されており、禁を破った学生は厳罰に処されていた。ところが一七世紀の終わり頃には、文法課程、修辞学課程における教育においてフランス語が用いられるようになり、一八世紀になると、法曹界の拡大、官僚組織の発展、商業ブルジョワジーの台頭などによる身分制社会の流動化に伴って、フランス語の教育、とくに、高い言語運用能力の習得に必要な修辞学教育に対する需要が高まった。このことにより、修辞学教育は、ラテン語ではなく、フランス語を書き、発信する能力を修練することを目指すようになる。

また、この時期からヨーロッパ全土において、教育における主要言語がラテン語からフランス語へと移行し、あらゆる学芸においてフランス語が用いられるようになった。一七世紀までヨーロッパにおいてラテン語が果たしていた役割を、一八世紀にはフランス語が担うようになったのである。ラテン語によって書かれていた学術書が徐々にフランス語で書かれ、ラテン語に代わってフランス語が、いわゆる支配階層の言語となった。このため、修辞学教育は以前より一層重要な社会的役割を果たすようになる。

古代ギリシア、ローマにおいて発展した修辞学が、何より言説を構築する方法を説く理論であったのに対して、近代には言説の構築の方法論は弁証法や論理学が担うようになった。このため、一八世紀以降における修辞学教育においては、趣味判断の習得、すなわち美的価値基準の内面化による判断力の養成が重視されるようになった。近代の修辞学は、良い文章を書くためには、自分の文章について判断を行う反省的な能力を養成する必要があるという思想を発展させることになったのである。古典古代の修辞学は、人格の陶冶、習俗の純化、社会秩序の維持を結びつける古代ストア哲学を典拠として、判断力の習得を主要な課題としていたことで知られるが、近代のフランス語修辞学もこの思想をそのまま継承していたわけである。

フランス啓蒙の知識人のなかでは、たとえば『博物誌』で知られるビュフォンや、『人間の認識の起源に関する試論』を著したコンディヤックが修辞学理論書を書いているが、こうした理論書においても、判断力の養成は、優れた作品を比較することによってのみ身につけることができるという、プラトン以来の古典的な手法が論じられている。しかしながら、啓蒙期の思想家は、文学作品の制作と美的判断力の養成において「規則」を制定しようとする一七世紀の古典主義時代の理論家とは本質的に異なる。彼らは趣味判断を主観的なものと位置づけると同時に、キケロやクインティリアヌスなど、古典古代の修辞学理論に立ち返ることにより、文体の速度やエネルギーなど、新たな価値を創造していった。

近代修辞学とフランス革命

一七世紀以降、修辞学は単なる比喩表現の技法とされるなど、形骸化した文章作法として扱われることも多い。しかし一八世紀になると、フランス語において、フランス語文学作品を模範とした新たな修辞学教育が行われるようになり、修辞学は美的価値判断を学ぶための文学教育となって発展した。つまり、一八世紀の修辞学教育は、アカデミー・フランセーズが選別した優れた作品を読んで目を養うことを目的とするようになったのである。

修辞学における使用言語の変化の過程には、まず、フランス語を自由自在に操ることができる人材、すなわち啓蒙期にふさわしい「フランス語リテラシー」を備えた人材を育成するという社会的な要請があった。当時のフランス語のリテラシーとは、「文法」課程で習得するフランス語の読み書きに習熟しているだけではなく、フランス文学の教養を身につけ、古典修辞学の方法論に従って、文章を書くことができる力である。一八世紀のヨーロッパに新しい公共圏が成立した背景には、自分で文章を書き、発信することができる人材が大量に育成されていたという状況があるが、この状況を支えていたのが修辞学教育であった。

ルネサンス期にイエズス会が発展させたコレージュは、聖職者の育成のため、無償で行われていた。このため、コレージュの生徒のうち、貴族階級が占める割合は全体の数パーセントにすぎず、他の生徒たちは商人、手工業者、農民といった平民の出身であった。このことから、ピエール・ブルデューが指摘した、いわゆる一般的な資本とは全く独立した「文化的資本」が現れることになった。コレージュでの教育は、修道会にとっては貧しい階層の出身である若く優秀な人材を獲得する手段であり、学生にとっては「高位聖職者」「法服貴族」など支配階級への社会的上昇を実現するチャンスであった。

実際、フランス革命において「球戯場の誓い」に加わった平民たちの多くは、このコレージュにおける無償の修辞学教育によって弁論の力を身につけた者たちであった。こうしてコレージュのフランス語教育は、平民の子弟に、新たな「文化資本」を身につけさせるという役割を果たし、新しい社会的階梯を創出することになったのである。

私たちが現在慣れ親しんでいるロマン主義以降の「文学」は、革命期以前には「美文学（ベル・レットル）」と呼ばれていた。しかしながら一八世紀末に、ロマン主義の流れが文芸活動のなかにも広がり、人間の感性や想像力は普遍的な理性よりも優越するという考え方が支配的になると同時に、「文学」も人間の個性と自由を重視する芸術と見なされるようになった。一八世紀に発展したフランス語修辞学は、一定の基準のもとに文学作品を選別し、美的価値を共有することを図るものであったため、革命以降の公教育において姿を変容させていくことになる。

（玉田敦子）

参考文献

天野知恵子『子どもと学校の世紀——一八世紀フランスの社会文化史』岩波書店、二〇〇七年。
田村毅・塩川徹也編『フランス文学史』東京大学出版会、一九九五年。
ハンス・ボーツ／フランソワーズ・ヴァケ著、池端次郎・田村滋男訳『学問の共和国』知泉書店、二〇一五年。

第Ⅲ部

革命と国民の時代——一九世紀

Le Petit Journal

TOUS LES VENDREDIS
Le Supplément illustré
5 Centimes

SUPPLÉMENT ILLUSTRÉ
Huit pages : CINQ centimes

TOUS LES JOURS
Le Petit Journal
5 Centimes

Deuxième Année　SAMEDI 21 FÉVRIER 1891　Numéro 13

LE NOUVEAU BUSTE OFFICIEL DE LA RÉPUBLIQUE
(Projet de MM. Jacques France et Charles Gauthier)

フランス共和国の公式の胸像

フランス革命期に現れた自由＝共和国の女神像は，革命後もドラクロワの「民衆を率いる自由の女神」など，さまざまな形で描かれ，やがてマリアンヌという愛称で呼ばれるようになった。図像は挿絵新聞『プチ・ジュルナル』1891年2月21日号の一面を飾ったフランス共和国の公認の胸像。同年1891年に下院での採決の結果，共和国を最もよく表している肖像として採用された（出典：Maurice Agulhon et Pierre Bonte, *Marianne: Les visages de la République*, Paris, Gallimard, 1992, p. 40）。

第6章

フランス革命期の文化、フランス革命という文化

四つの革命

フランス革命の始まった日は、一般に一七八九年七月一四日とされる。しかしいうまでもなく革命は一日にしてならず、あえていうなら、この日は、長きにわたって導火線を伝ってきた火が要塞に積まれた弾薬にふれて大爆発を起こし、旧体制を激震させた日にすぎない。革命はいかにして始まり、終わったのか。まずは導火線、前章の末尾にふれた財務総監カロンヌの改革をめぐる動きから見てみよう。

一七八六年八月、カロンヌは全身分対象の新税創設や州議会の創設を提示し、これを審議するため、翌年二月、名士会議を招集する。これはルイ一六世が即位直後から進めようとしては挫折してきた行財政改革の、その最後の一手であった。しかし特権身分にとって、こうした改革はフランスの伝統を覆す「絶対主義」であり、「暴君」の振る舞いに他ならなかった。それゆえ彼ら、とくに貴族はルイ一五世即位時（一七一五年）に王権から取り返した高等法院による国王への建白権を盾に抵抗し、さらには一六一五年以来閉じられたままの全国三部会の開催を要求して、従来の特権維持、伝統遵守を「世論」に訴え改革の芽を潰そうとしたのである。これら貴族の公然たる反抗を、一般に「貴族の革命」という。この運動に対し、八八年五月、王権は高等法院の権限縮小、改

革に反対する評定官の追放という強硬策に打って出たが、グルノーブルでは市民が高等法院の側について抵抗し、彼らも全国三部会の開催を要求した。この声は全土に広がって支持を集めたため、王権は妥協せざるをえなかった。ついに一七八九年五月に全国三部会が開かれることになったのである。

しかしいざ全国三部会が開かれてみると、初日から大荒れとなった。身分別の身元審査、その後に予想される身分別の審議・投票という方針に対して、第三身分代表が抗議したためである。身分別投票形式がまかり通れば、第一身分（聖職者）、第二身分（貴族）の特権身分は計二票、第三身分（平民）一票となって、租税の平等など諸改革をめざす後者に勝ち目はない。一方、第三身分の議員数は特権二身分の合計数になるよう増加されていたから、個人別投票ならば勝機が見えてくる。そこで第三身分代表は、六月一七日、新たに「国民議会」設立を宣言して他身分代表の合流を呼びかけ、また二〇日には球戯場において憲法制定まで解散しないことを誓ったのである。王権は当初これを妨害したものの、結局三つの身分は合流し、七月九日、「憲法制定国民議会」が発足することになった。身分の別を前提とする全国三部会ではなく、いずれの代表も同等の国民であることをしめす国民議会という名称には新時代への希望と断固たる意思が示されていた。この一連の動きが「ブルジョワの革命」といわれるものである。

図６－１　バスティーユ襲撃

王権はヴェルサイユおよびパリ周辺に軍を集結させ、再び議会解散を目論んだが、これを阻んだのがパリ市民の反応だった。彼らは食糧が不足し物価高騰が続くなか、首都周辺の不穏な空気を「パリ民衆への攻撃、圧殺の前触れ」と信じ、さらには民衆に人気のあったネッケル罷免の報に接してその「正しさ」を確信して、廃兵院、ついでバスティーユを襲撃し、これを陥落させた（七月一四日）。この蜂起の一報に接した国王はパリに出向き、市長交代を含む市政革命、すなわちパリ民衆の行動を追認する。つまり、この有名な蜂起は議会救出を目的とするものではなく、人びとの偶発的な自衛行動であったが、結果として議会の危機を打破し、改革を革命へと導くものとなった。これが「都市民衆の革命」である。続いて農村が反応した。前年までの不作と深刻な不況による閉塞感、三部会開催とバスティーユ陥落の知らせがもたらした一瞬の爽快感、そして貴族による反撃への恐怖は、農民を領主館焼き打ちなどの「自衛行為」に走らせてしまう。全土に起きたパニックを沈静化するため、ここで議員たちは、封建制の原則廃棄宣言（八月四日）、ついで人権宣言（同二六日）を発布した。これが「農民の革命」の成果であった。このように一七八九年夏に至るまでには、動機、行動主体、形態がそれぞれ異なる四つの自律した運動が複雑に絡み合いながら同時に進行し、一つの革命を出現させた。一人ひとりが持っていた夢や希望、また恐怖が重なり合って、フランス革命は起きたのである。

立憲王政

一七八九年一〇月、宮廷と議会とがパリに移転すると、改革は本格化する。年末から翌年にかけて財政の健全化（教会財産の国有化、売却）が進められたほか、直接税中心の租税体系、ギルドの廃止、聖職者の公務員化（聖職者市民化法）、中間団体の廃止など積年の課題は着々と片付きつつあった。こうした特権と結びついていた州や地方も廃止され、面積や人口、経済力の点でできるだけ均等の八三の県に再編された。九〇年七月一四日には、全国の自治体に設置された自警団、国民衛兵の代表（連盟兵）がパリに集い、全国連盟祭が大々的に開催された。こうしてアンシャン・レジーム末期に議論されていた自由主義的改革は実行に移され、また九一年九月に集大成としての憲法が可決されて、フランスは、立憲君主政を採用することになった。革命は一応の決着を見たのである。

しかし国民主権の原則や近代民主主義が産み落とされたのだから、この後、市民がこれをいっそう大きく育てようとするのは当然の流れだった。しかも九一年六月に起きた国王一家のヴァレンヌ逃亡事件によって、善良なる父という国王のイメージは決定的に粉砕されていた。こうして一〇月一日に開会した新議会たる立法議会は、社会的・政治的混乱のなかの船出を余儀なくされた。食糧暴動や農民一揆、あるいは憲法への宣誓を拒否する聖職者（宣誓忌避僧）による民衆扇動もあって政情は不安定であった。また先の憲法は、選挙権を行使できる者を、三日分の労賃に相当する直接税を支払う男性市民（能動市民）に限ったが、事前登録制であったこともあって有権者の数はさほど増えず、政治的関心も高まらない。市民・民衆の不満は行き場を失う。

この頃、政権を握っていたジロンド派は革命をいっそう進めるため、また国内の不満を外へ向けさせるため、九二年四月二〇日、反革命打倒を口実にオーストリアに宣戦を布告したが、フランス軍は敗北を重ねた。物価の高騰も続き、生活苦にあえぐ市民の怒りは再び爆発した。八月一〇日、パリ民衆と、折しも首都周辺に集結していた各地の連盟兵は市庁舎を占拠し、そしてチュイルリ宮を制圧したのである。

共和政と恐怖政治

八月一〇日の革命の結果、王権は停止され、新たな議会の招集が決まった。一七九二年九月二一日、初の男性普通選挙に基づいて選ばれた議員は国民公会に集い、翌日、共和政樹立を宣言した。この後、議会はただちに激しい党派抗争の場となった。ともに中流ブルジョワの利害を代表してジャコバン派として活動してきた議員たちは、右翼にジロンド派、左翼にモンターニュ派とに分かれて、激論を闘わせることになる。対決の第一ラウンドは国王裁判である。前憲法下では不可侵であったはずの国王の裁判の可否、議員が判決を下すことの賛否、そして量刑。論点は多くあったが、パリ民衆に支持されたモンターニュ派の主張が通り、ルイは有罪とされて断頭台で処刑された（九三年一月二一日）。一方、ジロンド派は地方の支持を得ていたが、列強の第一次対仏大同盟結成、物価高騰、過激派による食糧暴動などの諸問題に対処できず、徐々に影響力を失ってゆく。そしてパリ民衆が五月三一日と六月二日の二度にわたって蜂起したのを機に、モンターニュ派はジロンド派逮捕の動議を可決させて、議会から彼らを追放したのである。

民主的手続きを経て選ばれた議員を逮捕・追放したという点で、この事件はクーデタに他ならず、内戦を勃発させることになった。すでに三月にはヴァンデ地方の農民が政府の方針に反旗を翻し、これに元貴族や宣誓忌避僧が合流して、大規模な反革命運動になっていたのに加え、九二年九月のヴァルミーの戦い以後、勝利を重ねていたフランス軍は九三年春以降ベルギー戦線で敗北し、戦争は膠着状態に陥っていた。さらに五月以降、マルセイユやリヨンなど地方有力都市ではジロンド派勢力が巻き返していた。そして六月以降、トゥーロン、カン、ボルドーなどにおいて国民公会のあり方に対する武装蜂起、いわゆる「連邦主義の反乱」が発生したのだから、革命は最大の危機を迎えたといってよい。これに対して、議会内のモンターニュ派は公安委員会、保安委員会、革命裁判所を中核にして独裁体制を強化し、各地方に派遣議員を送って革命防衛、粛清にあたらせた。八月には、検閲が再開され、国民総動員令も発令され、挙国一致体制が上から演出された。その一方で政府は、かねてから進められていた新憲法の制定を急ぎ、九三年憲法を成立させた。これは人民主権、社会による労働・公的扶助・教育の保障、男性普通選挙と国民投票を盛り込むなど、今日から見てもきわめて民主的な憲法であった。

また首都の政治騒擾は続いていたため、政府はパリ民衆に配慮する方策を矢継ぎ早に繰り出した。食糧徴発や反革命容疑者逮捕などを任務とする革命軍の創設、物価統制のための一般最高価格法、ジロンド派、旧貴族や元王妃の処刑などが決定され、地方では派遣議員が苛烈な弾圧を行って、革命の安定を図った。そして革命防衛を最優先に異論を封じ込めるため、九三年憲法の実施は見送られた。こうした「恐怖政治」、革命独裁は、一二月四日（共和暦二年フリメール一四日）の法令によって法的に整備、完成することになる。

九三年末以降、内外の危機が克服され、経済も持ち直すと恐怖政治への批判が目立ち始めた。そこで九四年三月末～四月初旬に、ロベスピエールを中心とする一派は、恐怖政治の徹底を求めるエベール派、その緩和を求めるダントン派の逮捕を相次いで議会に認めさせ処刑することによって、独裁体制の引き締めを図った。さらに革命軍を解散し、パリのセクション協会など民衆運動組織を統制下において政府批判を封じ込めた。また六月には地方における復讐の連鎖を断つために、政府は革命裁判をパリに集中したから、首都で反革命容疑者の大量処刑が行われ、恐怖政治はここにピークを迎えた。ただこれらの政策が一定程度支持を得られていたことは、全土で六月八日に行われた最高存在の祭典が盛況であったこと、パリにおける祭典を国民公会議長に選出されていたロベスピエールが取り仕切ったことからもうかがえる。それでもフルーリュスの戦勝によって革命転覆の危機がいよいよ遠ざかると、政府への不満はじりじりと高まる。そして、地方での行き過ぎた弾圧の責めを負わされることを恐れた反ロベスピエール派は、議会多数派と結んで、七月二七日（共和暦二年テルミドール九日）、恐怖政治の責任をロベスピエール個人に転嫁して、その一派を糾弾、逮捕させた。翌日、ロベスピエールらは裁判なしで処刑されたのである。

反動と終焉

議会を主導した「テルミドール派」は公安委員会の縮小、左派の牙城ジャコバン・クラブの閉鎖など革命政府の解体を進めた。さらに一七九四年一二月には最高価格法が廃止されたが、自由主義経済への復帰は、この年の不作とあいまって食糧品価格の高騰を招くことになった。一方、死の恐怖から解放されたパリ民衆は、議会の方針に反発し、九五年四月、次いで五月に「パンと九三年憲法」を求めて蜂起した。しかし独裁期に地域の政治指導者と組織を失っていた民衆が有効な運動を展開できなかったのに対し、暴力装置を整えていた政府は民衆運動を徹底的に弾圧し、左派の願いを打ち砕いた。当時の多くの議員たちの反直接民主政、反独裁、反王政の姿勢は、八月に成立した「共和暦三年の憲法」に如実にあらわれている。二院制立法府、五人の総裁による行政府は分権的性格が顕著であり、また財産資格による二段階選挙制度も復活するなど、エリートによる統治が志向されていた。さらに現職議員が新議会議席の三分の二を占めることも定められたため早期の王政復古を目指す王党派は、一〇月五日（共和暦四年ヴァンデミエール一三日）に蜂起したが、これも、政府の命を受けたナポレオンによって鎮圧されたのだった。

一〇月二七日に正式に発足した総裁政府は、恐怖政治の再来と王政復古、白色テロを防ぎながら、革命の成果を死守しようとした。その目的のためなら、あるときは右、あるときは左、風見鶏ばりに政治方針をくるくると変え、また都合の悪い選挙結果を蹂躙する、柔軟さと強引さを持ち合わせていた。事実、発足当初の政府は王党派の脅威ゆえに、政治結社の活動を容認するなど左よりの姿勢を見せていた。しかし九六年春、共産主義的要求を掲げるバブーフによる政府転覆計画が露見すると、政府は右派に近づいた。その後九七年三月の国政選挙（議員の三分の一改選）では王党派が、さらに九八年四月の選挙では、左派のネオ・ジャコバンが圧倒的な勝利を収めたのだが、いずれの場合も、政府は軍隊に依存して選挙結果の一部を無効にした。こうして総裁政府や、代議制による民主主義議論への信頼が崩壊してゆく。一方、これらの経験から軍部の発言力は増し、将軍たちは兵士を私兵のように扱って権力を拡大し、戦勝の結果、領土併合と賠償金をもたらそうものなら、英雄扱いされるようになる。フランスは軍事国家の様相を呈し始めた。

軍部の強大な権力は、これまで軍を利用してきた総裁政府をも飲み込むことになった。九九年春以降、ネオ・

ジャコバンの再進出が進んで恐怖政治を思わせる法令が相次いで成立し、また王党派の反乱勃発（八月）によって国内情勢が不安定になったのを憲法改正の好機と見たシェイエスは、「英雄」ナポレオンと組んで、クーデタを起こした。一七九九年一一月九日（共和暦八年ブリュメール一八日）、議会は解散を余儀なくされ、ここに革命は終焉を迎えたのである。

革命期の文化について

フランス革命は、その起点をバスティーユ襲撃、終点をブリュメールのクーデタとするならば一〇年四カ月、カロンヌの名士会議招集を起点としても、一二年九カ月の間の出来事であった。つねに政治的な混乱が見られ、革命がうたう「自由」の理想とは裏腹に、文学、音楽、絵画など芸術の諸分野において、才気が発揮された時期とはいいがたい。むしろ革命期には芸術が政治に奉仕することをあからさまに要請され、従わぬ芸術家は死の危険さえあった。

またアンシャン・レジーム期に整備された王立アカデミーは、市民の平等を否定する機関として痛罵された。九三年八月、その廃止を決定づける演説を行ったのが、画家ダヴィッドであったとは歴史の皮肉としかいいようがないが、学問と芸術の殿堂は九五年一〇月に学士院として、かろうじて復活する。その間にアカデミー会員であったラヴォワジェやバイイら諸賢は断頭台の露と消え、コンドルセは自ら命を絶った。

もちろん絵画においてはダヴィッドの「球戯場の誓い」「マラーの死」などに見られるように、政治的絵画の名作・傑作が生み出された。その後、彼は一時収監されるも「サビニの女たち」などの制作を続け、ナポレオンの宮廷画家として不動の地位を築き、また彼の工房からはグロとアングルが出て、間もなく新古典主義の黄金時代が訪れることになるが、それらもまた、あるべき理想を体現する革命や帝政の政治的要請と無縁ではいられなかった。それゆえ革命期は芸術の空白期と捉えられても仕方ない面もある。むしろ美術行政や公教育が開始されたフランス革命期は、一九世紀の美術館の隆盛、識字率の向上と小説・大衆新聞の流行、音楽の市民権獲得の助走路だったといえよう。また復古王政期以降、フランス革命自体が歴史絵画・小説の題材を提供し、ロマン派の隆盛を間接的に刺激したともいえる。

しかし、それでもフランス革命は「文化」の領域で、一大変革が見られた時期でもあったといわねばならない。以下に述べるように、フランス革命自体が一つの文化であったからである。

フランス革命の文化①——近代民主主義

(1)「世論」の実体化

カロンヌの改革は、なぜフランス革命を導いたのか。その理由の一つは、一八世紀半ば以降、フランスが異議申し立ての時代に突入していたことである。すなわち当時の貴族は王権に対して有効な反論の手段（とくに高等法院による建白権、王令登録権）を有しており、また特権身分だけでなくブルジョワジーが新しいサークルを形成して議論を行い、「世論」を形成するようになっていた。また王権も「世論」の影響力の大きさに鑑みて、その動向を注視して政治を行うようになっていた。

「貴族の革命」においても、王権と貴族はパンフレットや新聞記事を介して、いかに「世論」の支持を得るかに腐心したのであり、一七八八年には後者が勝ったからこそ、高等法院改革は失敗し、全国三部会開催への道が敷かれた。また同年八月、ネッケルによって検閲の廃止、政治結社の解禁が決定されると、市民が意見を述べる機会、読む機会、聞く機会が格段に増えた。全国三部会選挙においては、都市・農村、職業の如何を問わず、多くの人々が国王への陳情書を作成したため、あらためて自らの要望を具体的に認識し、書き記した。そして選出された議員たちはこれらの束を持ってヴェルサイユに向かい、期せずして、革命を起こすことになったのである。

四つの革命の後に成立した人権宣言には、主権が国民にあることが明記されたが、その後、国民がその意思を投票によって示すこと、つまり代議制が国家統治の基本原理として提示された。人権宣言はアンシャン・レジームの死亡証書といわれるが、その後々への影響を考えれば結局、近代民主主義の出生証明書の役割をも担ったのだった。九〇年以降は、中央、地方の行政職だけでなく、聖職者、判事も選挙で選ばれることになり、世論や国民主権が可視化される機会が激増した。選挙による代表選出、投票による世論の表明という原理は、フランス革命以後も、その体制が共和政、帝政、王政であるかを問わず、絶えることはなかった。一票を投じて自らの未来を託すという政治文化は、こうして始まったのである。

(2)市民の政治参加――メディアと政治結社

こうした選挙に基づく意思表明、「世論」に基づく政治を支えたのが、革命期に成長した二つの文化、出版メディアと政治結社である。一七八六～八八年の三年間、フランス語新聞は国外も含め、一一九紙が創刊されていたが、八九年には、パリだけで一四四紙が産声をあげている。このうち日刊紙が五九、週二・三刊のそれが三八である。さらに手に取りやすく読みやすいパンフレットは八七年一月一日から八八年七月五日までおよそ六五〇タイトルが発行されていたのに対し、全国三部会招集が決定した直後の三カ月間で三〇〇タイトルが刷られた。八九年一月に始まった選挙戦では、候補者が自らの主張をパンフレットにして拡散し、キャンペーンが展開される。その代表例がシェイエスの『第三身分とは何か』である。革命の一〇年間では、パリにおける新聞創刊数は実に一八九九、地方でも三三二にのぼった。やや低調になった共和暦四～八年の間でも六五九紙が創刊されている。パンフレットに至っては、八九～九九年に一万三〇〇〇タイトルが発行されており、人びとの政治情報入手に多大な貢献を果たした。場合によっては挿絵やカリカチュアが添付され、人びとの関心を視覚的にも引き付けた。

一方、政治結社も、八八年夏以降、各地で創設されてゆく。ブルジョワジーによる政治的議論の作法や、政治集団を創造する絆は、アンシャン・レジーム期のサークルですでに培われていたが、これ以後彼らは定期的に政治を議論し、新聞やパンフレットを流布させ、また市町村の役人や州議会の議員としても政治経験を積んでゆく。八九年以降の激動を迎える準備はできていたのである。

革命の展開に大きく影響を与えた結社としては、第一に、パリのジャコバン・クラブが挙げられよう。このクラブは議会において話し合われることになっている議事について予備審議を行うなど、議員の院外組織として重要であったが、さらに全国の地方支部と情報交換を積極的に行った。こうしたクラブのネットワークが全国に構築されてゆく過程は、フランス革命という事件を市民が受け入れ、その政治文化に馴染んでゆく過程と捉えられよう。結社を有した全国の自治体数は、一七九〇年八月に一三七であったのが、九一年末には一二五〇に増加している。ジャコバン独裁期になると、さらに設立ペースは上がった。結局のところ、八九年から共和暦三年の間に実に五五一〇の自治体が六〇〇〇以上ものクラブを所有したことが明らかとなっているが、これらの多くが九四年春に活動していたのである。それぞれのクラブは政治議論のほか新聞購読、選挙活動、戦時協力、祭典、公教育、慈善、革命的象徴の流布などの活動を展開した。また地方自治体役人の人材供給にも深く関わっており、一般市民はこれらの活動を介して新時代を実体験した。そして、先述の情報交換のネットワークを介して、それぞれのクラブの意見は各地に発信され、全国のジャコバンたちと共同歩調を取ることを可能にした。かくして革命は全国で同時に展開し、国民的「世論」が醸成されることが可能になったのである。総裁政府期におけるネオ・ジャコバンたちの活動を支えたのも七〇〇以上と推計される政治結社であったが、これは一九世紀の非合法・秘密結社にも多大な影響を与えることになった。

フランス革命の文化②——ナショナリズム

フランス革命期には国民の間に「祖国」なるものが広く，明確に意識され，かつ国家が愛国心を称揚・扇動したのだが，これは，フランスの歴史上，初めてのことであった。フランス革命はそれぞれ特権に結びついた各州を否定し，また人権宣言によって人びとは身分の別なく，一人の国民として国家に属することになったが，これはいわばノルマンディ人，アルザス人，ブルゴーニュ人ではなく，フランス人としての意識を称揚することを意味していた。その上一七九二年四月以降，革命戦争が開始されると，人びとはいっそう国民としての自覚，また祖国の存在の認識を求められた。同年七月一一日の「祖国は危機にあり」という議会の宣言は，祖国愛の発露とともに，国民の間にこれを喚起しようとするものである。とはいえ愛国心は自然に高揚するものではない。これを起動させる装置と補完し合いながら，成長するのである。

(1)三色旗

フランス革命以前に，フランス国家やフランス国民を象徴する旗はなかった。王家は自身の象徴として聖ドニの赤色旗，聖マルタンの青色旗のほか，国王不在の軍では白色旗を代理の旗として認めていたが，国旗として定められたものはなかった。これに対してフランス革命期には，革命の旗，フランスの旗として，三色旗が用いられるようになる。この旗の由来として，一七八九年七月にパリ市の徽章にルイ一六世が白色を混ぜ合わせたという逸話，アメリカ国旗の色を拝借したという説，自らが三色をパリ国民衛兵の制服に採用したというラファイエットの主張などが伝えられているが，どれも決定的とはいえない。しかし全国の国民衛兵が三色の制服を用いた

図6－2　居酒屋でラ・マルセイエーズを歌う民衆

のは事実であり、彼らがパリに集結した九〇年の全国連盟祭において、三色が革命の色として決定的に認められたのは、確かだろう。この日以後、絵画や版画などのメディアなどを通じて、また祭りや戦場などの現場において、三色の旗や幟（のぼり）が一般化していったからである。三色旗は徐々に商船、軍船の旗として法令に定められ、事実上の国旗となった。今日の三色旗の基となったのは、一七九四年二月の規定であり、ダヴィッドが意匠作成を担当している。

(2)ラ・マルセイエーズ

国旗と同様、革命までフランス国歌というものはなかった。国王儀礼や祭典において歌われていたのは、テ・デウムなどであったが、これらはラテン語の宗教歌であり、地域・身分を越えた市民、とくに民衆の愛唱歌にはなりえなかった。しかし一七九二年四月、革命戦争勃発直後、愛国心高揚のさなか、国境の町ストラスブールに駐屯していた工兵士官ルジェ＝ド＝リールが、市長の依頼で、「ライン方面軍の軍歌」を一晩で作詞・作曲することになる。七月、マルセイユの連盟兵がこの歌を歌いながらパリに進軍してきたこともあって、歌はいつしかマルセイユ行進曲、次いでラ・マルセイエーズと呼ばれるようになった。

この歌は、その歌詞を見れば、「奴隷」「陰謀を企てた王どもの軍団」「傭兵部隊」「外国の軍勢」に対し、「誇り高き」「寛大な」兵士、英雄、戦士らが立ち上がることを宣揚し、リフレインでは市民に向かって「武器を取れ！」と鼓舞する。また敵の「不浄なる血がわれらの田畑をうるおすように」という歌詞はきわめて攻撃的であり、その意味で、この歌は間違いなく軍歌である。一方で、このほか槍玉に挙げられているのは「圧政」や「裏切り者」であり、これらとの戦いに勝利するため、「自由」が駆けつけることを祈るなど、革命歌の性格を持っていた。第七番は、子どものための詞章と呼ばれ、先人が倒れても子どもたちが祖国防衛に立ち上がる決意がうたわれており、フランス・ナショナリズムの真髄を感じさせる歌といえよう。この歌は九二年八月一〇日の革命、そして数々の戦地で歌われて以後、事実上の国歌として人びとの間に定着していった。

(3)教育と革命祭典

アンシャン・レジーム末期から公教育のありかたはさまざまに議論されていたが、革命期の人びとは祖国の再生、新時代を生きる人びとの育成を重視したため、この問題はいっそう重視された。紆余曲折の結果、初めて実施されたのは、一七九三年一二月に議会で可決されたブキエ法に基づく教育である。この法は無償・義務・非宗教という原則の下、三年間、子どもたちにフランス語の読み書きと算術を教え、また愛国・道徳教育を施すものであった。近代国家初の公教育である。

初等教育を終えた子どもたち、そしてすでに大人になっている人びとはいかにして愛国心を学ぶべきか。革命家たちが注目したのは、革命を祝賀する祭り、革命祭典であった。すでに九〇年以降に挙行された祭りを通じて市民は革命の価値観・象徴を学んでいたが、ブキエ法は、政治結社での議論傍聴、演劇、祭典なども教育の一環として定めたため、七月一四日や八月一〇日といった革命の記念日の祭典、最高存在の祭典、革命に殉じた人びとの哀悼式典や毎週末の市民祭典などに市民は参加するよう求められた。祭典に道徳・愛国教育の機能を持たせる政策は、総裁政府期にも受け継がれ、一七九五年一〇月以降、毎年革命の記念日および「若者」「夫婦」「老齢」「感謝」など市民の道徳化のための祭典が開催されたのである。

かように老若男女問わず、国民統合が進められたわけだが、同時に外国人への差別・排撃が強まることになった。また国民統合のために、誰が国民であるかをつねに審査・監視する必要が生じ、旅券の保持が強制されるなど、国民統制が進行した。こうして「愛国者」ほど自ら監視され、自由を手放して規律されるのを望むようになるという、倒錯した祖国愛が起動するようになったのである。

フランス革命の文化③——共和政

近代民主主義という未曾有の実験と高揚する愛国心は、一七九二年九月、一つの政治体制を生み出した。共和政である。今日でこそ共和国・共和政は一般的だが、当時ヨーロッパのほとんどの国は君主政を採用していた。イギリス革命の例を挙げるまでもなく、共和政は歴史的に小国家、都市国家に向いていると見なされており、そのころ比較的大きな共和国といえば、同じく革命を経た新国家アメリカ（当時は一五州）しかなかった。しかしフランス共和国はアンシャン・レジーム復活の恐れを国王処刑とともに早々に断ち切り、この政治体制を長らえさせるために、多くの努力を払うことになった。すなわち王政を支えていた文化を終了させ、あらたに共和主義イデオロギーの確立にまい進したのである。

フランス革命期には共和政理念を称揚する概念、たとえば「自由」「平等」「祖国」「再生」などの言葉が神聖視されるようになる。逆に旧体制や封建制につながる概念は忌避され、また旧体制・王政と結びついていたキリスト教およびその文化は激しく攻撃された。国王、イエス、聖母マリアや聖人像の破壊、銀器供出、十字架や聖遺物の焼却のほか、聖職者にはしばしば棄教や妻帯強制が迫られた。「一にして不可分の共和国」というスローガンは、革命の継続をためらう者には容赦なく反革命のレッテルを貼って、排除してゆく。

フランスを象徴するシンボルも一新された。破壊された国王像に代わって登場したのは「自由」の像である。

今日ではドラクロワの「民衆を率いる自由」でもっともよく知られる、彼女が共和国のシンボルとして印璽、メダル、彫像に現れ、流布するようになった。祭典において「自由」像は、しばしば生身の女性によって演じられた。その他、自由の帽子や自由の木などが共和政の象徴として認知されてゆく。

　空間や時間認識も共和化される。王、王妃や貴族の家名にちなむ地名、またキリスト教に由来する「聖」などを冠した地名はことごとく修正・変更された。そのなかには代わりに「自由」「平等」「国民」といった革命期の理想、マラーやモンターニュなど自由の殉教者や党派にちなむ名を持つようになったものも多い。全国でおよそ三〇〇〇の自治体の名称が変更されたが、こうした名称変更を行わなかった自治体でも、街路や広場の名はさまざまに変更された。パリの「ルイ一五世広場」が「革命広場」となり、そこに据えられた断頭台が前国王夫妻やロベスピエールらの処刑を見届けたのはよく知られていよう。

図６－３　コンコルド広場（旧革命広場）
七月王政期にオベリスクと噴水が設置された。
観覧車が設けられるなど市民の憩いの場となっている（著者撮影）。

一方、時間についていえば、グレゴリウス暦はキリストの生誕を基準にし、七曜制や祭日も聖書や聖人伝に由来するのだから、攻撃対象にならないわけはなかった。一七九三年一〇月、政府は、一週間を一〇日、三〇日を一カ月とする共和暦（革命暦）を採用し、新しい一二の月に自然現象にちなむ名称（テルミドール熱月、ブリュメール霧月など）を与えた。国民に、新時代という意識を強制的に持たせて国威を発揚しようとするのは、古今東西見られることなのである。

　フランス革命はナポレオンによって終止符が打たれ、実質上、共和政は瓦解した。革命暦は一八〇六年に廃止された。

「自由」の像は禁じられ、ラ・マルセイエーズも歌われなくなった。復古王政期には白色旗が国旗となり、変更された地名の多くは旧名に復した。しかし文化は、政治とは別の、自律した生命を有するものである。一八四八年そしてまた一八七〇年に、国民が共和政という政治体制を選んだのは、フランス革命が生み出した文化が生き続けていたことを示している。周知のように、今日のフランスの国旗、国歌、標徴は、それぞれ三色旗、ラ・マルセイエーズ、マリアンヌと呼ばれるようになった「自由」である。

このように、フランス革命は政治と文化の革命であった。一〇年のインパクトは、現代世界に広く息づく近代民主主義、ナショナリズム、共和政という文化を生み出した。しかし、民主主義の名のもとの独裁、愛国心高揚ゆえの排外主義、共和主義イデオロギーのもとでの少数者弾圧や植民地支配など、負の側面を有したこともまた忘れてはならない。

（竹中幸史）

参考文献

竹中幸史『図説フランス革命史』河出書房新社、二〇一三年。

ピエール・ノラ編、谷川稔監訳『記憶の場　フランス国民意識の文化＝社会史2　《統合》』岩波書店、二〇〇三年。

松浦義弘『フランス革命の社会史』山川出版社、一九九七年。

松浦義弘・山﨑耕一編『フランス革命史の現在』山川出版社、二〇一四年。

三浦信孝・福井憲彦編『フランス革命と明治維新』白水社、二〇一八年。

山﨑耕一『フランス革命――「共和国」の誕生』刀水書房、二〇一八年。

美術展と美術館

王立絵画彫刻アカデミーの創設と展覧会

パリが「芸術の都」として確固たる地位を確立するのはいつのことだろうか。少なくとも五〇〇年前のフランスはそうではなかった。イタリア遠征に出かけたフランソワ一世は、ルネサンス芸術が最盛期を迎えていた彼の地の文化・芸術の質の高さに驚愕し、芸術家を招聘して宮殿建設などに従事させた。そうして招かれた一人レオナルド・ダ・ヴィンチは、フォンテーヌブロー宮にほど近いアンボワーズの地に眠っている。

もちろん、それ以前にフランスに画家や彫刻家が存在しなかったわけではない。パリの画家・彫刻家組合は一四世紀末に公認され、絵画や彫刻の制作・販売等を取り仕切っていた。一方、宮廷の仕事に従事する画家や彫刻家は、王室からの勅許状を独自に得て活動していた。

一七世紀に入ると、すでに数十年先んじて創設されていたローマのアカデミーをモデルに、宮廷付き画家・彫刻家の活動を守るべく、パリに王立絵画彫刻アカデミーが創設される（一六四八年）。同アカデミーでは、同業者組合との差別化を目指し、手仕事と認識されていた絵画や彫刻を自由学芸と同列に並べ、画家や彫刻家の職人から芸術家への地位向上を図る。独自の学校を設け、素描や理論の教育に力を注ぐことで、その担い手を育てようと試みた。同業者組合側も対抗措置を取り、両者は合併と再分裂を経験する。王立絵画彫刻アカデミーが国王からさまざまな特権を得て運営を安定させるまでには、一〇年以上の時間を要した。ルイ一四世の親政が始まると、コルベールが王室と同アカデミーの専属的な連携を整備し、財政的な支援も保証した。この後ろ盾を得て、同アカデミーは教育体制をいっそう充実させるとともに、会員同士の研鑽の機会も設ける。その一つが、会員による展覧会の開催である。

一六六三年の同アカデミーの規約に盛り込まれた展覧会は、七月の第一土曜日に会員全員が作品を持ち寄り、数日飾るというものであった。それから二年は展示が行われるも成功しなかったようで、以降は不定期の開催となる。一六七三年の開催時には出品目録である「リヴレ」と呼ばれる小冊子が刊行され、この年から開幕日が聖王ルイの祝日の八月二五日に定められた。だが依然この流れは定着せず、一六九九年には初めてルーヴル宮内（グランド・ギャルリー）を会場として一般公開されるも、開催はその後も断続的となり、王室関係の重要な行事の折に、祝福のための展示が特別に行われるに留まっていた。そのようななかでも、一七二五年にルイ一五世の婚礼を機にルーヴル宮のグラン・サロン（サロン・カレ）で開催された一〇日間に及ぶ展示は後に繋がるものとなった。二年後の一七二七年には、当時の美術行政の総元締であった王室建造物局総監ダンタン公の発議による歴史画のコンクールが開催され、出品作はルーヴル宮のアポロンのギャラリーで二カ月間展示された。

　アカデミー会員による展覧会が安定しないなか、別の展覧会も開催されていた。一つは、聖王ルイの祝日に行われていた、アカデミー付属学校の学生によるコンクール出品作の展示である。このコンクールは、入賞者にローマのフランス・アカデミーへの留学の機会を与えるもので（ローマ賞の制度は一九六八年まで継続）、この展示は将来有望な画学生たちの作品披露の場となっていた。もう一つは、シテ島のドフィーヌ広場からポン・ヌフにかけて行われていた「青年展」である。若い画家を中心にした一日限りの野外展だったが、小型の親しみやすい作品が多く、人気を集めていた。

　王室建造物局総監がオルリに代わると、状況は一転する。一七三七年に王立絵画彫刻アカデミーの会員展が八月一八日から約二週間にわたってルーヴル宮のサロン・カレで開催されると、以後は一七五〇年まで、原則毎年開催され（一七四四年と四九年を除く）、「サロン展」として定着する。一七四六年以降は聖王ルイの祝日を開幕日とする慣例に立ち戻り、八月二五日から三週間ないし六週間の開催となる。一七五一年以降は各奇数年の同時期に開催された。

　同アカデミーの会員は王室のための制作を基本とし、商売が禁じられていたため、このサロン展は純粋に会員の成果を披露・鑑賞する場となった。朝九時から夕方四時まで開場され、入場は無料、チケット等も存在しなかった。そのため入場者数を算出する術がなく、「リヴレ」の売り上げ部数から間接的に推測する以外ない。その記録も一七五五年以降しか存在しないが、最少の同年で七六九〇部、最多の一七八七年では二万一九四〇部を数える。入場者全員が「リヴレ」を購入するとは考えられないため、実際にはこの数倍の人が、延べ人数にして数万人から一〇万人ほどがサロン展の会場を訪れたと考えられる。当時のパリの人口が約六〇万人であるから、地方や外国からの来場者やリピーターがそれなりにいたことを勘案しても、相当数の市民がサロン展に足を運んだことになる。今日もルーヴル美術館に残るサロン・カレは、数ある展示室のなかでも決して広いとはいえない。ここに百数十点の絵画と数十点の彫刻、版画等が展示されたことを想像するだけでも息苦しいが、多くの来場者が詰めかけていた様子は、同時代人にとっても目を引く光景だった。パリ中の人が詰めかける場、あらゆる地方の人びとが集まる場、息が詰まりそうになる場など、多くの証言が残されている。

図１　ピエトロ・アントニオ・マルティーニ《1787年のサロン》（1787年，版画）
出典：Crow, *Painters and Public Life in Eighteenth-Century Paris*, New Haven; London: Yale U. P., 1985, p. 2, fig. 1.

来場者の増加に伴い、その階層も多様になっていく。美術の専門家はいうまでもなく、貴族や外国の要人、上流ブルジョワ等のコレクター、文筆家といった富裕層や知識人たちに加えて、職人や魚屋の女将といった人びとも姿を見せるようになる。こうした状況は同時代人によって、あらゆる種類の人びとの群れで埋め尽くされる、あらゆる身分、あらゆる地位、あらゆる性別、あらゆる年齢が入り混じっている、といったように書き留められている。なかには「庶民」との接触を嫌い、時間外の観覧等の例外措置を希望する貴族もいたほどであった。

美術批評の登場

サロン展の来場者の増加を招いた一つの要因は「メディア」であろう。一七世紀末に不定期に開催されていた時期にも、アカデミーの展覧会の様子は、官報的役割を果たしていた『メルキュール・ギャラン』紙などの定期刊行物で紹介されていた。ただ、ここではせいぜい出品作家名と作品名が列挙されるにとどまっており、美術に不案内な読者の関心を引くには至らなかった。

この状況は一七四七年に、ある出版物の刊行によって劇的に変化する。ラ・フォン・ド・サン＝ティエンヌ（以下、ラ・フォン）という愛好家が匿名で著した『フランスの絵画の現状の諸原因に関する考察』（以下、『考察』）である。同書ではタイトルの通り、美術界の諸問題の指摘とそれに対する著者の見解を述べた部分に続いて、前年のサロン展の出品作品についての批評が展開されている。たとえばアカデミーの教授であったC・A・ヴァンローの出品作について、配置は見事で適切だ、構図は簡素だ、などと美点を称える一方で、聖母の顔の表情はより高貴であるべきだった、幼な子キリストは柔らかさに欠けるなおざりな素描と絵筆で表されている、といったように、技法にも及ぶ微細にわたる検討を行っている。しかもこうした評価は決して個人的な見解ではなく、「公衆」の一致した判断であるがゆえに正しい、という前置きが付されていた。

そもそも現存作家の個別の作品について批評を公刊するのは異例である上、制作に携わらない素人である「公衆」の判断を是とするラ・フォンの主張は、美術界全体を巻き込む大論争に発展する。出版物や講演の形でアカデミー会員による反論が相次いだのに加え、ラ・フォンを揶揄した版画や演劇まで制作されるなど、美術家たちの動揺は尋常ではなかった。アカデミーの一部の重鎮たちはサロン展への出品を見合わせたり、内部の評価を保証する審査員団を設置するなどの対抗措置を取ったりした。

だが、こうした抵抗は効果がなかったようで、『考察』を模した批評パンフレットの刊行は急増する。なかには対話形式や演劇調のものもあり、サロン展の出品作を真面目に検討したものから冗談交じりのものまで、さまざまな小冊子等が出回った。最多の一七八七年には二一点が数えられている。また定期刊行物でのサロン展に関する記事も、個々の出品作品の批評を掲載する方向に転換する。アカデミーの画家たちは批評の取り締まりを希望したが、行政側が「無視」を貫いたため、同様の形式で出品者を擁護する批評を出版して反論し、結局は批評合戦に参戦することになった。

こうした批評の出版は、サロン展の会場に足を運ばない読者にも情報を届けることになる。アカデミーの美術家たちが怖れたのはまさにその悪影響であり、絵画は閉じ込められたままなのに、不当な偏見はあらゆる場所を飛び回る、と危惧した。だが、拡散したのは「不当な偏見」ばかりではなかった。この現象は、これまでよりも広い層に美術への関心を掻き立てるという重要な役割を果たすことになったのである。こうして形成・拡大していった美術鑑賞者層の声の力を背景に、美術行政は後述する美術館計画を進めていくことになる。

リュクサンブール宮ギャラリー

ところで『考察』は、美術批評の嚆矢であったばかりではない。ラ・フォンは美術界の諸問題の一つに、主にヴェルサイユ宮殿内や併設の国王所有絵画収蔵室に保管されていた国王コレクションの管理状態の酷さを挙げていた。同時に、本来「高貴な主題」として尊重されるべき物語画が、室内装飾等に駆逐されて疎んじられ、需要の減少が物語画家の技量の低下を招いているとも嘆いていた。これらを同時に解決するためにラ・フォンが打ち出したのが、国王コレクションを公開する常設のギャラリーの創設である。倉庫に積み上げられ埃をかぶった価値ある作品を空気に触れる場所に移し、人びとに美術の規範を示すことで、美術家にとっての研鑽と鑑賞者にとっての「正しい」価値観の構築に役立てようという提案である。常設の王立美術ギャラリーの創設が公に提案されたのは、これが初めてであろう。

この提案は各方面で好意的に受け止められる。ラ・フォンは、ヴェルサイユへの宮廷移転以降、放置されて荒廃していたルーヴル宮の再興を望んでおり、同宮にギャラリーを設置するよう訴えた。だが当局は、同宮内に適当な場所を用意することは難しいと判断し、マリ・ド・メディシスが改築させたリュクサンブール宮殿（現 上院議事堂）を活用することとした。この宮殿には、当代一と謳われたフランドルの画家ルーベンスが手がけた「マリ・ド・メディシスの生涯」の二四点の連作があり、ラ・フォンもこれらの傑作の管理状態を憂慮していた。王室建造物局は同連作を適切に管理するための対策を早速打ち出し、これと併せて国王コレクションから選ばれた一〇〇点ほどの絵画と版画を公開展示することにした。

こうして一七五〇年一〇月に開設されたリュクサンブール宮ギャラリーは、フランス初の公開型王立美術ギャラリーとなった。週二回、二時間ずつの限定的な公開であり、来場者の記録も残っていないが、同ギャラリーの展示作品目録が複数の版を重ねていることから、関心の高さが窺える。一〇〇点余りの絵画は、イタリア・北方・フランスの三流派を混在させ、各作品の比較を促すような展示と、「玉座の間」の展示に分けられた。後者は一七世紀フランスの主要な作家の作品を集めた特別室で、国王の庇護の下で開花した美術の成果が一覧できるようになっていた。当局が定義づけたかった「あるべき」フランス派の手本がここで示されたといえる。

一七七八年末、リュクサンブール宮殿は王弟プロヴァンス伯爵の居城に充てられることとなり、ギャラリーも閉鎖が決まる。展示品はルーヴル宮内の倉庫に移設された。もともと同ギャラリーは、本格的なギャラリーを設置するまでの暫定的な場と位置づけられていたため、閉鎖を機に、ルーヴル宮への美術ギャラリー開設に向けた準備が具体化することになる。

ダンジヴィレの美術館創設計画

ルーヴル宮内への美術館の設置は、リュクサンブール宮ギャラリーが開設されてからも何度も取り沙汰されていたが、決定的な動きには繋がらなかった。だが一七七四年に新国王ルイ一六世の下でダンジヴィレ伯爵が王室建造物局総監に就任する頃までには、サロン・カレに続く「グランド・ギャルリー」に美術館を設置する案が有力になっていた。一七七七年には、ギャラリーを占有していた王国内の要塞都市の模型と地図がアンヴァリッド（廃兵院）に移設され、同ギャラリーに美術品を展示するための検討が始まる。

グランド・ギャルリーは、サロン・カレとテュイルリ宮

図2　ユベール・ロベール《グランド・ギャルリー》(1801-1808年頃，油彩・カンヴァス，パリ，ルーヴル美術館)
出典：筆者撮影。

を繋ぐ、セーヌ河に沿った長さ四五〇メートルほどの長大な空間であり、長辺の左右に設けられた四六ずつの縦長窓が採光源となっていた。サロン・カレに近い一部には、ローマから一時帰国した際に画家プッサンが手がけた天井画が施されており、天井に開口部はなかった。絵を展示するには壁面も採光も不足しており、改装は必至であった。スフロを中心とした建築アカデミーの建築家たちに改装案が求められたが、いずれも何らかの形での天井採光を提案した。当然、膨大な改築費用を要するため、決定は躊躇された。とはいえ、同時代の著名なコレクターの収集室で天井採光を採用している場所で実際に効果測定も行っており、この方式を取り入れる方向に動いてはいた。長大なグランド・ギャルリーに導入する前段階として、まずはサロン・カレの天井に開口部を設けることとなり、一七八九年八月のサロン展開幕と同時に披露される。だが、時すでに遅しであった。

　空間整備の一方では展示物の整備も進められていた。国王コレクションはすでに二〇〇〇点を超えており、これらのなかから精選した作品を展示するだけでも十分な数になったが、ダンジヴィレはそれでは満足しなかった。既存の作品にはイタリア派が多く、その他の流派のものは比較的少なかったことから、ダンジヴィレは不足していた北方やフランス、スペインの作家の絵画を新たに収集してコレクションに加え、バランスを取ろうと試みた。さらに「現代フランス派」を付け加えるべく、アカデミーの画家と彫刻家に「奨励制作」と呼ばれる注文制作を行った。制作された作品は隔年のサロン展で来場者に披露された。

　この奨励制作では歴史主題が重視され、フランス史のエピソードを含む歴史画と、フランス史上で活躍した偉人の大理石像が注文された。同時代の演劇や歴史書、各アカデミーでの偉人称揚の傾向を反映した主題選択は、高貴な主題として宗教や神話を、偉人の代表として貴族や軍人を据えてきた従来の流れに一石を投じるものであった。同じ軍人を扱うにしても、戦勝の華々しい場面を表すのではなく、戦場に向かう際の勇敢さ、戦いの後に見せた寛容さなど、人間としての美徳をテーマとする場面が採用されている。さらに担当作家の選択には、アカデミー内の地位に加えてサロン展での評判が意識されており、批評の評価に応じて担当作品のランクが調整された節がある。ダンジヴィレはこの奨励制作を通して、「徳と愛国的感情」を涵養することを目指していた。将来の美術館において、美ばかりでなく道徳の規範をも示し、美術館を一種の市民教育の場に仕立てようと考えたのである。そのために、拡大した美術鑑賞者層の声の力をむしろ味方につけ、彼らにより効果的に意図を浸透させる方策を取ったといえるだろう。

革命と美術館

　国王と親しかったダンジヴィレは、革命の進行に伴って亡命を余儀なくされ、綿密に立てられた美術館の計画は日の目を見ることなく頓挫する。だが革命政府は、ルーヴル宮の美術館というアンシャン・レジームの未達成事業を実現することは、旧体制に対する新体制の優越の輝かしい証拠であるという独自の論理を打ち出し、美術館計画を進めることになる。公教育委員会の下に設置された美術館委員会が展示物の選定と展示方法の検討を行い、ダンジヴィレの構想は破棄された。一七九三年八月一〇日、王権停止一周年の記念日に合わせてルーヴル宮グランド・ギャルリーの東側に開館した共和国美術館には、国有化されたばかりの旧国王コレクションから絵画五三八点と彫刻他一二四点が展示された。一八世紀フランスの画家による作品はC・J・ヴェルネの海景画を除いて排除され、歴代の国王を示すタイトルは一般的なものに変更されるなど、アンシャン・レジームを否定した側面が認められる。一方、展示方法は、各流派の作品を混在させ比較可能にするというリュクサンブール宮ギャラリーの方法を踏襲するものであった。またダンジヴィレが国王コレクションの補充のために新規購入した作品も多くが展示されており、彼の計画も完全に無に帰したわけではなかった。

　この開館は政治日程に間に合わせた暫定的なもので、グランド・ギャルリーの整備も間に合わなかったため、九月末には閉館し、一一月半ばに再開館するという慌ただしさであった。その後も閉館と再開館を繰り返し、美術館の常設展示が再開されるのは、ようやく一八一〇年になってのことだった。「革命の優越」を示すのは決して容易ではなかったといえる。

　一方、ルーヴル宮以外にも美術品を展示する国立の施設が開設され、国有化された特権階級の没収品やルーヴルの展示から排除された美術品を収蔵した。一七九五年に、ルーヴル宮のセーヌ河を挟んだ対岸の旧プティ＝ゾーギュスタン修道院（現 国立高等美術学校）に開設された「フランス記念物博物館」には、主に聖堂等から接収された彫刻等が収められ、時代別に陳列された（一八一六年閉館）。一七九七年にはヴェルサイユ宮に「フランス派専門美術館」を開設することになり、一六世紀から一八世紀のフランスの画家による作品が集められた（一八一〇年閉館）。また一八〇一年九月一日には「シャプタル令」により、地方の一五都市に美術館を創設することが決まり、パリに集まっていた作品のなかから選定されたものが地方美術館へ送られ、展示の核をなした。以来、ルーヴルを頂点とする全国の美術館ネットワークが確立され、作品の移管や管理が行われている。

　ルーヴルは一九世紀以降、展示スペースの拡張を繰り返していくが、八部門五五万点以上の収蔵作品のうち展示に供されているのは三万五〇〇〇点ほどである。近年はパリ外への進出にも積極的で、二〇一二年にパ＝ド＝カレ県の小都市ランスに、日本人建築家グループの設計による別館を開設し、本館の収蔵品を定期的に入れ替えながら展示している。二〇一七年一一月には「ルーヴル・アブ・ダビ」が開館した。フランスから同館に定期的に作品を貸し出し展示しながら、現地で美術館の運営や学芸業務のノウハウを育てるという新しいパートナーシップを打ち出している。近代的美術館の祖であるルーヴルが、文化的背景の異なる子孫をどのように育て、美術館を根づかせていくのか、注目したい。

（田中　佳）

参考文献

岩渕潤子『美術館の誕生――美は誰のものか』中公新書、一九九五年。

『西洋美術研究 特集――美術アカデミー』二、三元社、一九九九年。

『西洋美術研究 特集――展覧会と展示』一〇、三元社、二〇〇四年。

服部春彦『文化財の併合――フランス革命とナポレオン』知泉書館、二〇一五年。

ジュヌヴィエーヴ・ブレスク著、遠藤ゆかり訳『ルーヴル美術館の歴史』創元社「知の再発見」双書、二〇〇四年。

第7章

革命の遺産と国民文化——ナポレオン時代から第二帝政まで

ナポレオンの時代

ナポレオンが権力を握ってからの半世紀のフランスは過去とのつながりの回復と国民文化の形成が進み、実り豊かな社会思想を生み出した。同時に、フランス革命の評価、革命後の社会の再編をめぐって諸党派が争い、体制が何度も交代し、経済的にも社会的にも不安定な時代でもあった。皮肉なことにクーデタによって生まれた第二帝政のもとで、ようやく繁栄と安定を得ることができた。

一七九九年一一月、クーデタによって総裁政府を打倒し、統領政府を樹立して権力を奪取したのは三〇歳の青年将校ナポレオン・ボナパルトであった。ナポレオンは軍事的な勝利を背景にローマ・カトリック教会と政教協約（一八〇一年）を結び、カトリックを中心とする国内における反革命勢力を和睦に導き、アミアンの和約（一八〇二年）によってイギリスと講和した。こうした実績を背景に一八〇二年には終身統領に、さらにその二年後の一八〇四年に皇帝となり、一二月二日にローマ教皇を招いてパリのノートルダム大聖堂で戴冠式を挙行した。

だが平和は長く続かず、翌年には戦争が再開され、一八〇五年一二月二日、すなわち戴冠式の一年後にアウステルリッツの戦いで、オーストリア、ロシアの連合軍を撃破した。ナポレオンが率いる軍隊は破竹の勢いで進撃し、一八〇七年にプロイセンに屈辱的なティルジットの和約を押しつけた。ナポレオンはさらに、産業革命で経済的に優位に立ったイギリスの工業製品が大陸に流入するのを阻止するために、大陸封鎖を行い、各国に強制した。だが、スペインで反乱が広がり、プロイセンでも行財政改革が行われ、ロシアが大陸封鎖を公然と無視するようになった。そしてロシア遠征の失敗（一八一二年）がナポレオン没落の序章となるのである。

ナポレオンの政治はよく「独裁」と呼ばれるが、当初は議会に多かった共和派や「イデオローグ」と呼ばれる一群の知識人の勢力を無視することはできなかった。フランス革命の成果の維持と定着がナポレオンの大きな課題であり、その点では共和派の議員や「イデオローグ」と共通の基盤をもっていた。それは、私的所有権や法の前の平等など近代社会の原則の法的な礎を築いた、「ナポレオン法典」という別名のある民法典の成立（一八〇四年）によく表れている。男性普通選挙による人民投票は、圧倒的な得票によって、ナポレオンに絶大な権力の行使を可能にし、議会も形骸化した。だが、選挙制度は複雑ではあるものの、議会の選挙そのものは帝政の最後まで存続した。また、中央政府から任命される県知事が地方政治を担い、中央集権的な統治が行われていたと従来いわれていたが、最近の研究では、県会が地方名望家の意見を代表する役割をある程度果たしていたと指摘されている。

官僚機構の整備とエリート教育の再構築

ナポレオンは民法典だけでなく、行財政制度、教育制度など、諸制度を整備した。これらの諸制度は長期間存続し、なかには現在でも用いられているものもある。ナポレオンは自分に代わって国家や社会全体に関わる問題を議論し、検討する頭脳集団の存在を許さず、一八〇三年に道徳政治科学アカデミーを廃止している。だが、専門家集団が専門分野において自律的に活動することは認め、国務院、知事、外交官、財務官など「大官僚団」と呼ばれる高級官僚の集団を整備した。こうして再編された官僚機構が、何度かの政治体制の激変にもかかわらず、フランスの国家としての持続性を保証したのである。

また、技術官僚、現在の言葉でいえば、テクノクラート養成のために、革命期に創設された理工科学校を復活・再編し、理系の基礎教育を施した。フランスの高等教育では大学よりもグランド・ゼコールと呼ばれる一群の名門専門学校の威信が高い。理工科学校はそのひな形的な存在である。一八三〇年代頃までは学問研究が比較的自由に行われ、数学、物理学、化学など理系の学問分野で世界をリードした。「ラプラス変換」で知られ、数学、物理学で業績をあげたラプラスが同校の教育に関わり、電流の単位「アンペア」に名を残すアンペールなど、名だたる科学者が教授となった。

革命期に大学が廃止されたが、それに代わる安定的な中等・高等教育制度は創出されなかった。ナポレオンは中央集権的な教職員の団体を組織し、地方組織として大学区を設置し、その下に、法学部、医学部などの学部とリセ（現在は日本の高校とほぼ同義であるが、当時は七年制が基本の国立中等学校）を置いた。同時に博士や大学へのアクセスを保証するバカロレアなどの学位も創設され、この全国的な団体が独占するとした。中央集権的であるとか、私立大学がないなどの、フランスの大学制度に固有の特徴はこの時期に由来する。また、リセでは古典人文学教育が復活し、ラテン語の知識があることがエリートの指標となった。革命期に創設された高等師範学校が復活・再編され、アグレガシオンと呼ばれる中等教育のエリート教員資格試験（合格者を「アグレジェ」と呼ぶ）の準備教育が施された。大学が弱体であったため、フランスで最高の学術研究機関として認められるようになる。パスツールからフーコー、ブルデューに至るまで、フランスの一流の学者、知識人には同校出身でかつアグレジェである者が少なくない。

ブルボン王政復古

一八一四年三月に連合軍がパリに入城し、四月にナポレオンは退位して、地中海のエルバ島へ送られ、五月三日、ルイ一八世がパリに帰還した（第一王政復古）。六月四日、ルイ一八世は憲章を発布した。憲章は、法の前の平等、所有権、出版の自由などフランス革命の社会的経済的成果をおおむね認めたものであった。国旗が三色旗から中央にユリの花をあしらった白旗に変更されたことに象徴されているように、体制は反革命の精神によって貫かれ、憲章前文では、フランス革命による断絶は「過去の傷跡」として扱われていた。王権神授説に立って国民主権は否定され、カトリック教が国教の地位に戻された。政治体制では、国王が行政権、司法権、法案の発議権を持ち、緊急大権も認められ、神聖不可侵にして無答責とされた。世襲制の貴族院と選挙で議員を選ぶ代議院の二院制がとられたが、代議院の選挙人は男性高額納税者に限られ、有権者はわずか九万人であった。それでも、まがりなりにも議会政治が定着していく点は評価されている。

第一王政復古の政府は復古的・反動的な政策をとり、世論の離反を招いた。こうした状況を見きわめて、ナポレオンは一八一五年三月にエルバ島を脱出し、パリに入城して、権力を再び掌握した。だが、六月一八日、ワーテルローの戦いで連合軍に敗れ、統治は「百日天下」に終わった。再びルイ一八世がパリに帰還し（第二王政復古）、ナポレオンは大西洋の孤島、英領セントヘレナに流された。この間、ウィーンで開かれた国際会議でナポレオン没落後のヨーロッパの国際秩序（ウィーン体制）の大枠が合意され、自由主義とナショナリズムは抑圧の対象となった。革命期からナポレオン時代の戦争を経て、国境は大きく変更され、ドイツやイタリアの国家統一への地ならしとなった。また、イギリスのヘゲモニーが確立し、列強としてのプロイセンの地位が高まり、ヨーロッパ国際政治へロシアが本格的に参入することになった。その一方で、ロシア遠征などでフランスに協力したポーランドは、分断と長期にわたる異民族支配を受けることになった。

王政復古の最初の数年間は穏健な政治が行われた。だが、一八二〇年二月一三日のベリー公暗殺事件を契機に政治反動が起こり、事前検閲制度が復活し、一八二一年に成立した過激王党派政権の下で聖職者が情報提供や官職への推挙をとおして大きな権勢をふるった。一八二四年にはルイ一八世が死去し、過激王党派の首領であるアルトワ伯が即位し、シャルル一〇世を名のった。一八二五年五月二九日、シャルル一〇世は君主政の伝統にしたがい、ランス大聖堂で聖別式を挙行し、教会への王権の従属ぶりを世論に印象づけた。

ちょうどその頃、イエズス会に操られた秘密結社が暗躍し、政治を支配しているという神話が流布した。スタンダールの『赤と黒』（一八三〇年）にもこの神話の影響が認められる。カトリック教会による政治と社会の支配（教権主義）を批判するカリカチュア、演劇、新聞・雑誌、パンフレットであふれ、イエズス会を批判したベランジェのシャンソンが流行した。

王政復古期にはヴォルテールやルソーの全集がベストセラーになり、啓蒙思想家の著作の売れ行きが良かった。また、啓蒙思想家の後継者である自由派の作品もよく読まれた。ただし、民衆の圧倒的多数は字が読めなかった。そのなかで、自由派のブルジョワと民衆を媒介したのがシャンソンである。シャンソンは、口承文化から抜け出て、印刷された歌集をとおして、旅回りの歌手や行商人、さらに酒場で活躍したゴゲットと呼ばれる歌手の団体によって流布され、革命歌の普及によって政治的なシャンソンを受け入れる土壌もできていた。こうしたなかで、自由のための闘いを通じてベランジェは国民的詩人となった。

一八三〇年の代議院選挙では反政府派が勝利した。七月二五日、シャルル一〇世は出版の自由の停止、議会解散、大地主をいっそう優遇する選挙法改悪を骨子とする王令を出した。国王による事実上のクーデタであった。

七月王政

七月二七日から二九日までの三日間（「栄光の三日間」）、パリは蜂起する。民衆蜂起を主導したのは共和派であったが、革命の果実を得たのは、自由派の政治家であった。彼らはオルレアン家のルイ＝フィリップを擁立し、玉座に据えることに首尾よく成功した。この王政は七月王政と呼ばれている。

七月王政ではフランス革命の原理に立ち戻って、神授権は否定され、国民主権が復活した。カトリック教は再び「フランス人多数派の宗教」へと戻された。国旗が三色旗に戻り、後に「マリアンヌ」と呼ばれることになる自由の女神が議場によみがえり、やがて完成されるエトワール凱旋門にもその姿を現すことになる。コンコルド広場、アウステルリッツ橋など革命と帝政にゆかりのある地名も復活した。だが、代議院選挙の選挙人の納税資格が若干緩和されたものの、有権者数は二〇万人程度（体制末で二五万人）であり、当時のフランスの人口が約三五〇〇万人であることを考えれば、厳しい制限選挙であることに変わりなかった。

七月王政を代表する政治家、ギゾーは自らが率いる政府を「中産階級の政府」と呼んだ。代議士のなかで貴族の占める割合は低下し、一八三一年には貴族院の世襲制も廃止された。また、ギゾーがソルボンヌの歴史学教授であったように、何人もの学者が大臣などの政府の要職についた。一八三二年には道徳政治科学アカデミーが復活し、奴隷制の廃止や貧困問題など、重要な課題について世論と公権力の啓発を行っている。また、一八三三年のギゾー法によって全国の市町村に男子小学校の設立が定められ、それまで修道会任せであった民衆向けの初等教育の普及に国家が本腰を入れることになった。

七月王政は金融ブルジョワが支配し、金融界の頂点にはオート・バンクと呼ばれる富裕な個人銀行家が位置した。ギゾーはオート・バンクの筆頭格に当たるユダヤ人銀行家ロートシルト（フランス系のロスチャイルド）と頻繁に会食し、その代理人を外交で利用した。他方で、王室費は相当減らされ、宮廷は縮小した。「成り上がり者」が出入りする宮廷の威信は低下し、国王はカリカチュアでしばしば「西洋梨」の顔で描かれ、揶揄の対象となった。

農村社会は名望家によって支配され、その最上層には大地主層が位置した。官僚や、公証人、医者、弁護士など専門職のブルジョワが次に続いたが、彼らも通常は地主であった。多くの地方では農村ブルジョワが台頭しており、貴族と聖職者はかつての優位を失っていた。名望家層は一枚岩にまとまっておらず、ブルボン家に忠実な貴族は七月王政期の選挙では棄権することが多かった。一九世紀前半では、貴族とブルジョワでは全体として財産の面で格差があり、身分をこえた通婚もまだ珍しく、社会的に分離していた。こうした対立と差異を反映して、七月王政期のパリの社交界も分裂していた。財産のある大貴族はフランス革命とその後の社会変動に耐え、よく適合したのに対して、中小の貴族は没落する傾向が強かった。貴族は次第に、アイデンティティを、高雅なフランス語を操る能力のような文化的なものに求めるようになった。

図７－１　「これからは独房が本物になるだろう」

『ラ・カリカチュール』紙の1832年５月１日号に掲載された石版画の挿絵。独房に収容されている女性は自由＝共和国の女神である。1831年のリヨンの絹織物労働者のストライキと翌年の共和派の蜂起は厳しい弾圧を受け，監獄は囚人で一杯になった。挿絵のタイトルは，即位の際の国王ルイ＝フィリップの「これからは憲章が本物になるであろう」という言葉をもじったもの。

出典：*Caricatures politiques 1829-1848: De l'éteignoir à la poire*, Conseil général des Hauts-de-Seine/Maison de Chateaubriand, 1994, p. 88.

サロンを開く慣行は貴族からブルジョワに広がったが、サロンとは別の、サークルと呼ばれるブルジョワに固有のソシアビリテが七月王政期に普及していった。サークルはイギリスのクラブを真似たもので、平等主義的であると同時に男性だけの世界であった。民衆もまた、サークルに似た多機能型の集まりをつくり、そこを媒介にして共和主義思想が伝わっていった。

ロマン主義と歴史への関心

文化芸術の面では立憲王政期に新古典主義が衰退し、ロマン主義が全盛期を迎えた。ロマン主義では、過去と伝統が重んじられ、中世が評価されたが、イギリス、ドイツで始まり、フランスの文化的ヘゲモニーへの挑戦という性格も持っていた。フランスではウォルター・スコットの『アイヴァンホー』のフランス語訳などを契機に風靡し始めた。『アイヴァンホー』の最初の仏訳が出たのは一八一六年であり、各種の仏訳は合計で二万部以上という当時としては異例なほどの売れ行きを示した。

フランスのロマン主義は初期においては政治反動に与したが、一八二五年頃にユゴーが自由主義へ転じ、それに倣う形で左傾化した。それとともに、ロマン派の作家は、国民的で歴史的なテーマを扱った演劇を生み出し、小説という新しい文学ジャンルに訴えるようになった。絵画の面ではドラクロワが、七月革命のバリケード戦を描いた「民衆を率いる自由の女神」を一八三一年のサロン展に出品した。その後もベルリオーズが国家の依頼を受けて作曲し、一八四一年にはユゴーがアカデミー・フランセーズに選出されている。こうしてロマン主義は七月王政公認の芸術となった。

アカデミー、サークルなどと同様に、世論の形成で重要な役割を果たしたのが演劇である。一八〇七年、ナポレオンは劇場の数を限定し、それぞれの劇場で演じるジャンルが決められ、脚本は検閲された。その後も、オペラ座など少数の大劇場に補助金を与え、そのほかの劇場を含めて厳しい統制下におく制度は、修正を加えられながら一八六四年まで続いた。それでも劇場は工夫をすれば自己の主張を伝えることができる場であった。観客も口笛を吹いて野次るなど、賛否を示す自由にこだわったのである。

小説は一九世紀当初、文学ジャンルの位階の下位にあり、詩と演劇のはるか後塵を拝していた。だが、一八四〇年代には、社会研究の性格を帯び、社会芸術、すなわち社会のために芸術は奉仕すべきであるという議論に後押しされて、地位を高めていった。

一九世紀、とくにその前半は歴史学の時代であり、ミシュレなどロマン主義的な感性を持つ歴史家が活躍した。歴史学は革命によって分断されたフランス人を和解させ、国民を構築する事業のために必要となり、博物館、回想録、古文書あるいは辞典が国民の物語の根拠を据える材料を提供することになる。

フランスは文化遺産への関心ではイギリスに先行されたが、保護行政では先駆けとなった。ギゾーの提案に基づいて、一八三〇年一〇月二一日、フランス歴史記念物総監督官のポストが創設され、一八三四年に二代目の総監督官として作家のメリメが任命された。そして一八四〇年から第二帝政期まで、メリメの下で建築家のヴィオレ＝ル＝デュクがヴェズレー修道院、カルカッソンヌ城などを次々に修復していった。地方でも各地で名望家が中心になって学術協会が生まれ、地方史や博物誌の研究と記念物の保存が行われた。また一九世紀は、ロマネスク様式の教会の建築が盛んであった一一世紀初め以降ではもっとも多くの教会の修復・建設が行われた時期でもある。その他の人文学分野では、ナポレオンのエジプト遠征後、オリエントに対する関心が高まり、東洋学が興ったことが特筆される。

印刷文化の発展と知識の普及

王政復古期のパリの新聞の総部数は五万部程度であったが、一八四五年には一四万八〇〇〇部に達した。部数の増加に貢献したのが新聞連載小説である。最初の新聞連載小説、バルザックの『老嬢』は一八三六年に『ラ・プレス』に掲載された。『ラ・プレス』はまた、当時政治新聞が主流であったジャーナリズムのなかにあって、三面記事を積極的に掲載し、広告を取って財源にあて、新聞を安価にし、商業的に成り立つ事業にした点でも先駆的であった。新聞連載小説は作家の専門職化にも味方した。著作権など作家の権利の擁護のために、デュマ、バルザック、ユゴーらによって「文芸家協会」が設立された。

同じ三〇年代には、イラスト、後には写真の入った、中間層あるいは民衆向けの出版物が増加した。石版画印刷技術によって画像が鮮明となり、もともと「例証、説明」という意味であった「イリュストラシオン」という言葉に、一八三〇年頃になって、挿絵あるいは「イラスト」という意味が付け加わったのである。もっとも、書籍は高価で、個人の蔵書を備える余裕があったのは名望家だけであった。小説の愛読者は、わずかな金額をはらってその場で本を読むか、あるいは借り出すことができた読書室を主に利用した。また、エリート向けの市立図書館とは別に、市町村、教会、民間団体によって民衆を対象にした図書館が開設されている。

新聞、雑誌、辞典だけでなく、サロンや公開講演、大仕掛けのショー、機械のデモンストレーション、プラネタリウム、自然史博物館などの博物館、学術的コレクション、植物園などを通じて、科学的知識が広まっていった。パリ植物園付属動物園は、バルザックの「社会の博物誌」に着想を与えている。このように啓蒙活動は活発に行われたが、科学研究自体は一八二〇年代の中頃から沈滞が生じ、三〇年代末には、物理学の中心はイギリスとドイツに移動した。理学部が弱体であったことや、行政の締め付けによって理工科学校で研究の自由が奪われていったことなどが原因と考えられている。

科学的知識の普及は順調に進んだわけではなく、根強い抵抗も存在した。その中心となったのはカトリック教会であった。王権と教会との蜜月関係に終止符を打った七月革命の後、カトリック教会と政府の関係は冷却化した。カトリック教会は世俗権力と一定の距離を取ることで、民衆の支持を回復することができた。他方、七月王政も保守化するとともに宗教予算を増額した。この結果、聖職者の数も増え、若返りも進んだ。

統治の技術と初期社会主義

立憲王政期はまた、来るべき産業社会にふさわしい社会編成の模索がさまざまに行われた時期でもある。フランス革命により社団的・身分制的社会秩序は崩壊したものの、新しい社会編成原理はまだ確立せず、始まったばかりの工業化が混乱をいっそう悪化させ、アンシャン・レジーム期とは質的に異なる社会環境の劣悪化と民衆の窮乏がもたらされた。都市の人口は農村からの流入によって急増し、七月王政期になると貧困、スラム化など都市問題、社会問題がクローズアップされた。なかでもパリは一九世紀半ばには一〇〇万人を超え、機能不全に陥っていた。こうしたなかで、行政、医者、公衆衛生学者によって社会調査が行われた。行政は犯罪や公衆衛生などに関する数値化された客観的な情報を求めるようになり、統治のための技術として統計学が誕生し、バルザック、ウジェーヌ・シューなどの作家にも大きな影響を与えた。

他方、抜本的な社会の再編を目指して、初期社会主義と総称される一群のユニークな社会思想が開花した。社会主義の意味する内容は国有化から労働者生産協同組合まで多様であり、労働組合、消費協同組合など、この時期に生まれ、今では当たり前になっている思想や組織も少なくない。ユートピア的な部分も見られるが、統治する側が統計数値を出してきたのに影響を受けて、社会変革を求める側も数値を根拠にするようになった。

初期社会主義の先駆け的存在であるサン＝シモンは産業に最適な形に国家を再編することによって、社会の混乱を克服しようと考えた。彼の教えは現状に不満を持つ理工学校の卒業生、学生など若い知的エリートを惹きつけた。その一人、オーギュスト・コントは実証主義哲学を提唱し、社会学の祖とされる。社会主義は一八四〇年代に成熟期を迎える。一八四〇年前後には労働争議が頻発し、シューの社会小説が好評を博し、ルイ・ブラン、カベ、プルードンなどの社会主義者の著作があいついで出版された。

また、フランスは多くの外国人の亡命地あるいは避難地となっていた。たとえば、ポーランドから亡命したミツキェヴィチはコレージュ・ド・フランスに迎えられた。他にドイツからハインリヒ・ハイネ、イタリアからマッツィーニ、ロシアからゲルツェンが亡命地として選び、マルクスやバクーニンなどの革命家も一時期フランスに亡命していた。また、コレージュ・ド・フランスやパリ大学法学部は東欧から来た留学生と、東欧の諸民族の独立運動に共鳴するフランスの知識人との交流の場であった。

二月革命から第二帝政の成立まで

一八四八年二月、パリで起こった大規模なデモは革命に発展した（二月革命）。国王は亡命し、第二共和政が成立し、男性二一歳以上の普通選挙が実現された。パリの革命はイギリスとロシアを除くヨーロッパの広範な地域で革命あるいは民族独立運動を引き起こした。この時期には臨時政府の外相となった詩人のラマルチーヌ、左派の社会民主派の議員となったシューなど、政治参加をした作家が珍しくない。デュマ、ユゴーらが立候補し、女性であるために立候補できなかったジョルジュ・サンドは政府の通達を起草し、新聞に論考を公表した。だが彼らの期待は急速に幻滅に変わる。有権者が二五万人から一挙に九〇〇万人に膨れ上がった四月の選挙ではデュマは落選し、議会は、旧王党派など保守派が躍進した。とくに農村部では名望家やカトリック教会の司祭が選挙民の投票行動に大きな影響を与えた。さらに一二月の大統領選では、ナポレオン一世の甥のルイ＝ナポレオンが大量得票して圧勝した。翌年の選挙で多数を占めた保守派が主導する議会では五〇年に、教育面でカトリック教会に大きな譲歩をする法律を可決し、小学校教師を大量処分した。そして同じ年に有権者の三分の一から選挙権を奪う法律まで可決した。大統領ルイ＝ナポレオンはこうした状況を利用し、翌年一二月二日にクーデタを決行した。続いて一年後の五二年一二月二日、同年秋に人民投票にかけて国民の圧倒的な支持を得た上で、第二帝政を成立させ、自らはナポレオン三世と名のった。

ナポレオン三世はカトリック教会と保守的な名望家層に依拠して権威主義的な統治を行った。一八五二年二月には新聞創刊を事前許可制にし、出版を厳しく統制した。普通選挙が復活したものの、当局が公式に特定候補の支援を行うなど、激しい選挙干渉が行われた。

第二帝政の繁栄

一九世紀半ばのフランスは産業革命の完成期にあたり、かつてない高度成長を記録した。「馬上のサン＝シモン」と称されたナポレオン三世は、電信の発展に関心を寄せ、鉄道・道路などの運輸網の拡充に努めた。この時期の産業を主導したのは鉄道であり、第二帝政末には国土は鉄道網によって覆われた。鉄道網建設の需要によって鉄鋼業をはじめとする重工業が発展した。そのほか、絹織物業などの競争力のある奢侈品産業も盛んになった。

一九世紀では、まず運河建設など河川交通が整備拡充され、それを鉄道建設が引き継いだ。公共事業の計画立案にあたったのは、理工科学校を卒業後、鉱山学校や土木学校などで養成された国家技師であった。また、鉱山技師は鉱業統計の作成だけでなく、社会科学の生成にも貢献した。鉱山学校視学総監にもなったル・プレェは弟子や同僚を引き連れてヨーロッパの労働者家族の調査研究を行っている。

第二帝政期の大きな事業の一つはパリ改造である。セーヌ県知事に任命されたオスマンによって、衛生環境が

図7－2　現在のルルド。聖母マリアが出現した洞窟のある岩山に建てられた聖堂。右手に見えるのは聖母マリア像の後姿（筆者撮影）。

急速に悪化し機能不全に陥っていたパリは近代的な都市としてよみがえった。そのパリに新しい消費空間としてデパートが登場した。世界で最初のデパート「ボン・マルシェ」が一八五二年に、「プランタン」は一八六五年に開業している。新しい劇場も建設され、オッフェンバックの『天国と地獄』などのオペレッタが演じられた。

ナポレオン三世はチュイルリ宮を改装し、そこで一六〇〇人近くの者が皇帝に仕えた。チュイルリ宮では、冬の季節は何度も大舞踏会が開催された。ポルカやワルツの音で始まることがあったが、ワルツは一八四八年以降に導入された新しいダンスであり、当初は男女が身体を寄せ合って踊ることに眉をひそめる人もいたのである。それでも大舞踏会は四千人から五千人の招待客を集め、「帝国の祭典」のシンボルになった。八月一五日は「聖ナポレオンの日」であった。この日は真の国民祭であり、ちょうど聖母マリアの被昇天祭とも重なっていた。街頭は旗で飾られ、軍隊の閲兵式が行われ、一般の民衆が参加する舞踏会が催され、花火が打ち上げられた。公式のセレモニーと民衆が共有した歓喜の混じりあった祭典は、大きな変更が加えられることなく、第三共和政の七月一四日の祭典に受け継がれていった。最終的には普仏戦争の敗北という大失敗を犯すことになるが、外交面でもクリミア戦争の勝利やアジア・アフリカへの侵出と植民地建設に、当時のフランス国民は歓喜し、喝采したのである。

一八一六年に離婚制度が廃止され、女性の地位は依然として低かったが、慈善活動など、教会とその周辺では女性は存在感を増していった。看護師、教師として活躍する修道女の評判は高く、その活動は社会に認知されていた。カトリック教会を優遇した第二帝政期に、修道女の数は大きく増加し、一八六一年に一〇万五〇〇〇人に、一八八一年には一三万人以上となり、人口比では一九世紀末でスペインやイタリアを上回っていた。信仰の上でも聖母マリア信仰が高まるなど、女性化が進み、一連のマリア出現の奇蹟が起こっている。そのなかでもっとも有名なのは、世界有数の巡礼地を生み出した一八五八年にピレネー山脈の麓にあるルルドで起こった奇蹟であろう。

第二帝政期の文化

ロンドン万博の成功に刺激されて、一八五五年と六七年の二回にわたり、パリで万国博覧会が開催された。フランスの万博では産業技術だけでなく、各国の文化面での優秀さを競い、そのなかでフランス文化の普遍性が宣伝された。たとえば、六七年のパリ万博には日本が初めて公式参加し、これがきっかけで「ジャポニスム」（日本趣味）が広がっている。また、五五年のパリ万博を契機に写真が大衆化している。印象派にも影響を与えた写真家のナダールが多くの著名人、芸術家、文化人の肖像写真を撮った一八六〇年代には写真は商業化し、当時流行していた海水浴や観光目的の小旅行、家族の大事な儀式の記録に使われるようになった。

科学の分野ではパスツールとクロード・ベルナールが傑出した功績を残した。ドイツのコッホとともに近代細菌学の祖とされるパスツールは、生命の自然発生説を否定するとともに、低温殺菌法を開発してワイン業者に恩恵をもたらし、養蚕業を悩ますカイコの病気の原因を突きとめるなど、社会に貢献した。医学、生理学で功績を残したベルナールの『実験医学序説』（一八六五年）は実験による研究の方法論を述べた著書として名高い。

文学・芸術の分野では、一八五五年にネルヴァル、五六年にハイネが、その翌年にはアルフレッド・ド・ミュッセが死去し、ロマン主義の時代は終わろうとしていた。検閲が厳しかったためでもあるが、富裕化したブルジョワと増加した中間層の好みに合わせた、甘く感傷的な小説が流行していた。フローベールやボードレールのように、ブルジョワ芸術と社会芸術のどちらにも与したくない作家にとって、芸術至上主義は避難所になっていた。ところが、第二帝政の抑圧的な体制の下では、道徳に対する文学の服従を拒否するだけでも、危険分子の扱いを受けるおそれがあった。醜い部分も含めてできるだけ現実の認識を深めようとしたリアリズムの文学も同様であった。想像力をかき立て、公共道徳と公序良俗を脅かす作品への訴追が増加し、一八五七年には、フローベールの『ボヴァリー夫人』、ボードレールの『悪の華』、シューの『民衆の秘密』が裁判にかけられている。

美術の分野でもサロン展の審査が厳しくなっていた。一八五五年、クールベはサロン展に拒否された自分の作品の展覧会を開き、その目録に「リアリズムについて」と題する一文を載せ、絵画の上でのリアリズムを掲げた。文学におけるリアリズムに影響を受けたクールベが「リアリスト」として認めた友人にはボードレールや風刺画家のドーミエがいた。

前半の一〇年間は権威主義的であった第二帝政も、イタリア統一戦争に関与してローマ教皇庁と対立することになった一八六〇年頃から、文化の面を含めて統制を緩め、自由化の方向へ舵を切っていく。経済的には一八六〇年の英仏通商条約によって貿易の自由化を行い、社会面では労働者の団結権を認め、教育の面では、十分ではなかったが、カトリック教会と距離を取ろうとした。一連の改革は第三共和政期の改革につながっていくものであった。そして六〇年代になると、自然主義の文学が現れ、リアリズムを凌駕していくのである。

（上垣　豊）

参考文献

鹿島茂『怪帝ナポレオン三世――第二帝政全史』講談社学術文庫、二〇一〇年。

杉本淑彦『ナポレオン――最後の専制君主、最初の近代政治家』岩波新書、二〇一八年。

谷川稔『フランス社会運動史――アソシアシオンとサンディカリスム』山川出版社、一九八三年。

アンヌ＝マリ・ティエス著、斎藤かぐみ訳『国民アイデンティティの創造――十八～十九世紀のヨーロッパ』勁草書房、二〇一三年。

寺本敬子『パリ万国博覧会とジャポニスムの誕生』思文閣出版、二〇一七年。

ポール・ベニシュー著、片岡大右他訳『作家の聖別――フランスロマン主義1』水声社、二〇一五年。

松嶌明男『図説ナポレオン　政治と戦争』河出書房新社、二〇一六年。

宗教と社会

宗教が秩序の基盤だった時代

ヨーロッパにおいて、一九世紀の近代国家が宗教的自由を中心とする良心の自由を、広く国民に保障する以前、宗教的少数者の諸権利や社会的地位は、そもそも尊重されていなかった。その時代、ある国で「国民の大多数」が特定の宗教宗派を信仰している場合、その社会で守るべきルール、すなわちその社会の「善悪の基準」は、「国民の大多数」が信奉する特定の宗教宗派の影響下に置かれた。そうして時間をかけて醸成された社会のルールは、現在のフランスはもちろん、「国民の大多数」が無宗教と自認する現代日本でも、それと意識されずに受け継がれている。

フランスの場合、メロヴィング朝のクローヴィスの受洗以来、つねに「国民の大多数」はローマの教会とともにあった。その社会では、ローマの教会が信徒に課す宗教的な義務が、人が人として守るべき道徳と一体不可分であり、その詳細は下級聖職者によって一般信徒へ伝授された。近世フランスで子どもたちが最初に受ける教育は、カトリック聖職者が教義の入門書である教理問答書を用いて施した。

人びとの生活にめぐり来る一年間のリズムもまた、四季折々に宗教儀礼を定めた教会の暦によって規定された。その様相は、王侯が作らせた豪華な時禱書という形で今日に伝えられている。時禱書には、それぞれの日に果たすべき宗教的な務めとその日に唱えるべき祈りの文言が、季節の挿絵とともに書き記されており、それを紐解いた者は書かれた指示に従って恒例の礼拝を行うことで、信徒としての義務を果たせるようになっている。また、近代になって時計が一般に普及する以前、人びとの一日の生活のリズムは、教会の鐘楼から鳴り響く鐘の音によって定められていた。朝に晩に時を告げる鐘の音は、単なる時報ではなく、神への祈りを捧げる時間が訪れたことを人びとに教えるためのものであった。

結果として近世までのフランスでは、ローマの教会が教義に則して定めた「善悪の基準」が社会全体を覆い尽くし、全ての人びとがそれに従うことを期待されていた。フランスで生きる人びとの「伝統的な日々の営み」は、「国民の大多数」が信仰するローマの教会の礼拝と一体不可分であった。

宗教改革と絶対王政の宗教政策

一六世紀の宗教改革は大規模な教会分裂を生じさせ、事態を一変させた。カトリックとプロテスタントは礼拝のあり方が異なるため、信徒に課される義務も違いが大きい。フランスのプロテスタントたちは、宗教的な意味での「異端者」であっただけでなく、「国民の大多数」が共有する「善悪の基準」を守らず、「秩序」を乱す「異分子」としても排撃された。危機に直面したプロテスタントたちは、武器を取って立ち上がり、フランスは宗教戦争（ユグノー戦争）の戦火に包まれた。

図１　地動説提唱の異端を疑われ，教皇庁で裁判にかけられるガリレオ

宗教戦争の勃発で二律背反の立場に立たされたのが、ヴァロワ朝の王たちであった。フランス王は即位の際に「異端討伐の義務を負う」と神に誓うのが恒例であり、プロテスタントはその討伐すべき「異端」であった。しかし、宣誓を遵守して国内の宗教的少数者を弾圧すれば、社会は分断され国益が損なわれる。そのため、彼らはプロテスタントも我が臣民であることには変わりがないとし、国王の宗教的寛容の下で王国の宗教的分裂を阻止しようと努めたが、戦争は激化の一途を辿り、彼らの努力は報われるところが少なかった。しかし後継のブルボン朝を開いた国王アンリ四世もまた、国王の宗教的寛容政策を選択の余地のないものとして継承した。

カトリック過激派によって一六一〇年にアンリ四世が暗殺されると、フランスの宗教政策は大きく転換された。それを主導したのが、宰相リシュリューである。彼は要塞化されたプロテスタントの拠点都市を次々と制圧し、プロテスタント勢力を弱体化させた。続いて、三十年戦争（一六一八～四八年）に際し、時の宰相マザランはハプスブルク皇帝家に対抗するため、皇帝と利害が対立する帝国等族（神聖ローマ帝国の貴族身分）との連携を強め、多くがプロテスタントであった反皇帝派の帝国等族を支えるために、プロテスタント国のデンマークやスウェーデンに援助をして参戦させた。続いてフランス王の名において、帝国等族を内包する帝国ではなく皇帝単独に対して宣戦布告を行い、主力部隊を出撃させて参戦し、勝利を収めた。講和条約は一六四八年に結ばれ、それによって西ヨーロッパで構築された国際協調体制（ウェストファリア体制）は、ルター派に加えてカルヴァン派も公認し、君主の選んだ宗教を国家の宗教とする原則を定めた。

ところが、スペインを除く西ヨーロッパ諸国のほとんどでカトリックとプロテスタント、ユダヤ教の共存が生じていたため、宗教対立は解消されなかった。それらの地域には、君主の宗教宗派と異なる信仰を持つ臣民が、無視できない数で存在するという現実があった。君主には宗教的な妥協に応じる者もいれば、強硬な抑圧政策を取る者もいたが、いずれにせよ「宗派化」と呼ばれる宗教宗派間の摩擦と紛争を内包する近世特有の社会情勢が各地に出現することになる。

フランスでは、一六八五年、ルイ一四世が国内のプロテスタント勢力の弱体化を見定め、ナント王令を破棄し、プロテスタントの弾圧に着手した。そして、併合地アルザスを除くフランスの伝統的領土において、カトリック教会だけに公共圏での宗教活動を認めた。王は、公共圏での礼拝を独占するカトリック教会に、「支配的宗教」の地位を認めた。「支配的宗教」とは、政府の保護の下で、一国の公共圏においてあらゆる宗教活動を独占的に挙行し、国民に対して支配的な影響力を行使する宗教という意味である。王権による迫害に直面したプロテスタント教会は、牧師を地下に潜伏させ、人目に触れない人里離れた「荒野」に組織的礼拝の場を求め、王権の追及の手を逃れようとした。

「支配的宗教」の下に置かれた近世フランス社会では、国民が公共圏で守るべき倫理も道徳も行動規範も、全てが「支配的宗教」であるカトリック教会の教義に則して定められた。それを遵守しないプロテスタントは、さまざまな差別の対象とされた。婚姻に際してカトリックの司祭から

図2　竜騎兵宿泊の恐怖

『宣教師コルテスと綽名された元帥代理官ド・サン＝リュの団体に属してカトリックを信仰するよう異端者を促すため，フランス王国全土にルイ大王（14世）の命令で派遣された新たな宣教師を描いた1686年の絵を，正確に写したリトグラフ』「竜騎兵宣教師」が，銃剣の代わりに十字架を装着した小銃を『異端者』（プロテスタント）に突きつけ，「福音を伝える軍鼓」（軍事力による強制改宗の象徴）の上に置かれた改宗宣言書に署名するよう強要している。

秘蹟を受けないプロテスタントの夫婦は、正規の結婚手続きをしないで夫婦になったと見なされた。彼らは地域のカトリック共同体から「ふしだらな内縁関係」として白眼視され、生まれた子どもは「私生児」として扱われた。

王権に抑圧されても改宗しない敬虔なプロテスタントには、武装した竜騎兵が差し向けられた。悪名高き竜騎兵宿泊である。彼らはプロテスタントの住居に上がり込んで居座ると、暴行と破壊、略奪の限りを尽くし、カトリックへ改宗するよう住人を脅迫した。終わりのない苦しみに屈し、改宗者が続出した。

ただし、ブルボン朝はカトリック教会とつねに一枚岩の連携を誇ったわけではない。聖職者の叙任などに関して国王と教皇の争いが生じると、ルイ一四世はフランス聖職者団のガリカニスム派に支持を求めた。ガリカニスムは、古代から初期中世にかけての時代、ローマ教皇庁と各地の教会との連絡が困難ななかで、フランスの教会が当時の司教たちの自助努力によって正統の信仰を守った歴史と伝統を重視する主張である。フランスが古代ローマのガリア属州に位置することから、近世フランス司教のなかでガリア教会による功績の継承者を自任する者たちは、教皇からガリア教会の歴史と伝統に反する一方的な決定や命令が出されると、結束してそれに抵抗した。ただし、フランス司教団にもガリカニスムに批判的な司教は少なくなかった。彼らは教皇の至上権を認めており、教皇の決定や命令は絶対であるとした。その主張はユルトラモンタニスムと呼ばれる。それは、アルプスの山並を越えてローマと連携するという主張である。ルイ一四世がガリカニスム派と連携して教皇と対立すると、ユルトラモンタニスム派は教皇に味方したため、聖職者団は分裂した。

近代国家による宗教的自由の保障

一八世紀後半には、ヴォルテールら啓蒙思想家が、宗教を無知蒙昧が生んだ「迷信」と見なし、フランス社会を「支配的宗教」の下に置くフランス絶対王政の宗教政策を批判し始めた。彼らによって、後の宗教的自由の保障の基礎となる思想的基盤が形成された。その成果を受けて「支配的宗教」を打破したのは、一七八九年に勃発したフランス革命であった。フランス革命は、宗教選択の自由を人権宣言第一〇条に盛り込んで保障し、国王が選んだカトリック教会に従わない者たちが迫害される時代を終わらせた。

ただし、革命運動の高揚のなかで、宗教的自由の保障は迷走した。啓蒙主義の影響を受けた急進的な革命家たちは、既成宗教の束縛から国民を解き放とうとして、宗教弾圧を始めた。いわゆる非キリスト教化運動である。ただし、それは一方的な「上からの改革」にはとどまらない広がりを持った。地域によっては、民衆の間に堕落した教会や聖職者に対して激しい反感が醸成されており、自発的に非キリスト教化運動へ参加した人びとが存在した。

しかし、啓蒙思想と非キリスト教化運動をもってしても、既成宗教を社会から退場させることはできなかった。革命

図3　『フランス人民は，神は存在し，人は肉体が死んでも霊魂は滅びないと認める』
フランス革命は多くの国民に強い影響力をふるう既成宗教を敵視した。同時に，無神論も野放図な現世利益主義を招くと危険視した。そのため，神（超自然的な存在）への信仰心を持ち，死後の審判を恐れるよう国民に奨励した。この版画では，古代風の衣装の片肌を脱いだ女性（共和国）が，裸の幼子に超自然的な存在を象徴する太陽（正義・平等・不死・万物の創造者）を指し示し，自由の木に手を添えるサンキュロットもそれを見上げる。手前には革命の理想の象徴が並ぶ。小麦を詰めた収穫袋（豊穣），有輪犂（農耕・平和・生殖），「ハチドウ」蜜蜂の巣箱（保護された安全な社会・組織化された勤勉な住民・厳しい規律を守った団結），農具（労働・豊穣）など。

によって保守的な聖職者たちが迫害されると，敬虔な信徒たちは彼らと合流し，革命と敵対した。彼らが掲げる旗印には，国王と教会が選ばれた。革命の初期に革命家がカトリック教会とその敬虔な信徒を不用意に攻撃し，王党派の反革命運動に合流させてしまったことは，社会に暗い影を落とした。宗教紛争と一体化した反政府運動を解決せずに社会を安定させることは，いかなる政府にとっても困難である。フランスは革命が引き起こした宗教問題を克服する上で，独裁者ナポレオンの出現を必要とした。

ナポレオンは一七九九年にブリュメールのクーデタで最高権力者となると，教皇庁との関係正常化に着手する。その狙いは，王党派の反革命運動から敬虔なカトリック信徒を引き離し，彼らを「伝統的な日々の生活」へと立ち返らせることにあった。しかし，教皇庁との和解交渉は困難を極めた。フランス代表と教皇庁代表は交渉決裂の危機を何度も乗り越えて歩み寄り，妥協点を探り当て，一八〇一年にコンコルダ（政教協約）を締結する。

ところが教皇庁との関係正常化を定めたコンコルダの締結も，フランスの宗教的混乱を終わらせるものとはならなかった。反革命派の亡命聖職者たちにとって，フランス政府との関係正常化に応じた教皇ピウス七世は，教会を裏切った者でしかなかった。彼らは教皇に対する批判と抵抗を続け，教皇はナポレオンに約束したコンコルダの施行期限を守れなくなる。ナポレオンは教皇主導の問題解決を断念し，フランス政府の主導により混乱を収拾することを決意する。彼は右派の有力政治家で立法家として著名なポルタリスを宗教監督官に任じ、新たな宗教体制の構築を委ねた。それは一八〇二年四月の公認宗教体制発足に結実する。

ナポレオンの公認宗教体制の特色は、カトリック・カルヴァン派・ルター派の三つの主要なキリスト教宗派を公認し、保護を与えた複数公認制にある。他国の例では、宗教宗派を一つだけ公認して優遇し、政府を支える宗教的エスタブリッシュメントとして特権を授けるのが一般的である。ところがナポレオンは、主要な三つの宗派を全て公認し、しかも特定の宗派を優遇しないことで、国民の大半を公認宗教体制に包摂した。各公認宗教に対しては、国家予算から活動経費と聖職者の俸給が支給された。この時に公認から漏れたユダヤ教も、一八〇八年に公認された。ナポレオンは反ユダヤ勢力からの反発を考慮し、ユダヤ教には国家予算からの経費支出を回避したが、後の七月王政によって実現された。

公認宗教体制下の宗教政策では、宗教に起因するトラブルを抑制することに主眼が置かれた。聖職者同士の争い、地方自治体と宗教の対立、不心得な聖職者の問題行動は、中央政府を頂点に置く行政や警察の全国組織を通じて、関係する聖職者組織とも情報が迅速に共有された。そこから教会ヒエラルヒーの適切な地位にある高位聖職者を介して現場への働きかけが行われ、その結果を受けてさらなる対応が取られた。中央政府の宗教監督官（後に宗教大臣）、フランス聖職者団の首位にあるパリ大司教、教皇庁がパリに派遣した枢機卿教皇特派大使が加わって、自治体の行政官・警察官・軍人・各宗教宗派の聖職者による双方向性の人的ネットワークが形成され、問題解決に当たった。その運用では、高位聖職者の現地訪問や問題人物の配置転換により、トラブルを穏便に処理することが好まれた。対応を重ねることで人的ネットワークは緊密さと強固さを増し、ナポレオン没落後も市民に宗教的な安定を保障し続けた。

近代国家と既成宗教がヘゲモニーを争う時代

七月王政期以降は市町村長とカトリックの主任司祭が対立するようになり、地域社会への影響力行使によるヘゲモニー争いが生じた。たとえば第二帝政期には、八月一五日がその焦点の一つとなった。この日、各地方自治体は国家祝日である聖ナポレオンの祝日を奉祝する公式行事を行った。カトリック教会では、司教や主任司祭が四大祝日の一つ、聖母被昇天祭の礼拝を司式した。行政の式典と教会の礼拝が同日に予定されるため、地域の名士の誰がどちらに列席するかで、地域のヘゲモニーを握っている存在が可視化された。

第三共和政期になると初等公教育の整備が進められ、世俗の教員とカトリック司祭・修道士の教員たちとの間で、激しいヘゲモニー争いが生じた。聖職者の教員はカトリックの教義に則した内容を教授し、敬虔な父母たちはそれを支持した。子どもたちを信仰ではなく理性と科学に導こうとする世俗の教員たちは非難され、子どもたちに伝統的な

「善悪の基準」を教えるよう要求された。しかし一九世紀後半には、科学の進歩によって多くの知見が得られるようになり、聖職者が教える内容に疑いの目が向けられることも増えていた。カトリック教会では、病気を当人が犯した罪に応じて神が与える罰であると説明していたが、細菌学の進歩はそれを否定した。進化論を支えた解剖学と古生物学の発展は、天地創造説に立脚するカトリックの世界観に対する強力な挑戦となった。

困難な時代を迎えて、教皇庁も大きく動揺する。イタリア統一運動に直面した教皇ピウス九世は、『謬説表』を発表して近代国家を断罪したものの、教皇国家はヴァチカンに押し込められ、税収の源となる領土を失って財政的に存亡の危機に瀕した。後継の教皇レオ一三世は方針を転換し、教会と近代国家の調和や両者の協力体制の樹立を訴え、フランス第三共和政との一時的な緊張緩和を実現した。

その後、第三共和政は「国家の非聖化」政策、いわゆるライシテの実現に着手し、カトリック教会と激しく対立する。一九世紀から二〇世紀への世紀転換期、第三共和政は公認宗教体制の破棄を政策目標に掲げたが、究極的には全国民を既成宗教の影響から解放することをその狙いとした。そして、フランスの公共圏にはいかなる宗教のしるしも持ち込ませないとする、公共圏の非聖化ないし宗教的中立を原則として定め、それを犯すべからざる国家の大義に据えた。第三共和政が最初の攻撃目標としたのは、カトリック教会による公教育事業であった。それは礼拝ではないために、公認宗教体制の制度的な保障の対象とされていなかった。第三共和政は私立学校の運営母体である教育系修道会への保護と支援を大きく削減し、政府の認可を受けられなかった修道会は学校の運営が困難になった。続いて第三共和政は、公共空間を非聖化するという名目で私立学校に憲兵や警官を派遣し、教員や支援者の抵抗を暴力的に排除し、校舎からキリストの磔刑像など宗教のしるしを撤去した。

一九〇五年に、公認宗教体制を破棄しライシテを達成するために制定されたのが、「国家と諸教会の分離法（日本での通称は政教分離法）」である。これは人類普遍の真理である公共圏の宗教的中立性を実現するという高邁な理念とは裏腹に、フランス社会の個別的な事由に依拠する妥協の産物であった。同法により各公認宗教に対する国庫からの活動資金の支給は打ち切られ、教会堂の建物や底地、備品など教会財産を国有化するための目録作成も進められた。しかし、公認宗教体制下で各公認宗教に認められた「礼拝の公共性」の保障、具体的には公共圏で礼拝を挙行する権利は見直されていない。公共空間であるはずのパリの街角で、宗教のしるしである聖体や聖母マリア像を掲げたカトリックの宗教行列が、聖歌を歌いながら行進しているのを見かけるのは、今も日常の一部である。

第三共和政が進めたライシテ政策が不徹底に終わった背景には、第一次世界大戦の勃発があった。開戦を受けて挙国一致体制の確立が急がれ、戦争遂行には各既成宗教の力が必要となった。戦死者や負傷兵の霊的救済のためには司祭や牧師が必要であり、軍の病院に収容された傷病兵のケアのためには修道女が必要であった。銃後の社会でも、出征兵士の家族や戦死者の遺族を支援するため、カトリック教会の慈善活動が動員された。

戦間期には、ボリシェヴィズムの躍進に対する反動から、フランスではカトリック色の濃い極右組織やファシズム勢力が台頭した。「支配的宗教」の時代を懐かしむカトリック聖職者には、それらに合流する者も現れた。

第二次世界大戦が勃発すると、第三共和政はナチス・ドイツに大敗を喫し、短期間で降伏した。その後、南半分をヒトラーによって委ねられた傀儡政権「フランス国」の元首ペタンは、この敗戦は、ライシテ政策がフランス国民を堕落させた結果であるとした。ペタンは宗教政策を転換し、カトリック教会の一部と連携して、国民の監視と統制を強化した。「フランス国」の警察や民兵組織はナチスのフランス支配に荷担し、ユダヤ狩りも行った。彼らは戦争終結後に、ナチスへの協力（コラボラシオン）の罪に問われることになる。そして教皇庁が、大戦中にカトリック教会がナチスのユダヤ人大量殺戮を知りながら何もせず、不作為の過ちを犯したことを認めて謝罪したのは、ようやく一九九八年になってのことであった。

戦後のフランス社会と宗教

フランスは第二次世界大戦によって多くの人的被害をこうむった。そのため、一九四五年以降、深刻な人口減少と労働力不足に苦しめられる。その解決策とされたのが植民地からの移民受け入れであった。さらに、二〇世紀末以降のグローバル資本主義の進展によって、旧植民地から貧しい移民が再び大量に流入した。結果的に今日のフランスでは、イスラーム教がプロテスタントを信徒数で上回り、カトリックに次ぐ第二の宗教となっている。

現在もフランス共和国では、フランス革命が近現代世界を支える民主政治の出発点として称揚され、その成果を人種や宗教による差別的な価値観から否定しようとするナチスや「フランス国」と戦い、多くの犠牲を払った左派のレジスタンスを国家の英雄とすることで、フランス国家が体現する普遍的な理想は宗教色のない空間でこそ実現されると考えるのが一般的である。それを受けて、ライシテを基盤とするフランス文化の普遍性は人種や宗教の違いを乗り越えるとされている。アメリカ合衆国で多用されるアフリカ系アメリカ人・ヒスパニック系アメリカ人といった呼び方は、フランスには存在しない。フランス市民は一種類しかなく、肌の色の違いや出身地の違い、宗教の違いは意味をなさないからである。

しかし貧しい移民の流入により、貧富の格差の社会的・地理的分布が、移民に多い宗教の分布と一致していることが可視化されてしまうようになった。移民にはムスリムやユダヤ教徒が多く、彼らはフランス語をあまり話せず、フランスの価値観や生活習慣に馴染んでおらず、市街地外縁部の古い団地に暮らし、そこから社会に広く摩擦を引き起こした。そのため、フランス生まれの世代も含めて、移民の若者の失業率は際立って高い状態にある。彼らのなかには、自分は肌の色や宗教の違いで不当に扱われていると苛立つ者が少なくない。その反作用として、移民排斥を政策に掲げる極右政党である国民連合（旧・国民戦線）が、「国民の大多数」の一部から支持を集め、躍進する結果が生じた。フランス社会に強い影響力を保持するローマ教皇庁が、他の既成宗教との連携に努め、人種間・宗教間の宥和を保つ努力を続けているのは希望である。しかし、宗教間憎悪の連鎖に火をつけようとするデマゴーグや、現在の教皇庁の宗教的寛容を非難する反動的カトリック聖職者には事欠かない。現在のフランス社会は、宗教対立を克服する未来を見出すことが困難な状況にある。

（松嶌明男）

参考文献

上垣豊『規律と教養のフランス近代――教育史から読み直す』ミネルヴァ書房、二〇一六年。

谷川稔『十字架と三色旗――近代フランスにおける政教分離』岩波書店、二〇一五年。

ジャン・ボベロ著、三浦信孝ほか訳『フランスにおける脱宗教性（ライシテ）の歴史』白水社、二〇〇九年。

松嶌明男『礼拝の自由とナポレオン――公認宗教体制の成立』山川出版社、二〇一〇年。

渡辺和行『エトランジェのフランス史――国民・移民・外国人』山川出版社、二〇〇七年。

歴史の扉
8

花の都パリ

パリの景観

「花の都」は、フランスの首都パリを形容する表現である。パリ以外でも、「霧の都ロンドン」「音楽の都ウィーン」「水の都ヴェネツィア」と称されることもあり、それぞれの都市の特徴を表している。だが、「花の都」はパリにつけられる美称であり、何か特定の意味を指し示すわけではなく、パリには物や人が集まり華やかで栄えているという程度の意味である。

一九世紀を代表する作家エミール・ゾラの作品に、パリの社会を描いた短編小説『ひきたて役』がある。その冒頭では、

「パリでは、なんでも売られています」

と記されていて何とも興味がそそられる。ゾラが表現しているように、一九世紀のパリではあらゆるものが提供され、溢れていた時代といえるかもしれない。

パリは現代においても世界に誇る芸術や文化をもち、また歴史的建造物が建ち並ぶ景観は訪れる人びとを魅了する都市である。たとえば、一九九一年にパリを流れるセーヌ河のサン・ルイ島にかかるシュリ橋からエッフェル塔近くのイエナ橋までの約五キロメートルがユネスコの世界文化遺産に登録されている。登録の対象となったのは、河川そのものではなく、セーヌ河沿いの建築物も含む河岸一帯であり、時代を越え、建築や技術、都市計画および景観の発展に大きな影響を与えたという評価からである。たしかにセーヌ河沿いには、サン・ルイ島、シテ島、ノートルダム大聖堂、パリ市庁舎、ルーヴル美術館、チュイルリ公園、コンコルド広場、オルセー美術館、エッフェル塔があり、さらに周辺にはバスティーユ広場、マレ地区、パンテオン、ポンピドゥー・センター、パレ・ロワイヤル、プチ・パレ、グラン・パレ、マドレーヌ寺院、オペラ座、シャンゼリゼ通り、凱旋門、アンヴァリッド、シャイヨー宮など列挙しきれないほどの建築が広がっている。とりわけ、かつてのルーヴル宮殿は、一七九三年から王の所蔵品が一般に公開される美術館となり、世界じゅうから多くの人びとが訪れている。数々の展示品はもちろん十分に価値のあるものであるが、何よりもルーヴルそのものが、増改築を行った歴代の王の権威の象徴であり、歴史的建造物としての価値は計り知れないものがある。ルーヴルをはじめ河岸一帯の建

造物は長い歴史を経て形成された遺産だが、セーヌ河の河川空間がとくに大きく変わったのはアンシャン・レジーム末期から一九世紀にかけての公共整備によってである。

パリの魅力は、これまで多様な分野において語り尽くされた感があるかもしれない。だが、ここでは世界遺産に登録されているのがセーヌ河一帯であることに注目し、河川整備を通して都市景観の変貌を見ていくこととする。

セーヌ河岸とパリ都市計画

パリは、紀元前三〇〇〇年頃にケルト系の部族がシテ島に住み着いたことが起源である。集落が形成されたセーヌ河の中洲は、ローマ人による支配に変わりシテ島と左岸に「パリ」の街がつくられていった。中世のパリは、セーヌ河の河川交通の要衝として、フランス国王フィリップ・オーギュストの時代に急成長していった。シテ島には、王宮とノートルダム大聖堂が建設され、政治と宗教の中心とがそろう地となった。のちに王が右岸のルーヴル宮殿に居住を移したことにより、パリは右岸のほうが左岸よりも、商業が栄え発展していくことになる。アンシャン・レジーム期には、セーヌ河の港や河岸では船から多くの物資が荷揚げされ、交易の場として大きな役割を担っていた。しかし、フランス革命によって中世から続いた河川商業に転機が訪れることになる。

フランス革命後の政治変動の混乱のなか、一七九〇年一二月一日の法によって、王の領地は、国の所有地として管理されることになり、王宮をはじめセーヌ河の河岸、港、橋もその対象となった。一八世紀半ば以降、科学者や技師、哲学者などは、すでにセーヌ河の水質汚染を問題にしていた。さらに、一八三二年にパリでコレラが流行すると、セーヌ河の衛生に根源的な問題があると指摘され、伝統的な商業活動を守るよりも、有害となるゴミを除去し、河川の水の供給を優先させるのが急務であると主張された。

一九世紀に入ると、パリの人口は一八〇一年に五四万七七三六人であったのが、一八五一年には一〇五万三二六二人に、一九世紀末には約二七一万人に膨れ上がり、一世紀間で五倍以上になるのである。この急激な増加は、主に若年層のフランス国内移住によるものであった。膨大な人口増に対応し、パリ市民に必要な生活物資を供給するため、交通網の整備が急がれた。パリへの輸送は河川交通が主流であったため、セーヌ河の港に多くの船が到着し荷揚げされるようになっていった。しかし、航路を妨げる障害物が多く存在することからセーヌ河の河川整備事業が進められていくことになる。

ところで、パリの歴史において第二帝政期にセーヌ県知事であったオスマンによって都市大改造が推進されたことは、よく知られていることである。ナポレオン三世は、ロンドンの都市改造に影響を受け、パリの狭くて曲がった道路を大通りに拡幅し、近代的な都市にしたいと考え、その計画をオスマン知事に託した。パリ大改造については、オスマン自身の回想録やいくつかの研究によって、その功績が確認できる。たしかに、第二帝政期に完成した主要道路や街並みの六〇パーセントが、現在のパリにおいても残されているとの研究もあり、オスマンの偉業は高く評価されてよい。しかし、はたして一八五三～七〇年のわずか一七年間だけで、パリが大改造されたのであろうか。実は、それ以前から徐々に進められていたのである。たとえば、象徴的な業績であるストラスブール大通りは七月王政時代に計画されており、右岸の中央市場レ・アールの建設は著名な建築家であるバルタールによって進められ、その他にも多くの計画がナポレオン一世の時代に立案されていたのである。

一九世紀初頭にナポレオンは行政を担うセーヌ県知事の職を設置し、パリ市の財政立て直しと整備に取りかかっている。初代知事の職に就いたのが、フロショであり、そののちシャブロル、ランビュトーなどが任命され、パリの都市整備に貢献している。パリの改造、とりわけセーヌ河の整備はオスマンの時代まで待っていられなかったのである。そこで、オスマン以前の河川整備について見ていくこととしよう。

パリにかかる橋

パリの歴史が語られるときに、セーヌ河を挟んでリーヴ・ドロワット（右岸）、リーヴ・ゴーシュ（左岸）と対称的に比較されることがしばしばある。今日では、セーヌ河にいくつもの橋がかかり容易に往来することができるが、かつては右岸と左岸にかかる橋が少なく、自由に渡ることができなかったため、それぞれ異なった文化が発展していった。

セーヌ河にかかる最初の橋は、紀元前一世紀頃に建設されたのが記録に残っている。そののち、シテ島から右岸に向かうノートルダム橋とシャンジュ橋、一方、左岸に向かうサン＝ミッシェル橋とプティ橋があったことが確認できる。もっとも古いプティ橋をはじめ中世に建設されたそれぞれの橋は、木造であったため火事の被害や河川の増水によって流されることもあり、そのたびに姿を変えて再建されていくことになる。

ノートルダム橋は、一五一二年に建築技師の技術によって木造から石橋へと変わり、橋の両側には六八軒の家屋が建設され、八〇〇〇人ほどの住人が暮らし、一階にはさまざまな商店が営まれていた。アンシャン・レジーム末期には七一店舗が並び、たとえば金銀細工を扱う商店が二一店舗、小間物屋が一〇店舗、これらのほか帽子店、本屋、時計屋、紳士服仕立て屋、狩猟服店などがあった。橋の上の光景は、まるで市街の通りに店や住居が建っているようで、その下にセーヌ河が流れていることがわからないほどであった。また、シャンジュ橋は、一三世紀と一七世紀に河川に流されたことがあり、そののち石橋として再建され、同様に両側には家屋が建ち金細工師などの手工業店があった。シャンジュとは両替を意味し、その名の通り両替商を営む店舗が数軒あった。右岸にかかる二つの橋は、ルーヴル宮

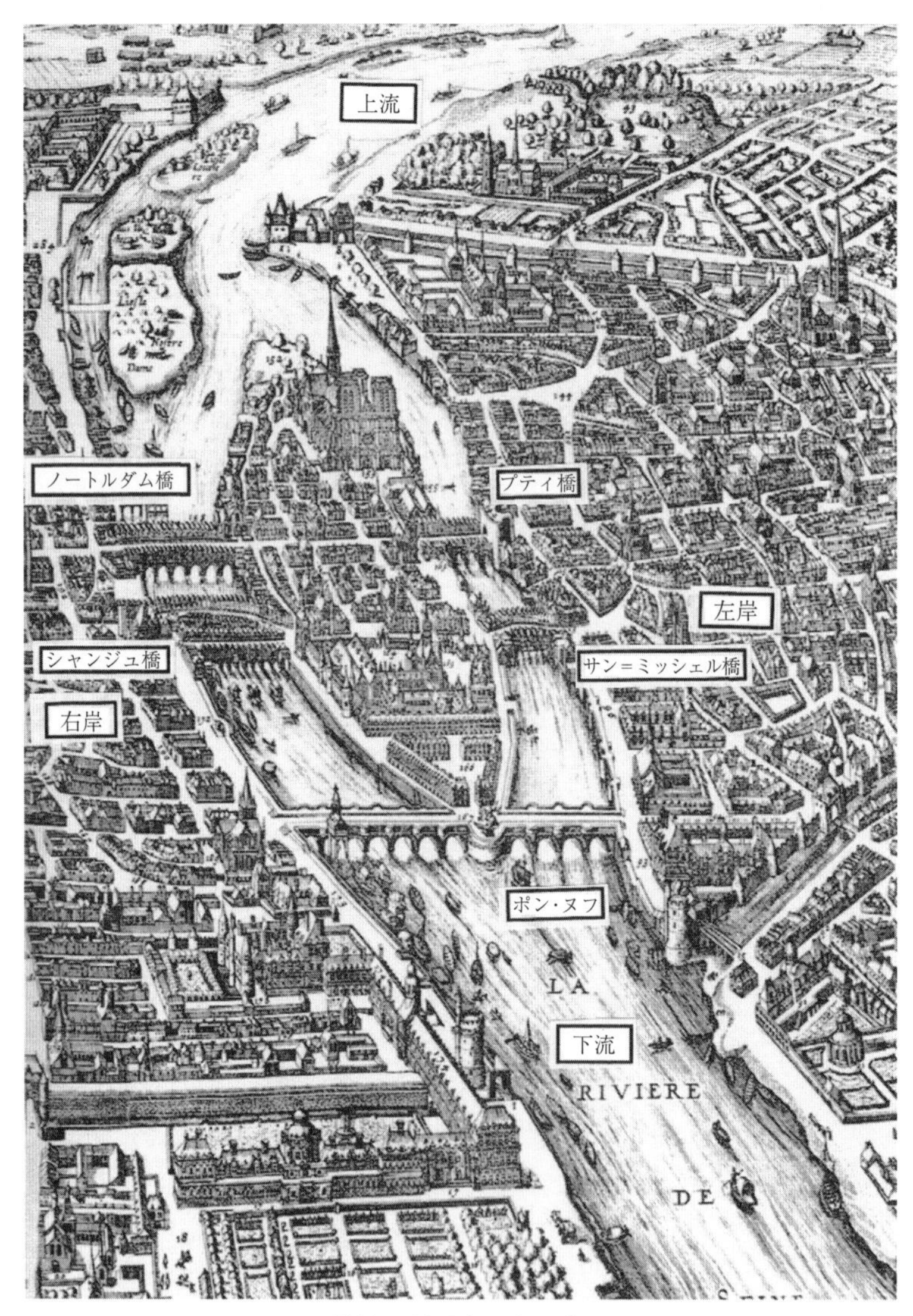

図1　1615年のシテ島

橋上に家屋が建ち並ぶ。手前がポン・ヌフ。

出典：Pierre PINON, Bertrand Le BOUDEC, *Les Plans de Paris, Histoire d'une capitale*, 2014, p. 43. cité plan de Melchior Tavernier, 1630.

図２　18世紀末　上流から見るノートルダム橋
出典：François BEAUDOUIN, *paris/seine, son histoire des origines à nos jours*, Paris, 1988, p. 92.

殿につながるため、王や富裕層のために販売する豪華な商品をとりそろえる店が多く並んでいた。一方、左岸にかかるサン゠ミッシェル橋にも三二軒の家屋が建ち店舗が営まれていた。このように、一八世紀までのシテ島にかかる橋は商業の場として活用されていた。

シテ島の河下に、「新しい橋」を意味するポン・ヌフが一六〇六年に石橋として建設されている。今に残るもっとも古い橋である。一六世紀のアンリ三世時代から工事が進められたのだが、中断ののちようやく完成したのが一七世紀に入ったアンリ四世の時代であった。この橋は、ルーヴル宮殿にもっとも近い位置にある橋であり、橋の脚柱近くに給水ポンプが取り付けられ、水は宮殿に供給されていた。ポン・ヌフの特徴は、石橋であること、そして何よりもはじめて家屋が建つことのない構造であったことにある。当初は、これまでの橋と同様に橋の上に家屋を建てる計画であったが、アンリ四世が断固反対したという。

でき上がった橋は、幅が二二メートル、長さ二三二メートルで、橋からはセーヌ河の眺望が広がる新しいタイプであったため、パリ市民の間で話題となった。さらに、橋の両側には歩道が設けられていて、船から荷揚げされた物資を運ぶ馬車だけではなく、橋の上を歩く人の姿までもが見られるようになっていた。このような新たな形状となった橋は、パリの交通路を支える要という意味で「パリの心臓」と呼ばれた。ゆえに現在のポン・ヌフの中央部には、その功績を称えてアンリ四世の騎馬像が建っていることを付記しておこう。

とはいえ、一九世紀初め頃までは、セーヌ河にかかる橋の数はまだ少なく、対岸に渡る手段は渡し船を利用するのが一般的であり、二九隻の船が両岸を往来していた。しかし、人口増加に伴い、渡し船だけでは対応できなくなってくるにつれ、橋を増やす必要性が高まっていった。

一七六九年四月二二日の王令においてセーヌ河の整備計画が打ち出され、舟運の航路の確保と、船から荷揚げした物資の輸送のために河岸から陸路に続く交通網の整備が最優先されることになる。この王令により、伝統的な商業地を含む河岸の整備がはじめられることになった。橋の上の家屋も撤去の対象であったため、橋の住民のみならず、多くのパリ市民からも伝統的な商店の取り壊しに反対の声が上がった。しかし、一七八七年にノートルダム橋の家屋が取り壊されて以降、一八〇七年にサン＝ミッシェル橋、つづく翌年にシャンジュ橋の家屋も撤去され、一九世紀初めには橋の上の家屋はすべて姿を消し、新しい形の橋として再建されることになった。

一九世紀前半においては、新たな橋が一三カ所で建設され、架け替えや改修が進められていった。つぎつぎと建設された新たな橋には家屋や商店が建つことはなく、交通路を重視した幅の広い橋となり、河川空間が大きく変容したのである。このことが、のちのオスマンのパリ大改造につながっていくことになる。とくに、シャンジュ橋とサン＝ミッシェル橋は、パリの南北を貫通するサン＝ミッシェル大通りの一部となっていく。

歩行者専用の橋も見られるようになる。たとえば、ポン・デ・ザール、グレーヴ橋、ダミエト橋、コンスタンチヌ橋である。しかし、当時のパリ市の財政では橋の建築に費やす資金が足りなかったため、セーヌ県知事は民間会社に委託する方法をとった。パリと契約した会社は、橋の所有者として通行料を徴収し、建築費用の償還にあてることとした。一九世紀前半における橋の建設には、こうした委託の方法がとられていたことが特徴である。ところが、通行料は一人一回につき一スーが徴収された。当時の一スーは一食分のパンの料金と同額であり、多くの橋が建設されたにもかかわらず、パリ市民にとっては容易に渡ることができなかったことから不満が募っていった。そこで、パリ市民は一八四五年から三年間かけて橋の通行料廃止を求める嘆願書の署名を集め、行政に抗議した。多くの市民による署名が提出されたことを受け、パリ市は一八四九年以降、徐々に企業から橋を買い取ることとし、通行料を無料にしていった。一九世紀半ばに、ようやくパリ市民が右岸と左岸を自由に往来できるようになったのである。

セーヌ河に浮かぶ商業施設

橋の上だけではなく、橋の下を流れるセーヌ河にも多くの商業施設が存在していた。一九世紀初頭には、アンシャン・レジーム期から続く、製粉所、金属圧延工場、給水ポンプ、洗濯船、水浴船、風呂船、水泳学校、魚店のほか、さまざまな商業が河川上で「セーヌ河に浮かぶ商店」として営まれていた。たとえば、橋の脚柱に設置された水車を備えた製粉所では、セーヌ河の舟運によって到着した穀物を、パンに欠かせない小麦粉に挽くための作業が行われていた。あるいは、給水ポンプが設置された河岸にパリ市民が飲み水を求めてやってきた。なかでも、一七八〇年には入浴のための風呂船は一五隻あり、洗濯船に至っては九九隻もの数がセーヌ河に係留されていて、パリ市民が利用していた。

かつて洗濯は河べりで行われていたのだが、一六世紀頃にセーヌ河に洗濯船が出現し定着していった。一七三七年には八〇〇〇人ほどの「洗濯女」と呼ばれる人たちが、船の所有者に場所と桶の使用料を支払って仕事をしていた。船の所有者たちは同業組合を結成し、洗濯業が組織的に確立されていった。だが、一八〇七年八月一二日の勅令は、製粉所や洗濯船も含む、パリの河川における航行を妨げる全ての商業施設の撤去を命じた。この勅令を受けて、河岸における商業活動の監視を担う警視総監は、同年一二月八日にセーヌ河に浮かぶ製粉所の存続を禁じた。このときノートルダム橋とポン・ヌフの間に残されていた五件の施設は、わずかな補償金とひきかえに撤去され、公共の場として管理されることになった。

一方、洗濯船は、パリ中心のシテ島から上流や下流へと周辺に広がり、係船地を移動して商業活動を続けていった。一八〇四年に七四隻あった洗濯船は、一八三三年には五三隻に減少しているが、その間に大型船へと改良されていったため、変わらずパリの人たちに利用されていたようである。船は二階建てとなり、屋根のある一階の洗濯場で作業し、日当たりの良い二階は乾し場となった。しかし、陸地に公共洗濯場が設置されるようになると一八七五年にはわずか二二隻となり、徐々に減っていき二〇世紀の初めにはセーヌ河の洗濯船は姿を消した。

河岸の整備

セーヌ河岸の整備の一環として、一八二四年九月二四日に技師によって右岸に円柱の男子用トイレ設置の計画書が提出されている。内容はチュイルリ河岸に四カ所、ルーヴル河岸に五カ所、これらを三〇メートルごとに設置し、サン＝ニコラ港とポン・ヌフの間には階段を設けることも含めて、計二七カ所の男子用トイレ設置の計画であった。

セーヌ河周辺の衛生については、一七四〇年代のパリ市によるセーヌ河の水質汚染や悪臭についての報告書に示されているように、一八世紀にすでに改善の必要性が指摘されていたが、具体的な政策が立てられないままであった。当時は、パリの家庭にはトイレが設置されていないところが多く、汲み取り業者によってパリ市の外へ運び出されていた。あるいは、大勢の人が街路で放ち、通りを伝わってセーヌ河に流れていたという記述もある。一九世紀初頭に、パリに公衆トイレが設置されていくが、悪臭がひどく、利用するにはあまりにも不快であった。その上、人口増加によって衛生への懸念がますます高まるようになっていった。

トイレ事情が変わるのは、一八三三年からセーヌ県知事に就いたランビュトーが、下水の改善を行った経験をもとに、トイレの改善に取り組むようになってからである。壁で囲まれた円柱型のトイレがパリ市内に設置されることになり、セーヌ河岸にも公衆トイレが備わることになった。円柱型のトイレについて、当初はセーヌ河の景観を損ねるものであると批判する人もいたが、悪臭のないことがもっとも望まれていたことから、多くの人が利用するようになっていった。パリの上下水道の公共事業が大がかりに行われたのは、オスマン施政下の技師ベルグランによってであるが、このように公衆トイレもランビュトーの計画が基盤となっていた。ただし、当初はほとんどが男子トイレであり、女性用トイレは数が少ない上に利用料金が高く、一般庶民が利用できるようになるのは二〇世紀になってからであった。

パリの近代化

セーヌ河にかかる橋は商業の場として重要な役割を担っていたが、一八世紀末から一九世紀にかけての都市整備によって、右岸と左岸を結ぶ主要な交通網の一部となった。そして、セーヌ河は拡幅されて航路として十分な幅となり、砂浜であった河岸は橋の高さと同じになるよう壁が建設され、シテ島を中心とした都市空間は変貌を遂げたのである。

パリでは、「都市計画」という言葉が一九世紀後半から現れ、近代都市としてのパリが誕生したと評価されるようになる。パリの都市計画において、セーヌ河の公共整備が行われるまでは、「花の都」とは言いがたい景観であったと言えよう。今日のセーヌ河の遊覧船によるパリ観光は、こうした河川整備のおかげで可能となったのである。

実は、現在のパリ市二〇区の面積は約一〇五平方キロメートルであり、東京の六分の一ほどにすぎない。一八六〇年にパリ市域が拡張されて以降は、ほぼ現在のパリ市の広さのままである。パリは、さほど広い面積ではないが、一九世紀に整備されたセーヌ河岸の景観や、あらゆるものが集まった「花の都」として多くの人を魅了する都市となっていった。

（東出加奈子）

参考文献

宇田英男『誰がパリをつくったか』朝日選書、一九九四年。
喜安朗『パリ――都市統治の近代』岩波新書、二〇〇九年。
イヴァン・コンボー著、小林茂訳『パリの歴史』白水社文庫クセジュ、二〇〇二年。
東出加奈子『海港パリの近代史――セーヌ河水運と港』晃洋書房、二〇一八年。
松井道昭『フランス第二帝政下のパリ都市改造』日本経済評論社、一九九七年。

第8章

ベル・エポックの輝き——第三共和政の成立から第一次世界大戦勃発まで

第三共和政の成立

「ベル・エポック」とは、人びとが幸せであった良き時代という意味であり、第一次世界大戦の災厄と大戦後の激変を経験した人びとが、それ以前の一九世紀末から大戦までの時期を懐かしがってつけた呼称である。ベル・エポックのパリは自由を享受し、芸術の都として確かに燦然と輝いていた。だが、決して平穏な時代ではなく、社会が二つの陣営に分かれて、深刻な闘争が繰り広げられた時代でもあった。

自由化の流れは第二帝政一八六〇年代から始まっていた。帝政末の一八六八年五月一一日の法律によって出版統制が緩和されるが、それに先立って美術の分野で自由が拡大していた。当時、美術の分野では、美術アカデミーがサロン展の審査委員会を独占していた。一八六三年のサロン展の審査は応募作品の半分以上も落とすほど厳しかった。芸術家のなかから湧き起こった抗議に圧されて、ナポレオン三世はサロン展とは別に「落選者展」を許可した。サロン展の独占はすでに崩れ始めていた。一八五五年にはクールベが美術史上初めての個展を開き、一八六一年には国民美術協会が設立され、独自の展覧会を開催していた。さらに、この協会に影響を受けて、作品の発表の場と販路の確保を求めて芸術家団体の結成が増えていった。そのなかでもっとも有名なのが、第三共

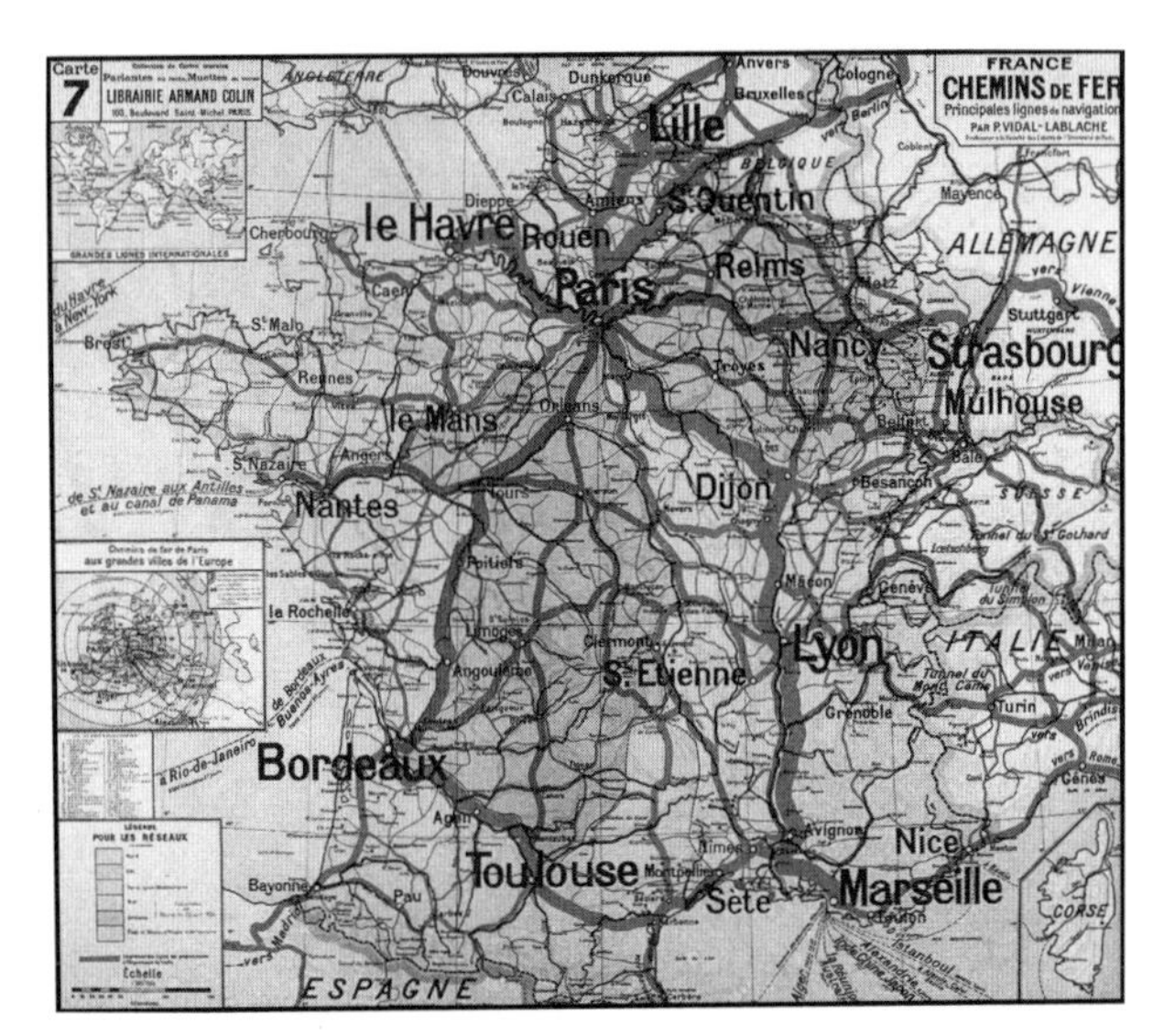

図8－1　第三共和政期前半の鉄道網の地図

地理学者のヴィダル・ド・ラ・ブラーシュが作成し，第三共和政期の学校教育でよく使われた地図。主要都市の地名は以下の通り。Le Havre：ル・アーヴル，Rouen：ルーアン，Nancy：ナンシー，Strasbourg：ストラスブール，Dijon：ディジョン，Nantes：ナント，Lyon：リヨン，Bordeaux：ボルドー，Toulouse：トゥールーズ，Marseille：マルセイユ。

出典：Massin, *La maîtresse d'école: Trente années de carrière d'institutrice*, Paris, La Librairie des Ecoles, 2012, p. 46.

和政成立後の一八七三年に結成され、翌年ナダールの写真スタディオで第一回のグループ展を開いた団体、すなわち後に「印象派」と呼ばれることになる集団である。

一八六九年には議会の権限も拡大したが、第二帝政が崩壊したのは、自由を求める国内の動きからではなく、敗戦の衝撃によってであった。一八七〇年九月、プロイセンに宣戦布告した直後にフランス軍は東部のスダンで包囲され、皇帝自身が捕虜となった。この事態を見て、共和派が臨時政府を樹立、九月四日に帝政は終焉し、第三共和政が成立した。翌七一年一月二八日、暫定休戦が成立した。だが、二月八日に行われた国民議会選挙では王党派が圧勝した。王党派が多数を占める議会で国の行政の長として選ばれたのは、七月王政期に首相の経験もある、アドルフ・チエールであった。チエールは、巨額の賠償金のほか、アルザスのほぼ全域とロレーヌの一部をドイツに割譲する仮講和条約に署名した。

だが、休戦に承服できなかったパリ市民が蜂起し、三月二八日にパリ・コミューンの成立が宣言される。パリ・コミューンの自治政府は、史上初めての社会主義政権であると言われたこともあるが、近年では直接民主制に基づく自治都市の枠内での改革が評価されている。結局、パリ・コミューンは五月二一～二八日の凄惨な市街戦の末、政府軍によって鎮圧された。

議会で多数派となった王党派は王政復古をもくろみ、チエールを失脚させてマクマオン政権を樹立させた。マクマオンは「道徳秩序」を旗印にカトリック教会と名望家に基づく社会秩序の再建を目指した。この時期にはパリ・コミューンの贖罪を込めて（パリ・コミューンではパリ大司教が殺害された）サクレ・クール聖堂の建設が始まっている。だが、王政復古の試みは、ブルボン家のシャンボール伯が三色旗を受け入れなかったため、頓挫した。これを見たオルレアン派が共和派と提携して一八七五年に一連の法律を可決させ、第三共和政は制度化され、マクマオンが初代大統領となった。

フェリー法と国民統合

一八七六年、七七年の総選挙で共和派が連続して勝利し、七九年には上院でも共和派が多数派になるに及んで、マクマオンが大統領を辞職し、後任には共和派の政治家がついた。共和派は名望家と教会の支配を嫌う農民からも支持を取りつけ、農村部にようやく共和主義が根づくことになる。政権についたのは、共和派の穏健派であった。穏健共和派は、一八八一年に集会と出版の事前許可制を廃止するなど、一連の重要な改革を行っている。

共和派政権の下でフランス革命の顕彰が進められた。「ラ・マルセイエーズ」が国歌となり、七月一四日が国民祭の日となり、「マリアンヌ像」が国家の象徴として議場に現れた。一八八四年の法律によって、三万五〇〇〇あった市町村議会に首長を選ぶ権限が与えられたが、この議場や公共広場にある給水施設の上などにもマリア

図8－2　ブルターニュの観光ポスター（1919年，西部の中心地カンペールの中心地の街並みと伝統衣装の人びと）

ンヌ像が設置されていく。さらにフランス革命一〇〇周年の一八八九年に開催されたパリ万国博覧会に合わせて、エッフェル塔が建設されている。

この時期の改革でとくに重要なのは初等教育改革であり、その中核は、公教育大臣フェリーが推し進めた義務・無償・世俗（ライシテ）を柱とする二つの法律である。一番の課題は世俗化、すなわち、公立小学校からカトリック教会の影響力を排除することにあった。この改革は、幾分ユートピア的であるが、教育を通じて共和国市民を育てようという共和派の強い意志がよく表れていた。初等教育に相当な財源が投じられ、教師養成のために初等師範学校が増設され、教育技術も向上した。全国津々浦々の市町村に役場が建設されたが、同時にその隣に小学校の校舎も建てられた。実際に、一九世紀末にはほぼ全ての地域で、人びとはフランス語の読み書きができるようになった。ただし、小学校を卒業しても、中等学校へ進学する回路はなく、民衆のなかのもっとも優秀な子どもが進学するのは通常、初等師範学校であった。当時の共和派にはこの複線型教育制度を変更する意図はなかった。ブルジョワが指導階級にとどまることを前提とした民主化であったのである。

こうして創出された共和国の学校は、国民統合をかなりの程度推し進めた。たとえば、よく使われた、ラヴィスによる歴史教科書ではフランスの栄光が賛美され、他にも地理の教科書では、普仏戦争で失われた国土を生徒に意識させた。だが、国民国家への統合は地方文化の抑圧と直結したわけではない。たしかにブルトン語のような例もあるが（歴史の扉11参照）、第三共和政期の小学校では「小さな祖国」として地域の独自の文化を擁護する教育が行われていた。また、第三共和政期に盛んとなった地方文化の擁護運動は共和主義と親和的であることが珍しくなかった。地場産業と芸術が結合した点もこの時期の地方の文化運動の特徴である。アール・ヌーヴォーのガラス工芸家エミール・ガレが中心になった「ナンシー派」によるロレーヌ地方の運動、芸術と写真の愛好家が集い、画家のブラックも関与した、保養地でもある港町のルアーヴルを拠点とするノルマンディの文化運動などが有名である。

芸術の都パリ

フランスでは出版の自由が一八八〇年代に確立した。ただし、社会問題を取り上げ、偽善的な性道徳や女性の隷属を暴いた自然主義の小説、とくに戯曲への訴追は、風俗壊乱の名のもとに九〇年頃までまだ続いていた。たとえば、エミール・ゾラの『大地』（一八八七年）は物議をかもし、ゾラの人気と名声のおかげで訴追を免れたが、『ジェルミナール』を原作にした戯曲は、治安部隊に対する暴力行為の場面が問題とされ、大幅に改変した上でようやく一八八八年に上演が可能となった。また、女性と労働の分野の改革に共和派は消極的で、一八八四年に条件つきで離婚制度が復活し、労働組合が合法化された程度であった。他方で一連の自由化は、保守的な人びとから「放縦」、共和国の退廃と有害さ、フランス革命の否定的な遺産の表れであると見なされて、攻撃を受けた。こうした非難は後の右翼の反体制運動によって繰り返されることになる。

限界はあったものの、フランスは伝統的な道徳観や宗教的権威などへの風刺や批判に対しても、世界でもっとも寛容な国になった。こうして、まだ芸術表現にはるかに大きな障害が立ちはだかっていた国々から多くの芸術家を引き寄せ、パリは芸術の都となった。たとえばオランダからヴァン・ゴッホが、スペインからピカソが来ている。

パリは芸術家養成にとって最適の場であった。多くの美術館と記念物があり、ルーヴル美術館の収蔵品は豊かになり、第二帝政期に装飾美術館、第三共和政期に入ってからギメ美術館が開館した。国立美術学校のほかに、パリにはロダンやブールデルが教えたグランド・ショミエール芸術学校などの私立の機関があった。

新作の評価がサロン展の審査によって定まる時代も終焉を迎える。サロン展は、一八八一年に官展でなくなり、美術アカデミーの監督から外れ、過去のサロン展入選者からなる「フランス芸術家協会」に委ねられた。他方で一八八四年には、パリ市の後援を受けて、「審査員も賞もない」アンデパンダン展が始まった。さらに展覧会は画廊などでも開かれ、数も増えていった。ポスター、写真、カリカチュアの展覧会も催されるようになった。

一九世紀末には、新聞・雑誌で美術批評が開花し、ゾラがモネを擁護し、アポリネールがキュビスムを賛美したように、文学と美術の交流が盛んになった。また、イラストと複製によって絵画が一般の人びとにも広まり、身近なものとなった。美術史が学問分野として確立し、ソルボンヌで一八七六年に美術史の講座が、その二年後にコレージュ・ド・フランスに美学・美術史の講座が設けられた。並行して文献的アプローチが重視され、アーカイヴも整備され始めた。

パリはヨーロッパの芸術市場の中心となった。市場は大西洋を越えてアメリカにも広がり、バルビゾン派や印象派の絵画に人気が集まった。さらに、パリの芸術市場はアジア進出や日本との交流によって世界的規模になった。都市としてのパリは芸術と芸術作品のショー・ウィンドウとしてだけでなく、詩想をかきたて、ゾラの作品に始まる小説の舞台となり、絵画や図像の題材となった。パリで一八五五年、六七年、七八年、八九年、一九〇〇年と何度も開催される万国博覧会は何百万人もの入場者を引き寄せ、大量のポスター、絵葉書、ガイドブック、アルバムの出版をもたらした。

中等・高等教育改革

ナポレオン時代に大枠が作られたエリート教育は一八六〇年代には大きな曲がり角に来ていた。中等教育は官僚や士官を養成するには向いていても、企業家や海外で活躍する進取の気性を持った人材を育成するには不適切であると、認識され始めた。ようやく、一九世紀末から二〇世紀初頭にかけての一連の改革によって、リセの寄宿舎の規律が緩和されるとともに、フランス語が国語としての地歩を固めることになった。だが、古典語は相変わらずエリート教育の要であり、ラテン語ができることが優秀な生徒の証であった。なお、バカロレア合格者は増加したものの、同一年齢階級の一～二パーセントにすぎなかった。

高等教育ではドイツをモデルに大学改革が行われた。研究用実験室が、医学部と医学部付属病院、理学部に備えられ、研究を補助するスタッフも増員された。文学部でも、文献学研究が導入され、史料批判に基づく実証的な歴史学が確立された。奨学金制度が設けられたおかげで、学生数は一九一四年には四万二〇〇〇人に増加した。とくに学生の数が増加した文学部と理学部の講義は、一般市民向けの公開講義ではなく、教授が自分の知識を学生に伝達する、本来の形の講義になった。教員ポストの数も増えて、一九〇九年には一〇四八人（実験所職員を除く）となり、待遇も改善された。制度面では、学部の自治が認められ、一八九六年の法律によって、複数の学部からなる総合大学が誕生している。こうして生まれ変わったパリ大学は、一九〇一年に落成した建物にちなんで、「新ソルボンヌ」と呼ばれた。

道徳政治科学アカデミーに支配されていた社会科学の研究も、その中心が大学に移動した。なかでも、デュルケームが一八九六年に『社会学年報』を創刊し、社会学を学問分野として組織したことが特筆される。これに対して、心理学は神経医学の影響を受けて哲学と徐々に分離していった。医学の影響では、フロイトが受講した、サルペトリエール病院でのシャルコーの講義が有名である。シャルコーの弟子のアルフレッド・ビネは後に公教育省の要請で知能テストを開発している。

もっとも、革新的な学問研究は大学ではなく、他の機関で行われる傾向があった。一例をあげると、『物質と記憶』（一八九六年）などの著作で知られるベルクソンのコレージュ・ド・フランスでの哲学講義は大変な人気で社交界の婦人も聴きに行ったほどであった。デュルケームと同じ高等師範出身でユダヤ系知識人である点でも共通しているが、デュルケームとは異なり、学派を形成しなかった。

自然科学では、物理学の分野で、ベクレルによる放射能の発見（一八九六年）、キュリー夫妻によるラジウムの発見（一八九八年）など、世界的な貢献があった。数学者のアンリ・ポワンカレなど、当時の一流の科学者は、パスツールを模範として、科学を通じて人類と祖国に奉仕する使命感を共有していた。ポワンカレはまた、科学的方法に関する著作を数多く書き、物理学に影響を与えた。科学的発見は学会や啓蒙雑誌を通じて普及された。それとともに、演劇やジュール・ヴェルヌの小説の役割も大きかった。

高等教育への女性の進出もようやく始まった。一八六一年に最初の女性のバカロレア合格者が出た後、女性の大学進学は少しずつ進むものの、第一次世界大戦前のソルボンヌでは、ポーランドから来たキュリーのように外国人女性留学生の方が入りやすく数も多かった。初等の水準を超えた女子教育は修道会に任されていたが、ブルジョワ女性に対する教会の影響を取り除くために、一八八〇年に公立女子中等教育が制度化された。

高級官僚をもっとも多く輩出していた法学部は、法曹養成中心で行政官養成には適していなかった。そこで、一八七二年に、私立政治学院が設立され、政治と経済に関する教育が行われるようになった。私立政治学院はやがて法学部を押さえて高級官僚への第一の登龍門となった。だが、授業料は高額で、定員も少数であったため、生徒は主にパリに在住する上流ブルジョワの子弟によって占められていた。

出版文化の黄金時代

識字率の上昇は読書人口の増大をもたらし、出版業界はその恩恵を大いに受けた。新聞の数と部数が歴史上もっとも高水準であったのは、この時代である。一九一〇年には、パリには四二の日刊紙があり、合計で四九五万部、地方紙は二五二紙あって、合計四〇〇万部になった。この時代に特徴的なのは、学校教育に関する図書や大学教員、碩学の著作が大量に出版されたことである。文芸書では、安価な値段の大衆小説が好調な売れ行きを示す一方で、ラフォンテーヌ、ヴィクトル・ユゴー、ヴェルヌなどの作品も一般読者を対象にした叢書として販売された。ブルターニュなどの作家の地方色豊かな作品も出版された。

だが、一八九〇年代には、小規模な新聞、出版社、営利目的でない出版物は次第に圧迫され、淘汰されていった。こうしたなかで、フランスでもっとも権威のある文学賞となるゴンクール賞が一九〇三年に創設されると、各出版社は争って作家を売り込んだ。

書店の数は一八四〇年から一九一〇年の間に三倍に増えた。とくにパリにある総合書店の数は二〇〇店舗にのぼった。地方でも、とくにリセが所在している都市の書店は富裕な顧客の急増で潤った。民衆が利用したのは、駅構内、食料品屋、新聞販売店の書籍コーナーであった。他にもセーヌ河岸の古本屋、百貨店売り場などで書籍が販売された。鉄道、郵便の発達のおかげで書籍の運送が容易になり、二〇世紀の初めには本の行商人は大部分が姿を消した。代わって都市では新聞の売り子が活躍し、新聞雑誌だけでなく、風刺のシャンソン、政治的カリカチュア、さまざまな種類の小冊子を売って歩いた。

作家といっても経済状況はさまざまであった。第二帝政末に頭角を現し、ジャーナリズムと出版市場が拡大する時代にめぐり合わせ、富と名声を得て、後の世代の作家から羨望の眼差しを向けられた作家がおり、その代表がゾラである。対極に位置するのは、金銭と大衆の嗜好への服従を拒否する作家であり、象徴主義の詩人でリセの英語教師であったマラルメがその代表的存在である。詩集の出版部数も、彼が開いた「火曜会」に集まる人の数もごく少数であった。大多数の作家は、世襲財産もなく、リセの教授のように、比較的自由な時間があり、安定した収入が保証された職にもついていなかった。こうした不安定な地位が、ドレフュス事件（後述）のような先鋭化した問題で、知識人の態度に大きな影響を与えることになった。

世紀末とアヴァンギャルド

ベル・エポックのパリでは、印象派のマネ、モネ、ルノワール、ドガはすでに認められた存在であった。続いて一九世紀末には極端なまでに鮮やかな色彩の効果にこだわった後期印象派が現れた。

ほぼ同じ頃に、文学における自然主義や絵画における印象派への反動として、象徴を利用して内面世界を表現し、神秘主義的傾向のある作品を創作した象徴主義（サンボリスム）とアール・ヌーヴォーがヨーロッパを席巻した。象徴主義の運動は一八八六年にジャン・モレアスが『フィガロ』紙に象徴主義宣言を出したのが起源である。新しい芸術潮流の旗揚げのために、「宣言」と銘打った文書を公表することは、これが初めてであり、マリネッティの「未来派宣言」などの先例となっていく。アヴァンギャルドの運動は、モレアスがギリシア人、マリネッティがイタリア人であったことにも示されているように、国際色豊かな運動であった。アール・ヌーヴォーは建築と装飾芸術の古典的秩序を拒絶した。鈍重な合理主義に背を向け、象徴主義と同様に、魂の産物である象徴的宇宙を創造しようとした。植物界に着想を得た、官能的で様式化された装飾が特徴で、ガレのガラス工芸のようにジャポニスムの影響を受けている場合もある。

続いて、二〇世紀初頭にフォーヴィスム、キュビスムの運動が花開いた。アヴァンギャルドの詩集や小説は数百部しか印刷されず、しかもしばしば自費出版であった。これに対して、ピカソ、ブラック、フェルナン・レジエラキュビスムの画家は第一次世界大戦前にはパリの一部の芸術愛好家の間で評価されるようになった。だが、その前衛性はブルジョワにはまだ受け入れがたいものがあった。

一九世紀後半は、リアリズムから始まって、サンボリスム、キュビスムと、その名前に「イスム」（-isme）という接尾辞がつけられた新しい芸術運動が次々と現れた。こうした用語は、「後期印象主義」を除いてパリで発明されたものであり、フランスが革新的な芸術潮流の震源地であったことをよく示している。

都市文化と娯楽

ベル・エポックのフランスはアルミニウム産業が興り、フランスで最初の自動車と航空機が現れ、電気が普及し、貯蓄が増大し、金フランは安定していた。科学技術の進歩の恩恵を受けて、フランス人の生活は大きな変化を遂げた。

都市は相変わらず、アルコール中毒や売春の場であり、犯罪の温床であり、大改造後のパリも東部に貧しい労働者街が集中し、その郊外地区は不潔なままであった。それでもパリは、以前からパリに住む市民だけでなく、地方出身者、外国人にとって散策の格好の場所となった。一九〇〇年にはパリのメトロの最初の路線が開通し、アール・ヌーヴォーの不思議な外観をもつ入り口が利用客を迎え入れた。日曜日になると、多くの市民が周辺の森に出かけたのである。都市の娯楽は電気の利用で大きく変わった。ショー・ウィンドウが照らし出され、夜間の新しい秩序が創り出された。七月一四日の共和国の祭典と舞踏会も電気の照明ランプによるイルミネーションによって飾られた。コンサートや観劇の後、夜遅く食事を取る「余暇階級」のために夜の文化が現れた。さらに娯楽は季節の移り変わりにも以前ほど左右されなくなった。競馬場のなかのプールは、暖房設備が整えられ、オールシーズン利用が可能となった。

図8－3　カフェ＝コンセール（寄席喫茶）のポスター（1870年代）

19世紀後半から20世紀初め頃まで，パリをはじめ主要都市で流行した，音楽の演奏だけでなく，ショーも演じられた飲食店。英米文化の影響を受け，ミュージック・ホールと呼ばれることもあった（歴史の扉12，14も参照）。

出典：François Caraduc et Alain Weill, *Le café-concert 1848-1914*, Paris, Fayard, 2007, p. 84.

交通機関も発達し、鉄道によって、一八八三年には二億一〇〇万人、一九〇一年に四億九〇〇万人、一九一二年に五億九〇〇万人の旅客が運ばれた。一八九〇年以降、金持ちは自動車を所有するようになった。自転車は中産階級の家庭にまで広がり、一九〇三年にはツール・ド・フランスも始まっている。

一八九四年、クーベルタン男爵の提案で近代オリンピックの創設が決まったのはソルボンヌの階段教室であった。だが、フランスではスポーツはまだ金銭的に余裕のあるエリートのものであった。射撃や体操は普及が早かったが、サッカーやラグビーのようなイギリス起源のスポーツは都市のブルジョワの若者に徐々に浸透し始めた程度であった。

国際化とナショナリズム

第三共和政期はもっとも植民地が拡張された時代でもあった。共和派は政権を取ると、インドシナの植民地化を「文明化の使命」の名のもとに推し進めた。北アフリカのチュニジアを保護領にし（一八八三年）、アジアでは清仏戦争（一八八四〜八五年）でベトナムの宗主国である清国を打ち負かし、仏領インドシナ連邦を設置した。穏健共和派は海外での植民地獲得によって、アルザス・ロレーヌの喪失によって傷つけられた愛国的感情をなだめようとしたのである。だが、ドイツによるフランス包囲網に苦しみ、ヨーロッパのなかでの外交的孤立からなかなか抜け出せなかった。同時に、初等教育改革に加え、八〇年代末以降の保護貿易への転換、一八八九年の国籍法の改正などにより、国家による社会統合が深化していた。

こういった状況のなかで、一八九〇年代にナショナリズムが作家や知識人の世界に浸透していった。文化面では、象徴主義の芸術家によって称賛されていたヴァーグナー、ドストエフスキー、イプセン、シェークスピアなどの外国の文学・芸術の流入がバレスらによって文化侵略として非難され、激しい論争になった。実際にはフランスの文学市場はまだ閉鎖的であった。だが、フランス語の国際語としての地位が低下し、イギリスやドイツに対して、フランスの文化的優位を語るのは容易ではなくなっていた。そのため、文化的保護主義の言説が、資本もなく、象徴派のように国際的なネットワークも持たない若手の作家に受容されやすくなっていた。

その後も、アフリカ進出ではファショダ事件（一八九八年）でイギリスに苦汁を飲まされ、愛国心は傷つけられた。世紀転換期になって、国債の購入などによってロシアとの関係を深めるなど、ようやくフランスは外交的孤立から抜け出ることができたのである。

「知識人」の誕生とドレフュス事件

国家による統制は大幅に緩和されたが、その分、出版文化では金銭の支配が目立つようになった。圧力団体の活動に加えて政治腐敗の醜聞が極右の反ユダヤ主義（ドリュモンの『ユダヤ人のフランス』〔一八八六年〕がその一例）に論拠を与えることになった。また、これが要因となって、ジャン・ジョレス、リュシアン・エール、シャルル・ペギー、そしてのちにはレオン・ブルムなど、一部の高等師範学校出身者が左傾化し、社会主義を信奉するようになった。

言論出版の自由を得て、ジャーナリズムによる政府批判は忖度も手加減もなくなった。流動化した世論の状況のなかで、一八八〇年代後半に元陸軍大臣のブーランジェ将軍が現れ、政治変革の期待を一身に集めた。将軍は、「議会解散、新たな制憲議会、憲法改正」をスローガンに都市部の民衆を中心に熱狂的な支持を得た。ブーランジェ将軍を、モーリス・バレスなどの右翼ナショナリスト、急進共和派、ブランキ派、王党派、ボナパルト派など、反政府勢力が支持し、体制を脅かすものとなった。

反議会主義的傾向の運動は、結局、ブーランジェ自身の国外脱出で幕を閉じた。ところが、一八九二年には、政界を揺るがす疑獄事件が起こり、政治不信を募らせることになった。パナマ運河運営会社の汚職事件に共和派の有力政治家が関与していたのである（パナマ事件）。他方で、同じ一八九二年にローマ教皇ピウス一三世はフランスのカトリックに対して共和政を認めるように回勅で促した。この回勅を契機に、当時はまだ少数派にとどまるが、キリスト教民主主義の潮流が生まれた。

だが、共和政国家とカトリック教会の和解の動きは、ドレフュス事件によって水を差され、再び政教関係は緊張することになる。ドレフュス事件とは、軍事機密をドイツ側に流した罪で、軍事法廷で終身刑の判決を受けたドレフュス大尉をめぐって、冤罪を主張し、裁判のやり直しと大尉の名誉回復を求める勢力と、再審に反対する勢力に分かれて、文字通り国論を二分して争われた事件である。大尉がアルザス出身のユダヤ系であったので、有罪判決は反ユダヤ感情に影響された予断によるものであった。当初はドレフュス大尉の有罪を信じる世論が圧倒的多数であったが、一八九八年に急進共和派の新聞『オーロール』の一面にエミール・ゾラの「われ弾劾する」という論説が掲載され、これを転機に世論は沸騰することになる。

ドレフュス擁護派は、人権と民主主義、共和国の理念が問われる問題であると捉え、同じ年に結成された人権同盟を中心に、急進共和派、社会主義派、そしてデュルケーム、プルースト、アンリ・ポワンカレなど文化人・知識人の一部が加わった。「知識人」という言葉はこのときに誕生した。同じ頃、知識人の世界と労働界を接近させる目的で各地に民衆大学が設立され、啓蒙活動を兼ねて講演会や演劇の上演、田園へのエクスカーションが催された。

ドレフュス事件は知識界の両極化をもたらした。ドレフュス派でも反ドレフュス派でも、著名な文化人、学者などが連名で署名した声明文や宣言を新聞などの媒体に公表して世論を喚起する運動が採用された。反ドレフュス派には、共和派主流派とカトリックの多くがついた。このときにシャルル・モーラスによって創設されたアクシオン・フランセーズをはじめ、右翼ナショナリストや反ユダヤ主義の団体が反ドレフュス派の運動の前面にたち、多くの地方都市で起こった反ユダヤ暴動に関与した。

ドレフュス事件は一八九九年、大尉に恩赦が出て収束に向かい、同時に政界の再編を促した。共和派主流派のなかの左派が急進共和派と提携し、それに社会主義派も加わって、新しい多数派が形成され、一八九九年六月、「共和国防衛」を掲げて、ワルデック・ルソーを首班とする政府が成立した。続いて一九〇二年の総選挙でも、急進共和派、社会主義派などの「左翼ブロック」が勝利し、エミール・コンブが首相になった。コンブ内閣は一九〇四年には修道会教育禁止法を成立させ、ローマ教皇庁との外交関係の断絶を招いた。そして一九〇五年に政教分離法が可決し、コンコルダ体制に終止符がうたれた。二〇世紀初頭の段階でこれほど徹底した政教分離が行われた国はヨーロッパにはなく、その評価をめぐって現在でも議論が続いている（歴史の扉7参照）。

他方、一九世紀末から二〇世紀初頭には最大のナショナルセンターである労働総同盟（ＣＧＴ）のなかで、ゼネストと直接行動を通して社会革命を実現しようとする革命的潮流が主流となった。二〇世紀初頭には炭田などで大規模な激しい労働運動が起こったが、政府によって弾圧され、革命的潮流は衰退していった。

大戦前夜

政治の世界では急進共和派主体の政府が続いたが、作家、知識人の世界では、二〇世紀の最初の数年間の間にすでに、ナショナリズムへの転向が増加していた。仏独の敵対、バルカン半島の危機はナショナリストにとって国旗を掲げる好機となり、アクシオン・フランセーズが勢いを取り戻し、バレスが人気を博した。一九〇八〜〇九年には、アクシオン・フランセーズに属す学生と新聞売り子の集団による、パリ大学の講義妨害事件が起こっている。この講義を行ったリセの教授は、その数年前にジャンヌ・ダルクが聞いたのは「幻聴」であったと述べて右翼の新聞で問題にされたことがあった。そして一九一〇〜一一年には、多くの新聞が加わって、フランス語の「危機」が叫ばれ、伝統と古典語を擁護して、「新ソルボンヌ」を攻撃する激しいキャンペーンが繰り広げられた。右翼知識人だけでなく、アンドレ・ジッドやフランソワ・モーリヤックなどの作家も新ソルボンヌ批判に加わったのである。

他方では、まだ作家としてデビューしていなかったポール・クローデルの一八八六年の回心に始まって、二〇世紀初頭は有名な作家のカトリックへの回心が相ついだ。このなかにはドレフュス派の知識人、ペギーも含まれる。宗教的なものの再興は学生に影響を与えた。並行して民衆のなかにも信仰心が高まり、一九〇八年、洞窟に聖母マリアが出現してから五〇年になる記念の年に、ルルドは一〇〇万人以上の巡礼者を集めた。

第一次世界大戦開戦の数年前には、排外主義の高まりのなか、アール・ヌーヴォーとキュビスムは、そのコスモポリタン的性格が攻撃され、勢いを失っていった。一九一四年七月三一日、戦争に反対していたフランス社会党の指導者、リセの元哲学教師のジョレスが右翼の学生によって暗殺された。翌日に総動員令が発令され、八月二六日に挙国一致の神聖連合の政府が成立するのである。


（上垣　豊）

参考文献

モーリス・アギュロン著、阿河雄二郎他訳『フランス共和国の肖像――闘うマリアンヌ、一七八九〜一八八〇』ミネルヴァ書房、一九八九年。

小倉孝誠『ゾラと近代小説――歴史から物語へ』白水社、二〇一七年。

木村泰司『印象派という革命』ちくま文庫、二〇一八年。

クリストフ・シャルル著、白鳥義彦訳『「知識人」の誕生　一八八〇―一九〇〇』藤原書店、二〇〇六年。

谷川稔『十字架と三色旗――近代フランスにおける政教分離』岩波現代文庫、二〇一五年。

長井伸仁『歴史が作った偉人たち――近代フランスとパンテオン』山川出版社、二〇〇七年。

長井伸仁『近代パリの社会と政治――都市の日常を探る』勁草書房、二〇二二年。

食文化

「フランス料理」のイメージ

トリュフにフォアグラ、旬を迎えた魚介に、さまざまな食肉の希少な部位、彩り豊かな野菜、優美な曲線を描くソース……。白く大きな皿に贅沢なほどの余白を残し、絵画のように盛りつけられた「作品」。作り上げるのは、精悍な風貌で、明るく清潔な厨房で的確に迅速に、いやむしろ優雅に多くの部下たちの指揮をとるグラン・シェフ。料理を軽やかに運ぶ給仕とともに厨房の扉を開け出れば、趣味のよいインテリアで統一された食事室には、各々が予定された一つのパーツのように、食卓につき料理を堪能する客たち。彼らはただ黙々と食べるわけではない。メニューをにらみ料理を想いながら、注文の皿を待ちわびながら、あるいは味わいながら、そして食後にはその余韻に浸りながら、料理について延々と「話す」という快楽に身を委ねている……。

これが定型というわけではもちろんないが、「フランス料理」と聞いて、多かれ少なかれこのようなレストランの風景を脳裏に描く人は少なくない。本来言葉の意味からして、「フランス料理」とはフランスで作られ食される料理のすべてを指すのであり、必ずしもこのように洗練された食ばかりが「フランス料理」ではないはずである。にもかかわらず、人びとが、ましてフランスから遠く離れた東洋の私たちまでもがこのように想像できるというのは、考えてみれば不思議なことである。どこの国の料理についても、同じように思い描けるというわけではないのだ。いったい、このイメージのもととなるような風景は、いつどのようにでき上がったのか。

実のところ、「フランス料理」は自らをきらびやかで快い何かとして定義し、想起されるための巧みな戦略を持っている。この戦略はしかし、ここ数十年の政府が企図したわけでも、また一部の食産業のビジネスが狙ったものというわけでもなければ、メディアが恣意的に作り上げたものでもない。それは少なくとも二〇〇年以上の歴史を持ち、フランス人たちのある特性によって養われ、おおいに発展してきた文化でもある。それは何であれ、言葉を駆使して語り尽くそうとする彼らの性質であり、食文化においてこの特性はとりわけ大きな影響を持った。フランスの食が、華やかなイメージを広く国内外に定着させえたのは、皿の上の料理の味わい、あるいはレストランなどの物理的な空間の魅力そのものというよりはむしろ、それをめぐる言葉の充実によるところが大きい。以下ではそうした言葉がいつ頃から、どのようにして紡がれ、独自の広がりを持つに至ったかについて見てみよう。

レストランの誕生

いまやパリの風景に欠くことのできないレストランであるが、その誕生はおよそ二〇〇年前、フランス革命前夜にさかのぼる。それまでごちそうを食する機会といえば、裕福な貴族や一部の上層ブルジョワの邸宅に客人として招かれ（あるいは自ら主人として客人を招き）、その邸宅において専属として雇用されている料理人が調理する食事にあずかる以外の選択肢は基本的になかった。一般に、事態が大きく変わるのはフランス革命によってであるとされる。つまり、彼らを雇うことのできた一部の特権階級らが革命により立場を追われたことで、たちまち職を失った料理人たちは、市街で自分の店を持ち、今度は不特定の顧客を対象にするようになったという。

確かにこうした流れがレストランの歴史的発展の経緯になかったわけではないが、より仔細に見るならば、その誕生は革命の以前にさかのぼる。それは一八世紀末、商才に長けたある人物が、上流階級の富裕な人びとを対象に考案したある贅沢なスープに端を発する。「レストラン」と名づけられたそれは、「回復させる」を意味する動詞 restaurer の現在分詞形 restaurant をその呼称とし、文字通り解すなら「回復させるもの」という意味のものであった。これが人気を得、次第にこの新たな外食産業を指す言葉に転じたわけである。この初期のレストランで楽しまれたのが、高級食材をふんだんに用いた見るからに贅沢な料理でなく、滋養回復の一杯のスープだったというのは、どういうことだろうか。

革命前夜の一八世紀末、都市の文明はいわば成熟のきわみにあった。一般に、自らの社会的優位を誇示するには、より豪奢で洗練された身なりをするなどの方法が取られる。しかしこの時期、一部の上層貴族らは、豪華な消費だけではもはや自らの優位性を示す効果が期待できないことを感じていた。こうしたなかで価値を持ったのが、自らの身体と感性の繊細さ、さらにはその弱さを誇示することであった。食材の自然のままの姿形をあとかたもないほどに切り刻み、長く煮て、さらに滑らかに漉してようやく獲得されたそのエッセンスにはしたがって、見た目には想像できないほどの手間と材料が費やされている（はずである）。中・下層の民にはおよそ理解不能なこの贅沢を求める人びとは、新たに登場した「レストラン」なる語が放つ退廃的な魅力にも取り憑かれ、その逆説的な食欲を満たしたのであった。

フランス革命とレストラン

いわば〈少食〉の場として始まったレストランが、私たちのよく知る〈飽食〉の場へと転じるきっかけはフランス革命にあった。革命は社会を一転させる。すでに誕生し、一部の敏感な上流階級を相手にしていたレストランが、より多くの人びとを受け入れ、客の腹をいっぱいにして帰す店へと変容するきっかけは随所にあった。たとえば議会の開設。各地方を代表する議員たちが故郷を離れ、自らの所有する邸宅のない――したがって台所もなければ、いつも料理を任せていた使用人もいない――首都で一時的に生活するにあたって、外食産業はたちまち必要とされ、発展する。

それればかりでない。こと食文化に関して注目すべきは、革命直後より都市の風景に出現した新興富裕層の存在である。ある者は投機により、ある者は度重なる戦争に商機を得、またある者は軍功を立て……俄かに莫大な富を手にした彼らがその使い道としてまず思い立ったのが飲み食いであった。この時代、パリにレストランが溢れ、それまでにない光景が見られるようになったとは、革命をまたぐ生涯を生きた幾人もの人びとが遺した証言である。革命の少し前、一部の上流階級の人びとが〈少食〉するための場として登場したはずのレストランはこの時期に、飽食の場へと変容を遂げる。レストランは、それまで一部の特権階級らの手元にのみあったごちそうを一般の人びととの手のわたる範囲へと開放したという点で、まさに食の分野における「民主化」を果たしたと人びとが誇らしく実感するのも、至極もっともなことであった。

レストランの増殖と情報の氾濫

彼ら新興富裕層のすさまじいまでの食欲を筆頭に、新時代の人びとはおおいに食べ、おおいに飲んだ。この食欲が動力となって、レストランの数はみるみる増加していった。早くも一九世紀最初の数十年のうちには、レストランは、パリという都市を語る上でなくてはならない存在になっていた。増殖したのはレストランの数だけではない。この新たな都市の創造物は、そこで好きな料理を好きな時間に飲み食いできるというだけで人びとに新奇に映るものであったが、実際にそこに立ち入れば、さらに未知の世界が広がっていた。メニューである。当初はまるでタブロイド版の新聞のような見た目で、びっしりと書き込まれたメニューには、聞きなれない表現で、数え切れないほどの個々の料理名が書き記されているのだった。食の消費をめぐる情報は革命直後の社会において急速に増え、氾濫し始めた。

このような状況は、つい先頃まで贅沢な食生活とはほとんど無縁であった新興富裕層に不都合を生じさせる。あまたあるレストランのうち、いったいどの店を選び、そこではどのように注文するのが「正しい」のか。もっとも、より美味しいものを、より味わいを感じられる組み合わせによって食したいという純粋に味覚的な欲求がある。だがそれだけではない。レストランとは、半ば私的であり、半ば公的でもあるような奇妙な場でもある。個人あるいは身近な者とともに囲むという点ではその食卓は閉じられているが、同時にその食卓は他の客人らのそれとすぐ側に隣接し、他者に向けて開かれているのである。ともに食卓を囲む人に対して、あるいは（自らがそうであるように）見ていないようで実はたゆまず観察を続けている隣の食卓の客らに対して、嘲笑を受けることのないような選択をしなければならないという緊張が、彼らのうちには張りつめていた。突如手にした財の使い道をよく知らないで困惑する彼らに必要とされたのは、氾濫する情報をさばく指南であった。

グルメガイドの始まり

都市の景観を変えたのは何もレストランばかりではない。高級で珍しい食材を扱う食料品店、種々の酒を取り揃えるワイン商、かつては薬としてありがたく食されたはずのチョコレートやその他甘いものを今度は嗜好品として扱う薬屋、こうした店を含むさまざまな店が一同に会す中央市場……食べ物やそれにまつわる職種の数は日ごとに増していく。だがこれらの店は、革命を機に突如現れたというわけではなかった。一八世紀末、こうした職種はすでに発展の途上にあったのである。革命後に生じた変化は、その急激な増殖であった。

したがって、一八世紀末にパリで都市生活を楽しんだ者であれば、この急激な変化にあっても、料理や食材のよしあしを判断することができた。革命以前、貴族ではないがきわめて裕福な家庭に生まれ育ったグリモ・ド・ラ・レニエール（一七五八～一八三七）は、この意味で十分に養われた舌を持っていた。もともと文芸に強い関心があり、独自に演劇批評などを書いていた彼は文章を書くことにも長けていた。一八〇三年から一二年の九年間、通算八巻にわたって『美食家年鑑』を世に送り出した。この年刊の美食の情報誌は、今日に至るグルメガイドのさきがけとされている。とりわけ、そのなかに収められた「滋養になる道案内」と題される章で、グリモはパリ中心部にひしめくレストランなど美食に関連した店を紹介し、ときに大仰なまでに絶賛し、ときに辛辣に批判を加えるのであった。

彼のこの発想は、食の購買の指南に飢えていた人びとに歓迎される。『美食家年鑑』は人気を博し、彼以降、同様の試みがいくつもなされるようにさえなった。こうした消費者（の代表）による評価の手法が大きな影響を持つようになってくると、料理人や食材を製造する者たちも、これを無視することはできない。その後フランスの食産業がつねに活気ある発展を続けたとするなら、そこにはこうした

図1　グリモ・ド・ラ・レニエール（辻静雄料理教育研究所蔵）

グルメガイドによる評価の目を絶えず気にしながら切磋琢磨を続ける、作り手たちの努力があった。

グリモの『美食家年鑑』にはしかし、以上のようなグルメガイド以外の側面もある。ときに食卓作法をめぐる歴史について考察してみたり、ときにある食材をめぐる詩を紹介してみたり……趣味的というよりはもはや論考に近いような文体で、美食はさまざまな角度から論じ尽くされる。美食にまつわるエッセイ、美食にまつわる思索の総体ともいうべき美食批評という発想はフランスに特有のものであり、今日なお彼らの得意とするところである。さらにこれを「高尚ななにか」にしていくための道筋は、消費のための情報という生々しい場から少し離れた、人びとにわかりやすく教養を説くような物言いのうちに見出されるだろう。

教養としての美食

そもそも美食を文芸の題材として取り上げ、人気を博したのはグリモが最初ではなかった。今日、フランスらしい食のこだわりをよく示す言葉として好まれる「ガストロノミー gastronomie」なる語を、近代フランス語において初めて使用したのは詩人のベルシュー（一七六〇〜一八三八）である。彼はグリモに先立つ一八〇一年に、その名も『ガストロノミー』と題する詩集を出した。「ガストロ gastro-」は「胃の」を意味し、「ノミー -nomie」は「ノモス nomos」に由来して「体系化された知、学問」を意味する。文字通り訳せば「胃の学問」とでもなるこの語が、この時代に生まれ、流行となったのは偶然ではなかったことは、すでに述べたような社会状況を思えば当然であった。

ブリヤ゠サヴァラン（一七五五〜一八二六）は、ベルシューが着想しグリモが打ち立てた美食批評というジャンルを、より一般的でありながらより高尚な読み物として磨き上げた人物である。今日なお、各国語で読み継がれる『味覚の生理学』（邦題『美味礼讃』）（一八二六）は、表題が示す通り、当時最先端をいく科学の一つとして注目され、ついで文芸ジャンルの表題によく用いられるに至った「生理学」を、ごく素人レベルながら参照しつつ書かれている。内容は雑多であるが、冒頭のアフォリスムと呼ばれる格言はとくに有名で、たとえば「どんなものを食べているか言ってみよ。君がどんなひとであるか言い当ててみせよう」などは、よく知られている。生理学の知識を引き合いに出しつつ彼が随所で主張するのは、ひとえに「美食は（大食らいなど卑しい行為とは異なって）人間の身体の組成や人徳、経済、いずれの側面から見てもまっとうで立派な行為である」ということである。

これを理解するためには、かつて人が食の快楽についておおいに語り論じるなどということは、慎むべきとされていた事実に触れておかねばならない。その最たる証拠の一つとして、今日フランスで食の愛好家を示す際によく用いられる「グルマン」という語は、長く「大食」という一義において捉えられ、卑しい者を指す言葉であった。このニュアンスが次第に変わり始め、以前ほどは否定的なイメージを持たなくなるようになるのが一八世紀後半から一九世紀にかけて、ちょうどレストランが誕生し、増殖する時代を挟む頃のことであった。先の「ガストロノミー」から派生する形で、それを実践する者を意味する「ガストロノーム」（一般には「美食（学）者」と訳される）なる語が誕生したのも、それまでに知性をもって美食行為に相対する者を意味する言葉が存在しなかったからにほかならない。

時代の先端をいく「ガストロノーム」として、ブリヤ＝サヴァランは美食にまつわる知識や考察を一冊にまとめた。憲法制定国民議会議員を務め、地元の街では代々続く名門の生まれであった彼が誇らしく説いてみせることで、「ガストロノミー」はいわば新たな時代の美食の教養として、フランスの誇るべき文化となるその礎を築いた。

料理人という芸術家

料理を、知性と芸術的センスをもって相対すべき高尚なにものかにしていったのは、なにもガストロノームら食べ手たちだけの功績ではない。ほかならぬ料理の作り手たちもまた、料理に対する社会的認知を向上させていくことに意識的であった。

これに関して、一九世紀初頭に活躍したアントナン・カレーム（一七八四〜一八三三）が果たした役割はとりわけ大きい。無名の調理人に始まり、自ら磨き上げた技術でもって、政財界の重要人物のもとで大規模な食事会を担当するに至るまで昇りつめた。カレームの名はいまなお、フランス料理史に燦然と輝き続けている。この不朽の名声は、主としてその調理技術の高さによるものであることは当然だが、それだけではない。彼は料理人という職業そのものの社会的評価を改善し、誉ある職業であると人びとに理解されるべく尽力した。

カレームの製菓・料理の特徴は、まずもってその巧緻な装飾性にあった。今日でもなおフランスのパティスリーといえば繊細な造形美が思い浮かぶが、彼は私たちの感覚からすれば極端なまでに、細部にこだわり人びとが驚くような見事な菓子を作った。だが、いくら精緻に作られていようと、菓子は食べるか廃棄するかしてしまえば、その場で消えて無くなってしまうはずである。にもかかわらず、現代の私たちがカレームの菓子についてこのように知ることができるのは、自ら考案した菓子について、彼が自らそれを図版として残し、レシピとして編んでいるからである。その事例を以下の図版（図２）に見てみよう。

これを目にする者にとって、製菓や料理が蒙昧な肉体労働の成果であると言うことはもはやできまい。高度なデザイン性をそなえたこれらの菓子からは、もはや芸術とも呼びたくなるような気品と工夫が溢れ出している。そして実際、カレームは菓子を芸術品のように、料理人を芸術家のように人びとに認知させるための戦略を持っていた。

今日でこそフランス料理のシェフといえばほとんど芸術家にも等しい、洗練された才覚ある人物というイメージを持たれるが、かつてはそうではなかった。ほとんどの場合、厨房は地下あるいは一階に設えられ、換気も十分になされない、不衛生な場所であった。料理人は不健全な労働環境を強いられる、したがって社会的な尊厳を集めるような職業では到底なかった。

この認識に変化が起こり始めたのは先立つ一八世紀頃のことであったが、その兆しが決定的になったのは一九世紀を通じてであり、この点でカレームの成した功績は大きい。彼は調理の実践に携わる者として多忙な日々を送りながらも、寸暇を惜しむようにして料理書の執筆に精を出したとされる。その著作の一つ、『フランスのメートル・ドテル』（一八二二）の巻頭に掲げた図版には、「かつての料理人」と「現代の料理人」が並んで描かれてある。ここで強調されているのは、かつてと異なり、いまや料理人は清潔な身なりをし、分別ある表情からは知性すら感じられるような格好をしているということである。そして実際、遺されたカレーム自身の肖像画は、コックコートすら脱ぎ捨て、まるで名門出身の人物であるかのような洗練された雰囲気さえ漂わせている。これにより、料理に携わる人間は自らそのような誇りを持つべきであることを、読者に視覚的に伝えようとしたのである。

このように料理人たちは自分たちの職業に誇りを持ち、世にそれを理解してもらうための言葉を紡ぐことを厭わなかったのだ。この明確な向上心の宣言を皮切りに、料理人は次第に憧れの職業へと変容していくであろう。もっとも、それはトップをいくごく一部のグラン・シェフに限られた話で、これ以降も大多数の料理人は、十分な満足のいく社会的な扱いを受けられずにいた、ということはやはり付け加えておかねばなるまい。

共通言語としてのフランス料理

料理人たちの戦略はなにも、自らのいでたちや、作品である料理の見た目に気を配ることばかりに限られたわけではない。調理技術の体系化こそ、フランス料理が自国のみならず世界中へと広がるのに不可欠であった。

彼らが調理技術の革新を目指そうとする明確な意識を持つようになったのは一八世紀のことである。以前は先人の仕事ぶりを見つつ真似つつ、経験を通じて体得し、そこに

図2　*Pâtissier pittoresque*（1815）よりカレームによるピエス・モンテの図案。タイトルには「バビロンの廃墟」とある。（辻静雄料理教育研究所蔵）

疑問を差し挟むことなく同じやり方を受け継ぎ、繰り返すのが常であったが、次第に後進らはそこに批判のまなざしを向け始める。一八世紀は啓蒙哲学の時代だが、料理とて例外ではない。この時代の料理書には、過去を超え新たな時代にふさわしい料理を目指そうとする意志が強く感じられるようになる。

一九世紀の料理人らは、前の世紀になされたこの革新の精神を継承し、メソッドを実際に作り上げていく。なかでもフランス料理がそのアイデンティティを確立するのに決定的であったのは、ソースの製法にあるルールができ上がったことである。すでに一八世紀、料理人らは食材のエッセンスを抽出することに苦心していた。この関心から発展し、一九世紀には、より完成されたソースの体系が作られる。やはりここでも、カレームの果たした役割は大きい。彼の死後、プリュムレイが完成させた『一九世紀のフランス料理』（一八三三〜四七）は、現場で培った自らの技術を次世代に伝えることを意図している。

それによれば、ソースは「グランド・ソース（大ソース）」と「プティット・ソース（小ソース）」に大別される。「グランド・ソース」は、主に肉類や野菜などをもとにとったブイヨンに、小麦粉を炒めて得るルーでとろみをつけて作られる。これを構成するものには四つあり、「ソース・エスパニョール」、「ソース・ヴルーテ」、「ソース・アルマンド」、「ソース・ベシャメル」と呼ばれる。それぞれには、肉系からとる脂身の多いもの（グラ）、魚など脂身の少ない素材からとるもの（メーグル）の二つがある。

これら基礎となるソースに、さまざまな食材を加えて得られるのが「プティット・ソース」である。しかも、この際に付け加えられる食材についても、いくつかの決まった型のようなものがあり、それぞれ名称を持っている。したがって一例を挙げれば、大ソースである「ソース・アルマンド（グラおよびメーグル）」をベースにした場合、かけ合わせる食材を変えることで合計二〇ほどの小ソースが得られる。つまり、

図3　*Maître-d'hôtel français*（1822）の口絵。右が新時代の，左が旧時代の料理人である。（辻静雄料理教育研究所蔵）

- 「ソース・アルマンド（グラ）」×〈鶏肉のコンソメとバター〉＝「ソース・オ・シュプレーム」
- 「ソース・アルマンド（メーグル）」×〈鶏肉のコンソメとバター〉＝「ソース・オ・シュプレーム（メーグル）」
- 「ソース・アルマンド（グラ）」×〈魚のだしを煮詰めたもの〉＝「ベニス風ソース」

……といったふうである。製法の一つひとつに決まった名称をつけ、それらを組み合わせるというこの合理的なシステムそのものが、これ以降のフランス料理における共通言語となる。調理の各段階で必要とされる食材、やらねばならない工程は明らかであり、これにしたがえば大きく味が異なるものができるということはほとんどありえない。

この明快なシステムは、料理人たちが国境を越え、国外で仕事をするときにも伴にあり、現地の食材を使っていようとたちまちソースで料理を「フランス料理」にしてしまう。これがあれば、大規模な宴会を取り仕切る場合にも無駄なく、さまざまな味わいの料理の準備・調理ができるのはもちろん、食べる側も、料理名を聞いただけで、どのような味わいのものであるかおおよそ想像することも可能となる。また、そこにそれぞれの料理人が自分独自の新たな食材の組み合わせの型を考えて、このシステムをさらに拡張していくことも可能であろう。実際に、大小いずれのソースについてもバリエーションを増やし、複雑化させつつこのシステムを発展させたのが、一九世紀末から二〇世紀にかけて活躍し、カレームに負けず劣らずフランス料理の歴史上のもっとも偉大な料理人の一人に数えられる、オーギュスト・エスコフィエ（一八四六～一九三五）であった。彼もまた、巧みな料理人であるばかりでなく、やはり包丁をペンに持ち替えて古典となる著作『料理の手引き』（一九〇三）を遺していることに、もはや私たちは驚かない。

想像の「フランス料理」

実のところ、フランスは食が豊かであるとの名声が、少なくともヨーロッパ世界で確定的になったのは、すでに革命以前からのことであった。一七世紀、絶対王政の政策のもと、国力が増強されるとともに文化の洗練の度合いも加速していく。食もまた例外ではなかった。この時代、「フランスの」なる形容詞は頻繁に料理書のタイトルに用いられた。ヨーロッパ諸国の王侯貴族たちの食卓をあずかる料理人たちもこれを求めて読み、どうにかフランス料理の技術を自分のものにしようとした。「偉大なる世紀」にふさわしい、見た目にも豪華な食はしかし、あくまで一部の者たちに限られていた。フランス料理の名声もまた結局、各国でもごく特権階級のあいだで共有されるばかりであったわけである。仮に王たちの食事を儀式的に目にする機会がフランスの民衆たちに与えられていたとしても、それは彼ら大多数の人びとの日常的な食とは切り離されたものだった。したがってこの段階では、一般の人びとが、しかも国内外においてあの「フランス料理」を想起できるようになる条件は整わない。

一九世紀初頭、革命という政治的社会的な大事件をきっかけに美食の街へと変貌していくパリを中心に、「フランス料理」のイメージは増幅し、拡散していく。一方では、美食家たちが語る言葉のなかで、ごちそうを食べることは、単に腹を満たすだけの動物的な行いから、相応の教養を求められる知的で都市的な営みへと変化していく。あるいは、おいしく、健康に、社交的に食を楽しもうという志を持って食に相対することは、フランス社会の構成員それぞれの誇りであり義務でさえあると捉えられるようになる。また他方、料理人たちもこのきらびやかな美食の世界の創造者たるにふさわしい自己像を磨き上げるのに余念がない。ほとんど芸術家とも同列に扱われるその像は、「フランス料理」たる皿を作るに不可欠の調理技術の基礎とともに、国中にもたらされ、さらには国境さえ越えて持ち出される。つまり「フランス料理」ができ上がるために必要であったのは包丁、フォーク、そしてペンであった。

確かに今日、「フランス料理」はこれを専門とする料理人を世界の隅々にまでいき渡らせることに成功した。日本はアメリカに並んで、フランス料理店がもっとも多い国の一つである。しかし……ところで、みなさんは「フランス料理」を食べたことはあるだろうか。指折り数えても、片手で十分に足りる、あるいは一度もその経験がない、という人も少なくないことに気づくだろう。あまねく共有されるに至ったのは、料理そのものではなく、実はフランス料理のイメージのほうではないだろうか。「フランス料理」について、本稿の冒頭で示したような風景を即座に想像できるが、実際に食べた経験となると驚くほど少ない、という人は決してめずらしくないという現実が、何よりもそれをよく物語っている。

（橋本周子）

参考文献

橋本周子『美食家の誕生――グリモと〈食〉のフランス革命』名古屋大学出版会、二〇一四年。
J－P・プーラン／E・ネランク著、山内秀文訳『プロのためのフランス料理の歴史――時代を変えたスーパーシェフと食通の系譜』学習研究社、二〇〇五年。
八木尚子『フランス料理と批評の歴史――レストランの誕生から現在まで』中央公論新社、二〇一〇年。

モード

宮廷の「モード」と奢侈

「モード」の国フランス、「モード」都市パリといったイメージは、フランスのアパレル輸出高が中国やバングラデシュやベトナムなどのアジア新興国を遙かに下回るようになった現在でも根強いだろう。しかし、そもそも、「モード」とは何なのだろうか。

「方法、様式」を意味するラテン語モドゥスを語源とするフランス語「モード」は、一七世紀に「宮廷で受け入れられる慣例に従った装い方」を表す語になった。すなわちドレス・コードだが、この語義が掲載されたフュルチエール編纂の辞書の出版は一六九〇年、ルイ一四世の治世下である。この「モード」が守られるべき宮廷をヴェルサイユに築いたルイ一四世の絶対王政は、財務総監コルベールによる重商主義に支えられた。輸出増・輸入減による富の蓄積が目指され、他国からの需要がある商品の生産が求められる。工業化前のこの時代、増産には限度があるから、単価の高い商品でないと大きな利益は出ない。そこでコルベールは奢侈品産業育成を企てる。当時需要が増していた絹とレースもそれに含まれた。絹織物は一六世紀からリヨンで生産が始まっており、国内で先んじていたトゥール没落後はフランス絹織物業の中心地となっていた。コルベールの介入もあり、リヨンは質量共に独走していたフィレンツェなど北イタリア諸都市に追いつく。一方、レースは一六世紀にレヴァント貿易で栄えたヴェネツィアで発明された。一七世紀にもレース輸入超過は続いていたため、コルベールは一六六五年に北フランス諸都市に王立マニュファクチュアを設立して製造独占権を与え、秘密裏にヴェネツィアの製造工に技術指導を依頼し、そこで作られたレースを「ポワン・ドゥ・フランス」、フランス・ニードル・レースと呼ぶと布告した。製造本格化前からフランス産品としてのブランド化を図ったのである。一六七五年に独占権は解除され、養成されたレース工らは王国内に技術を広める。こうした国家保護下での産業育成を背景に成立したヴェルサイユの「モード」は、絶対王政と重商主義を標榜する王国の新しい基幹製造業から生まれる絹とレースを素材とするものと定められた。それは宮廷外エリート層や各国の宮廷にも広まり、イタリア製の重厚で豪奢な絹ヴェルヴェットと紋様が浮き彫りにされたレースに代わり、フランス製の軽やかに艶めく絹サテンと繊細で透明感あるレースが成功を収める。

とはいえ、リヨンが一八世紀中にヨーロッパ最大の絹織物生産地となる一方、レース業には競合者も現れる。ユグノーの権利を認めたナント王令（一五九八年）がコルベール没後に廃され、伝統的産業への参入困難ゆえに新興産業の担い手となっていたユグノーは亡命に追い込まれた。北フランスを去ったレース関係業者は、ヴェネツィアでのニードル・レース誕生と前後してボビン・レースの製法が開発されていた南ネーデルラントに散る。こうして、レヴァント貿易後退もあって質も人気も凋落するヴェネツィアのレースに代わり、フランスと南ネーデルラントがレース業を二分した。

都市の「モード」と半奢侈

一八世紀に入ると、「モード」という語には新しい意味が生じた。アカデミー・フランセーズの辞書第五版（一七九八年）には「嗜好や恣意の移ろい」という語義が掲載されている。一八世紀中に、「モード」はドレス・コードから流行に転じたのである。では、この流行としての「モード」はどこからどのように起こったのだろうか。

香辛料を求めて始められたアジア貿易は、一七世紀に各国東インド会社設立で本格化した。香辛料の対価は、インド洋世界では通貨に近い価値を持っていたインド産色柄染め綿織物、インド更紗である。世紀後半にはヨーロッパ内需要も高まったため輸入代替が望まれたが、ヨーロッパではワタを大規模栽培できず、輸入インド産白綿布への染色という形で綿織物業が始まる。しかし更紗にしても白綿布にしても、重商主義に即せば輸入超過は避けたい。既存生地業者の抵抗もあり、各国は綿織物をさまざまな形で禁じたが、フランスでコルベール没後の一六八六年から出された一連の禁令はもっとも厳しく、国内産も含め綿織物輸入・製造・消費が全面禁止された。実際は密輸もはびこっていたものの、これによりフランス綿織物業は滞る。加えて前年のナント王令廃止により南フランスのユグノー製造者がスイス、アルザス、南ドイツへと北上し去った。

こうした理由から、いくつか生産拠点はあったものの、禁令解除後にもフランスの綿織物業は大きく発展しなかった。これに対して世界の綿織物業を制したのはイギリスである。西アフリカから新大陸へ奴隷という労働力を、新大陸からヨーロッパへ綿花という原料を、ヨーロッパから西アフリカへ綿織物という製品を運ぶ大西洋三角貿易によりイギリスはグローバル綿織物業の覇者となり、工業化も進む。フランスも含め他国は原料・中間財供給地となる海外拠点を獲得・維持できず、対抗できなかった。ともあれ、大陸を越えてまで生産が求められたのは、かねてよりインド更紗の再輸出先となっていたアフリカや新大陸などの海外市場が見込めたことに加え、一八世紀に入ってヨーロッパ内で更紗の用途が内装用から衣服用へ転じ、嗜好により合った色柄が求められるようになったせいもある。そして衣服用とすると、ヨーロッパ人にとっての更紗の最大の長所は、色柄地としては安価かつ洗濯可能な点である。従来、ヨーロッパでの布地に色柄を付す主な方法は地紋か刺繡で、色柄入り布地は高価だったし、染色堅牢度が低いため洗濯できなかったが、インドでは手描き染めに加えて木版捺染も行われており、しかも堅牢染色だった。このインドの染色技術が移転される。更紗批判には、身分や富のある人びとにしか許されなかった色柄を捺染で安価に模倣でき、階級を混乱させるという理由もあった。つまり更紗は、インド産にしてもヨーロッパ産にしても、基本的には、地紋や刺繡入りの高価な絹織物を着られる層を主な市場とする商品ではなかった。

一八世紀ヨーロッパ諸都市への人口流入は大きかったが、地方から上京した女性たちはしばしば、事実婚状態でも制度的には未婚にとどまることで、結婚すれば夫に委ねねばならない契約などの権利を保持した。都市に暮らす女性たちが、雇用契約などを結んで自活するようになったのである。女性の定番の職業はお針子や料理女で高給とはいい難いが、自らの稼ぎがあるなら、少々生活を切り詰めてでも色柄入り布地で装いたくもなるだろう。しかも更紗なら洗えるから日頃から身に着けても安心である。当時、更紗以外にも、茶、砂糖、コーヒーなどのアジアや新大陸から輸入された新奇な商品が人気を博したが、「産業革命」と呼ばれる工業化より早い段階での生活雑貨・嗜好品消費増大に着目し、生産に先んじた消費の変化を「消費革命」と呼ぶ議論がある。この時期に消費が拡大した商品は、非生活必需品という意味では贅沢だが、きわめて高価というわけでもない半奢侈品だった。こうして都市で働く女性の増加によりマス化が進む半奢侈消費が、「モード」＝流行となる。

こうした都市での消費習慣の変化に、パリを服飾品供給元としていたヴェルサイユも影響を受けないはずがない。リヨンは一九世紀末までヨーロッパ最大の絹織物生産地の地位を保つものの、一八世紀後半にイギリス綿織物業の工業化により細く強い綿糸が製造可能になり、透けるほど薄い綿モスリンが作られるようになると、ルイ一六世妃マリー＝アントワネットまでモスリンのドレスをまとって物議を醸した。ポワン・ドゥ・フランスの栄華も続かない。てのひら大で数百〜数千時間を要するニードル・レースに対し、ボビン・レースならより速く、安く作れる。フランスでも一八世紀に入るとボビンで作るブロンド・レースが台頭し、ニードル・レースの需要は激減する。さらに革命期に入ると綿モスリン製の簡素な型のドレスがパリで爆発的「モード」となって絹織物需要は衰え、レース装飾も見捨てられた。

このような状況下でパリに宮廷を復活させたナポレオン一世は、皇帝即位前から宮廷行事での絹織物着用を強制し、戴冠式衣装では襟元をポワン・ドゥ・フランスで飾らせ、絹とレースの「モード」を蘇らせようとした。こうした試みは第二帝政期にも受け継がれ、ナポレオン三世妃ユジェニは極端に嵩張るドレスに絹とレースをたっぷりと使い、

「政治的装い」と称した。一九世紀中には地紋やレースの機械織布が実現し、リヨン絹織物業には化学染料も導入されたが、こうした工業化により価格帯としては半奢侈へ移行しつつ、絹とレースは宮廷亡き後も世紀転換期まで上流層の「モード」＝ドレス・コードとして命脈を保った。それを支えたのが、パリに成立したファッション産業が世に送る「モード」＝流行である。

「モード」という付加価値

絹とレースの国フランスが、素材そのものの奢侈だけには頼れなくなったとき、取れる方策は二つあった。一つは、代わって台頭する半奢侈、ひいては半奢侈ですらない廉価品の大量生産への移行である。イギリス綿織物業がこれを実現した典型例だろう。もう一つは、付加価値により商品を奢侈品に押し上げる方法である。

先述の「モード」＝流行という語義が確立した一八世紀の辞書での記載によれば、この時期、複数形「モード」は

図1　モスリンのドレスを纏ったルイ16世妃マリー＝アントワネット

エリザベト＝ルイーズ・ヴィジェ・ル・ブラン《ローブ・ドゥ・ゴールを纏ったマリー＝アントワネット》，1783年，ヴォルフスガルテン城（ドイツ，ヘッセン州ランゲン）所蔵。

図2　アランソン産と推測されるナポレオン1世が用いた刺繍レース

レースとモード博物館（フランス，カレ）所蔵，2018年8月筆者撮影。

「流行品」を指すようになった。そして複数形の語例として「モード商」という職業名が挙げられている。数学者ブレーズ・パスカル考案の乗合馬車が一七世紀後半に廃止されてから公共交通不在が続いていた当時のパリでは、裕福なら自家用馬車を使ったり御用聞きを呼んだりできるが、貧しければ買い物は徒歩圏でするしかない。売り手からすると御用聞きだけなら店舗は不要だし、商品を見せて比較などさせないほうが値を釣り上げやすいから、あっても倉庫同然である。徒歩圏以上に顧客拡大が望めないなら客単価を上げねばならないので、掛売で高利息をせしめる。買い物が苦行に等しいようなこの状況を変えたのが、一八世紀半ばから台頭した流行品を作り売る職業、モード商だった。彼らは店頭にマネキン人形を置いたりお針子に窓辺で作業させたりして商品を示し、店内を美しく設え、肖像画を飾って顧客をアピールし、店舗に赴く楽しみを喚起する。彼らのなかからはマリー＝アントワネット御用達商まで現れた。マリー＝ジャンヌ・ベルタン、後世ローズ・ベルタンと呼ばれるこの女性こそ、地方出身のお針子から昇り詰め、衣服製造業者として初めて歴史に名を残した「都市で働く女性」の大出世株である。ナポレオン期には、レース襟飾り付き戴冠式衣装を製作した男性モード商ルイ＝イポリット・ルロワがヨーロッパ中に顧客を広げた。

　また、アンシャン・レジーム期パリでは、手工業／小売業はギルド制度によって王権に統制され、生地商は布地の加工を、仕立工は布地の在庫保有を禁じられていた。よって、パリで新品の衣服を入手するには、布を生地商から、諸材料を専門小売商から買い集めて仕立工に委ねるという面倒を免れられない。ところがモード商は、ベルタンと王妃とのコネクションが利いたのか、生地小売商と服飾品製造工を兼ねる形でギルド認可された。こうしてモード商は衣服デザインを生地選びから総合的に提案できるようになり、作り手／売り手主導の「モード」が誕生する。彼らの扱う商品、複数形「モード」こそ「モード」＝流行の具現である。彼らが繰り出すデザインが、「モード」という付加価値となる。

　革命期にギルド制度が廃止され、一九世紀に入ると、モード商の一部は「新物店（マガザン・ドゥ・ヌヴォテ）」へ看板を掛け替えた。交通が発展し顧客拡大が見込めるようになったため、定価、商品陳列、現金即日払いなど買い手の便宜を図る販売方法が導入され、広告も始まる。薄利多売という新発想に基づき、直接買い付けによるコスト削減で商品価格が下げられ、経営者と製造者が分離して店舗規模は大きくなる。一八二四年にはフランス初の既製服店がパリに開店した。初期の既製服は主に男性用作業着だったが、一八四〇年代に入ると、普段は注文服に携わっている女性服仕立工が新物店の依頼で既製ドレスを製造するようになる。新物店による材料一括仕入で値を抑え、技術やセンスの確かな熟練仕立工が製造することで、「モード」要素を伴う、半奢侈たりうる既製服が作り出されたのである。

　一八五〇年代に入ると大規模化した新物店が「大きい

（グラン）」という語を冠するようになり、やがて後半が省略されて「グラン・マガザン」、すなわち百貨店となった。百貨店は、値札表示、華麗な店舗建築と商品陳列、生産地との直接提携などの経営方法、バーゲン・セール、返品制度、カタログ通信販売といった販売システムや、カフェ、読書室ほかの店舗サーヴィスも導入し、買い物を娯楽化し、大衆消費の中心となる。さらにマス化する「モード」拡散の場として百貨店という大規模小売業態は世界中に広まった。一方、世界初の百貨店「ボン・マルシェ」創業の数年後、チャールズ・フレデリック・ワース、フランス語読みでシャルル＝フレデリック・ヴォルトというイギリス人がパリに服飾店を開く。ヴォルトは皇妃ユジェニをはじめ各国宮廷に顧客を持ったが、彼の最大の画期性は現物の存在という既製服の利点を採り入れた女性用高級注文服製造合理化にある。前もって作ったデザイン見本をトルソや店員に纏わせて顧客に選ばせるようにしたのである。さらに現在のパリ・オートクチュールの統括組合、通称サンディカの原型となる組合を結成し、制度面でも「オート・クチュールの父」となった。こうして一九世紀半ば過ぎ、百貨店とオート・クチュールという近代的ファッション産業がパリに成立する。そこでは既製服は無論、注文服でも衣服デザインに消費者が介入する余地は失われた。製造者はデザイナーとなり、その独創性が生み出す「モード」が、最大の付加価値として衣服を奢侈品に盛り立てる。

パリ・オートクチュールは一九二〇年代、ガブリエル（ココ）・シャネルら優れたデザイナーを多数輩出するが、その最大市場は第一次世界大戦中の戦時輸出で経済発展を遂げたアメリカだった。この時期に制度化された各季受注会、すなわちコレクションのために、アメリカの大企業経営者の妻たちはパリに詣でる。新中間層の女性たちは、『ヴォーグ』誌（一八九二年創刊）などのファッション雑誌を参考に、パリの「モード」を模倣した衣服を百貨店で入手する。パリから百貨店が取り寄せた型紙を元にニューヨークで既製服が製造・販売されることもあった。アメリカがパリの「モード」を商品として、また情報として消費する構造は第二次世界大戦中まで続くが、ナチスによる占領でパリからの商品とデザインの輸入が途絶えると、クレア・マッカーデルなど、新中間層向けのシンプルなデザインを作るアメリカ人デザイナーが出現する。戦後、パリ・オート・クチュールはクリスチャン・ディオール登場とともに復活するが、アメリカ既製服産業は一九六〇年代に飛躍し、カルヴァン・クライン、ラルフ・ローレンなどが続々と参入し、適度な価格で豪華すぎないがみすぼらしくもない、半奢侈としての既製服をマスに向けて提供する。この流れをパリも無視できず、イヴ・サン＝ローランなどのメゾンはプレタポルテ（既製服）部門を置いた。

一九七〇年代に入る頃には、高田賢三、三宅一生ら日本人デザイナーもデビューし、ニューヨーク、ミラノなど各地のコレクションの影響力も強まり、「モード」発信地は多極化した。一九八〇年代末から九〇年代には、マーケティングと広告戦略により世界展開するアパレル企業が「グローバル・ブランド」と呼ばれるようになる。ニューヨークのカルヴァン・クライン、ミラノのアルマーニなどがその嚆矢となったが、ブランド性という付加価値を前面に出す方針はフランスこそ得意とするところだった。現在、ブランド・ビジネスに君臨するのは、パリを本拠地とする巨大コングロマリットLVMHである。業界第三位のケリングも本拠はパリにあり、奢侈品産業の中心国はいまもフランスだといえるだろう。

現在、オート・クチュールの顧客は全世界で一〇〇〇人を下回るといわれており、すでに採算は取れない。各メゾンを財政面で支えるのはプレタポルテと、コスメティックや服飾雑貨である。独自のデザインを高級素材により手を掛けて製造する奢侈品部門が、一般受けするデザインをそれなりの素材で工業生産する半奢侈品部門にブランド性を付与する。かつて独創的なデザインを世に送ったデザイナーの名は、ブランド名という威光となって商品を輝かせる。それは、奢侈と半奢侈のせめぎ合いの内に「モード」を育ててきた三〇〇年の歴史が、フランス、そしてパリという名そのものに価値を与えているのと同じである。

そしてファッション産業は、二一世紀に至ってファスト・ファッションに行き着いた。SPA、すなわち製造小売アパレル企業がグローバルな規模でマスに提供するファスト・フード的「モード」は、半奢侈を超えた廉価品である。しかし、労働環境などへの批判も浴びつつ二〇一〇年代末に入ると、ファスト・ファッションの売上高は減少傾向に陥った。一方でインターネット普及による BtoC／CtoC 発展は目覚ましく、衣服についても、極小ロット生産に応じる企業や独立生産者と消費者をつなぐプラットフォーム、個人間の古着取引などが展開されている。このように、一九世紀以来、全てがマスに向けた既製服となっていく潮流によって廉価の極限まで押し流された「モード」が、また変化の兆しを見せている。着る者各自に合わせた独創性ある衣服が、手の届かない奢侈ではなくなる。誰もが自分ひとりのために作られた衣服を着られる、それはありえない未来ではない。インターネットでデザイン・データをダウンロードし、好みや体型に応じてアレンジして、自宅の3Dプリンタで作って着る。そんなことが起こりうる可能性を、いまや私たちは見出せるかもしれない。

半奢侈へ、さらなる廉価へと向かう近世期以来の流れのなかで、奢侈を維持してきたフランスという国、パリという都市だからこそ、奢侈と半奢侈の間に織り成される「モード」の中心を占め続けられた。この三〇〇年来の「モード」の国、「モード」都市は、二一世紀にまた変じていくであろう「モード」に、新しい衣を仕立ててやれるだろうか。

（角田奈歩）

参考文献

ルイ・ベルジュロン著、内田日出海訳『フランスのラグジュアリー産業――ロマネ・コンティからヴィトンまで』文眞堂、二〇一七年。

フィリップ・ペロー著、大矢タカヤス訳『衣服のアルケオロジー――服装から見た一九世紀フランス社会の差異構造』文化出版局、一九八五年。

ジョン・スタイルズ他著、草光俊雄・眞嶋史叙監修『欲望と消費の系譜』ＮＴＴ出版、二〇一四年。

角田奈歩『パリの服飾品小売とモード商一七六〇―一八三〇』悠書館、二〇一三年。

徳井淑子・朝倉三枝・内村理奈・角田奈歩・新實五穂・原口碧『フランス・モード史への招待』悠書館、二〇一六年。

深沢克己『商人と更紗――近世フランス＝レヴァント貿易史研究』東京大学出版会、二〇〇七年。

ブルターニュ

ブルターニュとは

フランス北西部ブルターニュ半島に位置する歴史的地域である。面積は約三万四〇〇〇平方キロ、ほぼ九州に匹敵する。人口は約四六〇万人である（二〇一五年現在）。フランスのほかの地域とは違う、独特の文化をもつ。すなわち言語的にロマンス語系ではなく、ケルト系というほかにはない特徴をもつのである。

ブルターニュはフランス語での言い方だが、地元のケルト系言語ではブレイスと呼ぶ。英語ではブリタニーである。ともにラテン語のブリタニアがもとになっている。英語のブリテンとも同一の語源である。フランス語で英国をグランド・ブルターニュというが、ブリテン島とブルターニュは言語的につながっているのである。

ブルターニュのケルト系言語はこれまでブルトン語と呼ばれることが多かったが、地名や言語名の自称という原則からすれば、ブレイス語という言い方が適合的である。筆者はこれを用いることにしている。

言語地理学的にいうと、ブルターニュの西半分が歴史的にはブレイス語圏であり、東半分はフランス語圏である。今日、ブレイス語の話者が減少し、そのなかで復活運動があることも後述するが、それぞれの言語圏を尊重するのであれば、ブレイス語圏での地名はブレイス語を優先すべきだが、そうした使い方が必ずしも定着しているとは言い難い。したがって、ここでは違いが大きい場合にのみ、ブレイス語での言い方を併用することにする。

ブルターニュの歴史的範囲は、現在の県名では五県からなる。東からイル・エ・ヴィレンヌ県、ロワール・アトランティック県、モルビアン県、コート・ダルモール（コステ・アルモール）県、フィニステール（ペン・アル・ベット）県である。

フランスでは一九六四年に、地方行政を効率化するために、いくつかの県を統合する地域圏を設けた。これによってブルターニュ地域圏が誕生したが、これにはロワール・アトランティック県が含まれていない。こちらは「ペイ・ド・ラ・ロワール」という別の地域圏となり、その中心地がロワール・アトランティック県の県都ナントになった。ナントは、革命期以前のブルターニュ公の居住地であり、ブルターニュの要の町である。それが地域圏から外れることになったので、ブルターニュの多くの人びとは「ナントのブルターニュ地域圏復帰」運動を展開している。ここではこの行政的な地域圏ではなく、ブルターニュの人びとが「歴史的」と呼ぶブルターニュについて概説することにする。

古代から近世まで

ブレイス語はケルト系言語である。フランスはローマ時代ではガリアと呼ばれ、ケルト人の住む土地だった。ケルト人は、ガリアばかりでなく、イベリア半島や東欧の一部、さらにはアナトリア（現トルコ）にも進出し、鉄器時代には欧州の大きな部分を占めるほど勢力があったと考えられるが、ローマ時代にカエサルによる征服を受け（紀元前五〇年代のガリア戦争）、大陸ケルト語を話す人びとはローマ人に同化し、消滅することになった。

生き残ったケルト語はヒベルニア（ケルト語でエリウ）とブリタニアの二島を中心として島嶼ケルト語と呼ばれるグループである。ヒベルニアは、その一部のスコット人がブリタニアにわたり、スコットランド（ケルト語ではアルバ）を形成する。ヒベルニアとブリタニアの間にある島、マン島（ケルト語ではエラン・ヴァニン）もケルト人の居住する場所だったが、この三地域を合わせ、Qケルト語派という。ヒベルニアは近代に至るまでケルト系の言語が維持されたが、一九世紀には英国の支配を受け、また一九世紀半ばの飢饉により、多くが米国など新大陸に移住した。二〇世紀初めにエール（アイルランド）共和国として独立し、その言語は公用語となり、教育も義務化されるが、衰退は免れていない。

ブリタニアは古代末期、民族大移動期にゲルマン系のアングロ・サクソン人などの侵入を受け、ケルト系の民族は西に追いやられた。これが現在のカムリー（ウェールズ）とケルノウ（コーンウォール）であり、その一部がブルターニュにわたり、現在もなお続くブレイス語圏形成に至るのである。したがって、ブレイス語はブリテン島のカムリー（ウェールズ）語、ケルノウ（コーンウォール）語と関係が深く、島嶼ケルト語のなかでPケルト語派をなす。

移住の証拠は考古学的発掘などいろいろあるが、興味深いのは渡来聖人に関する伝記である。四世紀から六世紀にかけての古代末期は、ゲルマン系の民族の大移動ばかりでなく、キリスト教が欧州の各地に布教される時代である。ブリタニアやヒベルニアでもそうした事例が伝説となって語られるが、ブルターニュについては、六〇点に上る渡来聖人伝があり、その多くがブリタニア、それもワリア（現カムリー）やケルノウからの移住である。ヒベルニアが関係する場合も少数あるが、ほかの地域からはほとんどない。つまり、キリスト教の布教がケルト諸語という一つの文化圏の内部で行われたのは興味深い。

もちろん、そうでない事例もある。ヒベルニアからブリタニアへの布教ではケルトとゲルマンの融合する文化（リンディスファーン修道院など）も登場した。フランス語地域からもブルターニュへ布教が行われ、ブルターニュ東部

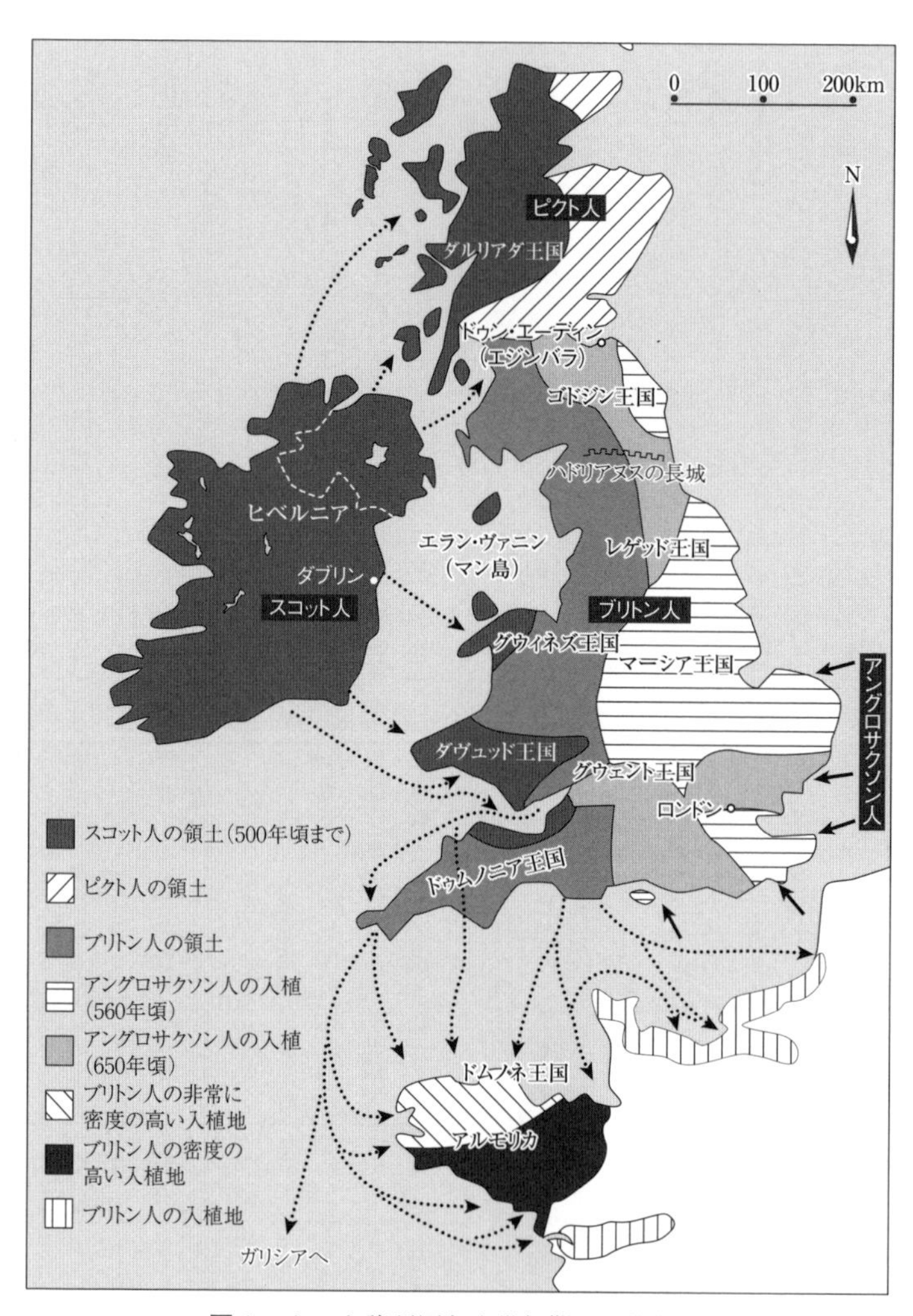

図1　ケルト諸語圏と中世初期の民族移動

では、レンヌやナントなど、その司教区はフランス文化の影響下で形成された。したがって、これらの地域は以降、文化的にもフランス系である。

その一方で、ほかの司教区はブリタニアからの渡来聖人によって作られた。ブルターニュには九つの司教区があるが、そのうち七司教区は渡来聖人によるものである。この七司教区がブレイス語文化圏をなすが、その後、一五世紀まではブレイス語圏は後退を続け、一六世紀に今日まで継続される「ブレイス・イーゼル」（バス・ブルターニュ）すなわちブレイス語圏と「ブレイス・ユーエル」（オート・ブルターニュ）すなわちフランス語方言（ガロ語）圏で東西がほぼ二分される地域圏となったのである。

ブルターニュにはこうした渡来聖人のほかに創始伝説がある。三八三年、ローマ西方皇帝マクシミアヌスが有能な家来であるコナン・メリアデック（コナヌス・メリアドクス）にブルターニュの支配を委ねたというのである。クローヴィス一世によってフランク王国が成立するのが四八一年であり、その前にブルターニュで王国が成立していたというのはやはり考えにくい。この伝説は一二世紀以降のものであり、実話とはいえないと考えたほうがよさそうだ。

史実に基づくブルターニュの創建をいうのであれば、ネヴェノエ（ノミノエ）であろう。一九世紀ブルターニュの愛国主義的歴史家アルチュール・ド・ラ・ボルドリが統一的独立ブルターニュの最初の王と記したのである。フランク王国の敬虔王ルートヴィヒ（ルイ）が八三七年、彼を「ブリトン人のドゥカトゥス（公）に任じた」とあり、史実としてのその存在は確かなようだ。

九世紀のブリトン人の王はネヴェノエ以降も領土を拡張し、現在のノルマンディやアンジューといった東隣の地域もブルターニュの王が支配していたようだ。とはいえそれは一時的で、一〇世紀には今日のブルターニュ地域がほぼ確定し、フランス語でのブルターニュという地名もこの頃一般化する。ちなみにフランスという地名もじつはこの頃出現する。

一二世紀から一三世紀にかけて、イングランドではヘンリ二世がプランタジネット朝を興し、父からアンジュー伯領、母からイングランドなどを相続、フランス南西部を支配していたアキテーヌ公国のアリエノール女公と結婚することで、英仏にまたがる広大な王国「アンジュー帝国」とのちに称される国が出現する。

このなかで広まったのが、アーサー王伝説であり、これが展開される中心の一つがブルターニュだった。一二世紀末にアルチュール一世というブルターニュ公が現れるが、アルチュールはフランス語でアーサーのことである。こうした名前もアーサー王伝の流布が背景にある。さらに一九世紀前半までの『ブルターニュ史』ではブルターニュ公の系統のなかに、アーサー王が必ず言及されるのである。この頃まで、アーサー王が歴史的存在として捉えられていた証拠でもある。

一四世紀から一五世紀は百年戦争の時代であり、ブルターニュもかなり疲弊する。ただし、一五世紀後半はフランス王家の衰退の度合いが大きく、ブルターニュ公はむしろ対等に振る舞える関係だった。これが崩れるのが仏王シャルル八世とブルターニュ公フランソワ二世による「ブルターニュ戦争」（一四八七〜九一年）である。これにブルターニュ側は敗れ、ブルターニュ三部会がこれを承認して、一五三二年にこの地はフランス領となるのである。

いわゆるアンシャン・レジーム、比較的に安定的でフランスとしては文化的にも勢力を誇った時代、絶対主義を中心とする時代のなかで、ブルターニュの独自性を示す政治的事件というと、一六七五年の「印紙税一揆」といわれる事件だろう。王権による人びとへの増税に対する反発として、おもにブルターニュ西部地方で起こされた一揆である。民衆的な自治を一時的に実現しようとする時期があり、そこにおける「民主的憲法草案」が現代の歴史家たちに注目された。

革命期から世界大戦期

フランス革命期は、革命の契機の一つにもなった「ブルトン・クラブ」が有名である。ブルターニュ出身三部会議員たちの集団だが、革命初頭からジャコバン・クラブと呼ばれるようになり、その一部は革命の急進派にもつながったのである。とはいえブルターニュ、とくに中南部のヴァンヌ（グウェネト）地方では、革命に反対する王党派（「シュアヌリ」フクロウ党とも呼ばれた）が多く、東隣のヴァンデ地方を中心としたいわゆる「ヴァンデの反乱」（一七九三〜九四年）の一翼を担ったことでもよく知られている。

一九世紀、ブルターニュを有名にしたのはその民話の収集である。ブルターニュ西南部ケルネ地方の貴族でブレイス語話者でもあったエルサール・ド・ラ・ヴィルマルケ（ブレイス語でケルヴァルケール）による民衆詩歌集『バルザス・ブレイス』（一八三九年）の出版である。これによって、ブレイス語を話す農民たちの伝統が、フランスばかりでなく、全欧州中で評価されたのである。素朴な農民たちの暮らしにこそ、真の人間性が隠されているとするロマン主義の産物ではある。

一九世紀は地方の独自性の自覚ばかりでなく、むしろ中央集権化が進む時代でもある。それには交通路が整備されるのが大きい。運河の誕生や鉄道網の整備がある（代表的な運河、ブレスト・ナント運河〔総延長三六〇キロ〕は一八四二年の竣工。鉄道はパリからレンヌまでの開通が、一八五七年）。

伝統的な祭りのあり方も変わってくる。ブルターニュを代表する「パルドン祭」の「パルドン」はフランス語で「許し」であり、「赦免祭」とも訳されるが、もともと「巡礼免償」すなわち、そこにお参りすれば、巡礼をしなくてよいという意味のお祭りである。たとえばフィニステール県リュメンゴル教会は、聖母マリア信仰で有名な、イタリア南部の聖地ロレトと関係し、ロレト巡礼免償の意味があった。

一九世紀ブルターニュでは、これが守護聖人の祭りに変貌し、巡礼免償ではなく、守護聖人に罪の許しを請う祭りになる。とくに有名な祭りは「大パルドン祭」として、近隣の村々の住民を集める大きな祭りとなるのである。たとえば、リュメンゴル、サンタンヌ・ラパリュ、ロクロナン（ともにフィニステール県）などが有名である。

一九世紀後半は、交通網が整備されて、観光が基盤産業になっていく。一八五四年に聖母マリア信仰が教皇の承認を得たが、一八五八年には、南仏の奇蹟治癒で有名なルルドへの巡礼が開始される。これに刺激される形で、ブルターニュでは聖アンナ信仰が盛り上がる。サンタンヌ・ドレー（モルビアン県）では、農民の前に聖アンナが出現するという一七世紀の奇跡譚があったが、第二帝政期に民衆の圧倒的支持を得るようになる。一八五八年には、ナポレオン三世とその妃が来訪し、一八六二年には隣村プリュヌレに鉄道駅が完成する。一九二〇年代には、毎年二〇万人が参拝するのである。

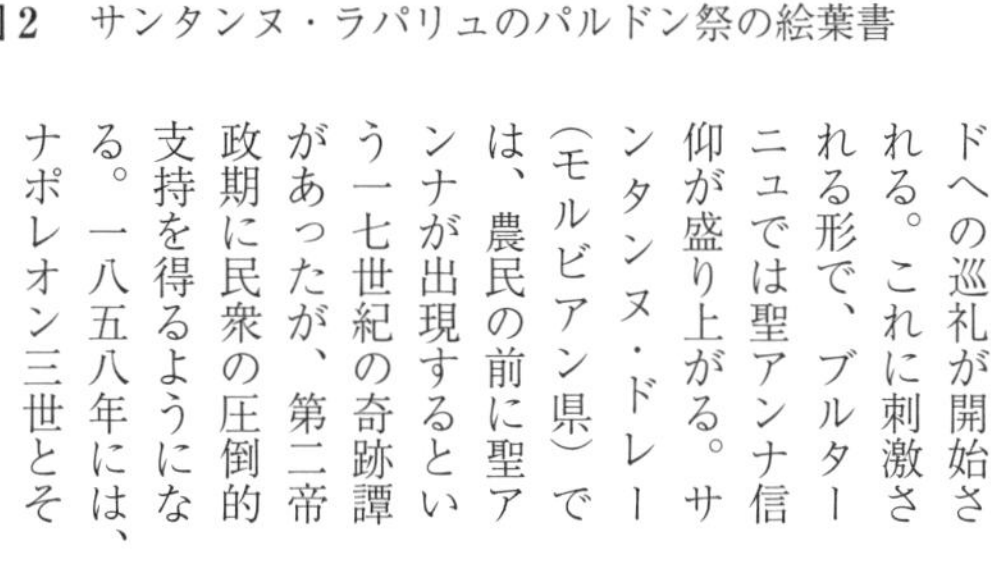

図2　サンタンヌ・ラパリュのパルドン祭の絵葉書

絵画では、一九世紀末、西南ブルターニュの町ポンタヴェンに拠点をおく「ポンタヴェン派」（一八八六～九四年）が有名だが、これは画家ゴーギャン（一八八六～八八年滞在）やベルナールなどの来訪によってこの地が知られるようになったのだ。これも鉄道網の発達のたまものである。その絵画的特徴も「民俗的」であり、観光に資するところが大きかった。

一九〇五年、初の民謡歌手といわれるテオドール・ボトレルによって、「金のハリエニシダ祭」がまさにこのポンタヴェンで開催された。この祭りはパルドン祭のような伝統的な祭りではなく、民族衣装を着て民族舞踊を踊ってみせるという、まさに観光客を相手にする祭りである。この種の新しい形の祭りが始まるのがこの世紀転換期なのである。同様の祭りは「青網祭」（コンカルノー、一九〇五年開始）、コルヌアイユ祭り（カンペール、一九二三年開始）などがある。

戦後の一九七〇年に始まった「ロリアン・インターケルティック・フェスティバル」は、ケルト文化圏の音楽家たちを招いて、毎年八月初めの一週間に行われる祭りだが、参加する音楽家が四五〇〇人、観客が八〇万人（二〇一〇年）というフランスでも最大級の祭りになっている。現在は三〇ほどの町村で同種の祭りが夏期を中心に行われている。

一九世紀末は欧州各地で民族主義が盛り上がる時代だが、ブルターニュでも一部の知識人の間で自覚される。これが一八九八年結成の「ブルターニュ地域主義連合」である。これもまた知識人の活動だが、「パン・ケルティズム」（汎ケルト主義）というケルト語圏諸地域の連帯交流活動もこの頃からである。

ブルターニュはフランスのなかでもカトリックの強い土地であり、第三共和政の、カトリックを政治や教育から排除しようとする政策はブルターニュでは大衆的反対運動を巻き起こす。これが、一九〇五年の「政教分離法」をきっかけに起きた各地での騒擾である。現在でもとくにモルビアン県では小中学校の約半数が「私立学校」（その大半はカトリック、二〇一四年）である（フランス全体では約一七パーセント）。

現代の状況

両大戦間期は、現在にまで影響を及ぼす、政治運動・文化運動が芽生えた時代である。政治的には青年知識人層による民族主義の展開である。週刊紙『ブレイス・アタオ』（永遠なるブルターニュ）を発行するグループであり、第二次世界大戦中、その一部がナチスに合流したことで、大戦後、ブルターニュにおける民族主義運動が対独協力派という嫌疑をかけられることになってしまう。一九六〇年代以降、政治的運動も再開するが、民族主義は影を薄くし、むしろ環境派を自認するようになる。たとえば一九六四年結成の「ブルターニュ民主連合」である。二〇世紀では泡沫政党だったが、二一世紀に入って国会議員も誕生し、ようやく対独協力派というくびきから脱したようだ。そうはいってもその主張の多くは環境派的である。

文化運動では、これも青年知識人グループで、ある程度民族主義政治運動派とも重なるが、「セイズ・ブラール」（七人兄弟）という現代美術にブルターニュの伝統的文化を取り込もうとする一派があった（一九二三〜四七年に活動）。

第二次世界大戦後、いち早く文化的にその独自性が評価されたのが、音楽である。伝承歌や民族舞踊は以前から評価されていたが、そうした伝統的なものを現代に結びつけるのはなかなか難しい。その先駆がアラン・スティヴェルというハープ奏者だった。現代的にアレンジしたポップス風の曲で一九七〇年代、一世を風靡したのである。一九七〇年代はさまざまな歌手・グループが登場し、「ケルト音楽」として評価を高めた。二〇世紀初めからの新しい祭りがこれに合流することになる。伝統舞踊の祭りは「フェスト・ノース」（夜祭）という形で、世界文化遺産にも登録された（二〇一二年）。ケルト文化圏はどの地域においても、こうした音楽分野での活躍が顕著で、共通するものがある。

政治的に注目されたのは、一九六七年のブルターニュ西部プロゴフでの原発建設反対運動が成功を収めたことだろう。これは環境保護派だけがこれを担ったわけではなく、ブルターニュにおける伝統文化保存派、ブレイス語擁護運動家が加わり、文化的なブルターニュ復興運動の側面をもったのである。こうしたなかで、ブレイス語復興運動が本格的に登場し、幼児教育、さらには初等・中等と続くのである。これは一九八一年に登場した社会党政権、ミッテラン大統領のもとでの政策がものをいった。ここでブレイス語など地域語の学士号が認可され、その後、バカロレア（大学入試）試験科目、中等教育資格試験、修士号・博士号と広がり、二〇〇〇年代では一万人以上の児童生徒がブレイス語を学習しているのである。

ブルターニュは三方を海に囲まれているので、海との関係は深い。海岸は観光地であり、英仏海峡側（北海岸）には、「コート・デメロード」（エメラルド海岸）、「コート・ド・ラ・グラニット・ローズ」（バラ色花崗岩海岸）などが続く。ジャック・カルチエ（一四九一～一五五七年）はカナダの「発見者」として知られるが、ブルターニュ北東部の港サン・マロの出身である。中南部のロリアンは、ルイ一四世の時代、インドとの貿易港として栄え、一六六四年には東インド会社が設立されている。北西部のブレストはアンシャン・レジームの時代からフランス海軍の中心地である。南東部の港湾都市サン・ナゼールは造船業で有名で、いまでも世界最大級の造船所がある。

代表的な産業についていえば、まずは海産物だろう。フランスの漁獲高の四四パーセントはブルターニュの港である（二〇〇七年）。有名なのは西端ドゥアルヌネのオイル・サーディンである。二〇世紀初頭はイワシ漁の漁船がこの町だけで一〇〇〇隻に達したという。ムール貝や牡蠣もブルターニュは定評がある。

西北部のレオン地方（フィニステール県）は野菜、とりわけ「アルティショ（アーティチョーク）」はフランスの八割がこの地方生産だそうだ。海岸地域は昔から漁業で潤い裕福だったが、内陸はたいした産業がなく、貧しかった。その常用食がガレット、すなわちソバ粉のクレープである。最近は日本でもクレープ（小麦が原料でデザート用）は知られるようになったが、ブルターニュが発祥である。ソバの栽培はブルターニュでは一六世紀から知られていたようだが、今日のような形で、クレープとガレットが食されるようになったのは一九世紀半ば以降であり、ブルターニュの外に広がったのは第二次世界大戦後である。

内陸地域の主産業は養豚、養鶏であり、養豚はフランスでもトップの生産高を誇っている。

スポーツではなんといっても自転車レースであり、一九七〇年代から八〇年代にかけて「ツール・ド・フランス」で五度優勝したベルナール・イノーはいまでもブルターニュの英雄である。「海洋の国」であり、ヨット・レースも盛んである。

（原　聖）

参考文献

原聖『〈民族起源〉の精神史、ブルターニュとフランス近代』岩波書店、二〇〇三年。

原聖『ケルトの水脈』講談社、二〇〇七年（講談社学術文庫、二〇一六年）。

第Ⅳ部

二つの大戦と欧州再編のなかで——二〇世紀

ボーイスカウト運動のポスター

イラストレーターのピエール・ジュベールが，カトリック系のボーイスカウトの全国組織のために1950年に制作したポスター。第一次世界大戦後から1960年代にかけて，夏休みにスカウト運動などによって野外活動が盛んに行われた（出典：Alain Corbin (dir.), *L'avènement du Loisir, 1850-1960*, Paris, Aubier, 1995, p. 352）。

第9章

戦争と平和、前衛と古典の間で——一九一四〜四五年

第一次世界大戦とその傷跡

一九一四年に始まった第一次世界大戦は未曾有の惨禍をもたらした。文明の後退、ヨーロッパの没落を思わせる事態に衝撃を受け、戦争と平和、アヴァンギャルドと古典主義の間で激しく揺れるなか、パリは「狂乱の時代」を迎える。

戦争が始まると、新聞雑誌、演劇は厳しい監視のもとに置かれ、業界全体を代表していたフランス新聞委員会は進んでこの措置を受け入れた。国家は戦争宣伝を組織し、スイスに逃れたロマン・ロランのような例外はあったが、アカデミーも大学教員も積極的にこれに応えた。たとえば、歴史家のラヴィス、セニョボス、社会学者のデュルケーム、哲学者のベルクソンが戦争を正当化する小冊子の出版を目的とする委員会に加わっている。「アラン」というペンネームで知られる名門リセの教授をはじめ、志願兵として出征した教員も少なくない。

フランス人は「総力戦」という未曾有の経験をすることになった。国家が財の生産・流通・配分から労働力まで管理する総動員体制がとられ、知識人の場合は、学問的な専門的知識の活用という形をとった。たとえば、新設された軍需省の大臣となった社会主義者のアルベール・トマは同じ政治的傾向の若手知識人を登用したが、そ

の多くはトマの後輩の高等師範学校出身の哲学者であった。専門的知識を持った知識人は第一次世界大戦後には国際労働機関（ＩＬＯ）など国際連盟の付属機関でも活躍することになる。知識人の利用は戦時には加速したが、それと同時に福祉国家形成にまで至る、コルベール以来の中央集権化の長い伝統に沿うものであった。

開戦は、アクシオン・フランセーズが発行する日刊紙など、兵士の英雄行為を詳しく伝える新聞が部数を増やしたが、戦闘が長引くと、虚報と誇大宣伝を指弾する新聞が現れた。塹壕生活の悲惨さと大量の死者を伴う敵陣突破を非難する著作も増えていった。なかでも、アンリ・バルビュスの小説『砲火』（一九一六）が資本主義、軍国主義を弾劾し、多くの読者を獲得した。こうして平和運動が次第に影響力を持つようになった。

戦争は、ようやく一八年一一月一一日の休戦協定によって終息した。フランス人の戦死者は、植民地出身兵を含め一八〇万人を数え、西部戦線がほとんどすべてフランスの領土内で戦われたため、物質的損害は甚大であった。グランド・ゼコールの生徒、聖職者、教員も出征し、戦死者の比率も高かった。知識人、学者の人的損失も大きく、ペギーは戦死し、アポリネールは戦場で負傷した後、スペイン風邪で死亡している。

図９－１　第一次世界大戦の戦没者慰霊碑
サヴォワ県のテルミニョンに建てられている慰霊碑。息子の戦死を悼んで涙を流している母親の像がある珍しい例（著者撮影）。

他方で、戦時の総動員体制は女性の社会進出をもたらした。軍需工場に女性労働者が出現し、電車の運転士のように、それまで男性の職場であった職域にも女性が進出した。出征した男性教師に代わって、女性教師が男子リセで教えることも生じた。農村では女性が力仕事にも従事するようになり、外国人労働者も貴重な労働力となった。

多くの戦争未亡人、戦争孤児を生むなど、未曾有の被害は戦後のフランス社会に大きな傷跡を残し、フランス人の記憶に深く沈殿していった。大戦後、戦没した地元の出征兵士の名前を刻んだ戦没者慰霊碑がフランスのほとんどの市町村で建立され、現在でも地方の風景の重要な要素となっている。平和運動は、知識人のみならず、教員組合や退役軍人会などによって担われ、大衆的な広がりを持っていた。

大戦間期の政治と社会

一九一七年にロシア革命が起こると、バルビュスをはじめ平和運動に関わった多くの人びとを魅了した。フランス社会党は分裂し、多数派が一九二〇年にコミンテルンへの加入を決定し、さらに翌年、共産党を結成した。だが、コミンテルンの方針にそって党組織を変えていくなかで、共産党は勢力を激減させた。

共産党だけでなく、社会運動も一九三六年まで弱体であった。そのため、フランスは他の西洋諸国に比べても社会的には静穏であった。だが、戦争によって中産階級は疲弊し、高額給与所得者、官吏、専門職のブルジョワジー、金利生活者は没落した。富を増やしたのは、軍事産業に関わる資本家と、物価の変動を在庫品に転嫁することができた大商人と卸売業者であった。複線型教育制度（一八八頁参照）が維持されたために、業績主義はほとんど進展せず、各分野の支配層が同じ分野の有力家系から縁故で人材を選抜したため、エリートの閉鎖性が強まり、他方で、法曹ブルジョワジーはエリート層を束ねる能力をすでに失っていた。

戦時の女性の社会進出は戦後も続いた。しかしながら、激しい逆流が起こり、男性優位の関係には変化はなく、女性参政権も実現されなかった。たしかに丈の短いスカートをはいた女性が人目を惹くことはあったが、変化は女性の外見、衣服にとどまっており、相変わらず伝統的な女性観が支配していた。大学教員になれる可能性はほとんどなく、女性研究者の大半は実験助手、名も知れぬ調査員、自由契約の職員であった。大戦勃発から、アクシオン・フランセーズが勢力を盛り返していたが、戦後もその勢いは衰えず、一九一九年の総選挙では議席も獲得した。今や打倒すべき敵はボルシェヴィキ、忍び寄る国際主義であった。当時のカルチエ・ラタンはモーラス派の運動が優勢であり、ソルボンヌの法学部と医学部の学生、リセやコレージュの生徒を熱狂させたのである。

一九二三年、当時のポワンカレ内閣はドイツの工業地帯ルールに出兵した。だが対独強硬策は国外のみならず、国内世論からも反発を買い、一九二四年の総選挙で急進党と社会党からなる左翼連合に敗北した。左翼連合は政権につくとルール地方から撤兵し、仏独協調路線に舵を切った。とくに外務大臣ブリアンは、ロカルノ条約や不戦条約の締結に大きな役割を果たした。左翼連合政権はインフレやフラン価値の低下に有効な対策をとれず、一九二六年に崩壊するものの、政権が代わっても外交政策は変わらなかった。フランスの指導者は、新たな戦争の危険を排除し、高い代償を支払った戦勝の成果を守ろうとした。このように、フランス共和国はナポレオンの没落後初めてヨーロッパの既成秩序を守る側にまわることになった。

一九二四年の総選挙で首相となったエドゥアール・エリオは高等師範学校出身の文学アグレジェであった。このように、法学部出身ではなく、高等師範学校出身で大学教授、あるいはリセの教授の経歴を持つ者が急進党や社会党の大物政治家となり、政府を率いることが増えた。このため、「教授の共和国」と評されるようになり、右翼の攻撃の的となった。

アヴァンギャルドの黄金時代

一九二〇年代から三〇年代の初めはアヴァンギャルドの黄金時代と見なされている。すでにアヴァンギャルドの運動の洗礼を受けていた絵画だけでなく、彫刻、音楽、ダンス、装飾芸術、演劇、映画、写真にまで及び、宣伝ポスターにもキュビスムやほかの芸術運動の表現が取りいれられた。

二〇年代の芸術革命の舞台となったのはパリよりもむしろベルリン、モスクワであった。それでも、パリは芸術の世界的な都、モダニティの女王として見なされ、世界各地から芸術家が集まった。ロシアから画家のスーティン、シャガール、音楽家のストラヴィンスキー、プロコフィエフ、アメリカからヘンリー・ミラーやフィッツジェラルドなどの「失われた世代」の作家、スイスから彫刻家のジャコメッティ、スペインから画家のダリがやってきた。また、セネガルからサンゴール、マルチニックからエメ・セゼールと仏領植民地出身の黒人作家が集まり、パリは、一九三〇年代に「ネグリチュード」と呼ばれる黒人固有の文化を称揚する運動の発祥の地となった。戦前のモンマルトルと同じ役割をモンパルナスが果たし、ラ・クーポール、ル・ドーム、ラ・ロトンドなどの名高いカフェが交流の場となった。

多くの美術館、博物館があることもパリの魅力であった。博物館学という新しい学問分野が形成され、特別展などの展示方法が開発された。特別展の最初の例は一九世紀後半にさかのぼるが、一九三〇年から三七年にかけてパリのオランジュリー館で印象派の巨匠の回顧展が連続して開かれている。国際連盟のなかに各国の博物館の交流と記念物と芸術作品の保護と保存の促進を目的にする機関も設けられた。またパリは世界の芸術市場の中心でもあり、画商が営む画廊が芸術市場で大きな役割を持ち、新作の普及と売却ではサロン展など既成の展覧会を凌いでいく画廊も現れた。

この時代のアヴァンギャルドを代表するダダの運動は大戦中のスイスで誕生した。それでも、運動が発展したのはパリであった。大戦後、ブルトン、アラゴン、スーポーはダダに影響を受けた文学運動を開始し、ダダの中心人物トリスタン・ツァラもパリに移った。反軍国主義とブルジョワ文化への拒否を特徴とし、嘲弄と挑発において際立っていた。だが、グループはすぐに分裂した。ダダと離れたブルトンは一九二四年に、アラゴン、エリュアールらとともにシュルレアリスムの運動を始め、ミシェル・レリスらもこれに従った。芸術的前衛と政治的前衛との合流も見られた。アラゴンとブルトンを含む一部の者は共産党に入党した。ただし、この出会いは束の間であり、ブルトンを含めて多くの者はやがて党から離れていった。

二〇年代は「狂乱の時代」とも呼ばれる。「アメリカかぶれ」がパリを襲い、チャールストンが踊られ、ジャズが演奏されるキャバレーやクラブは、終戦直後にアメリカとイギリスの兵士で賑わい、その後は新しいもの好きの社交界の人びとが常連となった。ブロードウェイのレヴューがパリにふさわしい形に翻案され、新たなスペクタクルとして提供された。たとえば、シャンゼリゼの劇場で演じられた「レヴュー・ネグロ」では、黒人ダンサー、ジョセフィン・ベーカーが、おそらくはフランス植民地帝国から着想を得て、裸になり羽飾りをつけた姿で現れ、挑発的な身振りで踊り、ジャン・コクトーなどパリの著名人を夢中にさせたのである。

芸術における秩序への回帰

同時に、パリでは、音楽を含め（歴史の扉14参照）、芸術のあらゆる領域で、過去のフランスの巨匠を愛好する国民的な「良き趣味」への回帰、コクトーの表現を借りれば、「秩序への呼び起こし」が時代の趨勢となった。ドイツ文化に対抗して、フランスこそ古代ギリシア・ローマの唯一の正統な継承者であると主張されたのである。

絵画では、ドランが一九一三年にすでに、節度と素朴さへと回帰していたが、戦時中、古典的な遠近図法を用いるようになった。キュビスムの画家は、フェルナン・レジエらは別にして、一九一六年以降、伝統的な絵画へと移行し、同様にピカソはアングルとコローの絵画からインスピレーションを受けた。彫刻家のマイヨールとブールデルの作風は変わらず、公共の建築物、記念建造物でも目につくのは過去への回帰であった。地域主義的な要素はあるものの、美術アカデミー風の建物が地方都市に次々と現れ、記念建造物も大胆さを欠いて、美術アカデミーが公的注文を独占していた。

文学では、アヴァンギャルドが主流派として認められた存在となり、出版業界で堅固な地位を築いた。それを体現していたのが一九〇九年にアンドレ・ジッドらによって創刊された『新フランス評論』（ＮＲＦ）と、それと提携した出版社のガリマール書店であった。ＮＲＦは、「世紀末」のデカダンとは一線を画し、ある種の古典主義を標榜しており、この点ではアクシオン・フランセーズとも接点があった。二〇世紀初めの若い作家は自費出版や名も知られぬ雑誌で作品を公表する場合が多かったが、ケッセル、アンドレ・マルローなどはガリマール書店によって発掘され、自前の版元をもっていなかったシュルレアリストも含め、新進作家は大手出版社によって見出されることになった。有名な文学賞受賞がベストセラーを生み出す現象（あるいは営業戦略）も、この時期に生まれた。

二〇年代はフランスの文化と知的生産のなかで文学の支配が確立する時期である。ノーベル文学賞受賞が、ロマン・ロラン（一九一五年）、アナトール・フランス（一九二一年）、ベルクソン（一九二七年）、マルタン・デュ・ガール（一九三七年）と続き、フランス文学の国際的評価が高まっていった。他方、戦間期の大学は、学生数がほぼ二倍になったのに大学教員のポストの数は変わらなかった。教育負担が増え、以前に比べ知的活動に従事する余裕がなくなった大学教員にひき比べ、好調な出版市場に支えられて、文学者という職業の魅力が高まり、作家という独立した知識人の地位が向上した。

だが、芸術におけるフランスの国際的優位性は次第に脅かされていった。芸術大国としての地位を守るために一九二五年、パリ万博が組織された。この万博で注目を浴びた「アール・デコ」も、戦前のアール・ヌーヴォーへの反動から、国民的な芸術と節度ある趣味、正確で丁寧な仕事への回帰が推奨され、ぜいたくな材料——貴重な木材、真珠層、漆――が使用されていた。アール・デコの作品はエリートの日常世界に侵入し、続いて都市住民の住まいのなかに広がっていった。だが、三〇年代に入ると、アメリカ合衆国との競争が熾烈になり、フランスの芸術市場は危機に陥り、多くの画廊が閉鎖された。

知的交流の発展――大戦間期の思想と学術文化

大戦後、フランスの衰退、西欧文明の衰退という観念が広がり、これにボルシェヴィキの恐怖、アメリカ文化への警戒感、国際連盟への期待などが重なって、知識人のなかにヨーロッパ統合の理想が復活した。ロマン・ロランがガンジー、アインシュタイン、フロイトらと文通し、ナショナリズムを非難し、独仏和解を勧め、「国際的良心」として国内外で大きな影響力を持ち、ジッド、哲学者のアランらはドイツの知識人との対話に取り組んでいる。

哲学者や歴史家、アヴァンギャルドの芸術家は科学に強い関心を持った。大戦前にさかのぼることであるが、相対性理論や量子力学など新しい科学理論の普及には、専門外の人でもわかりやすい言葉で説明することができたランジュヴァンなどの物理学者や、交流の場としてのサロンとサークルの役割が大きかった。たとえば、遠近法の技法はユークリッド幾何学から生まれたものであったが、ユークリッド幾何学を単なる約束事にすぎないと論じた数学者アンリ・ポワンカレの思想を、キュビスムの画家やキュビスムを擁護した文学者は知ることができた。X線の発見、相対性理論に基づく四次元空間も彼らの着想の源となった。新しい理論への接近は、影響力を広げていたモーラスの古典主義に対抗するためにも必要とされた。他方、シュルレアリストはフロイトの精神分析から影響を受けて、無意識の世界を具現化する手法を様々に試みた。

贈与の役割を明らかにしたマルセル・モースの民俗学の業績も他分野に大きな影響を与えた。シュルレアリストやジョルジュ・バタイユは民俗学、人類学に関心を示した。たとえば、ダカール－ジブチの民俗学遠征隊（一九三一〜三三年）にはレリスも加わっていた。一九三七年から、バタイユ、レリス、ロジェ・カイヨワは、「社会学コレージュ」という団体を設立し、公権力、聖なるもの、神話を研究対象とした社会学の公開講座を開催している。

民俗学とともに、心理学でも大きな進歩があった。心理学は哲学と医学という離れた学問分野で発展し、行動心理学、実験心理学など方法的にも分化し、新たな知の領域を切り拓いて、哲学の権威を脅かした。サルトル、メルロ＝ポンティなどの高等師範出身の哲学者は哲学研究を始める時に心理学から影響を受けている。同様に正統派の哲学に飽き足らない若手の哲学者を中心に、ドイツの哲学者、ヘーゲル、キルケゴール、フッサール、ハイデガーなどが読まれ、またその翻訳が出始めた。歴史学では政治史がなお全盛であったが、デュルケームの影響を受けて、リュシアン・フェーヴルとマルク・ブロックの二人が、一九二九年に『アナール（社会経済史年報）』を創刊したのが注目される。

他方、カトリックの世界でも変化が生じ、教皇による弾劾（一九二六年）によって、カトリックの世界におけるアクシオン・フランセーズの影響力も弱まっていった。ベルナノスなど、教会による監督から離れて独自の立場で発言するカトリック知識人が登場した。三〇年代初めには、雑誌『エスプリ』のグループをはじめ、ペギーに影響を受け、既成の政治的、文化的潮流への帰属を拒否する「非順応主義者」と呼ばれるカトリックの若手知識人集団がいくつも現れている。

ジャーナリズム・ラジオ・植民地文化

科学技術の発展に伴い、メディアも多様化した。三〇年代になると、新聞・雑誌、ラジオ、映画、レコードを通して、フランスにも大衆文化の時代が到来しようとしていた。

日刊紙は部数を減らし、経営困難に陥る新聞が増えた。とくに、伝統的なオピニオン紙は、非政治化の傾向を示す情報紙と政治的な立場が鮮明な週刊、月刊の雑誌に押されて、影が薄くなっていた。他方、情報の中身も大きく変わった。たとえば、日刊紙に掲載された旅行記を通じて、フランス人は自らの植民地帝国を意識するようになった。裁判記事などの三面記事や、ツール・ド・フランスのような自転車競技など、スポーツ記事も増えた。その他では、スポーツ専門誌や『マリークレール』（一九三七年創刊）のような女性専門誌の登場が特筆される。

ラジオ放送は、一九二一年にエッフェル塔の送信機から通常放送が開始された後、一九二二年に、最初の民間放送局が創設された。一九二五年以降、ポータブル蓄音機が普及したが、蓄音機で音楽を聴いたのは少数の人びとにすぎず、二〇年代で重要なのは、蓄音機を使ったラジオ音楽番組の出現であった。イギリス、アメリカ、ドイツと比べると遅れたが、フランスでもラジオ受信機の普及台数は一九二九年の五〇万台から一九三九年には五五〇万台へと増加した。並行してラジオ放送局も増えた。

民間放送局は新しい語り口をもたらした。新聞雑誌に比べ、白黒がはっきりして、理屈をこねることもなく、演劇の舌戦に比べ、堅苦しくなかった。民間放送局では、素人の歌合戦番組が放送された。また、番組を中断してニュース速報を伝える、新しい情報の提供方法を実践した。一九三二年に初めて選挙戦でラジオ放送が利用され、数年後の選挙では人民戦線（後述）の勝利の一因となった。三〇年代になると、公権力による、公共ラジオの活動規制と監督が一段と強められた。戦争が近づくにつれ、ラジオはプロパガンダの武器として位置づけられ、首相の管轄下に直接置かれることになった。

植民地は一九〇〇年の万博など、多様なイベントのなかですでに一定の役割を演じていたが、一九三一年に開催され、八〇〇万人の入場者を記録した「植民地・海外領土国際博覧会」はフランス人の植民地意識の形成にとって画期となった。植民地文化は、「文明化の使命」という共和主義の言説と結びつくことによって、植民地化に伴う暴力のリアリティを喪失させる効果があった。帝国領との貿易も増加し、帝国のイメージは冒険と快楽の地として理想化されるようになった。こうして創造された植民地の色彩鮮やかなイメージは、学校の教科書、学者の言説を媒介して定着し、大衆文化――映画、シャンソン、キャバレー、民衆文学――によって伝播された。

人民戦線の実験

ニューヨークのウォール街での株価暴落に始まる恐慌をきっかけに、ドイツではナチスが政権を取り、東欧諸国でも独裁政権が次々と成立した。フランスでも一九三四年二月六日に、アクシオン・フランセーズや「火の十字団」などの右翼団体のデモ隊と警察隊が衝突する事件が起こった。これらの右翼団体、とくに「火の十字団」がファシスト団体であったとする説は現在では疑問視されているが、この事件を契機に同年三月五日に反ファシズム知識人監視委員会（ＣＶＩＡ）が誕生した。この委員会は、アラン、ランジュヴァン、民俗学者のポール・リヴェの後援のもとに創設され、一九三四年末にはＣＶＩＡは自称六〇〇〇人以上の会員を誇った。知識人の世界は左右に両極化し、重要な事件が起こるたびごとに二つの署名リストができ上がり、それぞれにスローガンと時には侮辱的な言葉が書き添えられた。

知識人の統一戦線の誕生に後押しされて、社会党、急進党、共産党の三党からなる人民戦線が成立し、一九三六年の総選挙で大勝した。こうして高等師範出身で文学者である社会党のレオン・ブルムが首班となり、閣外協力ではあるが共産党も初めて参加する人民戦線政府が成立した。政治史の上では、共産党がコミンテルンの方針転換を受けて、社会党と提携し、フランス革命とフランス共和国の価値を認めることになった点が重要である。

選挙での勝利の直後から、フランス全土を自然発生的な工場占拠ストライキが覆い、このストライキ運動を受けて、ブルム内閣は年二週間の有給休暇法と週四〇時間労働法を成立させた。スポーツと余暇の組織を担当する閣外相のポストが新設され、レオ・ラグランジュが任命された。

人民戦線の政策のなかで、注目されるのは若者を主な対象とした文化・スポーツ政策である。ナチス・ドイツやファシスト政権下のイタリアなど周辺の権威主義体制と一線を画す必要から、若者を特定の組織に編入するのではなく、補助金などによる、既存の団体の支援という形をとった。これらの支援は市町村などが行うコロニー・ド・ヴァカンス（数週間に及ぶ林間・臨海学校）への財政支援のようにすでに実施されていたものもあったが、組織的となり、補助金の額も大幅に拡充された。新規事業では野外活動の指導者育成の援助、民間の演劇への公的補助金などが挙げられる。

当時絶頂期にあった多くの若者団体は多様な文化活動を展開し、なかでも、スカウト運動は若者の社会化の一形態として定着していた。他方、ユースホステル運動が一九三〇年代になってドイツから導入された。ユースホステル運動では、伝統的な社会関係は消え、スカウト運動と違い、服装などでの規制が少なく、男女混交で自由と自治、平等な仲間意識に基づく集団生活が実践された。ラグランジュ自身もスカウト運動の出身であったが、若者運動は次世代のリーダーを数多く輩出した。

大戦間期、教育制度は大きな変化がなかった。初等と中等教育の間の溝は深く、中等教育就学者数は伸び悩み、女子生徒の増加で面目を保っていた。一九三〇年から中等教育の無償化が徐々に実施されたが、生徒数の増加は小さかった。このような文脈のなかで、戦争勃発まで国民教育大臣であったジャン・ゼーは、複線型教育制度を克服する法案を通そうとしたが、抵抗が大きく、実現しなかった。

経済政策が功を奏さず、人民戦線政府は短命に終わったが、その前に、スペイン内戦をめぐって人民戦線内部に大きな亀裂が生じていた。人民戦線政府は不干渉政策をとり、スペインの人民戦線政府をいわば見殺しにすることになった。反ファシズム知識人の間でも、アランら無条件の平和主義者と、ランジュヴァンなど共産党系の知識人との間で裂け目が生じた。さらに、全体主義のナチス国家という前代未聞の政治的現象を眼前にしながら、その危険が過小評価されたことが指摘されている。

その後も、フランスの外政は迷走を続けた。ミュンヘン会談（一九三八年）で、当時の首相ダラディエはナチス・ドイツによるチェコスロヴァキアのズデーデン地方の割譲を認めた。こうした宥和的な態度は裏目に出て、ナチス・ドイツは一九三九年九月一日、ポーランドに侵攻し、ついにフランスとイギリスはドイツに対して宣戦布告をした。

「国民革命」とレジスタンス

一九四〇年五月にドイツ軍が電撃戦によってフランスに侵攻し、あっけなく第三共和政は崩壊した。フランスは北半分と大西洋岸がドイツ軍に占領され、南半分に第一次世界大戦の英雄ペタン元帥を国家主席とする政府が成立した。首都が温泉町のヴィシーに置かれたのでヴィシー政権ともいう。「自由・平等・友愛」を標語とする共和国政体と理念は否定され、代わって「労働・家族・祖国」という国民の義務を定めた標語を掲げ、「国民革命」を目指す、権威主義的な独裁体制が成立した。ヴィシー政権はイギリスとは外交関係を持っていなかったが、当初は米ソを含めた諸国から正統な政府として見なされていた。

ドイツ占領地域ではもちろんのこと、ヴィシー政権の支配地域でも検閲は過酷であり、ベルナノスのように亡命した芸術家、知識人も多かった。ただし、文化面では第三共和政との連続性も指摘されている。たとえば、ヴィシー政権は、造形芸術、演劇や、民衆、とくに若者を対象とした文化政策では、人民戦線期に始められた国家による介入を継承している。また、伝統から乖離し難解すぎるとして、近代芸術が激しく非難され、それ以前からの趨勢であった「秩序への回帰」が強制された。

ドイツ軍や対独協力派に対する抵抗運動はレジスタンスと呼ばれる。知識人のレジスタンスは地下出版活動への参加のほか、マルローのように武器を取って戦った者もいた。国内では共産党が一大勢力になったが、国外のレジスタンスを代表したのは、イギリス政府の庇護を受けたド・ゴール将軍が率いる「自由フランス」であった。ド・ゴールは、一九四〇年六月一八日にイギリスＢＢＣ放送でフランス人に抵抗を呼びかけ、これを皮切りに活発な活動を始め、かつての植民地アフリカで最初の領土を得た。ド・ゴールの腹心ジャン・ムーランの奔走のおかげで、フランス国内のレジスタンスは統一され、一九四三年五月に「全国抵抗評議会（ＣＮＲ）」が結成され、ド・ゴールはその唯一の指導者となった。六月にはフランス国民解放委員会が結成され、その後も着々と組織化が進み、一九四四年六月二日、共和国臨時政府を名乗った。連合軍によるノルマンディ上陸作戦が始まる数日前であった。

一九七〇年代に入って、ヴィシー期の見直しが行われ、「レジスタンス神話」について議論されるようになっている。たしかに、映画などの媒体を通じて広められたレジスタンスのイメージは単純化されたものであった。フランス解放における軍事的な役割は過大評価されていたし、ド・ゴー

図９－２　1931年の植民地博覧会の本国部門の建物

来場者は本国部門を通った後，フランスと各国の植民地部門に向かうことになる。植民地のパビリオンは未開の地にふさわしく，ヴァンセンヌの森に設置された。博覧会終了後，図の右側の建物が残され，植民地博物館となった。これが現在の移民博物館（終章参照）の前身である。

出典：*Maureen Murphy, Un palais pou une cité: Du Musée des Colonies à la cité nationale de l'Histoire et de l'Immigration*, Paris, Réunion des musées nationaux, 2007, p. 15.

ル派あるいは共産党勢力以外にも多様な潮流が存在していた。それでも、レジスタンスが、解放において、政治的に重要な役割を果たしたことは否定できない。とくに戦後の再建計画は、CNRというレジスタンスの全国統一組織のなかで準備されていたのである。

（上垣　豊）

参考文献

ミシェル・ヴィノック著、塚原史ほか訳『知識人の時代――バレス／ジッド／サルトル』紀伊国屋書店、二〇〇七年。

久保昭博『表象の傷――第一次世界大戦からみるフランス文学史』人文書院、二〇一一年。

剣持久木『記憶の中のファシズム――「火の十字団」とフランス現代史』講談社選書メチエ、二〇〇八年。

ロバート・O・パクストン著、渡辺和行・剣持久木訳『ヴィシー時代のフランス――対独協力と国民革命一九四〇―一九四四』柏書房、二〇〇四年。

平野千果子『アフリカを活用する――フランス植民地からみた第一次世界大戦』人文書院、二〇一四年。

渡辺和行『フランス人民戦線――反ファシズム・反恐慌・文化革命』人文書院、二〇一三年。

余暇の過ごし方

「伝統的」なフランス社会と自由時間

フランスといえば、ヴァカンスをはじめ余暇を享受する国という印象をもつ読者も多いだろう。夏のヴァカンスの時期になれば、人びとは一斉に国内外のリゾート地に移動し、反対にパリは「もぬけの殻」になる。では、こうした余暇は、いつからこのように過ごされてきたのだろうか。

現代において、「余暇」とは仕事（労働）時間に対する自由（非労働）時間を意味するが、この区別自体、近代社会のなかで生まれたものである。そして、余暇の過ごし方も、人びとの時間感覚や生活、労働のあり方、近現代における社会の変化など、複雑な文脈のなかで変遷していった。余暇の歴史を跡づけるには、まず「余暇」そのものが歴史の産物であるということを念頭におかなければならない。

中世以来、人びとは太陽の動きとそれに基づく教会の鐘の音によってしか時間を知ることができず、また知る必要もなかった。たしかに、一四世紀以降、公共の大時計も見られるようになったが、それはほんの一部の都市にかぎられていた。一般庶民にまで安価な個人用時計が普及するには、実に一九世紀末を待たなければならない。こうした工業化が進展する以前の社会を「伝統的」と形容するならば、自然のリズムに基づいた「伝統的」なフランス社会では、計測できず規則的でない、「自然の時間」が流れていたのである。地域や社会層による差異はありつつ、一九世紀後半から二〇世紀前半までこうした社会は残存した。

正確な時間を知りえないこうした社会では、当然、「九時五時」で仕事、それ以降は個人の自由時間（＝余暇）といった現代のような区別は成立しない。つまり、一九世紀前半の都市において職人や手工業労働者たちが酒を飲みながら仕事をしていたように、また農民が農作業の合間に食事休憩や昼寝をしていたように、仕事時間と自由時間は互い違いに配置され、混在していたのである。

こうした「伝統的」な社会において、自由時間はどのように過ごされていたのだろうか。貴族やブルジョワの場合、そもそも生活時間の多くが自由時間であった。彼らは、邸宅や城館で読書や古美術品・版画の収集などの知的活動や、歌謡・音楽などの文化活動に時間を割いていた。客人の接待やサロンの主宰といった社交も生活の大きな部分をしめる。これらの日常的な余暇にくわえて、とくに都市部のエリートは、田舎の別荘で長期間過ごすこともあった。

対して、都市の職人や手工業労働者にとって、自由時間と酒は深い関係にあった。彼らは、仕事の前後や合間といった自由時間の多くを居酒屋で酒を飲んで過ごしていた。居酒屋は、生活に密着したものであり、「仲間」との交友を深める場でもあった。また、週末に給金をえた職人労働者たちが、月曜日になっても仕事をせずに市門の外の安居酒屋で飲み騒ぐ聖月曜日の慣行も、彼らの自由時間の過ごし方を象徴している。この慣習自体が、外から押しつけられる規則正しい時間から彼らがかけ離れていたことを示す。

他方、より「自然の時間」に支配された農村では、自由時間の過ごし方は季節と密接に関連していた。たとえば、季節ごとに共同体で開かれる祝祭は、日夜自然を相手にする農民にとって、たまの気晴らしの場であるだけでなく、季節の変化を象徴的に知らせるものであった。また、夜＝自由時間が長くなる冬には、貴重な火のまわりに家族や近隣住人が集まる夜の集いが見られた。こうした自由時間にも、農民たちは、糸紡ぎや布織りといった手工業的生産や繕い物、道具の修理など、仕事を行っていた。

「自然の時間」に基づく「伝統的」なフランス社会では、仕事時間と自由時間は厳密に区別されず、自由時間の過ごし方も、日常的な生活や仕事の延長線上におかれるものであった。こうした社会は、一九世紀を通じてなお根強く残るが、その一方で徐々に変化をこうむっていく。

近代における社会の変化と「余暇」の誕生

一九世紀前半から生じた産業革命によって、フランスも近代的な工業化社会に突入していった。都市郊外には工場が建設され、工業労働者が登場する。ただし、基本的に当時の工場は、現代と異なり小規模であり、また従来の作業場も併存していた。とはいえ、工業化によって、農村から都市へと多くの労働力が流入し、たとえば、一八〇一年に五五万人であったパリの人口は、約半世紀後の一八四六年には一〇五万人にまで増加している。こうした人の移動を支えたのは、鉄道網の拡大であった。一九世紀前半にフランスでも敷設がはじまった鉄道は、一八七〇年には営業キロ数一万七九三三キロを数えるまでになった。

こうした社会の変化を背景に、人々の時間感覚も変わっていった。一八七〇年代から役場や学校などに公共の大時計が設置され、一八九一年にはグリニッジ標準時の採用によって時刻が統一された（国際的な採用は一八八四年）。そして、一九世紀末から二〇世紀初めには、安価な時計が庶民の家庭にまで普及していく。これと並行して、鉄道では正確な時刻に基づいて列車が編成され、規則正しい時間割が採用される学校教育も一八八〇年代初頭に義務化されたことで、人びとに正確で規則的な「時計の時間」が浸透していった。こうした「時間割」は、生産性や効率を重視する工場労働でも遵守され、時間に正確な労働が求められるようになった。

さらには、一九世紀末から二〇世紀初頭にかけて、労働時間が徐々に減少していった。第三共和政期には、疲労の労働に与える影響が科学的に正当化され、労働時間を短縮する動きが見られるようになる。一九〇〇年には一〇時間労働法が採択され、一九一九年になってフランスでも八時間労働法が制定された。もちろん、法制度はそのまま実態をうつすわけではないが、生涯起床時間にしめる労働時間の割合はたしかに漸減している（七〇パーセント〔一八五〇年〕から四二パーセント〔一九〇〇年〕）。また、自由時間の増加にくわえ、一九世紀末頃には生活水準も全般的に向上していく。労働者たちも余暇用の服装を購入・着用する習慣を身につけ、労働用と余暇用の服装が区別されていった。

こうして一九世紀後半から、世紀転換期のいわゆる「ベル・エポック」期にかけて、一般民衆の次元まで正確な「時計の時間」が浸透していき、徐々に労働時間と非労働時間は区別されるようになった。さらに、多くの人びとに時間的・金銭的余裕が生まれ、ここに非労働時間と重なる現代的な意味での「余暇」が現れはじめたのである。

近代社会の到来は、「余暇」を誕生させるだけでなく、その過ごし方も変化させる。たとえば、第二帝政期のパリに誕生したデパートは、それまでの買い物のあり方を一変させた。一九世紀前半の商店は、一般に薄暗く、何も買わずに退店することは許されない店員との緊張関係にあふれた場であり、買い物はあくまで必需品を購入する手段でしかなかった。しかし、ボン・マルシェなどのデパートは、非日常的な空間と消費を結びつけ、買い物それ自体を目的とする余暇としての「買い物（ショッピング）」を生みだしたのである。当時は庶民には高嶺の花であったデパートも、世紀末には敷居が低くなっていく。また、都会での憂鬱さの解消を自然に求め、また海水浴の効能が科学的に議論されるにつれて、復古王政期から整備されていった海水浴場も第二帝政期から富裕層のあいだで流行した。鉄道の普及とそれにあわせた宣伝によって、「ベル・エポック」期にはより多くの人びとが各地の海水浴場に行くようになる。

都市においては、庶民でも通うことのできるカフェ＝コンセール（寄席喫茶）やミュージック・ホールが建設され、一種の社交の場として機能するようになった。また、廉価な劇場も増加していった。世紀末には、技術発展の影響もあって映画が普及していくこととなる。注目すべきは、こうした余暇の過ごし方が個人主義的になっている点であろう。「伝統的」な社会における余暇の過ごし方は、仲間との交流を重視する労働者の居酒屋での飲酒や、共同体内での祝祭や夜の集いなど、集団的・共同体的な余暇であったといえる。しかし、労働時間と非労働時間が徐々に区別されるにしたがって、自分のための時間が少しずつ登場していくようになる。代表的なものとしては、釣りや園芸（庭いじり）、日曜大工、読書などだろう。もちろん、友人と連れ立って釣りに行くこともあるが、釣りそれ自体はきわめて個人的な時間であり、そこにほかの労働あるいはその延長上のものが入り込む余地はない。また、「伝統的」な社会でも、夜の集いにおいて祖父母や親が子どもに本を読み聞かせる朗読の文化は存在したが、世紀末には識字率の向上から、自分と新聞や本のみが向かいあう黙読が徐々に普及していく。

こうした余暇の個人主義化は、共同体意識が早くから薄れていく都市においてとくに見られたが、農村でも一定の変化を確認することができる。交通の発達によって、仕事などで都市部に出た者が都市の余暇を伝えていったのである。これによって、伝統的な農村での自由時間の過ごし方である夜の集いや共同体的な祝祭は、一九世紀半ばから緩慢ながら衰退していく。それにかわって、村の酒場やカフェで社交するという新たな余暇のかたちが生まれていった。また、音楽協会やオルフェオン（アマチュア男声合唱団）、各種スポーツ協会など、「余暇の協会」が農村部でも発展していくこととなる。

「時計の時間」に徐々に支配されていく一九世紀の工業化社会において、労働時間と区別される「余暇」は、同時に伝統的な集団的性格を脱し、自分のための時間として過ごされるようになっていったのである。

こうした一九世紀から二〇世紀初頭の変化の上に、現代フランスを特徴づける長期休暇＝ヴァカンスが二〇世紀に誕生する。すでに一九世紀には上流階層や一部の職業（将校や市職員）によって享受されていたヴァカンスが制度的に大衆化されたのである。一九三六年に成立した人民戦線政府は、社会政策として有給休暇と週四〇時間労働を制定した。一九三六年六月二〇日法（有給休暇法）は、同一企業に勤続した労働者に一～二週間の休暇を与えるよう定めている。

同時に、人民戦線政府は余暇の組織化に取り組んでいく。たとえば、各鉄道会社に鉄道運賃割引制度（ラグランジュ切符）を採用させ、また格安の宿泊所であるユースホステルを普及させることで、労働者にも手の届く格安旅行を保証した。さらに、スポーツの奨励を目的に、施設の建設・整備が進められ、一九三七年には健康増進を主な目的とする民衆スポーツ証書（特定種目の基準記録を満たすことで与えられる）も設けられた。労働者には縁遠かった文化・芸術活動も推奨され、巡回図書館や美術館の夜間開館と割引入場などによって、民衆に文化的リテラシーを獲得させる試みもなされている。

しかし、ヴァカンスは政府の狙いどおりに過ごされたわけではない。とくに旅行はごく少数にかぎられ、労働者の多くは、金銭的な理由や無関心から、長期休暇にも普段と変わらない余暇（たとえば、釣りや日帰りの旅行など）を過ごしていたのである。また、普段と異なる仕事に従事する「ヤミ労働」も広く見られた。

現代的なヴァカンス、つまり長期休暇ならではの活動が普及していくには、有給休暇が三週間に延長された一九五六年を待たねばならなかった。生活水準の向上もあって、一九五〇年代後半からは、親戚宅での宿泊や家族でのキャンプなど、旅行に出かけることでヴァカンスを享受する人びとが増えていった。一九八一年には、有給休暇が五週間にまで延長されている。冒頭で述べたヴァカンスの国フランスは、こうした近現代の歴史のなかで形成されていったのである。

余暇をめぐる権力関係、対立

ここまで概観してきた余暇の歴史は、時間感覚や社会の変化など、やや構造的な観点からのものといえる。しかし、歴史を紐解けば、余暇とは、他者による時間の使い方の強制や、社会層やジェンダーによる対立など、諸主体が複雑な関係を結ぶ領域の一つであることがわかる。

上述のとおり、一九世紀の工業化の過程では、労働者に規則正しい時間での労働を行わせようとする動きがあった。資本主義社会が形成され、成熟していくなかで、経営者や資本家は、利潤をできるだけ最大にするために、労働の効率化・合理化を求めるようになったのである。しかし、「伝統的」な社会における手工業労働者たちは、聖月曜日の慣習に顕著であったように、自分たちのリズムで仕事を行っていた。彼らに対して経営者たちは、労働時間や態度などに関する規定を採用し、罰則を設けることで、労働の規律化へと踏みだしていった。ここには、ある主体が他者に時間の使い方を強制する、余暇をめぐる権力関係が見てとれる。労働規律の問題は顕著な例であるが、ほかに指摘した列車の編成や教育の場における時間割も、明示的ではないにしろ、同様の構図が現れている。

また、こうした時間の使い方の強制は、余暇の過ごし方それ自体にまで及ぶ。一九世紀後半になると、国際的に労働者のアルコール中毒が社会問題になる。秩序維持の観点から、主として支配層は、アルコールを摂取することに自

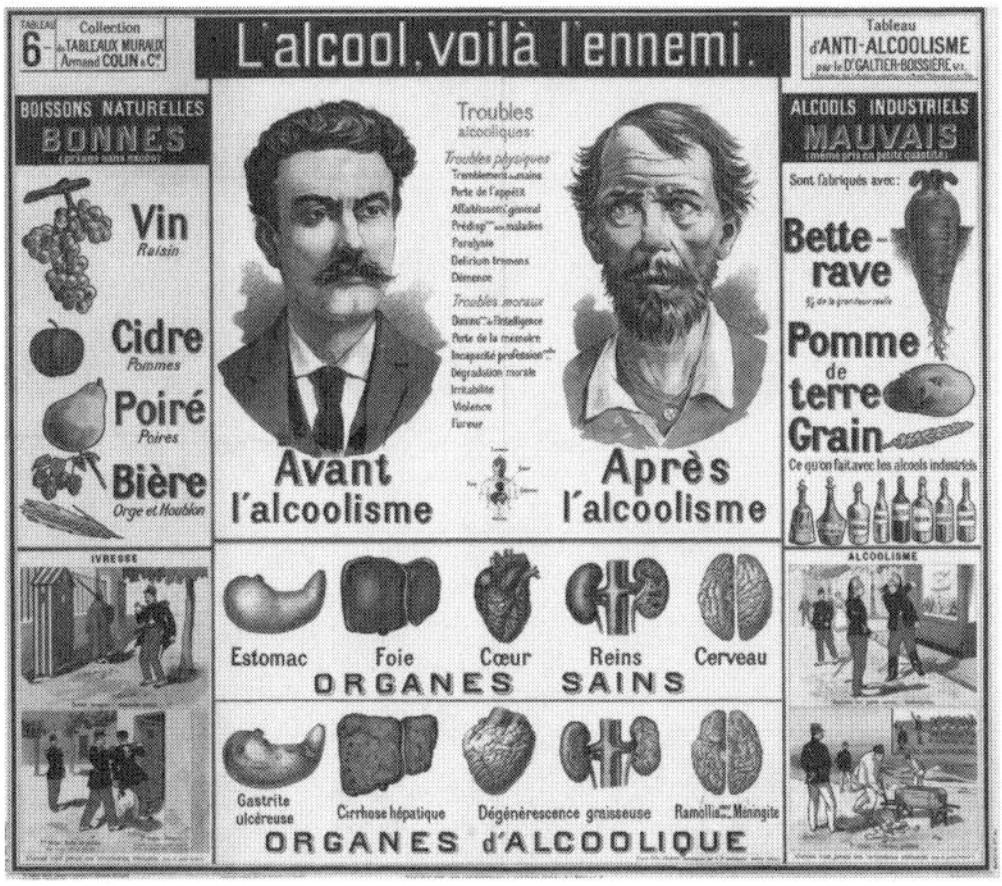

図１　アルコール中毒の危険性を示すポスター（1900年）
「アルコールこそ敵だ L'alcool, voilà l'ennemi」の標語は，政治家レオン・ガンベッタが教会権力との対立激しい1877年に放った言葉「教権主義こそ敵だ Le cléricalisme, voilà l'ennemi」を彷彿とさせる。
出典：*L'alcool, voilà l'ennemi, Tableau d'anti-alcoolisme par le Dr. Galtier-Boissière.*

由時間の大半を使うことを「悪」として、労働者に対して「模範的」な余暇の過ごし方（文化的活動など）を「提案」していく。これはアルコールにかぎらず、当時の大衆に広まっていた「有害」な劇や三文小説についても同様であった。しかし、この「模範的」や「有害」という価値判断は、支配層にとってのそれであり、ここにも権力関係を明白に読みとれる。いうなれば、余暇の過ごし方が序列化されているのである。

　余暇には性差の問題もある。上述した余暇の歴史の主体は、いうまでもなく男性であった。「余暇」の誕生においては、労働時間と非労働時間の明確な分離が重要な役割を担っていたが、女性労働者は、男性のいう「余暇」の時間に家庭の雑事をこなさなければならなかったからである。また、農村の女性は、農業労働力であると同時に家計を預かる身であった。それゆえに、女性に「余暇」は存在しない、あるいは家庭の「仕事」の場でわずかに気晴らしの場が見いだされるのみであったと理解されている。一九世紀の庶民を描いた作品『居酒屋』の冒頭で、エミール・ゾラが洗濯場での女性同士のけんかを描いたように、水くみや洗濯といった女性の「仕事」は、同時に「余暇」の存在しない彼女たちに非公式の社交の場を提供していたのである。

　これにくわえ、余暇の過ごし方にも性差を見てとれる。たとえば、戦間期に労働省が実施したある調査は、庭いじりが男性的な余暇であったことを明らかにしている。反対に、余暇としての買い物は、女性的なそれであったといえるだろう。もともと家計を預かる身であった女性の「仕事」の一つが買い物であったからか、第二帝政期に登場するデパートは、その主なターゲットを明確に女性に定めたのである。第三共和政期には、妻の買い物につきあう夫が荷物につぶされるという風刺画が現れている。

図２　「ショッピングする女性」と題された風刺画（1882年）
百貨店で品物を大量に購入する妻に対し，夫が荷物に押しつぶされながら驚いている。
　出典：*La Caricature*, le 11 novembre 1882.

時間の使い方と政治

自由時間の過ごし方は、政治とも深い関係にあった。一九世紀の後半になるまで、一時期を除くと国会議員は無給であったため、政治家は自由時間のある人がなるものであった。大半の時間を政治にあてても生活できる貴族やブルジョワなど、生まれや富に基づく影響力を行使する名望家が政治家の多くをしめていたのである。こうした一九世紀フランスの特徴を「名望家社会」と呼ぶが、その影響は第三共和政前期にも根強く残る。

フランス革命期や第二共和政期などの短い期間を除いて無給であった国会議員も、第三共和政期になって年九〇〇〇フランの手当をうけとるようになった。この額は、一九〇六年に一万五〇〇〇フランに増額されている。ただし、これが十分な額であったかは疑問が残る。世紀転換期の労働者の日給がおよそ五フラン程度であったことを考えると、約二五フラン、のちには四〇フラン強の日給は、たしかに少なくないように見える。しかし、二〇世紀初頭の『ル・マタン』紙に掲載された議員の年間支出は、やや誇張の可能性もあるが、家賃や通信費、移動費、交際費などで九二〇〇フランと試算されている。さらに、これには最大の支出となる選挙活動費用が計上されていない。世紀転換期頃の選挙費用は、平均しておよそ一万五〇〇〇フランと現在では見積もられており、少なくともこの額を下院議員の場合は四年に一度、用意しなければならない。それゆえに、議員手当による収入は、増額された一九〇六年以降でも決して多くはない。つまり、それ以外の収入の手段が必要になる。

では、議員たちの職務は、どの程度の時間を要するものであったのか。第三共和政期の下院の場合、一般的に、通常会期が一月から七月頃まで、四月を一カ月程度の休みとしながら六カ月ほど開催される。しかし、この時期にはもはや臨時会期は恒常化しており、一〇月末から年末までほぼ毎年のように臨時会期が開催されていた。一例として、一九〇一年には、上記の期間に一一二日間、のべ一四一回の会議を数えている。議会に出席するという基本的な活動にくわえ、議員たちは、定期的に地元に帰っては再選のた

表1　ある下院議員の1年間の支出（1906年）

費　目	支出(単位：フラン)
賃料	1,320
通信費	1,800
移動費	1,000
食事代	2,520
軽食費、退職年金支払いなど	360
寄付金支出など	1,000
援助費	1,000
印刷業者への手形支払い	1,000
計	9,200*

＊「計」は正しくは10,000フランとなるが，原史料では誤って9,200フランとなっているため，ここでもそれにしたがっている。

社会主義議員アンティード・ボワイエの支出（選挙費用除く）。手当9,000フランに対して，これでは「帽子も一揃いの靴下も買えない」と嘆く。

出典：*Le Matin*, le 25 novembre 1906.

めの地盤づくりに励み、またそこでの催事などにも出席する必要があった。さらには、当時、県議会議員や市町村議会議員を兼任している国会議員も半数強ほどの割合でおり、たとえば県議会にも議席をもつ国会議員の場合、国会が休会する四月、また八月から一〇月に県議会にも出席しなければならなかった。一九〇一年の南仏ブーシュ＝デュ＝ローヌ県議会の場合、四月下旬に九日間、一〇月に一七日間、会議が開かれている。こうした地方議会議員職は、一部を除いて基本的に無給であった。

一般に、世紀転換期頃には、議員の民主化が一定程度進展したと捉えられているが、それでもなお、政治で食べていくことは容易ではなく、自由時間のある（＝それを可能にするだけの富をもつ）人びとがその中心をしめたのである。

また、議員としての選出には、自由時間＝余暇の過ごし方も影響を及ぼしたと考えられる。選出にあたって重要な要素の一つに、その地域での有力者との社交関係やネットワークの構築があったことは、つとに指摘されている。こうしたネットワークの構築に対して、労働が一定の役割をもつこともあるが、余暇の歴史で見てきたように、それは余暇の過ごし方の違いにもっとも強く影響される。

このように、時間の使い方や余暇の過ごし方は、政治行為自体にも影響を与え、民主主義のあり方を決定する一要素でもあったのである。

余暇の過ごし方の歴史は、われわれに何を教えてくれるだろうか。歴史上の余暇をめぐる権力関係や性差などの例は、何も遠い過去のものではない。余暇をめぐる価値判断やそこに表れるジェンダー観は、現代でも思いあたるところがないだろうか。余暇の歴史は、「余暇」それ自体が近現代の歴史のなかで構築されてきたものであることを示すだけでなく、こうした現代社会のあり方についても一考をうながす素材になるのである。

余暇というテーマは、政治・経済・社会・文化が複雑に交差する領域である。この意味で、余暇とは、まさに近現代の人びとの生活をうつす鏡にほかならないのである。

（谷口良生）

参考文献

喜安朗『パリの聖月曜日――一九世紀都市騒乱の舞台裏』岩波書店、二〇〇八年。
A・コルバン著、渡辺響子訳『レジャーの誕生』上・下、藤原書店、二〇一〇年。
渡辺和行『フランス人民戦線――反ファシズム・反恐慌・文化革命』人文書院、二〇一三年。

フランスの映画

フランス映画の始まり

一九世紀末に誕生した映画は、二〇世紀の時代精神を体現する文化であり芸術と目されてきた。フランスはその生誕の地を誇り、映画史のなかでも特別な国の一つに数えられている。パリは芸術の都と称されると同時に、ハリウッドと並ぶ〈映画の聖地〉でもある。映画生誕からヌーヴェル・ヴァーグに至るフランス映画の歴史を振り返りながら、その魅力や特色を紹介してみよう。

図1　リュミエール兄弟『工場の出口』（1895年）
出典：http://www.institut-lumiere.org

一八九五年一二月二八日、パリ九区キャプシーヌ大通りのグランカフェにてシネマトグラフの上映会が開かれた。この日は映画の誕生日として記録されてきた日付である。リヨンで写真乾板工場を営んでいたオーギュストとルイのリュミエール兄弟が、父の勧めにしたがって撮影機器と映写機が合体したシネマトグラフという装置を開発し、その成果を一般に披露したのである。リュミエール兄弟はシネマトグラフの発明に成功すると、その装置を携えた撮影技師を世界中に派遣した。それにより、各地の風物がシネマトグラフで記録されるとともに、映画の撮影・上映の技術が伝播された。

シネマトグラフの初上映からほどなく、映画はフランスで大きな三つの特徴を揃えることになる。映画にはまず記録装置としての側面があり、それからこの装置を用いて現実離れしたフィクションの世界を見せる側面がある。そして三つ目として、二〇世紀を通じて巨大産業へと成長していった映画には、なにより「産業」としての側面がある。

ロベール・ウーダン劇場で奇術を披露する魔術師ジョルジュ・メリエスは、多重露光やストップモーションなど、初歩的な特殊効果の技術を利用して、映画を夢と幻想の世界へと大きく開いていった。一九〇二年製作の『月世界旅行』は史上初のSF映画として名高く、世界中で成功を収めた。

またシャルル・パテとレオン・ゴーモンは、シネマトグラフという新発明にすぐさまビジネスチャンスがあると察知した。前者はパテ社、後者はゴーモン社を興したが、ともに現在も存続するフランスの二大映画会社である。

シャルル・パテは寄席芸人フェルナン・ゼッカと組んでコメディを量産し、世界中でヒットを飛ばしていった。パテ社の喜劇俳優マックス・ランデールは、フランスが生んだ映画スターであり、喜劇王チャールズ・チャップリンに影響を与えた。シルクハットにステッキというチャップリンの紳士スタイルは、ランデールのいでたちと芸風を拝借したものだった。

ゴーモン社は、一九〇五年、世界一巨大な映画スタジオをパリ市内のビュット゠ショーモンに建設し、パテ社をしのぐ勢いをつけていく。一九一一年には、座席数なんと三四〇〇にも及ぶ映画館〈ゴーモン゠パラス〉を完成させた。ゴーモン社の監督ルイ・フイヤードによる人気を博した連続活劇『ファントマ』（一九一三～一四年）や『吸血ギャング団』（一九一一五年）は、その後のフランス映画史に大きな影響を及ぼした。

第一次世界大戦の始まる一九一四年まで、世界の映画市場を支配していたのはフランスだといわれる。おりもおり、アメリカ合衆国では西海岸に映画会社が集まり、映画の都ハリウッドが形成されていた。D・W・グリフィス監督『国民の創世』（一九一四年）やセシル・B・デミル監督『チート』（一九一五年）など、物語を語る映画の成功によって、映画は寄席小屋の見世物から、それ自体で自立した独自の形式を持つ作品になっていく。

一九二〇年代のアヴァンギャルド

現在、映画といえば映像と音声を組みあわせた形態を誰もが思い浮かべるだろうが、当初は、映像に音はついていなかった。音楽はその場で上映にあわせて伴奏され、人物たちの台詞は中間字幕（インタータイトル）を通して伝えられていた。俳優たちが声を出して台詞を発する〈トーキー映画〉と区別して、この時代の映画を〈サイレント映画〉と呼ぶのが一般的である。

一九一四年の第一次世界大戦の勃発により映画市場の大半をハリウッドに譲ったとはいえ、サイレント映画の時代もフランスでは活発に映画作りは続けられていった。とりわけ、二〇世紀初頭に前衛芸術の都となったパリでは、多くの芸術家が集まり、議論が戦わせられるなかで、映画もまた一つの芸術と見なされる機運が高まっていく。シネクラブ（上映活動）や雑誌を通した批評運動が芽生え始め、商業主義に陥らない映画芸術の可能性が探究されていったのである。

リチョット・カヌードは早くも一九一一年に空間芸術と時間芸術の総合を映画に見て取り、のちに映画を「第七芸術」と形容してみせた。第七芸術という呼称は、現在でも映画の同義語としてよく用いられるものだ。カヌードは一九二一年に〈第七芸術友の会〉というシネクラブを結成し、監督や俳優や批評家といった多くの映画人を集めた。ルイ・デリュック、ジェルメーヌ・デュラック、ジャン・エプシュタイン、アベル・ガンス、マルセル・レルビエなど、一九二〇年代に頭角を現した映画作家たちからなる潮流は「フランス印象主義」とも「第一の波」とも「物語的前衛」とも形容されることになるが、彼らの試みはフランス映画に起きた最初の革新として歴史に刻まれている。たとえばアベル・ガンスの『鉄路の白薔薇』（一九二二年）に見られる素早くリズミカルな編集や同監督『ナポレオン』（一九二七年）の終幕における〈トリプル・エクラン〉（三台のカメラとプロジェクターを用いて、スクリーンを横三面に拡大する）の使用など、大胆な実験精神に溢れた映画技法が開拓され、演劇や文学とは異なる映画的な表現形式の探求が進められた。

トーキーの到来と〈詩的レアリスム〉

さて、一九二七年、ハリウッドが『ジャズ・シンガー』をヒットさせ、映画界はサイレントからトーキーへの移行を徐々に果たしていくことになる。フランスでは、ルネ・クレール監督による『巴里の屋根の下』（一九三〇年）のヒットがきっかけとなり、映画の主軸がトーキーへと移ったといわれている。

『巴里の屋根の下』はトーキー最初の成功作というばかりではなく、その後のフランス映画の流行を決定づけた作品でもあった。監督のルネ・クレールはフランシス・ピカビアと脚本を共同執筆した『幕間』（一九二四年）で、エリック・サティやマルセル・デュシャンやマン・レイなどの芸術家とコラボレーションするなど、前衛映画から出発した人物である。前衛作家からヒット作の監督へという、クレール自身の変化も時代の変遷を伝えるかのようだ。

一九三〇年代のフランス映画における一大潮流といえば〈詩的レアリスム〉であり、『巴里の屋根の下』はその先駆的作品と位置づけられている。概して主人公は庶民階級の出身であり、彼らの悲恋や人生の悲哀を詩情へと昇華していく詩的レアリスムの諸作は、精巧に作り込まれた美術セットと、トーキーならではの洗練された台詞を特徴とする。『ミモザ館』（一九三五年）のジャック・フェデール、『望郷』（一九三七年）のジュリアン・デュヴィヴィエ、そして『霧の波止場』（一九三八年）や『陽は昇る』（一九三九年）のマルセル・カルネといった監督の存在はもちろんのこと、アンリ・ジャンソンやシャルル・スパークやジャック・プレヴェールといった脚本家・台詞家の仕事がなにより重要なものとして浮上した。マルセル・カルネ監督『北ホテル』（一九三八年）はパリのサン＝マルタン運河沿いの街並みを再現してみせたアレクサンドル・トローネルによる美術装置とともに、アンリ・ジャンソンによる台詞の巧みさで名高い。なかでも劇中アルレッティがルイ・ジューヴェに「雰囲気、雰囲気って！」と詰め寄る掛け合いのシーンはフランス映画史でもっとも有名な台詞の一つと語られてきた。

一九四〇年代以降、ゾラやスタンダールといった文豪の小説を映画化する文芸映画が一種のフランス映画における〈良質の伝統〉を形作っていく。詩的レアリスムはその発端に位置づけられる潮流といえるだろう。

戦後――カンヌ映画祭とCNC

トーキー映画が主流となる一九三〇年代を皮切りに映画は黄金時代を迎えていくが、フランス映画の大きな特徴として、映画を産業としてだけではなく、芸術として擁護する風潮が早くから芽生えていた点が挙げられる。

毎年五月に開かれるカンヌ国際映画祭は、現在、ヴェネツィア国際映画祭、ベルリン国際映画祭と並んで世界三大映画祭と称されるが、その始まりは一九三〇年代末にさかのぼる。ヴェネツィア国際映画祭（一九三二年発足）がイタリアとドイツのファシスト政府の介入を受け、プロパガンダの場と化していたため、政治とは独立した自由な映画祭を求めて創立されたのがカンヌ国際映画祭である。フランス芸術活動協会で会長を務めていたフィリップ・エルランジェと映画批評家エミール・ヴュイエルモーズとルネ・ジャンヌの三人が国民教育芸術大臣のジャン・ゼーに掛け合い、実現に向けた動きが始まった。

ところが第一回の開幕を迎えるはずだった一九三九年九月一日、ドイツ軍がポーランドに侵攻し、映画祭は中止となった。記念すべき第一回の映画祭は、外務省とカンヌ市の出資により、第二次世界大戦後の一九四六年九月二〇日から一〇月五日にかけて開催されることになる。

ナチスに占領された暗黒時代が終わり、第二次世界大戦が終結すると、時代に新たな息吹がもたらされた。だが、新時代を象徴するのはカンヌ国際映画祭の開幕のみではない。一九四六年一〇月、自国の映画製作の保護を目的に、国立機関であるCNC（国立映画センター）が樹立されたのである。CNCは、もともと占領下のヴィシー政権下に作られたCOIC（映画産業組織委員会）を前身にしながら、明確な目的の下に設立された。

フランスはブルム＝バーンズ協定（一九四六年五月二八日制定）によって、アメリカ合衆国に負っていた債務の一部を免除してもらうかわりに、アメリカ映画の上映本数の割合を保証し、フランス映画の上映本数を限定しなければならなくなった。そこで、自国の映画製作を守るべく、CNCが設立されたのである。CNCはまず一九五三年に短篇映画の製作を援助する制度を設け、一九五八年には長篇映画の製作を対象とした〈前貸し金制度〉（売上金の一部を前貸しする制度）を始めることになる。映画会社がリスクを恐れて受け入れないような野心的な企画を支援するためだ。この制度のおかげで、フランスはヨーロッパ諸国のなかでは例外的に、映画市場を完全にハリウッドの独占とさせることなく、自国の映画製作を保護することに成功してきた。また、商業大作で得た収入を多様性を備えた芸術的な作品に補塡するこの政策が採られることで、市場の悪影響から抜け出そうと努力してきたのである。

映画教育の整備

フランスは映画製作に力を入れるだけではなく、その製作を支える映画人の養成にも早くから関心を示してきた。一九四三年九月、マルセル・レルビエの発案によってＩＤＨＥＣ（高等映画学院）が設立され、一九四四年一月に開校された。ＩＤＨＥＣは、全ソ国立映画大学（一九一九年設立、モスクワ）と映画実験センター（一九三五年設立、ローマ）に続く、世界で三番目に古い映画学校である。

一九二〇年代に前衛を代表した監督でもあるレルビエは、「芸術としての映画」を教えることを目標に掲げた。第一期生のアラン・レネは、卒業後、一九四八年の『ヴァン・ゴッホ』を皮切りに、実験的な短篇映画を手がけていき、ついに一九五九年に初長篇『二十四時間の情事』を完成させた。本作はカンヌ国際映画祭で上映されると毀誉褒貶が相半ばしながら脚光を浴び、レネはフランス映画の新時代を画す監督となった。

ＩＤＨＥＣは監督のほか、製作者や脚本家、撮影技師などを多く輩出し、映画およびテレビの分野でフランスの映像業界を支える大きな基盤をなしていく。卒業生のリストを挙げようとすれば、きりがないほどだ。クロード・ソーテやルイ・マルやパトリス・ルコントのような優等生をはじめ、自由奔放なジャック・ロジエも、トリュフォーを師と仰いだクロード・ミレールも、いたって知的なクレール・ドゥニも当校出身であり、一九八六年の閉校まで実に多彩な顔ぶれが在籍しては、卒業後に国際的な知名度を獲得していった。ドイツのフォルカー・シュレンドルフ、ギリシアのテオ・アンゲロプロス、ブラジルのパウロ・ローシャ、ポーランドのアンジェイ・ズラウスキーなどはここに留学し、その後に著名な監督となった。

ＩＤＨＥＣは、一九八六年に設立されたＦＥＭＩＳ（国立高等映像音響芸術学校）に統合され、閉校となった。以後、ＦＥＭＩＳが映画教育の中心を担っていくが、アルノー・デプレシャンやノエミ・ルヴォヴスキに始まり、フランソワ・オゾン、ギヨーム・ブラックに至る一九九〇年代以降のフランス映画を代表する監督の多くはＦＥＭＩＳ出身である。エリート養成を担うグランド・ゼコールの一つで難関校として知られ、その入学選抜試験の模様はドキュメンタリー『入試』（クレール・シモン監督、二〇一六年）に描かれたほどである。

現代映画の原点〈ヌーヴェル・ヴァーグ〉

ところで、フランスでは商業一辺倒にならないような制度が整えられてきた一方で、制度から見放され、学校にも馴染めない落ちこぼれたちの活躍こそが映画を活気づけてきた側面もある。権威に刃向かい、制度が回収しえない野蛮さこそが、芸術の力なのだ。一九五〇年代末に勃興した〈ヌーヴェル・ヴァーグ〉は、それを象徴する映画運動である。

一九四九年、ジャン・コクトーの庇護の下で〈呪われた映画祭〉が開催された。これはカンヌ国際映画祭という権威に対抗して、ビアリッツ――カンヌに決まる前に映画祭の候補地の一つだった――で開かれた映画祭だった。運営に尽力した批評家アンドレ・バザンは、一九五一年に友人らと協力して映画雑誌『カイエ・デュ・シネマ』を創刊。この雑誌に集まった若き同人たちはそれまでの映画のあり方を批判し、新たな美学を練り上げていく。当時二一歳のフランソワ・トリュフォーは、一九五四年に発表した論考「フランス映画のある種の傾向」で、脚本を重視するフランス映画の〈良質の伝統〉を一刀両断する過激な論陣を敷いた。彼らは映画監督を映画作りの一工程を担う〈職人〉ではなく、芸術作品を統率する一人の〈作家〉と見なした。一九三四年に夭折した伝説の映画作家ジャン・ヴィゴを再評価し、『ゲームの規則』（一九三九年）のジャン・ルノワールを「親分」と仰いだ。また、ロベール・ブレッソンやジャック・タチ、あるいはルノワールの弟分ジャック・ベッケルなど、フランス映画の王道から離れて独自の道を歩む監督を擁護し、従来の映画史をめぐる価値観の転覆を試みた。

初長篇『美しきセルジュ』（一九五八年）が注目されたクロード・シャブロルを皮切りに、『カイエ・デュ・シネマ』の若き同人たちは次々と監督に転身し、旧来の慣習に囚われない自由な映画のあり方を提示していく。一九五九年、トリュフォーが『大人は判ってくれない』をカンヌ国際映画祭で発表して成功を収めると、一九六〇年に『勝手にしやがれ』でジャン゠リュック・ゴダールが、一九六一年に『パリはわれらのもの』でジャック・リヴェットが、一九六二年に『獅子座』でエリック・ロメールが長篇デビューした。『カイエ・デュ・シネマ』同人であるシャブロル、トリュフォー、ゴダール、リヴェット、ロメールの五人はときに経験のない素人俳優を起用し、ときに脚本を用意せず即興にゆだね、ときに型破りな撮影方法に挑戦し、ときにルールを無視した編集で映像をつなぎ、たちまち時代の寵児となった。

彼らはスタジオの大がかりな舞台装置に頼らず、少人数のスタッフでもって現実の街の風景のなかで撮影してみせた。『大人は判ってくれない』や『勝手にしやがれ』に撮られたパリの街並みには、セットで再現されたパリとは異なり、瑞々しい現実そのものが煌めいている。〈詩的レアリスム〉のスターであるジャン・ギャバンを主演にし、それに連なる作品を手がけながら、野外撮影を巧みに取り入れた『獣人』（一九三八年）のジャン・ルノワールや『曳き船』（一九四一年）のジャン・グレミヨンの革新性は、ヌーヴェル・ヴァーグの諸作に照らしてみると正当に理解されるはずだ。

映画の未来はどこにあるか

ヌーヴェル・ヴァーグはその後世界中に余波を広げ、現代映画の起爆剤となった。それは現在に至るまでインディペンデント映画の模範であり続けている。その理由の一つは、彼らが撮影所に入所して助監督修業を経ることなく、自ら監督となってみせたからだろう。彼らは技術的な修練よりも、映画をひたすら見て批評眼を鍛えていった。映画作りは技術の問題を大きく超えて、映画をめぐる思考をいかに作品として結実させるかが重要になってくる。

ヌーヴェル・ヴァーグ勃興の背景には戦後にふたたび活況を呈したシネクラブ運動の盛り上がりがあり、それを陰に陽に支えたシネマテーク・フランセーズの存在がある。シネマテーク・フランセーズとは、アンリ・ラングロワが友人らの協力を得て一九三六年に設立した、映画の修復・保存・上映を目的とした組織である。ラングロワは一九三〇年代にトーキーが流行となり、サイレント映画のフィルムが次々と処分されていくのを見て、危機感を感じてフィルムの収集を始めたのだった。第二次世界大戦中は、パリを占領下に置いたナチスにフィルムが奪われぬよう尽力し、多くの作品を救った。戦後、シネマテーク・フランセーズは一九四八年一〇月に六〇席の上映館を開き、一九五五年一二月にはパリのユルム街に二六〇席の新しい上映館を開いて、映画文化の本拠地となった。設立当初は一〇本程度だったフィルム数は、一九七〇年には六万本を超えるコレクションに膨れ上がっていた。

パリが〈映画の聖地〉と呼ばれるとしても、それはハリウッドのように撮影所が多く集まっているからではない。そこでは、映画生誕から現在に至る世界中の映画が見られるからだ。映画作家を目指す若者がこの地に留学したのは、世界に名高い映画学校ＩＤＨＥＣがあったからばかりではない。シネマテーク・フランセーズで映画を見ることが、なによりの勉強と知っていたからだ。

図2　アンリ・ラングロワとジャン・コクトー，シネマテーク・フランセーズにて（1960年頃）

出典：Henri Langlois, *Trois cents ans de cinéma*, textes réunis et présentés par Jean Narboni, Cahiers du cinéma, Cinémathèque française, Fondation Européeenne des Métiers de l'Image et du son, 1986.

ラングロワにとって、映画保存は、たんにフィルムを物質として最良の状態にとどめることを意味しなかった。保存するとは、見せること。映画はそれを見た人の記憶のなかに保存されていくのである――「私にいわせれば、世界中のシネマテークによって文化を普及することの本質は、未来を作り出すことにある。なぜならシネマテークは、生きている芸術の博物館だからだ。博物館といってもたんに過去を保存する博物館だというのではなく、未来を生み出す博物館なのだ」。実際、シネマテークに通った若き映画狂たちがのちに映画作りに挑戦し、一九五〇年代末にヌーヴェル・ヴァーグ旋風を巻き起こしたのである。

それまでの歴史を収める過去の保存庫であると同時に、未来を生み出す母胎でもあるシネマテーク・フランセーズは、一九七七年に没した創設者亡きあとも活発に活動を続けてきた。二〇〇五年九月、パリ一二区のベルシー地区に場所を移し、三つの上映ホールを構えた。もっとも大きな四一二席のホールは創設者に敬意を表して〈アンリ・ラングロワ・ホール〉と名づけられている。古今東西、世界中の映画に接することで、ここからまた未来の映画作家たちが育っていくのかもしれない。

（須藤健太郎）

参考文献

中条省平『フランス映画史の誘惑』集英社新書、二〇〇三年。

ジャン・ドゥーシェ／ジル・ナドゥー著、梅本洋一訳『パリ、シネマ――リュミエールからヌーヴェルヴァーグにいたる映画と都市のイストワール』フィルムアート社、一九八九年。

山田宏一『［増補］友よ、映画よ――わがヌーヴェル・ヴァーグ誌』平凡社ライブラリー、二〇〇二年。

リチャード・ラウド著、村川英訳『映画愛――アンリ・ラングロワとシネマテーク・フランセーズ』リブロポート、一九八五年。

フランスの音楽文化

フランス音楽の歴史と概要

フランスの音楽といえば、何を思い浮かべるだろうか。パリの観光名所でミュージカル《オペラ座の怪人》の舞台、オペラ座（パレ・ガルニエ）。多くの優れた音楽家を世に出し、日本人音楽家の留学先として人気の、名門パリ・コンセルヴァトワール（パリ国立高等音楽・舞踊院）。エディット・ピアフのシャンソンが生まれた街、多くのフランス映画に流れるアコーディオンの響き……。

これらはいずれも一九世紀以降のパリの情景である。フランス革命以前にフランスでどのような音楽が流れていたのか、日本人には想像しにくいであろう。しかし、西洋音楽史のなかでフランスは、中世・近世から重要な存在であった。音楽史の一説によれば、中世ではパリのノートルダム大聖堂で大規模かつ荘厳な聖歌が作られ、一五〜一六世紀のフランドル地方の教会や宮廷では洗練された多声音楽（複数の声部が独立性を保ちつつハーモニーを織りなす音楽）が生まれた。絶対王政期には、芸術のあるべき姿について議論と宣伝を行う「音楽と詩の王立アカデミー」が設立され、宮廷音楽家たちが活躍した。フランス革命により、聖職者や貴族によって守られてきた芸術音楽の創作はしばらく停滞してしまう。だが第三共和政期に入りフランスの伝統が再び蘇る。この時代の音楽が「近代フランス音楽」と呼ばれていて、今日クラシック音楽のなかで広く親しまれているのである。

ただし、こうした音楽史の解釈には「ナショナリズム」というバイアスがかかっていることに注意する必要があるだろう。そもそも「フランス音楽史」なるものが書かれるようになったのは、ナショナリズムの高揚した第一次世界大戦以降なのである。実際にはフランス、とくにパリで繰り広げられた音楽文化は、いつの時代でも国際色豊かなものであった。一九世紀以降に限定しても、パリの国立劇場ではイタリア・オペラが上流階級を喜ばせ、パリ音楽院が組織する演奏協会（現在のパリ管弦楽団の前身）はドイツ系交響曲の上演に熱心だった。《幻想交響曲》（一八三〇年初演）で有名なフランス人作曲家ベルリオーズが傾倒していたのは、パリで人気を誇ったベートーヴェンの交響曲とイギリスからきた劇団によるシェークスピアの演劇である。外国人音楽家の活躍も目覚ましく、ショパン（ポーランド出身）、リスト（ハンガリー出身）、《天国と地獄》で知られるオッフェンバック（ドイツ出身）などの作曲家は、パリ音楽界の中心的存在であった。

それでもやはり、隣国ドイツやイタリアの音楽と比較した際の「フランス的な」音楽の性質は論じてみる価値がある。実際、近代のフランスの音楽家は自分たちの音楽とは何かを真剣に考えていた。彼らの模索は、度重なる戦争や、国内におけるさまざまな政治的価値観の衝突と、密接に関連しているのである。

第三共和政成立初期——新たな伝統の始まり

「フランス音楽」の復興運動のきっかけとなったのは、普仏戦争での敗北であった。プロイセン軍に包囲されパリ中が混乱していた一八七一年二月、「アルス・ガリカ」（「フランク族」に征服される前の「ガリア人」の芸術。ここではフランス古来かつ固有の伝統に根差した文化・芸術を指す）を旗印に「国民音楽協会」が立ち上がる。サン＝サーンスをはじめとする音楽家、音楽愛好家の貴族や知識人、音楽産業関係者などが結集した。彼らは、敗戦の原因はパリ市民の精神的堕落と考え、フランス人音楽家は真面目で高尚なドイツ系音楽を模範としつつ自己改革を行い、自分たちの手による音楽作品をもっと作って普及させるべきだと考えた。

この協会のメンバーは、ベル・エポックのパリで栄えていた「音楽サロン」との結びつきも深かった。音楽サロンは、一七～一八世紀のフランス貴族文化を理想化して模したものであり、主人（既婚女性が多い）が招待した客のみが小規模な空間に集って音楽活動を行う、高貴かつ親密な社交場であった。音楽家がパリの表舞台で成功するためには、まずこうした私的・非公式な音楽サロンで好評を博して、後援者を獲得する必要があったのである。これに対して国民音楽協会は、楽器店の小ホールを演奏会場として活動し、音楽サロンと同様の機能を果たすようになった。フランス歌曲・室内楽曲を数多く残し、小説『失われた時を求めて』の作者プルーストにインスピレーションを与えた作曲家の一人であるガブリエル・フォーレは、音楽サロンと国民音楽協会の両方で注目され、出世のきっかけを得た作曲家の一人である。華やかな歌劇場向けの音楽教育が中心であったパリ音楽院出身ではなく、新設されて間もない宗教音楽学校で学んだフォーレの作品は、当時の人びとには新鮮な響きをもっていた。

理想の音楽の姿を模索するなかで、フランスの多くの作曲家は、地理的に離れた（地方もしくは異国の）音楽や、時間的に離れた（昔の）音楽にも目を向けて、新鮮な要素を積極的に吸収するようになった。彼らはフランス各地の民謡を収集し、ビゼーのオペラ《カルメン》（一八七五年初演）のように異国趣味（とくにスペイン）を採用し、万国博覧会（一八八九年）で紹介されたガムランなどのアジア音楽に衝撃を受けていた。しかし皮肉なことに、一八八〇年代フランスで進歩的だとして多くの熱狂的な支持者を得ていたのは、対抗していたはずの「ドイツ」人作曲家リヒャルト・ヴァーグナーの芸術であった。伝統的なオペラとは異なるコンセプトに基づいて音楽・言葉・舞台を融合した彼の楽劇を観るために、遥かバイロイト（ヴァーグナー作品専用の劇場があるドイツの都市）まで「巡礼」する者も少なくなかった。

そうしたなかでヴァーグナーの影響から脱し、独自の音楽語法によって新たな境地を開いたと評される作曲家が、クロード・ドビュッシーである。彼の管弦楽《牧神の午後への前奏曲》（一八九四年初演）はマラルメの詩に、オペラ《ペレアスとメリザンド》（一九〇二年初演）はメーテルランクの戯曲に基づいており、ドイツ・ロマン主義の感情表現から離れてフランス象徴主義文学の世界観を音楽に反映させている。「音楽は言葉が表現不可能となる時点から始まらねばならず、音楽は言い表せないもののためにある」と述べたドビュッシーは、感情の高揚を大音響で直接的に聴衆へ訴えるヴァーグナーとは対照的に、人間の奥深くに潜む魂の、静的で内的な動きを音楽で表現しようとした。ドビュッシーの作品は、管弦楽のための《夜想曲》（一九〇一年初演）が印象主義と評価されるなど、同時代の絵画との類似性も指摘される。印象派の画家たちが試みたように、ドビュッシーの音楽では輪郭（旋律）が不明瞭化する代わりに、和声の機能にとらわれることなく豊かな色彩（音色・音響）が追求されているのである。

図1　ドビュッシー《ペレアスとメリザンド》初演時のメリザンド役，メアリー・ガルデン

出典：Jessica Duchen, *Gabriel Fauré*, Phaidon, 2000.

ドビュッシーより一三歳年下のモーリス・ラヴェルも、反ヴァーグナー主義であった。彼のピアノ曲《水の戯れ》（一九〇一年）には、象徴主義文学の世界観とともに人工的・機械的なもの（反ロマン主義的なもの）への愛着（ここでは「噴水」）が反映されている。パリ音楽界が次第に保守化していた二〇世紀初頭、ラヴェルはフランスでもっとも権威ある作曲コンクール「ローマ大賞」（一八〇三年にナポレオンが設立）に五回続けて挑戦したが全て落選、ついには挑戦資格を失ってしまった。ここにきて世論は、ラヴェルの才能を認めようとしない保守的な審査員を猛烈に批判、ついには作曲の殿堂・パリ音楽院院長が辞任する騒ぎへと発展した。これが「ラヴェル事件」（一九〇五年）である。ラヴェルはこの後仲間とともに「独立音楽協会」を設立（一九〇九年）、先に挙げた国民音楽協会の対抗組織として存在感を発揮した。この頃国民音楽協会では、ドレフュス事件の煽りで保守的・右翼的傾向を強めた一部の派閥が、新しい傾向を脅威と見なして排除するようになっていた。それに対して独立音楽協会は、「シャブリエ、フォーレ、ドビュッシーにより築かれた新たな伝統より出発し、自由な主題発想や、革新的和声語法に基づく（傍点は筆者）」音楽を奨励する。また、独立音楽協会は外国人作曲者であっても差別せず、多様性と革新性を追求する音楽的な実験の場となった。

二〇世紀初頭――新たな価値観の試み

ナショナリズムと保守的政治思想がパリ音楽界に根強く存在した一方で、保守性への反発が新しい世代の音楽活動を生み出す原動力となった。たとえば、パリを拠点に活動した「ロシア・バレエ団」は、《春の祭典》（初演一九一三年）など奇抜さゆえに客席を騒然とさせる演目で、自由かつ国際的な芸術の象徴となる。伝統的なバレエの優美さとは真逆の原始的粗暴さ・異様さの表現は、振付を担当したニジンスキーとともに、筋書き・音楽を担当したイゴール・ストラヴィンスキーの功績であった。複調（二つ以上の調性の重なり）による歪んだ響き、複雑なリズム、独特な楽器の使用法など、ストラヴィンスキーの革新性は、一九二〇年代に注目を集めた若手作曲家グループに大きな影響を及ぼすことになる。興行師ディアギレフは音楽・美術・振付などそれぞれの分野から大胆な人選を行っては委任し、個性の強い芸術家の共同作業から生まれる一種の化学反応でもって、予期せぬ効果を生み出すことを狙っていた。一世代前のヴァーグナーは楽劇において、作品の全てを一人で考案し統率していたが、このバレエ団は、異なる流儀で「総合芸術」を体現したのである。

第一次世界大戦直後の前衛芸術を先取りしていたのもロシア・バレエ団であった。一九一七年初演の《パラード》では、ジャン・コクトーが台本を、パブロ・ピカソが衣装・舞台美術を、そしてエリック・サティが音楽を担当した。見世物小屋の呼び込み用出し物（パラード）を舞台化したこのバレエは、「見世物小屋」と「呼び込み」のどちらが主たる見世物なのか倒錯しているように、またキュビスム（ピカソの衣装）が視覚的外界を解体・再構築するよ

図2　《パラード》に登場する「フランス人マネージャー」

出典：フランス国立図書館蔵／セゾン美術館・一條彰子編集『ディアギレフのバレエ・リュス 1909-1929』セゾン美術館，1998 年。

うに、「バレエ」や「音楽」などの既成概念そのものを問い直そうとするものであった。ここには、大戦で疲弊したフランスの人びとが荒廃のなかから古い価値観を捨て新しい価値観を打ち立てようと実験を重ねる「狂乱の時代」、つまり一九二〇年代パリの動きに通じるものがある。

サティは、《犬のためのぶよぶよした前奏曲》（一九一二年）など、奇妙なタイトルで常識の枠に収まらない作品を書く、パリ音楽界の異端児であった。しかし実は、独創的な和声でドビュッシーやラヴェルに影響を与えており、若手作曲家たちに至っては師匠として仰ぐ存在だったのである。なおサティは、フランスで国営ラジオ放送が開始されて（一九二一年）ＢＧＭが普及する前からすでに、「決して注意深く聴いてはならない実用音楽」を提唱し、音楽の「聴き方」においても新たな方向性を示唆している。

一九二〇年代は本格的な消費社会・大衆社会の到来でもあった。パリでは伝統的なカフェ＝コンセールが姿を消して、ロンドン生まれのミュージック・ホールでシャンソンが歌われ、華やいだ雰囲気に包まれた。アメリカ渡来のジャズ、アルゼンチン由来のタンゴ、そしてジョセフィン・ベーカーに代表されるアフリカ風黒人ダンスも大流行する。しかしこうした狂騒は、一九二九年に始まる世界恐慌によって一気に吹き飛ばされることになる。

ドイツ占領下の時期――戦後の文化国家へ向けて

ここで少し国家と音楽の関係について見てみたい。第三共和政期のフランス国家は音楽分野のためにほとんど予算を組まなかったし、組むとしても限定的であった。しかし、世界恐慌の混乱のなかでイタリアやドイツにてファシズム国家が成立、それらが大衆文化をうまく管理・提供する様を目の当たりにすると、事情が変わってくる。

フランスで音楽分野にかつてないほど国家が介入するようになったのは、ファシズムに対抗しようとした人民戦線内閣の時である。国民教育省芸術局の公的サポートをうけて結成された「人民音楽連盟」には、優れた教育者、作曲家、歴史家が加盟した。連盟は、音楽を含むフランスの文化遺産の保護、そして高級文化と大衆文化との接近を主張し、不況で困窮する芸術家のために、国家の支援による大規模な舞台上演を企画実施した。一九三八年からは芸術局によって作曲家の作品を買い取る制度も開始された。

第二次世界大戦が勃発して一年もたたない一九四〇年六月、パリはドイツ軍に占領される。四年間の「暗い時代」の始まりである。ところが、この時期のパリの映画館、ミュージック・ホール、オペラ劇場、コンサートホールは、戦前以上に活気に満ちていた。ラジオ・パリ（ドイツ占領軍管轄）では、ニュース番組以上に音楽番組が占めており、クラシック音楽からシャンソンまで多様な音楽が流れていた。逆説的のようだが、こうした文化的な状況には、ドイツ軍・フランス政府双方の政策が深く関わっていたのである。

ドイツの文化政策では、ドイツ音楽の優位性の主張が第

図3　マンハイム歌劇場によるヴァーグナー《ヴァルキューレ》上演時の，パリ・オペラ座正面（1941年3月）
©LAPI/Roger-Viollet/CHIMÈNES, Myriam; SIMON, Yannick (dirs.), *La musique à Paris sous l'Occupation*, Paris: Fayard/Cité de la musique, 2013.

一目的である。しかしその前提として、ドイツとフランスの音楽上の「友好関係」が強調された。音楽家を含むフランス人芸術家をウィーンやベルリンに招待し、パリでフランス人演奏家とドイツ人演奏家を競演させるなどの文化交流を行うとともに、占領下にもかかわらずパリでフランス音楽が上演されることを容認していた。そもそもドイツ軍にとってフランス音楽は駐在兵へ提供する娯楽であった上、フランス人のなかにある反独感情を和らげる狙いもあったのである。

ヴィシー政権はというと、ドイツとの「友好関係」に協力する一方で、「芸術文化ではフランスはドイツに負けていない」という国民のプライドを高めるために、芸術局を中心としてフランス音楽の積極的な創作・上演を推奨した。「近代フランス音楽」は文化遺産としての立場を獲得し、フランス音楽の新たな創造も公的に支援されたのである。

この時期のパリに残って活動したフランス音楽界の第一人者が、アルチュール・オネゲルである。彼のオラトリオ《火刑台上のジャンヌ・ダルク》（一九三五年）は、ヴィシー政権の「国民革命」を体現する作品としてプロパガンダに活用された。ジャンヌ・ダルクは地方の農民の娘であり信心深く、フランスを「憎きイギリス」（フランス人の反英感情、当時のドイツ側の思惑とも重なる）から救った象徴として利用されたのである。

占領下のパリでは、自らの意思とは関係なく利用される音楽家もいれば、自らの意思で政治的意思表明をした音楽家もいた。とくに、ドイツの敗戦が色濃くなってきた一九四三年後半以降には、抵抗（レジスタンス）を主題とする詩への作曲が急増する。フランシス・プーランクは、エリュアールの抵抗詩「自由」に作曲し、合唱曲集《人間の顔》として一九四四年五月に地下出版した。この作品はのちに「解放のカンタータ」の異名をとることになるとともに、プーランクその人もレジスタンスのオーラをまとうことになる。

第二次世界大戦後のフランス音楽界では、占領下にてドイツの音楽政策に協力したフランス人音楽家、とくにラジオ・パリに出演した人たちが粛清の憂き目にあう。代わりに台頭したのが、占領時代にレジスタンス活動に身を投じていた音楽家たちである。国営化されたフランス唯一のラジオ局（フランス・ラジオ放送）では彼らが中心となって、フランス音楽普及のための番組が制作された。フランスが文化省を設立して今日に通じる大規模な文化政策を実施するのは第五共和政以降であるが、実のところこうした戦中、戦後直後の「フランス音楽」確立・普及の努力が、その後の「文化大国フランス」の下地を作っているのである。

（田崎直美）

参考文献

今谷和徳・井上さつき著『フランス音楽史』春秋社、二〇一〇年。

ノルベール・デュフルク著、遠山一行・平島正郎・戸口幸策訳『フランス音楽史（新装復刊）』白水社、二〇〇九年。

永島茜『現代フランスの音楽事情』大学教育出版、二〇一〇年。

フランソワ・ポルシル著、安川智子訳『ベル・エポックの音楽家たち――セザール・フランクから映画の音楽まで』水声社、二〇一六年。

田崎直美『抵抗と適応のポリトナリテ――ナチス占領下フランス音楽』アルテスパブリッシング（叢書ビブリオムジカ）、二〇二二年。

第10章

大衆化、メディア化と変容する文化国家——一九四五〜八〇年代

第四共和政

ナチス・ドイツから解放されたばかりのフランスはレジスタンス神話に支えられた愛国的な高揚に包まれていた。だが、一九四七年ごろから冷戦が激化し、さらにベトナムとアルジェリアで植民地解放戦争に直面し、熾烈なイデオロギー闘争が繰り広げられることになる。五〇年代になると経済が再建され、社会的、文化的にも大きく変容していった。メディアの発達によって、大衆文化が定着し、これによって二〇世紀前半の文化的な布置はすっかり変わってしまった。

ドイツの支配から全土が解放された直後のフランス政治は、レジスタンスを担った共産党、社会党、そしてキリスト教民主主義のＭＲＰ（人民共和運動）の三大勢力によって占められていた。ド・ゴールを首班とした臨時政府、および四六年一月にド・ゴールが退陣した後に成立した三党連立政府の下、レジスタンス運動のなかで構想され、大戦後に政府に提出されたフランスの再建計画に基づいて大きな政治社会改革が行われた。石炭、電気・ガス、中央銀行のフランス銀行、預金銀行、保険会社など基幹産業の主要企業が国有化されるとともに、社会保障も拡充され、福祉国家の枠組みが据えられたのもこの時期である。女性に初めて選挙権が与えられたこと

も重要である。

一九四六年に国民投票で憲法改正案が可決され、第四共和政が成立した。だが、三党体制は長く続かなかった。最大労組であるＣＧＴのストをきっかけにして、共産党が四七年五月に下野する。この間に米ソ冷戦が激化し、社会党を含めほかの党派と共産党との亀裂は決定的となった。同じ年のうちに、政府はマーシャル・プランと呼ばれる欧州復興援助計画を受け入れた。このプランによって流入した資金を梃子にして、経済の計画化と近代化が行われ、フランスは「栄光の三〇年間」と呼ばれる経済成長の時期に入る。一九五〇年代には欧州統合も始まり（一九五二年にヨーロッパ石炭鉄鋼共同体が発足）、年平均五パーセントを超える経済成長を遂げるのである。

だが、他方では経済近代化政策によって切り捨てられた商店主、手工業者、中小農民の抗議運動が激化した。他方、植民地でも独立運動が高まり、インドシナでは一九五四年五月にディエンビエンフーでフランス軍は決定的な敗北を喫し、ようやく七月にベトミン（ベトナム独立同盟会）との間で停戦にこぎつけた。北アフリカでも独立運動がおこり、フランスはモロッコとチュニジアの独立を認めた。

植民地のなかでも、多くのフランス人植民者を抱えたアルジェリアは解決に時間がかかった。国内世論は、独立に反対するフランス人植民者に同調する傾向があり、左派の知識人・文化人の間でも対応は割れ、独立支持を表明したのはサルトルなど少数であり、アルジェリア出身の作家のアルベール・カミュは明確な態度を表明しなかった。

第四共和政は第三共和政と同じく議会に大きな権限が与えられていたが、強固な多数派を形成することができず、政権は不安定化し、軍の一部は独走を始めた。政情不安が広がるなか、やむなく議会と政府は憲法改正の条件をのんでド・ゴールに政権を委譲した。

ド・ゴール時代のフランス

政権に返り咲いたド・ゴールは、五八年九月、大統領権限を大きく強化した第五共和国憲法を国民投票で成立させた。そして従来の態度を変え、五九年九月にアルジェリアに自決権を認める政策を発表し、六一年一月に国民投票にかけて承認させた。FLNとの交渉の結果、翌年三月独立を承認するエヴィアン協定が締結され、四月にこれも国民投票にかけられて、圧倒的多数で承認された。また、ド・ゴールは大統領を直接選挙で選ぶように憲法改正を提起し、六二年一〇月に国民投票にかけ、承認を得ている。こうして、重要な決定を何度も国民投票にかける手法をはじめ、ナポレオンを思わせるような「個人権力」が出現することになった。

ド・ゴール政権は米ソ冷戦と東西両陣営の対決のなかにあって、西側でアメリカに対して独自外交を展開し、国際政治のなかで大きな存在感を誇った。それがもっとも明確に表れたのは軍事面である。一九六〇年に核実験に成功し、核保有国になり、さらに、NATO（北大西洋条約機構）の一員でありながら、六六年、その軍事機構から脱退した。一九六四年には中華人民共和国を承認し、またしばしばベトナム戦争でのアメリカの政策を批判している。その一方で独仏和解を進め、ヨーロッパという政治的なまとまりを強調した。ただし、欧州の経済統合には慎重でフランスの経済的主権にあくまでこだわった。

安定した政権基盤を背景に、ド・ゴール政権は、中小農民や小商店主など旧中間層や中小企業の淘汰を伴う思い切った経済「近代化」政策を遂行した。農業の構造改革によって、離村が進んだが、機械化と経営規模の拡大によって、フランス革命以来の小農が支配する農村の構造は大きく変貌した。価格支持制度などに公的資金を投入して、農業に競争力をつけたのも功を奏した。こうして、ヨーロッパ市場統合という状況の変化をフランス農産物の市場拡大に結びつけることができたのである。

ド・ゴールの権威主義的統治を行政面で支えたのは、テクノクラートと呼ばれるエリート官僚である。高級官僚は、理系の技術系高級官僚育成でナポレオン時代から威信のあった理工科学校とともに、第二次世界大戦後に設立されたＥＮＡ（国立行政学院）などグランド・ゼコールと呼ばれる名門専門大学校からリクルートされた。解放期に行われた基幹産業の国有化によって、各省庁と国営企業の結合が強まり、一九六〇年代には高級官僚が各省庁の影響下にある大企業に「天下り」する慣例が広がっていった。グランド・ゼコール卒業生は同窓会組織に基づくネットワークを持っており、強力なコネとして採用、昇進にものをいった。戦後の改革によって私立政治学院が国有化されたものの、大半のＥＮＡ入学生がパリ政治学院からリクルートされたため、私立政治学院の後継機関（パリ政治学院）が高級官僚の第一の登竜門にとどまることになった。このため、高級官僚の多くは上層ブルジョワ出身で、階層的にも、地域的にも、さらには文化的にも均質的で多様性に乏しかった。こうしたエリート養成方法は六〇年代末以降、激しい批判を浴びることになる。

サルトルとアンガージュマン

解放期からアルジェリア戦争の時期まで、フランスの思想・文化活動のなかで圧倒的な影響力を持っていたのが実存主義の哲学者ジャン＝ポール・サルトルであった。この時期の知識人はマニフェストへの署名からパンフレットの配布まで活動家としての仕事を進んで引き受け、「アンガージュマン」（政治・社会参加）を誰よりも体現していたのもサルトルであった。戦前にすでに作家、哲学者として名声を得ていたサルトルは、戦後になって雑誌を発行して活発な言論活動を開始した。アルジェリア戦争を批判し、フランスの植民地政策を弾劾して世論を喚起し、またベトナム戦争反対、核兵器廃絶の国際的な世論を作り上げるのに大きな貢献をした。

サルトルは名門の高等師範学校を卒業し、哲学のアグレガシオン試験（一五三頁参照）では首席で合格しており、級友からその才能を認められ、リセの哲学教師としてキャリアを開始した。こうした経歴もあって、もっとも熱心な崇拝者の大半は、パリなど大都市にある名門リセの哲学および文学の教授、そしてその生徒であったと言われている。フランス社会は解放期に劇的な社会的変化を経験し、「既成の価値観」が批判あるいは否定された。サルトルの実存主義哲学は、こうしたトラウマを引き起こすような変化を考えるための概念的な道具を与えてくれた。同様の劇的な変化を経験したほかの西欧諸国や日本でもサルトルは受け入れられたのである。

冷戦の影響は知識人・文化人の世界にも大きく影を落とし、二極化を生み出した。現在では想像するのが困難であるが、解放期においては、共産党とマルクス主義は高等師範学校生徒を含めた学生、知識人のなかに大きな影響力を誇っていた。共産党系の知識人・文化人のなかには、ピカソ、コクトー、科学者ではマリー・キュリーの娘婿であり、フランスの原子力政策の立役者でもあったノーベル化学賞受賞者のフレデリック・ジョリオ＝キュリーらが代表的存在である。サルトルの威信は、党に忠実なジョリオ＝キュリーなどとは異なり、社会的責任と科学の自律性を擁護した点にもよっていた。

文化の民主化と文化省

戦後のフランス国家は、全国抵抗評議会（CNR）の綱領を受け継ぎ、文化の民主化を掲げ、文化的不平等と闘う意志を鮮明にした。一九四六年の憲法には厳かに次のように書かれている。「国民は子どもと成人教育、職業訓練、文化への平等なアクセスを保証する」。

この事業を完遂するためには、行政構造があまりに貧弱であったが、それでも、映画では新設された行政機構による介入が有効に機能した（歴史の扉13参照）。また、書籍の領域では図書館公共読書局が新設され、図書館のない農村部や小さな町村のために移動図書館を巡回させる、貸出中央図書館のネットワークが設けられた。読書はこうして公的な利益の対象に昇格した。民衆教育も新たな段階に達した。すでに世紀初めの民衆大学、人民戦線期の民衆劇場と余暇の初期の試みが存在したが、ボランティアの活動にとどまっていた。戦後の改革によって、民衆教育を担当する専任の職員が配置され、恒常的な制度的枠組みが設けられることになった。

演劇は、文化の民主化の事業のなかでとくに優遇された領域であった。一九五一年、国立民衆劇場（TNP、一九二〇年創設）の支配人に、アヴィニヨン演劇祭の創設（一九四七年）で知られる演出家のジャン・ヴィラールが任命された。こうして、万人に対する演劇への権利の主張に加えて、演劇は電気やガスのような、公共サービスであるというヴィラールの思想が国立民衆劇場に持ち込まれることになった。ヴィラールがTNPを率いていた一〇年間の間、パリの演劇のしきたりを知らない観客の受け入れ、低価格の設定、予約優待制度、関係団体との交流などによってこれまで演劇とは縁のなかった階層を観客として掘り起こすのに成功を収めた。

第五共和政憲法でも、第四共和政憲法を受け継いで、文化への権利が謳われている。文化の民主化の理想を継承して、さらに創造によって文化遺産を豊富にし、普及を図ろうとする意志が認められる。この精神を具体化するために、一九五九年に文化を担当する省庁、文化省が誕生した。初代の大臣になったのは国際的にも著名な文学者、アンドレ・マルローであった。マルローはこの省に次のような役割を与えた。人類の、そしてまずはフランスの主要な作品を、可能な限り多くのフランス人に対してアクセス可能にし、芸術作品の創出と、芸術を豊かにするエスプリの創出を促進する役割である。

「国民的文化遺産と人類の精神の栄光との真の接触」を可能にするために、文化の地方分権化政策の一環として取り組まれ、一〇年間で主要都市に八つ設立されたのが「文化の家」である。マルローは、「文化の家」を傑作を間近で見ることで、誰もが芸術的な啓示を持つことができる場所にしようとした。「文化の家」の評価は簡単ではないが、すくなくとも地方への演劇の普及には大きく貢献した。これは、大部分の「文化の家」が演劇人によって率いられ、運営されていたからである。

それまで保護が手薄であった近現代美術については、一九六七年に国立近現代美術センターが創設され、美術作品購入の新しい政策が開始された。さらに、フランスの記念物の目録作成事業の再開、パリの建物のファサードの塗り替えなど、文化遺産保護政策が拡充強化されている。

六〇年代の思想と文化

美術では、第二次世界大戦後、エコール・ド・パリ（パリで活躍する画家）の巨匠、ブラック、マチス、シャガール、スチーヌがそれぞれ独自の道を進み、ピカソが神話化され、共産党への加入が彼に新たな意味を付与した。ドイツとロシアで開花した抽象芸術は、支配的となった。シュルレアリスムは社会的挑発の役目を失い、近現代芸術の章の一つとして既成の芸術のなかに統合された。代わって抽象芸術が支配的となったが、六〇年代には廃れていく。そして一九六〇年には、芸術でも抽象芸術を批判して、「ヌーヴォー・レアリスム」を標榜する芸術家の集団が現れ、大量消費社会から排出される廃棄物を用いて、作品を制作し、近代社会のメタファーとして提示した。およそ一〇年間続いたこの芸術運動は、しかしながら同時代のアメリカのポップ・アートに凌駕されていった。

六〇年代に入り、革命の可能性が遠のいていった頃、実存主義に入れ替わる形で、構造主義が人文社会科学の領域で流行し、やがて覇をなした。映画におけるヌーヴェル・ヴァーグ、芸術におけるヌーヴォー・レアリスムの流行とほぼ同時代のことである。

六〇年代半ばには構造主義の登場によって、サルトルの思想も周縁化されていった。構造主義には統一的なパラダイムはないが、それでも共有された参照基準と見地が存在し、音韻学と言語学が基本的な参照基準の第一のものとなった。言語学的なモデルと共時的な研究方法をとり、「構造」、「主体の批判」、「理論的反人間主義」などの概念がキーワードであった。ロラン・バルトは構造主義的手法を文学テクスト、音楽などあらゆるジャンルの文化の解読に広げて一般読者を獲得するのに成功した。

　構造主義的方法その他の学問分野への移植では、クロード・レヴィ＝ストロースの人類学が最初であり、かつもっとも影響力があった。構造主義は、歴史に一定の方向性を見ようとする思考のあり方を疑問視したが、それは「知識人の歴史的使命」を語るサルトルや、「プロレタリアートの歴史的役割」を強調するマルクス主義への批判でもあった。

文化の大衆化とアメリカ化

古典人文主義的教養、一九世紀から大部分は受け継がれてきた民衆文化と並んで、アメリカ文化に影響を受けた大衆文化が定着していった。フランスでの「大衆文化」の開花は一般的には「六〇年代」とされている。文化の大衆化は必ずしも低俗化を意味していない。ベビー・ブーム世代がリセや大学に進学するようになり、教員、ジャーナリスト、司書、その他の文化活動に従事する人の数が増加し、経済成長とともに消費も増加し、古典の、あるいは現代の文学作品がますます多く普及した。文化伝達の条件も大きく変わり、すでに一九五二年にＬＰレコードがフランスに登場し、一九五三年には新書も現れていた。これらに加え、絵画の複製、ラジオ、テレビの普及は、古典的教養の普及の可能性において革命的変化をもたらした。たとえば、ラジオ・テレビ放送は国家の独占となり、国営のフランス・ラジオ・テレビ放送局（ＯＲＴＦ）は質の高い教養番組を提供するために、「フランス・ミュージック」、「フランス・キュルチュール〔文化〕」などの専門のラジオ局を開設した。

　他方、フランスは遅ればせながら五〇年代のプレスリーらアメリカのロックンロールを受容し、その後では、ビートルズ、ピンク・フロイド、ローリング・ストーンズなどの英米のロック歌手、アメリカン・フォークソングのボブ・ディランに魅了された。ぴったりしたパンタロン、黒のブルゾンなど、モードの上でも影響も受けた。

こうしてフランスでもアメリカ文化に影響を受けた「若者文化」が姿を現した。夏の行楽シーズンにはヒット曲がカフェのジューク・ボックス、キャバレー、自宅で開くダンス・パーティーでよく歌われた。一九五九年から放送された若者向けのラジオのバラエティ番組「サリュ・レ・コパン」（「やあみんな」などという意味の挨拶言葉）が人気を博した。同名の若者向け専門誌も刊行され（一九六二年創刊）、その部数は一〇〇万部に達し、その女性版の雑誌とともに、アーティストのプライベートな生活についての情報を提供した。

ジャズやハードボイルド小説なども、フランスで成功を収めた。フランスでも犯罪小説の叢書が創始され、多くの読者を得た。スパイ小説も流行ったが、これに対してSF小説は英米ほどの成功は収めなかった。

一方では、アメリカ文化には根強い抵抗もあった。一九三四年にディズニー漫画のミッキーマウスをフランスに紹介する若者向けの週刊誌『ミッキー新聞』が創刊され、すぐに四〇万部の売り上げを記録した。だが、暴力とセックスにあふれたアメリカのコミックは保守的で伝統的なフランスの親にとって耐えがたいほど不道徳であったため、一九四九年七月一六日の法律によって、アメリカの漫画に対する保護条項が設けられたのである。アメリカのコミックは凋落し、代わってその後二〇年間にわたってベルギーの漫画、『タンタン』がフランスの家庭に浸透していった。アメリカのコミックとは違い、少年タンタンは純潔で中性的であり、漫画が伝える道徳は伝統的、保守的であった。

六八年五月

若者の集団は戦後の社会変化のなかで大きな変化を遂げていた。一九三〇年代以降、ボーイスカウト運動など、カトリック系、社会党系の青年運動が発展していたが、第二次世界大戦後は共産党の指導下の青年運動が成長していた。ところが、家族が子どもの交際に厳しいコントロールを行使するのを断念し、モーターバイクの普及によって家族や制度化された集まりの外で仲間と出会うことが容易になり、それにしたがって、集団的規律を課す青年運動は若者から忌避されるようになった。こうして、第二次世界大戦後の青年運動をリードした二大組織、カトリック青年会と共産青年同盟が一九五〇年代末から六〇年代初めに危機を迎えることになった。また同じような理由で学校とよく似た集団的規律が嫌われて、林間（臨海）学校（二四一頁参照）には年長の子どもは行きたがらなくなり、参加する子どもは低年齢化していった。

ベビー・ブームの後、経済成長によって生み出されたホワイトカラーの職を求めて、大学進学者の急増が生じた。七年で学生数は二・五倍になり、一九六七年の新学年のときには、五〇万人以上を数えた。大学は学生数の上昇に対処するのに苦労し、半円形の大講義室は収容定員を超える学生であふれかえった。教育制度は多くの若者にとって古臭く見えるようになってきた。授業では教授が一方的に講義し、生徒はひたすらそれをノートに写していた。文系の課程を選んだ学生集団にとって、卒業後の進路の問題は非常に重要であった。ほかの西欧諸国に比して、大学の規律が厳しく、学生の自由がなかったことも反乱を激しくした要因となった。さらに消費文化、若者文化の出現、ベトナム反戦運動の高揚なども背景になって学生の反乱が起こった。

一九六〇年代末のフランスは「栄光の三〇年」の経済繁栄がまだ続いており、政権基盤は盤石に見えた。ところが、六八年三月にパリ大学ナンテール校で学生の反乱が始まり、五月にパリのカルチエ・ラタンで一度頂点に達し、さらに全国に波及していった。「五月革命」とも呼ばれる事件である。

フランス全学連（ＵＮＥＦ）など既存の学生団体が活発に活動したが、むしろ種々雑多で個人主義的でもある若者の自然発生的な側面が強かった。自主管理と連合的な行動様式が推奨され、統一的な運動も、明確な政治目標もなかった。この世代の主な関心は政治的よりも社会的、文化的なものであった。カルチェ・ラタンの敷石を

表10－1　文学部・人文学部の教員数の変化（正教授と准教授のみ，1949-2014年）

	1949年	（%）	1967年	（%）	1984年	（%）	2014年	（%）
ラテン語，ギリシア語	73	13.9	308	8.3	401	5.5	329	2.1
フランス文学	56	10.6	607	16.4	879	12.2	1036	6.7
言語学	17	3.2	75	2	335	4.6	798	5.2
比較文学	6	1.1	81	2.2	168	2.3	223	1.4
文学分野　小計	152	28.9	1071	28.9	1783	24.5	2386	15.4
古代史，中世史，考古学，美術史	67	12.7	254	6.9	429	5.9	811	5.2
近世史，近現代史	48	9.1	312	8.4	560	7.7	1126	7.2
歴史学分野　小計	115	21.9	566	15.3	989	13.6	1937	12.5
地理学分野（1）	48	9.1	358	9.7	651	8.9	1178	7.6
哲学	56	10.6	225	6.1	330	4.5	400	2.6
心理学	8	1.5	224	6.1	404	5.5	1350	8.7
社会学	5	1	95	2.6	289	4	924	6
人類学	3	0.6	16	0.4	78	1	207	1.3
科学哲学/科学史	0	0	0	0	44	0.6	92	0.6
哲学分野　小計	72	13.7	560	15.1	1145	15.7	2973	19.2
言語分野（2）	139	26.4	1138	30.7	2285	31.3	3901	25.2
学際的分野（3）	0	0	0	0	401	5.5	3020	19.5
その他，神学	0	0	9	0.2	35	0.5	55	0.4
全　体	526	100	3702	100	7289	100	15450	100

この表から伝統的な人文学の比重が下がり，人文社会科学や学際分野が台頭していることがわかる。フランスには大学は国立の機関しかなく，人文学・人文科学の教員が所属する学部は文学部か人文学部，あるいはその後継機関だけである。出典元の表にある地理学分野，外国語分野，学際的分野の細目の数値は省略した。

注：(1) 地理学分野には，地理学と国土開発が含まれる。
(2) 言語分野は外国語のほかに地域語が含まれる。英語教員の増加がとくに著しく，2014年で言語分野の中で半数近く，全体のなかでも11.5%を占める。
(3) 学際的分野には，教育科学，情報，コミュニケーション，芸術，身体・スポーツ科学が含まれる。

出典：Christophe Charle et Laurent Jeanpierre,（dir.）, *La vie intellectuelle en France*, t.II: *De 1914 à nos jours*, Paris, Seuil, 2016, pp. 471-472. 表の作成者はCharles Soulié.

はがしてバリケードを築き、「解放区」にした若者は管理社会を拒絶し、新たな社会関係を開始しようとしたのである。

運動は左派を含め既存のあらゆる権威、党派、運動を問題にした。知識人の立場も微妙であった。「六八年五月」では、知識人の存在感は希薄で、サルトル、社会学者のブルデューら多くの知識人は運動が起こった後で支持したにすぎなかった。

図10－1　68年5月24日のデモ

出典：Philippe Artière et Michelle Zancarni-Fournel (dir.), *68: Une histoire collective (1968-1981)*, Paris, Découverte, 2008, 2015, 2018.

六八年五月は、戦後の文化政策の歴史においても断絶をもたらした。断絶は、演劇においてとくに際立った。象徴的であったのが、オデオン座の占拠事件である。占拠を許し、学生に劇場を開放した支配人、日本では『天井桟敷』の主役を演じたことで知られるジャン＝ルイ・バローが、マルローによって辞職を強いられることになった。占拠という派手な行為を通して、問題とされたのは解放直後に生まれた文化の民主化という理想そのものであった。

学生が始めた運動に労働運動も、一定の距離を置きながら呼応した。ストは全土に広がり、文字通りゼネストの様相を呈してきた。こうして、権威主義的なド・ゴールの政治に対する一大抗議運動となった。だが、当時の首相ポンピドゥーは労組との間で大幅な賃上げと職場での労組の権利の拡大を認めるグルネル協定を結んでストを収束させた。六月に実施された国民議会選挙ではド・ゴール派が勝利し、単独過半数を占めた。政権内部で影響力を高めたポンピドゥーに対して、求心力を失ったド・

ゴールは、上院改革と地方制度改革を国民投票にかけたが、否決され、引退を表明した。

六八年の影響と七〇年代の変化

六八年五月の運動が最初に起こった大学とリセ（高校）では大きな改革が行われることになった。政府の対応も早く、六八年一一月のエドガー・フォール法によって、大学運営への学生参加が制度化されるなど、大学の民主化が進んだ。また、六八年を境に、古典人文学はエリート教育でもっとも威信のある地位を失い、数学が取って代わり、同じ年の政令によって、中等教育機関の規律が緩和され、学校運営に生徒の代表が加わることになった。リセでは生徒はもはや教室の前で整列しなくてよくなり、教師が教室に来ても起立しなくなった。上っ張りは都会風の服装に代わっていった。一九八〇年代以降、リセ、コレージュの生徒が、学生とともに、学費値上げ問題などで街頭に出て、社会運動の重要な部分を構成するようになっている。

一九七五年の法律によって、七〇年代後半から八〇年代初めに、ようやく複線型教育制度が克服され、小学校を卒業した生徒が全員共通の課程を敷いたコレージュ（中学校）に進学するようになった。ただし、校内暴力がさらに悪化し、生徒の落第も増加するなど、新たな問題が生じている。

知的世界では、七〇年代に入ると、構造主義のブームも下火になった。一方、それまで一部の歴史研究者がフーコーの影響を受けていただけで、相対的に構造主義の運動の周縁に位置していた歴史学が大きく転換した。それまでも社会史を掲げ、フランスの歴史学の革新に大きな役割を果たしてきたアナール学派（歴史学雑誌の『アナール（年報）』に由来）が女性史など新たな研究対象を広げ、マンタリテ（心性）や文化現象の歴史の研究で読者を獲得し、八〇年代にかけて日本を含めて世界でブームを呼び起こした。また、先端的知識へのアクセスがいっそう容易になり、辞書と百科事典が大量に生産され、『科学研究（*La Recherche*）』（一九七〇年創刊）のような、最新の科学情報を伝える質の高い啓蒙的な雑誌が現れている。

英米と比べてテレビ受像機の普及は遅れ、一九五八年にはわずか九パーセントの家庭にしかテレビ受像機がなかった。それでも、七四年には八〇パーセントにまであがっている。チャンネルも徐々に増え、二つ目のチャンネルが六四年に、三つ目が七二年一二月に開局した。

一九六八年以降、フェミニズム、エコロジストと地域分権論者の運動や、労働運動など、従来の運動とは異なる、新しいタイプの多様な社会運動が生まれた。それとともに、新しい政治文化、マイノリティの文化、マージナルな人びとの文化が誕生した。六八年五月の重い遺産にテクノロジーと経済的な進化が接ぎ木され、文化という言葉の広がりと意味はさらに複雑になった。ロックとか漫画のような六八年以後の新しい芸術形態の成功、新しい視聴覚文化の誕生は創造と普及の境界をますますあいまいにした。この時期の文化行政で目立ったものは少ない。それでも芸術愛好家のポンピドゥー大統領によって発案された近現代芸術の総合施設が完成し、一九七七年に落成式を行っている。これがジョルジュ・ポンピドゥー国立芸術文化センターである。

ド・ゴール退陣後に行われた大統領選挙では、ポンピドゥーが分裂する野党を尻目に当選した。社会党は惨敗を喫し、出直しを迫られた。ポンピドゥーは、ド・ゴールが反対していたイギリスのEC（欧州共同体）加入を認め、EC拡大を容認した。七四年、ポンピドゥーが在任中に死亡し、そのために実施された大統領選挙では、中道右派のジスカール・デスタンが野党統一候補のミッテランを僅差で破って当選した。ジスカール・デスタンは成人年齢を二一歳から一八歳に引き下げ、妊娠中絶の合法化など女性の権利も拡大した。だが、議会ではド・ゴール派がジスカール・デスタンの政策に不満を持ち、右派をまとめ上げられなかった。オイルショック以降、長引く不況に対して、緊縮政策と価格の自由化などを実施したが、インフレと大量失業は悪化の一途をたどった。こうしたなかで失業問題のスケープゴートとして、アルジェリア出身などのイスラーム系の移民問題が取り上げられるようになり、八〇年代には移民排斥を主張する極右勢力の台頭を許すことになる。

ミッテラン政権

一九八一年の大統領選挙で現職のジスカール・デスタンを破って当選したのは社会党のミッテランであった。社会党は六九年の大統領選挙で惨敗し、新しい政党として再発足した。新生社会党の実権を握ったのは、第四共和政時代に閣僚経験もあるミッテランであった。ミッテランの下で社会党は共産党との共闘路線にかじを切った。小選挙区二回投票制（一回目の投票で過半数の得票を得た候補がいない場合は二回目の投票を行う）の下では、当時二〇パーセント程度の得票率を維持していた共産党との共闘抜きには左派が政権を取るのは不可能であるという現実的な判断があった。社会党は六八年五月の世代の運動も取り込み、新左翼的な「自主管理」が党の公式路線に採用され、八一年の大統領選挙の公約には、エコロジー運動の影響を受けて原子力開発計画の停止が書き込まれた。また、多数のカトリック左派の活動家が社会党に加わった。七四年の大統領選挙でミッテランは左派の統一候補として善戦し、ついに八一年には、第五共和政では初めて社会党の大統領となったのである。

ミッテラン政権は初期において、社会保障給付や最低賃金の引き上げ、大企業や銀行の国有化、公共投資の拡大など、「大きな政府」による不況克服を図った。だが財政赤字の拡大、対外収支の悪化を招き、失業もかえって増加した。そこで一九八四年にＥＮＡ出身のファビウスを首相に登用した。ファビウスは経済政策を緊縮財政と減税による新自由主義的な方向に転換した。それでも経済は好転せず、一九八六年の国民議会選挙では多数派を失い、野党から首相が出る事態が生じた。このように左右の両陣営が大統領と首相のポストを分け合うことを「コアビタシオン（保革共存）」と呼んでいる。一九八八年の大統領選挙でミッテランは再選され、「コアビタシオン」に終止符を打った。

ミッテラン政権の二期目は冷戦の終結という国際政治の大きな節目となった事件が起こり、同時に欧州統合が進んだ時期である。ドイツ統一については、当初、強大なドイツ国家の出現を恐れて躊躇したが、結局容認している。一九八六年に欧州議定書、九二年にはマーストリヒト条約によるEU（欧州連合）創設を実現した。ミッテランの外交政策はド・ゴールの外交路線と類似したものであり、フランスの国際的地位の維持と向上を図ろうとするものであった。

ミッテラン政権で目立つのは、文化政策である。文化大臣にはナンシー国際演劇祭の創設者であるジャック・ラングが任命された。文化予算は前年度比で二倍になり、それ以降、建設費を含めて国家予算の〇・七パーセントをつねに上回り、一九九二年には〇・九八パーセントと一パーセント近くになった。地方分権を文化の面でも進め、地方自治体に一部の施設の権限を委譲するとともに、文化活動に関与する団体、個人の多様化を促し、メセナの奨励も行われた。また、それまでマイナーとされていた芸術の文化的な地位の向上も推進された。文化省が音頭をとって、クラシック音楽以外の音楽、写真、漫画、サーカス、ダンスがプロモーションの対象となった。たとえば、一九七四年から毎年、国際漫画祭が開かれているアングレームに漫画博物館が一九九一年に開設されている。また、ジャック・ラングはモード、コマーシャル、デザインやその他の装飾芸術を文化的なものとして認知し、「文化産業」という言葉を使って、芸術と経済の結びつきを推進しようとした。ラジオ・テレビ放送の国家独占も一九八二年についに廃止された。

ミッテラン政権下に、それまでに進められていたいくつかの大規模プロジェクトが完成し、新たな大規模建設工事が始まっている。シテ科学産業博物館が一九八六年に開館し、同じ年にオルセー駅は一九世紀の作品を展示する美術館に変わり、翌年、アラブ世界研究所の建物が完成した。その他、デファンス地区のグランダルシュ（新凱旋門）、ベルシーの財務省の建物、オペラ・バスティーユ、フランソワ・ミッテラン国立図書館、ルーヴル美術館の中庭のピラミッドなどがある。ただし、ルイ一四世を思わせるような、威信を示すためのこれらの大規模建設工事は辛らつな批判を浴び、論争の的となった。

（上垣　豊）

参考文献

ミシェル・ヴィノック著、大嶋厚訳『ミッテラン――カトリック少年から社会主義者の大統領へ』吉田書店、二〇一六年。

中山洋平『戦後フランス政治の実験――第四共和制と「組織政党」一九四四－一九五二年』東京大学出版会、二〇〇二年。

西田慎・梅崎透編著『グローバル・ヒストリーとしての「一九六八年」――世界が揺れた転換点』ミネルヴァ書房、二〇一五年。

ピエール・ブルデュー著、立花英裕訳『国家貴族――エリート教育と支配階級の再生産』全二巻、藤原書店、二〇一二年。

マルク・フュマロリ著、天野恒雄訳『文化国家――近代の宗教』みすず書房、一九九三年。

渡辺和行『ド・ゴール――偉大さへの意志』山川出版社、二〇一三年。

歴史の扉
15

家族と女性

「人権の国」フランスからすると意外かもしれない。だが，そもそも大革命で採択された「人権宣言」（一七八九年）の正式名称を直訳するなら「男性および男性市民の権利宣言」であり，女性・奴隷・有色人種の権利は排除されていた。つまり，「人権宣言」で守るべきとされたのは「男性および男性市民」の権利のみであり，女性の権利は排除されていた。そのことをいち早く指摘したのは，革命期に政治活動を行っていたオランプ・ド・グージュである。彼女は人権宣言をもじった「女性および女性市民の権利宣言」を一七九一年に発表し，女性の権利を主張した。だが，彼女は一七九三年一一月に別件で反革命容疑者として逮捕され処刑された。「女性の権利宣言」で「女性も死刑台にのぼる権利があるのと同様に演壇にのぼる権利がある」と主張したことを，自ら実行したかのような死であった。

他にも，農家の妻たちが「パンをよこせ」と叫びながらヴェルサイユまで行進したように，一方では大革命の重要な担い手であった女性たちは，次第に政治空間から遠ざけられていく。

ナポレオン・ボナパルトの登場後それはさらに進み，一〇年以上維持し，「子どもを産み育てやすい国」というイメージがある。しかし，フランスは一九世紀末から今でいう「少子高齢化」に悩んでいた国であり，「少子化対策」には一〇〇年以上の歴史がある。日本でいう「少子化対策」はフランスでは「家族政策」と呼ばれ，現在，フランスの家族政策は非常に充実している。具体的な政策としては，二人以上の子どもがいるだけで必ずもらえる家族手当（日本の児童手当にあたる）の他，乳幼児受け入れ手当，新学期手当などさまざまな現金給付があり，子どもの数が多ければ多いほど有利になる税制等の他，育児と就業の両立支援策も充実している。こうしたことから，フランス女性の地位はずっと高かったと誤解されることが多いが，必ずしもそうではない。

女性の地位と「少子化」

現在のフランスは，合計特殊出生率が2に近い数値を一

フランス女性の公的地位は，長らく低かった。女性参政権が実施されたのは，第二次世界大戦後の一九四五年である。ドイツの一九一九年，イギリスの一九二八年と比べると非常に遅い。

八〇四年制定のナポレオン民法典では、既婚女性は未成年者と同様の「法的無能力者」とされた。妻は夫によって「保護」される代わりに、夫に「服従」する義務があり、夫と同居する義務があり、親権の行使もできず、一家の財産管理に一切関与できず、親族会議に出席する権利もなく、夫の同意なしには重要な法的行為を一切行うことができないとされた。したがって、妻は夫の許可がなければ、外で働くことも銀行口座を開くこともできなかった（妻の服従義務および法的無能力は一九三八年に廃止）。革命期には認められていた協議離婚も、ナポレオン民法典では条件が厳しくなり、その手続きは複雑で、なかなか離婚しにくい状況となった。大革命で獲得した女性の権利は、革命後、相続に関する平等の権利を除いて、ほぼ失われてしまった。以後、こうした「女性の公的地位の低さ」は長期間続くこととなる。離婚に関しては、王政復古期の一八一六年に再び禁止されるが、第三共和政期の一八八四年に協議離婚が再び認められるようになった（ただし裁判所への申し立てが必要）。

このようにフランス女性の公的地位は低かったが、第三共和政期にフランスの人口停滞が明らかになるとともに、女性の「子どもを産む」という役割がクローズアップされ、「母親としての女性」が評価されるようになった。

出生率低下の要因

フランスでは、一八九〇年代から「少子高齢化」が進行していた。他のヨーロッパ諸国に先駆けて少子化を経験したフランスは、「少子化先進国」である。当時は「国力とは人口なり」と言われた時代であり、人口はダイレクトに兵士数すなわち軍事力に影響し、現在よりはるかに大きな政治問題であった。とくにライバルである隣国ドイツの人口増加は著しく、議会でも度々その比較が行われ、フランスはつねに「フランスが消滅してしまう危機」や「他国に侵略される可能性」を危惧するようになった。

フランスは一八世紀初めはヨーロッパの人口大国であったため、この凋落は余計にショッキングであった。通常、死亡率の低下により出生率が低下する、すなわち「多産多死から少産少死への転換」が起こるが、フランスでは死亡率の低下より先に出生率の低下が始まった。出生率低下の第一の理由は、夫婦間の産児調節のためである。通常キリスト教では妊娠・出産は神の意思によるものであり、人間がコントロールしてはならないとされるが、フランスでは大革命で一度キリスト教が否定された経験からその意識が薄れ、夫婦間で避妊を行うようになったため、出生率が低下したと言われている。夫婦間で子ども数を絞るようになった理由については諸説あり、決定的な結論はいまだ出ていないが、よく言われることの一つに、ナポレオン民法典で財産均分相続が規定されたため、子ども数が多いと財産が分散していくことから、それを嫌ったブルジョワ階級が子ども数を絞るようになり、それが次第に財産のない階層にまで広がったというものがある。また、フランスでは他国と比べてマルサスの『人口論』の影響が強く、「子どもを産むより貯蓄した方が確実である」といった経済学者の主張などもあり、子ども数を絞った方が将来のためになるという考えが普及した。

子ども数を一人か二人に絞る家庭が増えた一方で、貧困層では子どもが一〇人以上いる家庭も多く、全ての人が避妊を実行していたわけではない。当時の避妊法は性交中断という方法が多く、男性の協力が不可欠のため、その知識がない、あるいは協力したがらない階層では避妊ができず、結果的に子だくさんの家庭となった。生活費がかかるほか、当時の税制では子ども数が多いと税金が高くなり、結果貧困に陥りやすかった。そのため第三共和政期には、子だくさんの家庭は避妊方法を知らない無知で無教養な人びと、あるいは知っていても実行できない意志の弱い人びとと見なされ、軽蔑の対象となった。したがって、「無教養な貧困層」と思われたくない人びとや、そこから脱出したい、あるいは社会的に上昇したいと考える人びとは、子ども数を制限すること、すなわち避妊を実行するようになった。そうして、全国的に出生率低下が進んだと言われている。

避妊以外の産児制限の方法としては、節制（禁欲）、堕胎（人工妊娠中絶）、捨て子、嬰児殺しなどがあった。節制以外は違法行為だが、なかでも堕胎が多かったと言われている。

また、直接的な産児制限の手段ではないが、フランスには里子（産まれてすぐに他人に赤ん坊を預けること）の習慣があった。絶対王政の頃から身分の高い女性は自身で子育てをしない慣習が確立され（理由は社交生活を続けるため、バストの形を崩さないためなど）、それが継続され、第三共和政期でも裕福なブルジョワ家庭では住み込みの乳母を雇い、裕福でない家庭は近郊の農村へ里子に出すことが広く行われた。住み込み乳母の場合は直接監督できるが、里子の場合は子どもの生育環境は監督できず、一般に里子の環境は劣悪だったと言われている。赤ん坊は動き回れないようにマヨと呼ばれる布で体をぐるぐる巻きにされ床に放置され、おしめも日に二〜三回しか替えられなかった。預け先で死亡する子どもも多かったが、そのことを母親も家族も社会もあまり気にかけなかった。実際、乳幼児死亡率は同時代の他のヨーロッパ諸国よりも高く、エリザベート・バダンテールは一九八〇年に出版した著書でこうした事実を指摘し、「母性は本能ではなく、幻想である」「母性は子どもと日々触れ合うなかから生まれる愛情である」と主張し、賛否両論の議論を巻き起こした。

国際的に著名なフランスの人口学者アルフレッド・ソーヴィも、第三共和政期には賃貸アパートの正面に堂々と「犬と子どもお断り」と掲げられていたことが多かった事実を挙げ、フランス社会は「子ども嫌い」あるいは「子どもに無関心な社会」であったと述べている。

つまり、第三共和政期のフランスは、女性の公的地位は低く、全体的に「子どもに無関心な社会」であり、出生率が低下し、「少子高齢化」が進んだ社会であった。

図1　聖ヴァンサン・ド・ポールと愛徳婦人会
修道士アンドレ（1662-1753）の作とされる。ヴァンサン・ド・ポールは愛徳婦人会と，女子修道会である愛徳姉妹会の援助を受けて捨て子養育院の基礎を築いた。絵の中の赤ん坊はぞんざいに扱われているように見えるが，赤ん坊が自分で立って歩くことができるようになるまで，衣類を包帯のようにして何重にも巻いて動けないようにするのが当時の風習であった。
出典：Musée de l'Assistance publique de Paris のカタログ（1998年刊）。

図2　日独仏伊米5カ国の1938年の出生数の比較（人口増加国民連盟の1942年のパンフレットより）
出典：Boverat, Fernand, *Fécondité ou servitude: comment relever la natalité française*, Alliance nationale contre la dépopulation, 1942, p. 7.

家族政策と「産む女性」

こうして「政治問題」となった出生率低下を解消するために、政府が採用したのが家族政策である。そのメインとなるのが現在も続く家族手当である。家族手当は国家制度となる前に、民間企業や公務員の間で自発的に、現在の日本の「扶養手当」のように、本来の給与に「追加賃金」として上乗せされる形で始まった。その背景には、子ども数が多いと生活費がかかり生活が苦しくなる労働者を貧窮から救うという経営者の温情もあったが、人口減少が進むと企業が労働者を確保できなくなる恐れから人材確保のため、また労働者全員の賃金を上げるより家族手当を支給した方が全体的に安上がりだという経営者側の事情もあった。こうして一部の企業や公務員で始まった家族手当は、次第に全国に広がった。だが、地方や業種ごとに支給の条件や手当額が異なっていたことから不満が出るようになり、また経営者が子もちの労働者を忌避する傾向なども出てきたので、支給の公平さと簡便さを確保するための「金庫」が設立されるようになった。これは、子もちであるかどうかに関係なく雇用者数に応じた拠出金を経営者が金庫に支払い、金庫から各雇用者に子ども数に応じた家族手当を支給するという方式で、以後、現在に至るまでこの方式が定着した。

こうして次第に広く普及した家族手当と金庫を追認する形で、一九三二年に国家制度として家族手当が法制化され、雇用者への支給は義務とされた。なお、当時の家族手当の受給者は、労働とセットになっていることから、女性（母親）ではなく男性（父親）であった。この時の法律では、詳細な基準等は決められなかったため、手当額も支給要件も統一されなかった。その不備を補うため、一九三八年の法令によって、支給額を県の平均賃金の一〇パーセントなどというように県内で統一することになった。翌年には、有名な「家族法典」が制定され、さまざまな家族政策が規定された。家族法典はフランスの家族政策の集大成と言われ、「家族」を名称に据えたことや、多岐にわたる家族政策を規定したことなどから世界でも珍しい法令であり、（抑圧的な政策も含んでいるが）現在に至るまでその評価は高い。ただし、制定直後に第二次世界大戦が勃発したため、出生率上昇に効果があったかどうかは不明である。

その後、フランスはナチス・ドイツに敗北し、ドイツ軍に国土の北半分を占領される事態となり（一九四二年一一月以降は全土占領）、フィリップ・ペタンを首班とする対独協力政府であるヴィシー政府が統治するヴィシー時代となってからも、基本的に家族法典は継続され、家族手当の増額など家族政策はさらに推進された。ヴィシー政府は戦後その正統性を否定され、対独協力や自発的なユダヤ人迫害などを理由に非難されることが多い。だが、家族政策に関しては、戦後の臨時政府はヴィシー政府の政策をほぼそのまま継続した。

一九世紀後半からずっと低下傾向だったフランスの出生率は、ヴィシー時代の一九四二年に上昇に転じ、その後も上昇を続け、戦後のベビーブームへつながった。戦時中の占領下、男性不在の状況で出生率が上昇に転じたのは、ヴィシー政府が積極的に推進した家族政策とプロパガンダの効果であると考えられる。ヴィシー政府はポスターやビラ、映画などを製作し、それらを通じて子どもがたくさんいる家族や母親としての女性を賞賛した。子どもを産んだ女性は英雄であるかのように描き、子を四人以上産んだ母親は賞賛に値するといったイメージを繰り返し発信した。その裏では、独身女性や子をもたない（もとうとしない・もてない）女性を非難したわけだが、前述のように「既婚女性は子どもと同じ法的無能力者」として長い間扱われ、女性の地位が全体的に低かった時代に、既婚女性の一部ではあっても「母親である女性」を賞賛し、その地位を高めたことは間違いない。こうした母性の賞賛は、ヴィシー政府のみでなく、第三共和政末期の政府も行っていた。子をもてば優遇される家族政策という制度の充実と、子をもつことは賞賛すべきこととする大量のプロパガンダによって、フランスではそれまでの子どもに対する無関心から、子をもつことは良いことであるという人びとの意識の転換が起こったと考えられる。それまで軽蔑の対象であった子だくさんの母親が、行列の先頭に行けるなど第二次世界大戦中に採用された優遇策によって、軽蔑から羨望の対象に変化したとソーヴィは指摘している。

なお、この時賞賛された母親は、法的婚姻をした夫との間の嫡出子を複数産んだ母親であり、未婚の母や姦通する女性ではない。そこに差別があったことは明白である。その点を批判することはたやすいが、当時の時代状況を考えるなら、繰り返しになるが、女性全般の地位が低かった時代に、たとえ一部の女性のみであっても、社会から賞賛される対象として政府が公的に扱った意義は大きい。

女性の活躍と「働く母親」

ヴィシー政府は家族手当の拡大といった積極的な出生率上昇策の他に、離婚の禁止や既婚女性の労働制限、堕胎の厳罰化など抑圧的な政策も行った。こうした行き過ぎの抑圧的な政策は戦後の臨時政府によって廃止されたが、第三共和政期の法令に戻したため、離婚手続きの複雑さや堕胎禁止等は継続された。それらが解消されるのは一九七〇年代になってからのことである。つまり、一九七〇年代まで、フランス女性は一度結婚すると離婚しにくく、望まない妊娠であっても中絶する権利はもたなかった。

そんななか、当時の厚生大臣シモーヌ・ヴェイユ（哲学者ヴェイユとは別人）は、人工妊娠中絶を合法化する法案を一九七四年に提出し、反対派から猛烈な非難を受けながらも翌年可決に導いた。今ではフランスで彼女の名を知らない者はなく、女性の「子をもたない権利」を勝ち取った彼女の健闘ぶりは高く評価されている。

また、同時期の一九七五年の民法改正により、ようやく協議離婚が認められるようになった。だが、日本と違い、裁判所で手続きをする必要があり簡便とは言えない。そのこともあって、一九九九年には婚姻より緩やかだが同棲より法的権利を享受できる連帯市民協約（通称ＰＡＣＳ）が開始された。現在フランスで生まれる子の半数以上が法的婚姻をしていないカップルの子、すなわち「婚外子」である。婚外子の数が増えた理由の一つに、嫡出子と比べても法的に不利ではない点が挙げられる。現在では、家族手当をはじめとするさまざまな現金給付の受給条件に、法的婚姻の有無や国籍、就労などはなく、居住地の家族手当金庫（ＣＡＦ）に申請すれば誰でも受給できるようになっている。一九六八年の五月革命を経て、フランスではそれまでの価値観や諸制度が大きく変化し、従来の「女性は家で家事や育児をするもの」というイメージも変化し、より自由で選択肢の広い社会となった。充実した両立支援策のおかげで、子どもを産んでも働き続ける女性は増加し、今では第一子出産後八〇パーセント以上の女性が就労を継続している。仕事の継続のみでなく時短など女性の自由な選択を両立支援策という家族政策が保障しているからである。子どもの預け先も保育園以外に保育ママなど多岐にわたって存在し、日本のように出産後「仕事か育児か」あるいは

「預け先がない」などで悩むことは少なく、預ける費用も補償され、子どもがほしいから産む、仕事も続けたいから続けるという選択が当たり前のように可能である。

恵まれているように見えるフランス女性だが、イギリスやドイツでは女性首相が誕生しているのに、いまだに女性大統領は出ていない。伝統的に政治は「男性の領域」とされてきたことなどが理由として考えられる。そのため近年までフランスは女性議員も少なく、EU加盟国のなかでイタリア、ギリシアとともに女性議員がもっとも少ない国であった。そうした状況を改善するため、二〇〇〇年六月にパリテ法が制定され、選挙の候補者を男女同数とするクオータ制（割当制）が導入された。この法律のために男女平等を謳った憲法まで改定し、国会のみでなく地方議会に至るまで、議員の男女同数を目指している。パリテ法導入後、女性議員数は確実に増加した。

そうしたなか、シラクの後継を争う二〇〇七年の大統領選挙で、社会党から初の女性候補としてセゴレーヌ・ロワイヤルが立候補した。史上初の女性大統領を目指したが、決選投票には進んだものの保守候補のニコラ・サルコジに敗れた。当時ロワイヤルは、後に大統領となるフランソワ・オランドとＰＡＣＳのもと四人の子をもうけた働く母親であった。後にオランドとはパートナーを解消するが、四人の子を育てながら環境大臣等を務め、大統領候補にまでなれたのは、フランスの充実した家族政策の恩恵である。

（福島都茂子）

参考文献

イヴォンヌ・クニビレール／カトリーヌ・フーケ著、中嶋公子ほか訳『母親の社会史——中世から現代まで』筑摩書房、一九九四年。

アルフレッド・ソーヴィ著、岡田實・大淵寛・岩田文夫訳『人口の一般理論』中央大学出版部、一九八五年。

エリザベート・バダンテール著、鈴木晶訳『母性という神話』ちくま学芸文庫、一九九八年。

福島都茂子『フランスにおける家族政策の起源と発展——第三共和制から戦後までの「連続性」』法律文化社、二〇一五年。

オリヴィエ・ブラン著、辻村みよ子監訳『オランプ・ドゥ・グージュ——フランス革命と女性の権利宣言』信山社、二〇一〇年。

ジャン・ラボー著、加藤康子訳『フェミニズムの歴史』新評論、一九八七年。

メディアとジャーナリズム

戦後ジャーナリズムの出発点

フランスのジャーナリズムにとって、いかにして政治的・経済的権力と距離をとるのかという点は、表現の自由に関わる重要な問題であり続けてきた。その重要性は、第二次世界大戦後、フランス社会が復興と近代化を経て、グローバル化への対応を迫られるなかで、より高まっているといってよい。本稿では、こうした事情を踏まえて、社会的、政治的、経済的変化の影響に着目しながら、戦後フランスのジャーナリズムが有する特徴を考察してみよう。

まずは前史を簡単に把握しておきたい。フランスでは「一八八一年七月二九日法」の制定によって、出版の自由が達成された。たしかに一七八九年の人権宣言一一条でも、表現の自由の重要性が認められたが、一定の留保がつけられ、一九世紀以降も国家はさまざまなかたちでジャーナリズムに統制を加えてきた。つまり、出版の自由は一世紀ほどかけて獲得された権利であり、この点は、今日でも表現の自由（言論の自由）が問題になるときにつねに想起されるものである。しかし、フランスのジャーナリズムが高潔な倫理でもって権力と闘ってきたのかといえば、そうだともいいきれない。第三共和政ではジャーナリズム界と金銭権力との癒着が問題視されながらも、最終的に解決されなかった。ナチス・ドイツの占領下では、対独協力に寝返った新聞も多く、ジャーナリズム界のモラルは問われ続けた。それゆえ、一九四四年八月二五日にパリが解放されたとき、ジャーナリストや政府関係者——両者は重なることも多かった——にとって、新聞の改革が一つの課題になったのは当然のことであった。作家でジャーナリストのアルベール・カミュが、レジスタンスの新聞『コンバ』に書いている——「私たちは経験によって、戦前の新聞はその原理においてもモラルにおいても役に立たなくなっていることを知っていた」（一九四四年八月三一日）。

戦後のジャーナリズム界の刷新を考えるにあたって、出発点となるのは『ル・モンド』の創刊である。『ル・モンド』といえば、権力に対して冷徹かつ中立的な分析をするフランスの代表的な新聞と考えられているが、同紙の創刊はこの人がいなければ実現されえなかった。共和国臨時政府（一九四四〜四六年）首班のシャルル・ド・ゴールである。戦後復興に意気込むド・ゴールは理想の新聞として、戦前、国際的に高い評価を得ていた『ル・タン』を念頭に置いていた。その社説を読めばフランス外務省の政策がわかるといわれていたように、『ル・タン』はフランスの考えを世界に伝える役割を果たしていた。つまり、ド・ゴールは世界の顔になるような、いわば、偉大な国にふさわしい新聞を望んだのである。そこでド・ゴールは、当時の情報省大臣ピエール＝アンリ・ティジャンとともに、『ル・タン』の海外特派員であったユベール・ブーヴ＝メリに新聞の創刊を依頼する。ブーヴ＝メリは新聞の独立を条件にこの要請を受諾するに至った。こうして権力者が、権力の監視を使命とする新聞の改革に一役買った事実は、フランスのジャーナリズムを考えるときに押さえておきたい点である。

一九四四年一二月一八日、記念すべき『ル・モンド』の第一号がキヨスクに並んだ。白黒の単色刷りを基調とした質素なレイアウトが、かえって格調の高さを演出している。国外のニュースにも多くの紙面を割き、幅広い情報を提供しようとする姿勢は進歩主義的な者たちを魅了した。創刊直後の『ル・モンド』は多くの困難を抱えながらも、同時期に多くの新聞・雑誌が創刊されては廃刊したことを思うと、順調に浸透していったといってよい。配布部数は一九四九年から五五年までは平均一二万部ほどであったが、とくに五六年から飛躍的に伸び、五六年に一四万部、六一年には一六万六〇〇〇部となる。

『ル・モンド』の部数の拡大が当時の社会的・政治的情勢に支えられていたことを忘れてはならない。第一は、アルジェリア戦争である。一九五四年に開始したアルジェリアの独立戦争が激化していくなかで、同紙は戦争反対の姿勢を示し、そのことで読者を獲得していった。大きな政治的出来事は新聞の部数上昇には有利に働くのである。第二は、高等教育進学登録者数の増加である。大学生の数だけをとっても、一九五〇年に約一四万人であったのが、一九六〇年に約二一万五〇〇〇人、一九七〇年には約六三万八〇〇〇人となり、社会全体のなかで高学歴者の数が増え、それに応じて、『ル・モンド』に掲載されるような分析的な記事を読む者も増えたのである。第三は、「栄光の三〇年」と呼ばれる高度経済成長と関係している。この点は学歴の増大とも重なるが、経済成長のなかでホワイトカラー層が増え、高級紙の需要は高まっていった。さらに、一九六〇年代半ばから後半は、戦後ベビーブームで生まれた世代が成人に達する時期であり、潜在的な読者は右肩上がりに増えていった。一九六八年には『ル・モンド』の販売部数は三五万五〇〇〇部を記録する。

もっとも、『ル・モンド』には「教授資格試験（アグレガシオン）を思い出させる」という批判的な意見もあった。しかし、なぜ一新聞がそれほど難解になるのか。その理由の一つは『ル・モンド』が夕刊紙（他は基本的に朝刊紙）であることと関係している。つまり、夕刊紙であることで、朝に新しい情報を届けるというよりは、国内外のさまざまな情報の分析結果を報告することが可能となっているのである。より踏み

Le Monde
La France et l'U.R.S.S. ont conclu un traité d'alliance et d'assistance mutuelle
A NOS LECTEURS
TEXTE DU PACTE
La vie littéraire
LE GENERAL DE GAULLE ET SES TEMOINS

図1　『ル・モンド』の創刊号（1944年12月18日）
出典：exposition.bnf.fr/presse/index.htm

込んでいうと、これはフランスのジャーナリズムの伝統でもある。たとえば、一九世紀のヴィクトル・ユゴーやエミール・ゾラがそうであったように、フランスでは作家や知識人が、個性的な文体と分析でジャーナリズムを発展させてきた。二〇世紀に入っても、ジャン＝ポール・サルトルやレイモン・アロンなど、フランスのジャーナリズム界では、知識人のコメントや分析で構成されるような「主観的報道」も伝統的に正統性を得てきたのである。つまり、『ル・モンド』からすれば、他の新聞が伝える情報を繰り返しても意味がなく、独自の分析を提示することで、世界に向けて「偉大な新聞」を維持しようとしているのである。

　しかし、こうした紙面づくりのためには「自由」が必要である。そのために『ル・モンド』はジャーナリストによって組織される「記者会」をつくり、一定数の株を保有することで、経営陣の意思決定に参加し、編集の独立を保持してきた。この記者会はフランスのメディア企業における編集部門のモデルを提供することになった。

ジャーナリズムの近代化

『ル・モンド』の他、『ル・フィガロ』と『フランス・ソワール』といった新聞も順調に伸長していった。『ル・フィガロ』（一八二六年創刊）は、占領下で自主的に営業停止したことで解放後に発刊許可を受け、ピエール・ブリソンの下、保守系新聞として再出発を果たした。当時の政治的文脈、すなわち東西冷戦の観点からすると、「保守系」というのは反共産主義路線を意味していた。レジスタンス神話も手伝って共産党の影響力が強い終戦直後のフランスにあって、『ル・フィガロ』の方針は異例であったが、同紙はそこにこそ市場を見出した。アロンやフランソワ・モーリヤックといった知識人の協力を得たこの新聞は、一九五〇年代には三〇万部、一九六〇年代には四〇万部近くにまで配布部数を伸ばすことになる。また、『フランス・ソワール』に関していうと、レジスタンスの新聞として創刊され、戦後はピエール・ラザレフの経営を通じて、大衆紙として成功を収めた。一九五〇～六〇年代には販売部数で一〇〇万部を超える唯一の新聞となった。

　以上、三つの新聞は、それぞれ編集方針や読者層などが大きく異なるが、経営的観点からすれば、一つの共通点がある。それは収入全体のうち広告収入の占める割合が増大したことである。一九五八年と六六年を比べると、『ル・モンド』は三八・八パーセントから六〇パーセントに、『ル・フィガロ』は七〇・一パーセントから八〇パーセントに、『フランス・ソワール』は三九・五パーセントから五七パーセントへと増加した。つまり、一九六〇年代にはすでにフランスの新聞は、販売部数による収入以上に広告収入に依存していたのである。こうした収益構造の変化は、何よりも社会経済的変化に対応したものであり、戦後フランスの近代化の一局面を示すものであった。

しかし、ジャーナリズムの刷新に大きく貢献したのは新聞ではなく、一つの週刊誌であった。『レクスプレス』である。この雑誌は、一九五三年に、政治家ピエール・マンデス・フランスを支持し、その理想に寄り添うことを目的として創刊された。ここでいうマンデス・フランスの理想とは、植民地戦争の終結と経済成長のことであり、これなしにフランスの近代化は始まらない。創刊者は二人。一人はジャン＝ジャック・セルヴァン＝シュレベールである。一人は経済紙『レ・ゼコー』の創刊者を父とするセルヴァン＝シュレベールは、理工科学校を出た後、『ル・モンド』の国外政治の論説委員となり、多岐にわたる交友関係を築くなかでマンデス・フランスから深い薫陶を受けたのである。もう一人はフランソワーズ・ジルーである。スイス生まれのジルーは、早い時期に映画界に入り、一九四五年に創刊された『エル』の編集長としてすでに名を馳せていた人物である。ジルーがセルヴァン＝シュレベールの右腕として『レクスプレス』を率いることになる。

当初は『レ・ゼコー』の補完版にすぎなかった『レクスプレス』であるが、すぐにフランス社会に浸透していった。配布部数でいうと、一九五一年に約一一万部、一九六一年には二〇万部近くまで伸びる号もあった。しかし、この辺を頂点として、一九六四年には一〇万部程度に落ち込む。この山型の曲線が意味するのは、この雑誌はアルジェリア戦争の激化とともに売上を伸ばし、一九六二年の終結とともに凋落したということである。植民地戦争への反対を主たる大義として掲げていた『レクスプレス』は、逆説的ではあるが、その解決によって読者を減らすことになったのである。

セルヴァン＝シュレベールは『レクスプレス』の新たな方針を見出すべくアメリカに向かう。第二次世界大戦中のパイロット訓練時代にアメリカに対する憧れを抱いて以来、視線はつねに大西洋の彼方を向いていた。セルヴァン＝シュレベールの考える「刷新」や「近代化」はかなりの程度アメリカを意識したものであった。実際、『レクスプレス』は、『エル』と同様、創刊当初から明確にアメリカのライフスタイルを普及したことが知られている。また、興味深いのは、セルヴァン＝シュレベール自身が――アメリカの大統領ＪＦＫ（ジョン・Ｆ・ケネディ）を踏まえてＪＳＳと呼ばれたように――アメリカ的なイメージを体現していたことである。とくに一時期、セルヴァン＝シュレベールとジルーは一時期恋仲にあり、近代的――すなわち

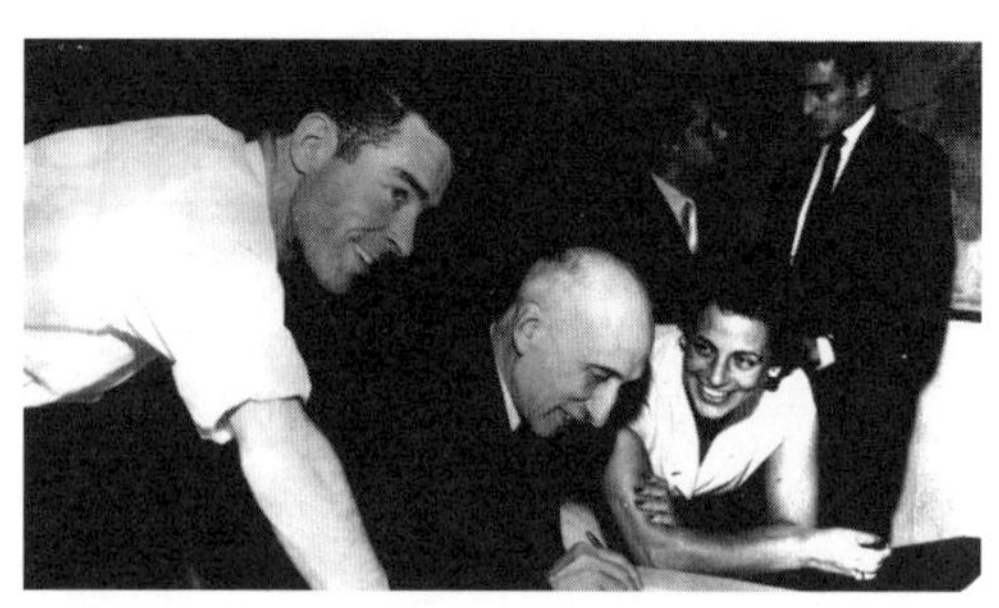

図2　レクスプレス社内（左から、セルヴァン＝シュレベール，フランソワ・モーリヤック〔作家〕，ジルー）

出典：Jean Bothorel, *Celui qui voulait tout changer. Les années JJSS*, Paris, Robert Laffont, 2005.

アメリカ的――カップルの表象として、大衆に受け入れられた。この辺はサルトルとボーヴォワールの文化的かつ知的なカップルと対比して考えられるべきだろう。

セルヴァン＝シュレベールがそのアメリカで参考としたのは、イデオロギーを排して、「客観的報道」に基づく情報の提供に徹するジャーナリズムのあり方であった。具体的には『タイム』や『ニューズウィーク』のようなニューズマガジンをモデルとした。セルヴァン＝シュレベールは弟のジャン＝ルイを『タイム』に派遣し、目次の配列、テーマの選択、サイズやレイアウトなどニューズマガジンのノウハウを詳細に報告させたのである。一九六四年九月二一日、『レクスプレス』は完全な変化を遂げて、キヨスクに並ぶ。フォーマット、オフセット印刷、カラー写真など以前とは完全に異なっている。読者も産業構造の変化とともに増加するホワイトカラー層がターゲットとされた。

『レクスプレス』の変化は媒体そのものにとどまらない。セルヴァン＝シュレベール兄弟はメディア企業のあり方自体をアメリカから学んだのである。すなわち、広告部門や販売戦力部門を設置すると同時にマーケティング技術を導入し、いわばレクスプレス社を一つの近代的な企業へと変化させた。こうした変化に対しては内外から激しい批判の声が上がったが、雑誌の売上は順調であった。一九六七年に四〇万部、一九七七年には六五万部と配布部数を伸ばしていった。このような『レクスプレス』の成功を含めて、一九七〇年代以降、『ル・ヌーヴェル・オプセルヴァトゥール』（一九六四年創刊）や『ル・ポワン』（一九七一年創刊）といったニューズマガジンがフランス社会で浸透していくことになった。

メディアの集中化現象という問題

一九七〇年代以降、ニューズマガジンの発展とは異なって、いくつかの例外を除けば、新聞は解決困難な問題に直面していった。最初に指摘すべきは売却と買収の問題である。『ル・フィガロ』の事例はその典型を示す。一九六四年にブリソンが亡くなった後、所有者ジャン・プルーヴォと編集部門の間で軋轢が生じ、混乱が続いた。さらにプルーヴォの借金が膨らみ、ついに一九七五年に売却の話が持ち上がった。そこで名乗り出たのは戦後フランスの新聞王ロベール・エルサンであった。自動車専門誌『ロート・ジュルナル』で地歩を固めたエルサンは、一九七〇年代初頭には新聞業界屈指の資本家として知られていたが、全国紙を所有しておらず、『ル・フィガロ』の買収の話は願ってもない機会であった。この買収には政界の動きも関係していたといわれる。当時の首相ジャック・シラクが、中道右派（保守系）の高級紙が中道派や左派の人物に渡るのを恐れ、エルサンに働きかけたという話である。

『ル・フィガロ』の例が示すようなこうした売却と買収は、メディアの集中化現象という、さらなる問題を引き起こすことになった。一九六〇年代まで多くの読者を抱えていた前述の『フランス・ソワール』も一九七二年のラザレフの死後、低調となり、一九七六年にエルサンに買収された。また、一九七八年には、レジスタンスの新聞として創刊され、一時期は五〇万部以上を売り上げた全国紙『ロロール』も、徐々に読者が離れ、結局、エルサンの手中に収められることになる。一九八〇年代に入っても、エルサンはグルノーブルの『ル・ドーフィネ・リベレ』やリヨンの『ル・プログレ』といった地方紙を買収し、エルサン帝国と称される一大メディア企業を形成するに至った。一九八一年に誕生したミッテラン社会党政権は国内市場の規制強化に踏み切ったものの、大した成果を上げられなかった。結局、一九九六年のエルサンの死までグループの勢力は衰えることがなかった。

メディアの集中化現象はニューズマガジンにも及んだ。販売部数自体は好調であった『レクスプレス』や『ル・ポワン』も同様に売却と買収の対象となった。一九七七年にセルヴァン＝シュレベールは『レクスプレス』をイギリスの資産家ジミー・ゴールドスミスに譲渡し、今度は一九八七年にゴールドスミスが、同誌を保有するジェネラル・オクシダンタルの株を総合電気機器グループCGEに売却する。そして一九九一年にCGEのフランソワーズ・サンペルマンスが、ジェネラル・オクシダンタルの代表取締役に任命されることで、実質的に『レクスプレス』の所有者となる。他方、『ル・ポワン』は、アシェットから一九八二年に映画配給会社で有名なゴーモングループに移るが、一九九二年にジェネラル・オクシダンタルがその筆頭株主となった。かくして、『レクスプレス』と『ル・ポワン』というライバル誌が、CGE（サンペルマンス）の手中に収まったのである。

その後、エルサン・グループもCGEも複雑な展開を辿り――CGEは一九九〇年代にアルカテル、そしてアルカテル・ルーセントと改称し、二〇一六年にノキアの子会社に収まる――、それに応じて、両者が保有していた新聞・雑誌も所有者を転々としていくことになる。また、一九八〇年代後半にはテレビ局が民営化したことで、メディアの

表1　主なメディア所有企業（2015年末時点）

グループ名	メディア関連の総収入（100万ユーロ）	主な所有メディア（『　』は定期刊行物，Tはテレビ，Rはラジオ）
アルティス・メディア	300	『リベラシオン』，『レクスプレス』，BFMTV（T）
アモーリー	670	『レキップ』，『フットボール』
アルテミス	85	『ル・ポワン』
バイヤール	353	『ラ・クロワ』
ベルテルスマン	2400	『GEO』，『テレ・ロワジール』，M6（T），RTL（R）
ブイグーグループ TF1	1600	TF1（T），LCI（T）
グループ・カナール・プリュス	2700	カナール・プリュス（T），iTélé（T）
グループ・フィガロ	500	『ル・フィガロ』
グループ・ル・モンド	330（『ロプス』は除く）	『ル・モンド』，『ロプス』，『テレラマ』
ラガルデール・アクティヴ	958	『エル』，『パリ・マッチ』，Europe 1（T）
LVMH	149（『ル・パリジャン・オージュルデュイ・アン・フランス』は除く）	『レ・ゼコー』，『ル・パリジャン・オージュルデュイ・アン・フランス』
モンダドーリ・フランス	167	『クローサー』，『テレ・スター』

出典：https://www.la-croix.com/Actualite/Economie-Entreprises/Economie/La-transformation-numerique-accroit-la-concentration-des-medias-2015-12-06-1389316（2019年12月9日閲覧）

所有権をめぐる競争も加熱していった。一度、一企業に複数の媒体や放送局の支配に置かれると、集中化は不可逆的に進み、それぞれのメディアが独立を獲得することはない。今日、新聞、雑誌、放送局を支配下に収めているのは金融や軍需部門を含む複合企業（コングロマリット）である。そして随所で指摘されているのは、少数の複合企業が、党派性を問わず、往々にして政界と強いつながりを持っているということである。

こうした意味では、現代のフランスでは、メディア企業が政治的・経済的権力から完全に自立して活動するのは難しい状況にあるといってよい。たとえば、二〇〇五年、当時、内務大臣で、大統領選に意気込むニコラ・サルコジに関していうと、グラフ週刊誌の『パリ・マッチ』が前妻のスキャンダルを掲載したことがあった。それに激怒したサルコジは、友人で、同誌の実質的な所有者であるアルノー・ラガルデール（ラガルデール・グループ）を通じて、編集長を辞任に追い込んだのだった。また、同じく二〇〇五年のことであるが、左派系の日刊紙『リベラシオン』が、実業家エドゥアール・ド・ロートシルトに売却され、結果的に多くのジャーナリストが辞職するに至った。ロートシルトもサルコジと友人関係にあり、政治権力と金銭権力の圧力を感じさせる出来事であった。その他、政治家のスキャンダルの掲載や所有者の交代などによるジャーナリストの辞任や辞職の例は枚挙にいとまがない。長い時間をかけて獲得されたはずの表現の自由や出版の自由はいかにも脆い。しかし、こうしたジャーナリストの辞任や辞職は、いわば抵抗の結果であることを忘れてはならない。一メディア企業の社員として、唯々諾々と権力の広報に成り下がらない程度には、ジャーナリスト個人の自立は保たれているという見方もできるだろう。

（中村　督）

参考文献

国末憲人『サルコジ――マーケティングで政治を変えた大統領』新潮選書、二〇〇九年。

J・シュヴーベル著、井上日雄・鈴木博訳『報道・権力・金』サイマル出版会、一九六八年。

中村督「知の変遷」西田慎・梅崎透編『グローバル・ヒストリーとしての「一九六八年」』ミネルヴァ書房、二〇一五年。

P・ブルデュー著、櫻本陽一訳『メディア批判』藤原書店、二〇〇〇年。

M・マティアン著、松本伸夫訳『ジャーナリストの倫理』白水社、一九九七年。

南祐三『ナチス・ドイツとフランス右翼――パリの週刊紙『ジュ・スイ・パルトゥ』によるコラボラシオン』彩流社、二〇一五年。

終章　揺れ動くフランスのアイデンティティ——二〇世紀末～二一世紀初頭

グローバリゼーション、ＥＵ統合と極右の進出

二〇世紀末から現在までのフランスの状況を要約するのは容易ではない。グローバリゼーションと欧州統合のなかで、フランスは独自性を次第に失い、他方で宗教も肌の色も異なる移民系住民が増大し、自らのアイデンティティを再構築する苦しみのなかにあるように見える。

フランスでは緊縮政策と社会保障削減、規制緩和、公務員削減、公営企業の民営化などを柱とする新自由主義的政策は、一九八六年、ミッテラン大統領の一期目の保革共存のシラク内閣の時から本格化した。それ以来、銀行、保険、運輸、テレビ局など多くの国営、公営会社が売却され、自動車会社のルノー、郵便局、電信電話のフランス・テレコムなども民営化された。こうして、戦後改革で相当部分が公営部門となっていたフランス経済はグローバル資本主義の渦のなかに巻き込まれ、民営化によって外資の導入が進むことになった。

一九九三年に発効したマーストリヒト条約によって、欧州連合（ＥＵ）が発足し、欧州統合が一段と深化した。域内ではヒト、モノ、カネが自由に行き来するようになった。さらに一九九九年には統一通貨ユーロが導入された。欧州統合はフランスに恩恵をもたらしたが、独自の金融政策をとれないなど、経済政策の選択肢が限られる

ことになり、フランスはジレンマに陥っている。

冷戦崩壊と欧州連合発足後の一九九五年の大統領選挙では、ド・ゴール派の共和国連合（ＲＦＲ）のシラクが当選した。シラクは新自由主義的な経済政策をとったが、九七年の国民議会選挙では敗北し、社会党のジョスパンが首相となった。こうして二度目の保革共存政権が成立した。ジョスパンは社会民主主義的な経済政策や移民規制の緩和を図った。

二〇〇〇年代は欧州連合に東欧諸国が次々と加わり、同時に深化していく時期である。二〇〇二年には現金通貨としてユーロが導入された。だが、二〇〇二年の大統領選挙では、移民排斥を唱え、反ＥＵを掲げる極右の国民戦線（ＦＮ）のルペンが第一回投票で二位となり、ジョスパンは決選投票に残れなかった。決選投票ではシラクが圧勝したが、国民戦線の伸長は国内外に大きな衝撃を与えた。

シラクは米欧同盟を尊重しながらも、二〇〇三年のイラク戦争の開戦に強く反対し、ド・ゴール以来の自主外交の伝統を守った。他方、欧州統合では、二〇〇四年に欧州憲法が調印されている。シラク政権は翌年、欧州憲法の批准を国民投票にかけたが、否決され、欧州統合の深化への国民の理解が進んでいないことが明るみになった。また、国内では、二〇〇六年に労働市場の硬直化を是正して、若者の常用雇用の促進を理由に、初期雇用契約（ＣＰＥ）を導入しようとしたが、若年労働者の解雇を容易にする条項が入っていたために、若者と労組が組織した大規模デモを前に、撤回せざるをえなかった。

大統領の任期を国民議会議員の任期と同じ五年にする改革の後、初めて行われた、二〇〇七年の大統領選挙で当選したのは、共和国連合を継承して結成された民衆運動連合（ＲＦＲ）のサルコジであった。サルコジはハンガリー系移民の二世で、グランド・ゼコール出身でもないという、第五共和政の政治家としては異色の存在であった。サルコジは公的部門の縮減を進め、市場経済重視と規制緩和に基づく新自由主義的政策をとり、労組などと激しく対立した。外交ではドイツのメルケル首相と緊密に連携をとって、行き詰まりかけていた欧州統合を進めた。他方、戦後の歴代大統領とは異なり、アメリカとの関係を改善し、四三年ぶりにNATOの軍事機構に復帰し、二〇一一年にはシリア内戦にアサド政権打倒を目指してアメリカ主導の多国籍軍に加わり、リビアへの軍事介入とカダフィ政権の打倒では積極的な役割を果たした。

二〇一二年の大統領選挙ではオランドが現職のサルコジを僅差で破って、久しぶりの社会党大統領となった。オランド政権は当初は富裕層への増税など、伝統的な社会民主主義的政策をとろうとしたが、うまくいかず、それまでの政権と同じような緊縮政策に戻った。外交ではアメリカに追随し、EU内ではドイツとの協調を維持した。だが、シリアや北アフリカから来る難民問題、ISなどイスラーム原理組織によるテロが続発し、失業率も改善せず、支持率の低迷に苦しむことになった。

移民大国フランス

フランスは他のヨーロッパの主要国と同様に移民大国である。労働力不足に悩むフランスは一九世紀以降移民を受け入れてきた。第二次世界大戦までは、イタリア人、ポーランド人など基本的にキリスト教文化圏のヨーロッパ系移民が中心であった。

移民の様相が大きく変わったのは、第二次世界大戦後のことである。戦後復興で労働力を必要としたフランスに、アルジェリアなど北アフリカから大勢の移民が到来し、カリブ海など海外県からも非ヨーロッパ系の人びとが本国に渡ってきた。こうした移民は現業労働や低賃金の工事現場、清掃、工場労働に従事し、女性は家事使用人としても働き、フランスの戦後の高度成長を支えた。

移民問題が可視化されるようになったのは、一九七〇年代になってオイルショックが引き金となって長い不況の時期に入ってからのことである。移民労働者は家族を呼び寄せ、フランスに定着するようになった。失業率が一〇パーセントを超えて高止まりするなか、失業者の増大を移民労働者に転嫁する議論が、国民に徐々に浸透していった。こうした状況のもとで移民排斥を唱える極右の「国民戦線」が一九八四年の欧州議会選挙で躍進を遂げ、その後の大統領選挙や国政選挙で十数パーセントから二〇パーセントの得票を得るようになり、凋落する共産党と入れ替わる形で全国政党として勢力を固めることになった。

移民といっても滞在許可証、国籍の有無などによって法的地位はかなり異なり、またアルジェリア系移民のように何代にもわたってフランスに定住している者が多い場合、移民あるいは外国人として扱ってよいのかも本来は問題である。パリの郊外地区には、こうした移民系の住民が多く住んでいるが、こうした地域は白人の労働者や貧しい民衆がもともと多い地域である。二〇〇五年の秋にはパリ郊外地区で若者の暴動事件が起こったが、人種差別だけでなく、格差や貧富の増大が進むなか、階級や貧困の問題という側面も見逃すことはできない。

図終－1　パリのモスク（筆者撮影）

現在のパリはさまざまな肌の色の人が住んでおり、人種のるつぼと化している。移民系住民といってもルーツは多様である。だがそのなかでも、数的にも多く、イスラーム過激派のテロ事件もあって、問題になるのがムスリム（イスラーム教徒）系の住民である。とくに一九八〇年代末から、ムスリムの女子生徒が被るヴェールが公立学校での非宗教性、いわゆる「ライシテ」の原則に反しているかどうかが、フランス社会を揺るがす大きな争点となった。二〇〇四年には公立学校におけるヴェール禁止法が、さらに二〇一〇年には目と手の部分以外の全身を覆うニカブや、目の部分も格子状になっていて外から様子をうかがうことのできないブルカの着用を、公共空間全般において禁じる法律が成立した。二つの法律は、信仰の自由の観点から論争を呼び、後者については国連人権委員会によって批判を受けている。

他方では、政府の側も穏健なムスリムの取り込みを図り、二〇〇三年には「イスラーム信仰評議会」というイスラームの代表機関を設立している。ムスリムも一色ではなく、その存在は多様であり、ライシテへの対応の仕方もさまざまである。フランス共和国がどこまで多様性を許容できるのか、試されているともいえよう（歴史の扉7参照）。

大知識人の死

二〇世紀末の思想状況は一九七〇年代初めとはすっかり変わっていた。一九八〇年代に数年のうちにフランスを代表する知識人が相次いで死去した。サルトル（一九八〇年）、ロラン・バルト（一九八〇年）、ラカン（一九八一年）、レイモン・アロン（一九八三年）、フーコー（一九八四年）と訃報が続いた。大物知識人の相次ぐ死は、知識人が政治や社会に参加し、世論をリードする時代の終焉を印象づけた。同じ頃から、学者は専門分野の研究へ、芸術家はアトリエへと戻っていった。

知識人のアンガージュマンを正統化していた、マルクス主義や、アジア・アフリカなど第三世界と呼ばれた地域に連帯する思想と運動はすでに七〇年代に衰退していた。代わって全体主義批判と自由主義賛美が滔々と流れ出すことになり、フリードマンやハイエクといったアメリカの思想家がもてはやされた。哲学では、ベルナール＝アンリ・レヴィら、「新哲学派（ヌーヴォー・フィロゾーフ）」と呼ばれる若手の哲学者が台頭し、「主体」と人間主義を復権させた。「新哲学派」はメディアでの露出でも際立っていた。彼らはマルクス主義だけでなく、構造主義も批判した。同じ文脈で一九七〇年代の中頃から、人権のテーマが、政治的言説によく現れるようになった。こうした思想状況は、他の西欧諸国についてもあてはまるが、フランスではとくに顕著であった。冷戦の終結以後、人権擁護は海外への新たな介入の正当化としても使われるようになっている。ベルナール＝アンリ・レヴィがカダフィ政権打倒を進言したケースはその典型であろう。

これに、新しいメディアの状況が付け加わる。一九七〇年代頃から、各専門分野の学者・研究者が専門家として、テレビに出演し、各種のメディアに登場することが多くなった。これは専門分化が進み、それぞれの専門分野の専門家を呼ばないとわからないことが多くなったためであるが、他方では研究者は、メディアでの能力、すなわちいつでもメディアにとって利用可能で、わかりやすく説明し、具体的に応え、必要があればエピソードを話す能力を示さねばならなくなった。この場合、質問するジャーナリストが主であり、専門家は従属的な立場に置かれることになる。

ポストモダンと「フレンチ・セオリー」

ところが、海外、とくにアメリカや日本で注目されたのは、新しい主流派ではなく、フランスでは廃れた構造主義、あるいはそれを継承する「ポスト構造主義」や「ポストモダン」と呼ばれる思想であった。

八〇年代以降、ポストモダンやポスト構造主義が世界的に流行したのは、アメリカの文化的ヘゲモニーのおかげであった。これらの思想は、アメリカ合衆国の大学で大きな反響を呼び、再解釈され、日本で言われる「フランス現代思想」にほぼ相当する、「フレンチ・セオリー」という新たな文化的創造物となった。アメリカの大学で、「フレンチ・セオリー」が触媒となって、テクストの新しい解釈や、旧来の学問分野を超えた、カルチュラル・スタディーズ、ジェンダー研究、ポストコロニアル研究が誕生した。

「ポストモダン」という言葉を流行語にしたのは、一九七九年の哲学者リオタールの著作『ポストモダンの条件』である。リオタールは、啓蒙思想以来の科学は、自らを正当化するために、自由や主体の解放などの「大きな物語」に依拠していたとし、その物語の終焉について語った。この概念が大きな成功を収めたのは、社会運動、革命運動への幻滅の広がりという状況とともに、知的世界の危機、大学の危機、新しい学問分野の登場によって脅かされた、伝統的な学問分野の危機の感情によく応えていたからでもあった。ただし、ポストモダンの思想は、ポスト構造主義と同様に、定義するのは難しい。デリダのように、ポストモダンの思想家として見なされるのを拒否し、自由主義賛美の風潮に異を唱え、マルクスの思想を新たに復活させようとした者もいる。

フレンチ・セオリーに対するアメリカの大学の熱狂は二一世紀初頭になっても続いた。だが、ドゥルーズ（一九九五年）、リオタール（一九九八年）、デリダ（二〇〇四年）のほか、「フレンチ・セオリー」の思想家には通常入らないが、闘う知識人の伝統を継承していたブルデュー（二〇〇二年）、と次々に大物が姿を消し、フランスからはなかなか新しいスターが生まれていないのが現状であろう。

記憶をめぐる戦い

一九七〇年代以降、過去の記憶と記念が人びとの関心を呼び、同時に重要な政治的な争点となっていった。歴史書ではピエール・ノラが監修した『記憶の場』のシリーズ（一九八四〜九二年）が、三色旗、ラ・マルセイエーズからワイン、食文化など実に多様なフランス人の記憶の場を取り上げて、多くの読者を獲得し、国際的にも反響を呼んだ。移民の増加、欧州統合など、フランスを取り巻く環境の激変のなかで、アイデンティティを再確認、あるいは模索しようとした人びとの心を捉えたものと考えられる。

一九七〇年代はまた、占領期の対独協力の実態が明らかにされ、歴史研究の上ではレジスタンス神話が崩壊していく時期でもあった。さらに八〇年代後半以降は、占領期のユダヤ人迫害へのフランス人の加担が白日の下にさらされた。こうして一九九五年に、シラク大統領はユダヤ人迫害へのフランス国家の責任を認め、公式に謝罪した。

他方で、極右の台頭と結びついてナチスによる戦争犯罪を矮小化する歴史修正主義が活発になり、さらにはホロコーストの存在を否定する議論まで現れた。こうしたなかで、一九九〇年代には「記憶の法律」が増加した。その最初の法律は一九九〇年七月の、ホロコーストの存在を否定した者を処罰するゲソー法である。同じような「記憶の法律」には、一九一五年のオスマン帝国でのアルメニア人大虐殺を「ジェノサイド」と形容した二〇〇一年の法律、同年に制定された、一六世紀以降、西欧人によって繰り返された奴隷貿易を「人類に対する犯罪」としたトビラ法などがある。さらに二〇〇五年には、「海外植民地から本国に帰還したフランス人」に補償する法律が制定された。ただし、フランスの植民地支配を正当化する文言が修正の末に付け加わったため、物議をかもすことになった。なお「記憶の法律」には、立法者によって歴史が規定される危険があると、ピエール・ノラなど歴史家から批判もうけている。

このように植民地支配の謝罪についてはなかなか進まないが、アルジェリア戦争におけるフランス軍の蛮行については無視できなくなり、少しずつ変化が見られる。また歴史を記録し、フランス人の記憶のなかに根づかせようとする努力は熱心に続けられている。とくに第二次世界大戦を記憶する記念碑や歴史博物館は数も多く、近年では占領期のユダヤ人迫害へのフランス人の加担を記憶する博物館として、二〇一二年にドランシー記念館が設立されている。また、植民地支配の問題に正面から向き合っていないという批判はあるが、二〇〇七年にパリに国立移民歴史博物館が開設されている。

文化政策とフランス人の文化実践

ミッテランの後の大統領の下でも、文化省の予算はほぼ維持され、二〇一七年度予算では一・一パーセントという記録的高水準に達している。また、フランスは国際的な次元での文化的影響力の衰退を食い止めるために、一九八〇年代以降、国家的な努力を行ってきた。そのおかげで、一九九三年のGATT協定では、文化的な多様性を持つ財やサービスを貿易の自由化の例外とする「文化的例外」が設けられた。その後もフランス政府は国際的な貿易交渉のなかで「文化的例外」が維持されることに努めている。

サハラ以南のアフリカに位置するフランス語圏の諸国が低開発で苦しみ、ブラジルやエジプトなど、伝統的にフランス文化の影響力が強かった国で英語が普及したため、フランス語の地位は低下している。世界におけるフランス文化とフランス語の普及のために設立された組織は発展して二〇〇五年に「フランコフォニー国際機関」となり、フランス語圏でない国も参加し、現在はオブザーバー参加を含め八八カ国・政府で構成されている。こうした努力によって、フランス語話者の数は世界で第九位だが、翻訳では中心的な言語の地位を保っている。他方、フランス国内でも英語の浸透は著しく、マーストリヒト条約締結後の一九九二年には、EU内での英語使用の増加が懸念され、憲法にフランス語が「共和国の言語」であると初めて明記され、さらに一九九四年にはフランス語を保護する法律が制定されている。

フランス国内での、アメリカの大衆文化の影響としては、ハードロック、ラップ、ヒップホップを挙げることができる。とくに、黒人、白人、北アフリカ系の人びとが混住する郊外地域によって受け入れられている。もう一つの例は、テレビ番組である。アメリカの連続ドラマは費用がかからず、需要もある。アメリカのテレビで成功を収めたジャンル、連続ホームコメディ、トークショー、リアリティショーもアレンジされて定着している。他方で、ドイツの推理ドラマ、日本のアニメ、ブラジルの連続ドラマも放映されている。

一九七三年以降、文化省ではフランス人の娯楽、文化活動に関する統計調査を行っている。それを見ると、社会的職業的帰属が決定的な役割を果たしていることがわかる。たとえば、恵まれた社会層に属していればいるほど、クラシック音楽のコンサートや劇場に行く傾向が高く、農民あるいは労働者である場合は、ほとんど行かない。大半のフランス人がほとんど毎日テレビを視ているが、図書館から夜の観劇やコンサートなど、文化的な外出、訪問も微増している。新聞や書籍をよく読む人は減っているが、これは読書の衰退ではなくむしろ変容を意味している（表終-1参照）。紙の上での読書は女性が多く、女性は小説、男性は歴史書、漫画、科学書を好む傾向があるが、読書という行為がなくなったわけではない。学校や職場で読書をするだけでなく、現在ではパソコンのスクリーンの上での読書がつけ加わっている。

欧州統合と教育改革

欧州統合に伴い、フランスではフランス語以外に二つの言語を学ぶことが目標とされ、いくつかの言語のなかから小学校で第一外国語、中学校で第二外国語を選択することになり、二〇〇七年度からは小学校での外国語学習が必修化された。第一外国語は実質的に英語になっているが、言語的多様性の確保が図られている。

高等教育では、EU統合に伴い、学生の交流、単位の互換化、学位制度など共通化がめざされている。この結果、フランスも三年の学部（学士）課程、二年の修士課程、三年の博士課程となった。だが、グランド・ゼコールが大学よりも威信があり、予算の面でも特別に優遇されている構造には手をつけていない。いかに優秀とはいえ、専門性では大学院博士課程を出た者に劣っており、フランス独自のエリート養成の有効性と正統性に疑問が投げかけられている。

また、たしかに大学は今でも年間学費が二、三万円程度と無償に近い額に据え置かれているが、私立のグラン

表終－1　フランス人の日常生活と文化活動の変化　文化省調査
（単位は%，ただし「平均時間」の単位は時間）

	1973年	1981年	1989年	1997年	2008年
テレビの視聴あり（週単位）	88	91	90	91	98
毎日，あるいはほとんど毎日視聴	65	69	73	77	87
週平均視聴時間	16時間	16時間	20時間	22時間	21時間
音楽鑑賞あり（週単位，ラジオを除く）	63	75	73	76	81
毎日，あるいはほとんど毎日	9	19	21	27	34
有料日刊紙の購読あり	77	71	79	73	69
毎日，あるいはほとんど毎日購読	55	46	43	36	29
過去12カ月で少なくとも1冊の本を読んだ	70	74	75	74	70
20冊以上の本を読んだ	28	23	24	19	16
過去12カ月で行った文化施設					
映画館	52	50	49	49	57
ダンス場	6	5	6	8	8
劇場	12	10	14	16	19
クラシック音楽のコンサート	7	7	9	9	7
ジャズかロックのコンサート	6	10	13	13	14
博物館，展覧会	27	30	30	33	30
歴史記念物	32	32	28	30	29
図書館／メディアテーク			23	31	28
移動遊園地	47	43	45		
公開ダンスパーティー	25	28	28		
スポーツの試合	24	20	25		
動物園	30	23	22		
アマチュア演劇	10	12	14		
ミュージックホール／軽音楽	11	10	10		
サーカス	11	10	9		
オペレッタ	4	2	3		
オペラ	3	2	3		

注：調査対象は15歳以上のフランス人。

出典：Pascale Goetschel et Emmanuelle Loyer, *Histoire culturelle: De la Belle Epoque à nos jours*, Paris, Armand Colin, 1994, 5e éd. 2018, p. 228.

ド・ゼコールや国立でもパリ政治学院の授業料は高額であり、しかも、難関のグランド・ゼコール入学試験に合格するためには、予備校に通うことにもなる。このように、エリートになるためには高額の教育費が必要となっているのが現実である。

一九八〇年代半ばから同一年齢層に占める後期中等教育到達者の割合が政策的に引き上げられた結果、現在では高等教育進学率は約六割となっている。原則としてバカロレアに合格すれば大学に入学できるため、人文系を中心に大学の地位は低下し、高等教育に馴染まない層の学生が増えている。

そのなかにあって高等教育では女性の進出が目覚ましい。二〇一一年では、学士課程と修士課程に登録している学生のなかで女性が五七・六パーセント、博士号取得準備者は四八パーセントを占めている。大学の正教授では二二・五パーセントであるが、准教授では四二・四パーセントになっている。また二〇〇八年の調査では、教育水準の向上を反映して、専門職や上級幹部職のなかでも女性は三分の一以上を占めるようになっている。

マクロン政権と「黄色いベスト運動」

現在の大統領マクロンはオランド政権で経済大臣を務めた人物であるが、官僚をもっとも多く輩出している国立行政学院（ＥＮＡ）出身のエリートであり、同校を卒業後、財務検査官になり、ロートシルト銀行の銀行家であった経歴を持っている。二〇一六年に新党を立ち上げ、翌年の大統領選挙で決選投票の末、極右国民戦線のマリーヌ・ルペンを破って当選した。その勢いで新党の名称を「共和国前進」に変更し、国民議会選挙で圧勝した。マクロンは、ドイツとの経済の一体化とともに、強硬に新自由主義的政策を推し進め、二〇一八年には国鉄の民営化を行った。

ところが、二〇一八年一一月から翌年春にかけて「黄色いベスト運動」という、新しい社会運動が、燃料税の値上げ反対を掲げて自然発生的に起こった。政党や労働組合など既存の組織とは直接の関係を持たず、党派的にも極左から極右まで多様であると言われた。運動は、マクロン政権によって廃止された、超富裕層を対象にした、「富裕税」の復活も要求していた。マクロン政権が労働者や一般庶民に負担をかける一方で、こうした富裕層優遇の政策が、デモ参加者の怒りを引き起こしていると見られている。

フランスではデモは市民の権利として定着しており、パリでは毎週土曜日にはデモ行進が行われている。だが、一般にデモはきわめて平和的に行われ、破壊活動が伴うことは珍しい。「黄色いベスト運動」では、一部の参加者によって、資本主義を象徴する、シャンゼリゼ大通りにある高級ブティックなどの破壊活動が何度も繰り返された。治安部隊による弾圧も苛烈で、デモ隊に多数の負傷者が出ており、治安部隊による激しい暴力に欧州評議会の人権委員から厳しく批判される事態となった。

「黄色いベスト運動」の抗議の激しさと、それを抑え込もうとする権力の側の強硬さは一九世紀の階級闘争を思わせる。一九世紀と異なるのは、当時植民地化の対象となった地域をルーツに持つ人びとが数多く国内に定住していることである。自由と平等の両立とともに、民族的、文化的多様性を確保しながら国民的統合をどう図っていくのかが問われているのである。

マクロン政権はＥＮＡを廃止してエリート選抜制度の改革を行う（二〇二二年）一方で、新自由主義的政策を続け、金持ち優遇との批判を浴びている。さらに、二〇二〇年以降のコロナ禍や、二〇二二年二月に始まるウクライナでの戦争による経済の混乱が加わり、激しい社会運動が断続的に起こっている。二〇二二年四月の大統領選挙では決選投票で前回同様マクロンが極右のマリーヌ・ルペンを破って再選されたものの、同年六月の国民議会選挙では左派統一会派「新人民環境社会連合（ＮＵＰＥＳ）」と極右政党「国民連合」が躍進し、与党会派が過半数を割り込む事態となった。フランスは社会的に分断を深め、政治的にも左右への分裂に苦しんでいるのが現状であろう。

フランスは確実に変化している。ＩＴ化も、北欧などに遅れを取りながらも、着実に進めている。戦後フランスの重要産業であったために、原発の廃止はなかなか進んでいない。それでも、トラムウェイ、電気自動車の普及など環境問題への取り組みは熱心に行われている。パリの公園や共同菜園などでは農薬が禁止され、屋上に養蜂箱が置かれ、蜜蜂が空を飛んでいる。問題は山積しているが、その課題の多くは先進国が共通して抱える問題でもある。先進性を追い求めながら、伝統的な生活スタイルを変えようとしない頑固なフランス人ならば、この苦難を乗り越え、新しい文化を創造してくれることであろう。

（上垣　豊）

参考文献

岡本裕一朗『フランス現代思想史――構造主義からデリダ以後へ』岩波新書、二〇一五年。

小田中直樹『フランス現代史』岩波新書、二〇一八年。

フランソワ・キュセ著、桑田光平他訳『フレンチ・セオリー――アメリカにおけるフランス現代思想』ＮＴＴ出版、二〇一〇年。

伊達聖伸『ライシテから読む現代フランス――政治と宗教のいま』岩波新書、二〇一八年。

ピエール・ノラ編、谷川稔監訳『記憶の場――フランス国民意識の文化＝社会史』全三巻、岩波書店、二〇〇二～〇三年。

ジェラール・ノワリエル著、大中一彌他訳『フランスという坩堝――一九世紀から二〇世紀の移民史』法政大学出版局、二〇一五年。

平野千果子『フランス植民地主義と歴史認識』岩波書店、二〇一四年。

《編著者紹介》

上垣　豊（うえがき・ゆたか）

1955年　生まれ。

1985年　京都大学大学院文学研究科西洋史学専攻博士課程修了。

2017年　博士（文学）（京都大学）。

現　在　龍谷大学法学部教授。

主　著　『規律と教養のフランス近代――教育史から読み直す』ミネルヴァ書房，2016年。

『ナポレオン――英雄か独裁者か』山川出版社，2013年。

『大学で学ぶ西洋史［近現代］』（共編著）ミネルヴァ書房，2011年。

はじめて学ぶフランスの歴史と文化

2020年３月31日　初版第１刷発行　〈検印省略〉

2022年12月10日　初版第３刷発行

定価はカバーに表示しています

編著者　上垣　豊

発行者　杉田啓三

印刷者　田中雅博

発行所　株式会社　ミネルヴァ書房

607-8494　京都市山科区日ノ岡堤谷町１

電話代表　(075)581-5191

振替口座　01020-0-8076

創栄図書印刷・藤沢製本

ISBN978-4-623-08778-5

Printed in Japan

執筆者紹介（執筆順）

上垣　豊（うえがき・ゆたか）**はじめに・第5章・第7章～終章**

奥付編著者紹介参照。

図師　宣忠（ずし・のぶただ）**第1章・歴史の扉1・第2章**

京都大学大学院文学研究科博士後期課程歴史文化学専攻研究指導認定退学，博士（文学）（京都大学）。

現　在　甲南大学文学部教授。

主　著　'À propos de l'utilisation des registres d'inquisition de Toulouse au XIIIe siècle', *Annales du Midi: revue de la France méridionale*, no. 294, 2016, pp. 269-279.
『コミュニケーションから読む中近世ヨーロッパ史――紛争と秩序のタペストリー』（共著）ミネルヴァ書房，2015年。
「一三世紀都市トゥールーズにおける「異端」の抑圧と文書利用――王権・都市・異端審問の対立と交渉の諸相」『史林』95巻1号（2012年1月），74-109頁。

黒岩　三恵（くろいわ・みえ）**歴史の扉2**

東京大学大学院人文社会系研究科基礎文化研究（形象文化・美術史）専攻博士課程単位取得退学，博士（文学）（東京大学）。

現　在　立教大学異文化コミュニケーション学部教授。

主　著　「芸術庇護と信仰の私的実践とドミニコ会（1）――『ベリー公の小さき時禱書』と『対抗教皇クレメンス7世の祈禱書』の場合」『ことば・文化・コミュニケーション』第8号，2016年。
Jean Pucelle: Innovation and Collaboration in Manuscript Painting, London-Turnhout: Harvey Miller, 2013（共著）.
『西洋美術史』（共著）武蔵野美術大学出版局，2006年。

小山　啓子（こやま・けいこ）**第3章・歴史の扉3**

九州大学大学院比較社会文化研究科国際社会文化専攻博士後期課程単位取得退学，博士（比較社会文化）（九州大学）。

現　在　神戸大学大学院人文学研究科教授。

主　著　イェルン・ダインダム著『ウィーンとヴェルサイユ――ヨーロッパのライバル宮廷』（共訳）刀水書房，2017年。
『フランス史研究入門』（共著）山川出版社，2011年。
『フランス・ルネサンス王政と都市社会――リヨンを中心として』九州大学出版会，2006年。

嶋中　博章（しまなか・ひろあき）**第4章・歴史の扉4**

博士（文学）（関西大学）。

現　在　関西大学文学部准教授。

主　著　『フランス王妃列伝』（共編著）昭和堂，2017年。
『太陽王時代のメモワール作者たち』吉田書店，2014年。
クリスチアン・ジュオー著『マザリナード』（共訳）水声社，2012年。

竹中　幸史（たけなか・こうじ）**第5章・第6章**

京都大学大学院文学研究科博士後期課程歴史文化学専攻研究指導認定退学，博士（文学）（京都大学）。

現　在　山口大学人文学部教授。

主　著　『教養のフランス近現代史』（共編著）ミネルヴァ書房，2015年。
『図説フランス革命史』河出書房新社，2013年。
『フランス革命と結社』昭和堂，2005年。

玉田　敦子（たまだ・あつこ）**歴史の扉5**

パリ第四大学ソルボンヌ校大学院文学研究科フランス文学専攻修了。

現　在　中部大学人文学部教授。

主　著　「18世紀フランスにおけるミソジニーとナショナリズム」『Studies Series（一橋大学社会科学古典資料センター）』72号，一橋大学，2015年。
『近代と未来のはざまで』（共編書）風媒社，2013年。
アラン・コルバン他監修『身体の歴史』第一巻（共訳）藤原書店，2010年。

田中　　佳（たなか・けい）**歴史の扉6**

一橋大学大学院社会学研究科博士後期課程修了，博士（社会学）。

現　在　徳島大学大学院社会産業理工学研究部准教授。

主　著　『イメージ制作の場と環境——西洋近世・近代美術史における図像学と美術理論』（共著）中央公論美術出版，2018年。
Ｐ・ボナフー著『ルーヴル美術館の舞台裏』（訳）西村書店，2014年。
『美を究め美に遊ぶ——芸術と社会のあわい』（共編著）東信堂，2013年。

松嶌　明男（まつしま・あきお）**歴史の扉7**

東京大学大学院人文社会系研究科欧米系文化研究専攻博士課程修了，博士（文学）（東京大学）。

現　在　北海道大学大学院文学研究院人文学部門歴史学分野教授。

主　著　『図説ナポレオン——政治と戦争　フランスの独裁者が描いた軌跡』河出書房新社，2016年。
『礼拝の自由とナポレオン——公認宗教体制の成立』山川出版社，2010年。

東出　加奈子（ひがしで・かなこ）　**歴史の扉 8**

奈良女子大学大学院人間文化研究科比較文化学専攻博士後期課程修了，博士（文学）（奈良女子大学）。

現　在　大阪成蹊大学経営学部教授。

主　著　『海港パリの近代史——セーヌ河水運と港』晃洋書房，2018 年。
「19 世紀ベルシーにおける河川商業——セーヌ河の労働者組織」『寧楽史苑』63 号，奈良女子大学史学会，2018 年。
『シネマ世界めぐり』（共著）ナカニシヤ出版，2009 年。

橋本　周子（はしもと・ちかこ）　**歴史の扉 9**

京都大学大学院人間・環境学研究科共生人間学専攻博士課程修了，博士（人間・環境学）。

現　在　関西学院大学国際学部准教授。

主　著　*La Naissance du gourmand. Grimod de la Reynière et la Révolution française.* Presses universitaires François-Rabelais, 2019.
『美食家の誕生——グリモと〈食〉のフランス革命』名古屋大学出版会，2014 年。

角田　奈歩（つのだ・なお）　**歴史の扉 10**

お茶の水女子大学大学院人間文化研究科比較社会文化学専攻博士後期課程修了，博士（人文科学）（お茶の水女子大学）。

現　在　東洋大学経営学部経営学科准教授。

主　著　『フランス・モード史への招待』（共著）悠書館，2016 年。
『教養のフランス近現代史』（共著）ミネルヴァ書房，2015 年。
『パリの服飾品小売とモード商 1760-1830』悠書館，2013 年。

原　　　聖（はら・きよし）　**歴史の扉 11**

一橋大学大学院社会学研究科地域社会研究専攻博士課程単位修得退学。

現　在　女子美術大学名誉教授，青山学院大学文学部客員教授。

主　著　『ケルトの水脈』講談社，2006 年。
『〈民族起源〉の精神史』岩波書店，2003 年。
『周縁的文化の変貌』三元社，1990 年。

谷口　良生（たにぐち・りょうせい）　**歴史の扉 12**

京都大学大学院文学研究科歴史文化学専攻博士後期課程修了，博士（文学）（京都大学）。

現　在　明治大学文学部専任講師。

主　著　「議員職を歴任する——フランス第三共和政前期（1870-1914 年）におけるブーシュ＝デュ＝ローヌ県選出議員の政治的経歴」『歴史学研究』982 号，2019 年。
「議会共和政と地方の「政治的議会」——フランス第三共和政前期（1870-1914 年）におけるブーシュ＝デュ＝ローヌ県の事例を中心に」『史学雑誌』127 編 4 号，2018 年。
「フランス第三共和政前期（1870-1914 年）における議会活動——常任委員会制度の導

入にみる議会活動の規範と議員の専門職化」『西洋史学』261号，2016年。

須藤　健太郎（すどう・けんたろう）　**歴史の扉13**

パリ第三大学博士課程修了，博士（映画研究）。

現　在　東京都立大学人文社会学部人文学科助教。

主　著　『評伝ジャン・ユスターシュ』共和国，2019年。
『エリー・フォール映画論集　1920-1937』（訳）ソリレス書店，2018年。
ニコル・ブルネーズ著『映画の前衛とは何か』（訳）現代思潮新社，2012年。

田崎　直美（たざき・なおみ）　**歴史の扉14**

お茶の水女子大学大学院人間文化研究科比較文化学専攻博士課程単位取得満期退学，博士（人文科学）（お茶の水女子大学）。

現　在　京都女子大学発達教育学部教育学科音楽教育学専攻准教授。

主　著　『抵抗と適応のポリトナリテ――ナチス占領下のフランス音楽』アルテスパブリッシング（叢書ビブリオムジカ），2022年。
「フランスの国営ラジオ放送音楽政策の場を巡って――人民戦線内閣期からヴィシー政権期にかけての制度の検証（1936-44年）」『昭和音楽大学研究紀要』39巻，2020年，61-75頁。
"Un concours de composition outil de propagande politique: le cas du Concours musical de la ville de Paris sous la Troisième République," *Revue de Musicologie*, 101/1, 2015, pp. 93-124.

福島　都茂子（ふくしま・ともこ）　**歴史の扉15**

京都大学大学院法学研究科法政理論専攻博士後期課程単位取得認定満期退学，博士（法学）（京都大学）。

現　在　清和大学法学部教授。

主　著　『人口政策の比較史――せめぎあう家族と行政』（共著）日本経済評論社，2019年。
『「18歳選挙権」時代のシティズンシップ教育――日本と諸外国の経験と模索』（共著）法律文化社，2019年。
『フランスにおける家族政策の起源と発展――第三共和制から戦後までの「連続性」』法律文化社，2015年。

中村　　督（なかむら・ただし）　**歴史の扉16**

東京大学大学院総合文化研究科地域文化研究専攻博士課程単位取得満期退学，博士（歴史学）（フランス社会科学高等研究院）。

現　在　北海道大学大学院法学研究科教授。

主　著　『言論と経営――戦後フランス社会における「知識人の雑誌」』名古屋大学出版会，2021年。
『新しく学ぶフランス史』（共著）ミネルヴァ書房，2019年。
ピエール・ロザンヴァロン『良き統治――大統領制化する民主主義』（共訳）みすず書房，2020年。

人名索引

ア 行

カ 行

サ　行

タ　行

ナ　行

ハ　行

マ　行

ヤ・ラ行

事項索引

ア　行

カ　行

サ　行

タ　行

ナ　行

ハ　行

マ　行

ヤ・ラ・ワ行

フランス史年表

前52	カエサル，ガリアの反乱を鎮圧。
476	西ローマ帝国滅亡。
496	クローヴィス，アタナシウス派に改宗。
732	トゥール・ポワティエ間の戦い。
751	カロリング家のピピン3世，自ら王位に就く。カロリング朝の始まり。
800	ローマ教皇レオ3世がシャルルマーニュを西ローマ皇帝に戴冠。
843	ヴェルダン条約，フランク王国が三分される。
987	カロリング朝滅亡。カペー朝の成立。
1095	教皇ウルバヌス2世，十字軍を提唱。
1214	ブーヴィーヌの戦い。
1302	フィリップ4世，最初の全国三部会を招集。
1303	アナーニ事件。
1307	フィリップ4世，テンプル騎士修道会士を一斉逮捕。
1309	教皇庁，アヴィニョンに遷都（～1377）。
1328	カペー朝断絶。ヴァロワ朝創始。
1337	百年戦争始まる（～1453）。
1356	ポワティエの戦い。フランス軍，エドワード黒太子の率いるイングランド軍に大敗。
1415	アザンクールの戦い。フランス軍，ヘンリ5世に大敗を喫す。
1420	トロワの和約。シャルル6世，ヘンリ5世をフランス王位の継承者として認める。
1429	5月 ジャンヌ・ダルク，オルレアンを解放。7月 シャルル7世，ランスで戴冠。
1477	ルイ11世，ブルゴーニュ公領を併合。
1516	ボローニャ政教協約，教皇，フランス王の高位聖職者の叙任権を承認。
1519	フランソワ1世，神聖ローマ皇帝選挙でハプスブルク家のカルロス1世に敗退。
1530	王立教授団（コレージュ・ド・フランスの前身）創設。
1539	ヴィレール・コトレ王令。
1559	4月 カトー・カンブレジ条約。7月 アンリ2世，事故死。
1562	宗教戦争始まる。
1572	8月 聖バルテルミの虐殺。

1589	アンリ 3 世，暗殺される。ナヴァール王アンリ，アンリ 4 世として即位。
1593	アンリ 4 世，カトリックに改宗。
1598	ナント王令。宗教戦争，終結。
1604	ポーレット法。フランス東インド会社設立。
1610	アンリ 4 世，暗殺される。ルイ 13 世，即位。
1614	10 月 パリで全国三部会開催（～1615 年 2 月）
1624	リシュリュー，宰相となる。
1629	新教徒の政治的・軍事的諸特権を廃止。
1635	スペインに宣戦布告，三十年戦争に介入。アカデミー・フランセーズ創設。
1637	コルネイユの『ル・シッド』上演。
1643	ルイ 13 世没。ルイ 14 世即位。マザラン，宰相に就任。
1648	フロンドの乱，始まる（～1653）。
1656	パスカル『田舎の友への手紙（プロヴァンシアル）』（～1657）。
1659	ピレネー条約，フランス，スペインからルシヨン，アルトワを獲得。
1661	ルイ 14 世，親政開始。
1664	コルベール，西インド会社創設，東インド会社再建。モリエール『タルチュフ』。
1667	サン＝ジェルマン＝アン＝レー王令。ラシーヌ『アンドロマック』。
1672	オランダ戦争（～1678）。
1685	ナント王令を廃止。
1702	スペイン継承戦争（～1713）。
1715	ルイ 14 世没。ルイ 15 世即位。
1720	ジョン・ロー，財務総監に就任。5 月 金融恐慌が起こり，ロー失脚。
1740	オーストリア継承戦争（～1748）。
1748	モンテスキュー『法の精神』。
1751	『百科全書』刊行始まる（～1772）。
1756	外交革命。七年戦争（～1763）。
1762	ルソー『エミール』。
1763	2 月 パリ条約，七年戦争終結。ヴォルテール『寛容論』。
1764	ルイ 15 世，イエズス会を解散させる。
1770	モプーによる司法改革。
1774	ルイ 15 世没，ルイ 16 世即位。
1775	小麦粉戦争。
1778	2 月 英領北米植民地と攻守同盟を結ぶ。5 月 イギリスに宣戦布告。
1786	8 月 カロンヌ，特権身分への課税を提唱。9 月 英仏通商条約。
1787	2 月 名士会議。4 月 カロンヌ，財務総監を解任。
1789	5 月 全国三部会開催。7 月 バスチーユ攻略。8 月 封建的特権の廃止の決議。人権宣言。10 月 ヴェルサイユ行進。11 月 教会財産国有化。
1790	7 月 聖職者市民化法，シャン・ド・マルスで連盟祭開催。

1791	6月 王家のヴァレンヌ逃亡事件。9月「1791年」憲法制定。
1792	4月 オーストリアに宣戦布告。8月10日の革命。9月 共和政宣言。
1793	1月 ルイ16世の処刑。5月 ジロンド派追放（～6月）。9月 恐怖政治始まる，大学を廃止。
1794	6月 最高存在の祭典。7月 テルミドールのクーデタ。高等師範学校創設。
1795	10月 総裁政府成立。メートル法制定。学士院創設。パリ・コンセルヴァトワール（パリ音楽院）創設。
1799	11月 ブリュメール18日のクーデタ。12月 ナポレオン，第一統領に就任。統領政府成立。
1801	教皇ピウス7世と政教協約（コンコルダ）を結ぶ。
1802	3月 イギリスとアミアンの和約。8月 ナポレオン，終身統領に就任。
1804	3月 ナポレオン法典発布。5月 ナポレオン，皇帝に即位。12月 戴冠式。
1805	12月 アウステルリッツの三帝会戦。
1806	11月 ベルリン勅令，イギリスに対する大陸封鎖。
1808	3月 帝国ユニヴェルシテを組織。5月 マドリードで反仏蜂起起こる。
1812	ロシア遠征。
1814	ナポレオン退位。エルバ島に配流。第一王政復古。
1815	ナポレオンの百日天下。6月 ワーテルローの戦い。7月 第二王政復古。
1824	ルイ18世没，シャルル10世即位。
1830	七月革命。スタンダールの『赤と黒』。
1833	ギゾー法。
1836	最初の新聞連載小説，バルザックの『老嬢』。
1848	二月革命。4月 憲法制定国民議会選挙。12月 大統領選挙でルイ＝ナポレオンが当選。
1849	立法議会選挙，秩序党と呼ばれる保守派が圧勝。
1850	5月 選挙資格制限法。
1851	12月 ルイ＝ナポレオンのクーデタ。
1852	12月 ルイ＝ナポレオン，ナポレオン3世として皇帝に即位。第二帝政成立。
1853	オスマン，セーヌ県知事になり，パリ市の改造に取り組む。
1857	ボードレール『悪の華』，フロベール『ボヴァリー夫人』風俗壊乱罪で起訴される。
1859	インドシナ侵略の開始。イタリア統一戦争に参戦。
1860	1月 英仏通商条約。3月 サヴォワとニースを併合。
1862	4月 メキシコに宣戦布告。6月 コーチシナ併合。ユゴー『レ・ミゼラブル』。
1864	労働者の団結権承認。
1868	出版法成立，新聞発行の自由化。
1870	7月 普仏戦争（～1871）。9月 共和政宣言，国防政府成立。
1871	パリ・コミューン。ゾラ『ルーゴン＝マッカール』叢書刊行開始（～1893）。

1874	印象派がグループ展を開催。
1875	憲法に関するヴァロン修正案可決，共和政承認。『史学雑誌』創刊。
1877	5月 大統領マクマオン，共和派の首相を更迭。10月 下院選挙，共和派が大勝。
1879	マクマオン，大統領辞任。「ラ・マルセイエーズ」国歌となる。
1880	7月14日の革命記念日，国民の祝日になる。公立女子中等教育が制度化。
1881	フェリー法（初等教育の無償化・義務化・世俗化，～1882)。
1884	労働組合の合法化。条件付きで離婚制度復活。
1885	天津条約，フランスのベトナム支配確立。
1888	ブーランジスム運動が発展（～1889)。
1889	パリで万国博覧会，エッフェル塔完成。
1892	パナマ事件（～1893)。
1894	10月 ドレフュス大尉，スパイ容疑で逮捕。
1896	デュルケームが『社会学年報』を創刊。ベルクソン『物質と記憶』。
1898	1月 ゾラ，「われ弾劾する」を発表。9月 ファショダ事件。
1899	ワルデック・ルソー共和国防衛内閣。
1902	総選挙，共和派連合圧勝。急進共和派のコンブ内閣成立。
1904	英仏協商成立。修道会教育禁止法。
1905	政教分離法制定。
1909	『新フランス評論』（NRF）創刊。
1914	7月 ジョレス暗殺。8月 総動員令発布，神聖連合政府成立。
1916	バルビュス『砲火』。
1918	11.11. ドイツと休戦協定。
1919	6月 ヴェルサイユ条約調印。
1920	12月 社会党，トゥール大会で分裂，多数派，コミンテルンに参加。
1923	ルール占領。
1924	左翼連合勝利。アンドレ・ブルトン「シュルレアリスム宣言」。
1928	ケロッグ・ブリアン協定（不戦条約）締結。
1929	『アナール（社会経済史年報)』創刊。
1931	パリで植民地博覧会。
1934	二月六日事件。反ファシズム知識人監視委員会結成。
1936	人民戦線政府成立。
1938	人民戦線解体。サルトル『嘔吐』。
1939	9月 英仏，ドイツに宣戦布告。
1940	5月 ドイツ軍，西部戦線で電撃戦開始。6月 パリ陥落。
1942	11月 ドイツ，フランス全土を占領。カミュ『異邦人』。
1943	全国抵抗評議会（CNR）結成。
1944	6月 連合軍，ノルマンディ上陸。8月 連合軍，パリ解放。10月 政令で女性参政権を承認。

1945	11月 ド・ゴールを首班とする三党連立内閣成立。
1946	1月 ド・ゴール，首相を辞任。10月 国民投票で第4共和国憲法案可決。
1947	5月 共産党下野。7月 マーシャル・プラン参加を決定。
1954	5月 ディエンビエンフーでフランス軍大敗。11月 アルジェリア戦争始まる。
1957	ヨーロッパ経済共同体（EEC），原子力共同体（ユーラトム）条約調印。
1958	6月 ド・ゴール内閣成立。9月 第5共和国憲法案，国民投票で可決。
1962	3月 アルジェリア戦争終結。10月 第5共和国憲法改正案，国民投票で承認。
1966	フランス軍，ＮＡＴＯ統一軍から撤退。南太平洋ムルロワ環礁で水爆実験。
1967	ヨーロッパ共同体（EC）成立。
1968	五月革命。エドガー・フォール法。
1969	4月 ド・ゴール，大統領を辞任。6月 ポンピドゥー，大統領に当選。
1974	大統領選挙でジスカール・デスタンが当選。
1980	サルトル没。
1981	大統領選でミッテラン社会党候補，当選。
1986	総選挙で保守連合が勝利。首相にシラクが就任。
1988	大統領選挙でミッテランが再選。
1989	グランドダルシュ（新凱旋門），バスティーユ・オペラ座完成。
1992	EC加盟国外相，欧州連合条約（マーストリヒト条約）に調印。
1995	大統領選挙でシラクが当選。
1997	総選挙で，左翼勝利，首相に社会党のジョスパン就任。
1999	1.1. EU単一通貨ユーロ誕生。
2000	大統領の任期，5年に短縮。
2002	大統領選挙，ルペン候補が決選投票に進出。
2004	ヴェール禁止法。
2005	欧州憲法条約の批准，国民投票で否決。
2007	大統領選挙でサルコジ当選。
2010	ブルカ禁止法。
2012	大統領選挙で社会党のオランド当選。
2015	シャルリー・エブド事件。
2017	大統領選挙でマクロン当選。
2018	11月「黄色いベスト運動」起こる。